图解

遇事找法
图解系列

陈泽鑫 著

交通事故索赔全程指引 第二版

法律出版社 LAW PRESS·CHINA
北京

图书在版编目(CIP)数据

图解交通事故索赔全程指引 / 陈泽鑫著. -- 2版. -- 北京 : 法律出版社, 2021
(遇事找法. 图解系列)
ISBN 978-7-5197-5459-4

Ⅰ. ①图… Ⅱ. ①陈… Ⅲ. ①交通运输事故－索赔－中国－图解 Ⅳ. ①D922.14-64

中国版本图书馆CIP数据核字(2021)第074379号

图解交通事故索赔全程指引(第二版)
TUJIE JIAOTONG SHIGU SUOPEI QUANCHENG ZHIYIN
(DI-ER BAN)

陈泽鑫 著

策划编辑 冯雨春 李沂蔚
责任编辑 李沂蔚
装帧设计 马 帅

出版发行 法律出版社
编辑统筹 法律应用出版分社
责任校对 王晓萍 王语童
责任印制 吕亚莉
经 销 新华书店
开本 710毫米×1000毫米 1/16
印张 22.5 **字数** 415千
版本 2021年9月第2版
印次 2021年9月第1次印刷
印刷 天津嘉恒印务有限公司

地址:北京市丰台区莲花池西里7号(100073)
网址:www.lawpress.com.cn
投稿邮箱:info@lawpress.com.cn
举报盗版邮箱:jbwq@lawpress.com.cn
销售电话:010-83938349
客服电话:010-83938350
咨询电话:010-63939796

书号:ISBN 978-7-5197-5459-4 **定价**:68.00元
凡购买本社图书,如有印装错误,我社负责退换。电话:010-83938349

序言(第二版)

自2021年1月1日起,《民法典》开始实施。对于法律人来说,这是裁量民商事案件的最基本依据;但对于普通人来说,《民法典》是“社会生活的百科全书”,是社会经济生活在法律上的反映,是市场经济的基本法,是市民生活的基本行为准则。

体系化的《民法典》并不是原有的物权、侵权、婚姻家庭等法律的简单堆砌,而是对于市场经济及市民生活的全方面重新梳理,不仅整合了形式的一致性、内容的完备性、逻辑的自足性,还统一了民事活动的基本法则,通过合理的架构为民事活动提供各种基本准则,为交易活动确定基本的规则,确定了稳定的价值体系。这部面向21世纪的科学的《民法典》,是我国法律文化达到一定水平的体现,更是中国法治现代化的重要标志,推进国家治理体系现代化的重要组成部分。

《侵权责任法》自2010年7月1日实施以来,在保护民事主体的合法权益,预防和制裁侵权行为方面发挥了重要的作用。《民法典》之“第七编 侵权责任”在总结实践经验的基础上,针对侵权领域出现的新情况,吸收、借鉴司法解释的有关规定,重新进行了体系性的安排。《民法典》删除了一些穿鞋戴帽的条文,增加和修改了2/3的条文规定,如机动车挂靠经营发生的交通事故的规定,还有未经允许驾驶机动车造成交通事故的规定,以及好意同乘即拼车过程中发生交通事故的责任分担等。

交通事故索赔,是人们日常生活中最为经常遇到的争议,如何准确、合理、合法、快速地处理交通事故纠纷呢?尤其是《民法典》实施以后,之前只有在诉讼过程中才可适用的司法解释变身为基本法律条文等事故处理的基本法律,又会对事故处理实务操作产生什么样的变化呢?

随着我国道路交通事业高速发展,机动车保有量和驾驶人数量飞速增长导致交通事故引发的案件数量持续高发。仅以上海为例,进入诉讼程序的机动车交通事故责任类案件年均收案数量连续多年超过4万件,在所有一审民商事案件收案总数中占比超过7%,排名前三。并且由非机动车引发的事故持续增多,新类型“马路杀手”电动车案件,逐渐成为“主流”案件。

公安机关及法院近年来一直在探索合理、快速的方式解决交通事故,公安机关在各地增设“快速处理中心”快速处理责任事务无争议、争议标的较小的案件;各地法院探索“繁简分流”方式、智能辅助办案方式以及“类案处理”方式,以调撤、小额诉讼程序等方式实现对交通事故案件的快速处理。

《图解交通事故索赔全程指引》自2019年出版后,其因内容的完整丰富、样式新颖,且能有效指导及解决实务问题,受到了广大读者的一致好评。《图解交通事故索赔全程指引》(第二版)将坚持第一版的风格,同时结合《民法典》等最新法律的规定以及各地的司法实践等,对内容进行修改及优化,希望能够为读者及所有需求者接力服务。

因交通事故中法律关系复合、责任主体复杂、程序分化特征明显,且各地司法裁判尺度的不一、新类型案件逐渐增多,笔者囿于专业学习及实践探索的有限性,本书存在很多的不足,请各位读者不吝指正。

最后,请珍爱生命,平安出行。

北京京师(杭州)律师事务所　陈泽鑫

2021年1月30日

序言(第一版)

随着社会的进步,人们的交通越来越方便,汽车越来越多地进入普通家庭。但是随着汽车等交通工具种类及数量增多,交通事故也越来越多,因为交通事故而引发的纠纷也逐渐增加。据不完全统计,2015 年全国交通事故发生数量超过 18 万件,2016 年交通事故发生数量超过 21 万件,2017 年交通事故发生数量更是超过 23 万件,2018 年交通事故发生数量也是有增无减。在上述交通事故中,因为机动车而引发的交通事故的比例超过 95%,每年因为交通事故而失去生命的超过 6 万人,受伤人数超过 20 万人,造成直接财产损失超过 10 亿元。“交通安全”已经成为人们“生命及财产安全”中最为重要的部分。

交通事故是一场意外,谁也不希望发生,但人们在选择效率和方便的时候,却难免要面对风险。人们在选择交通工具时,应具有安全防范意识,慎行为安;但如果真不幸发生了事故,也应当保持清醒的头脑,理性地处理纠纷,并让自己从“祸事”中走出来,重新开始生活。

车祸猛于虎,车祸一旦发生,伤人破财!交通事故发生后应当采取怎样的处理措施?能否和解,能否自己打官司?对于受害者,希望获得合理的赔偿;对于肇事者,希望能减少损失,妥善解决纠纷。交通事故发生后,因为受害者及肇事者对交通事故的相关法律法规不了解,最后引发争议,受害者和肇事者之间的矛盾较为尖锐,冲突较为激烈,社会关注度也是比较高的,有很多事故争议因未得到妥善解决,最后走上了法庭,走上了“漫漫”维权路……

本书由律师、法官合作主笔完成,作为常年处理交通事故的法律人,我们具有扎实的法学理论功底和丰富的司法实践经验,我们希望从不同思维角度,充分考量理论与实践的结合,力求实用。本书注重对道路交通事故损害赔偿纠纷常用法律、司法解释的精确解读,以解决生活实际问题为指导,以裁判规则为主线,提炼出交通事故处理、索赔及其诉讼的解决要点。本书不但从律师角度“教”道路交通事故当事人如何处理事故、如何索赔赔偿、如何诉讼,更整合法官裁判思路,告知事故的处理方式及可能产生的法律后果、索赔程序及赔偿责任认定、法院审判程序等裁判规则。本书对于当事人如何正确处理事故纠纷、维护自身合法权益具有重要指导作用。

本书具有以下特点:

第一,编排科学、合理、全面。本书力求做到体例清晰,从交通事故判断及其处理、交通事故索赔及责任承担、交通事故诉讼等角度,全面涵盖了事故发生到终结的各个方面,一书在手,处理事故无忧,对交通事故索赔过程全面指引。

第二,内容丰富、务实。本书以理论为经纬,以实践为脉络,以权益维护为血肉,将交通事故处理从"头"至"尾"厘清,告诉事故双方如何对事故进行处理,指引受害人如何维权,将律师职业维权与法官裁判思维紧密相连,将实践中常见的事故类型及大量疑难问题进行高度凝练和归纳解答,为受害人揭开了"维权"和"打官司"的面纱,也为律师诉讼应对、法官裁判提供了思路参考。

第三,样式新颖、贴近实务。本书结合案例、表格等形式,采取思维导图或逻辑思维结构图方式,让当事人直观了解事故处理、索赔及诉讼程序,并辅之以文书样式,让当事人不请律师,照样打官司。

另外,在内容上采用最新法律法规规定及相关数据,如《人体损伤致残程度分级》《中华人民共和国民法总则》《电动自行车安全技术规范》《道路交通事故处理程序规定(2017)》等,加强了实务指导性;也对近两年出现的网约车、共享单车、共享汽车出现的事故等作出研究,这些内容能够贴合实际紧接地气,为"新型事故"的处理和争议解决提供引导。

当然,各地司法实践对于交通事故处理的尺度不一,本书有些许观点也许与各地的具体实践存在一点差异。我们也寄期望于笔者能够发挥思维专长,再接再厉,不断完善书籍,并借此形成系列书籍,为法律同行、当事人提供办案参考与指引。

江苏苏瑞律师事务所主任律师　刘士刚

2019 年 4 月

目　　录

第一章

道路交通事故及其处理

一、交通事故及其类型

(一)交通事故的判定

交通事故,是指车辆在道路上因过错造成人身伤亡或者财产损失的事件。狭义上的交通事故是指公路运输和城市交通中车辆造成的事故,即道路交通事故,而广义上的交通事故还包括铁路机车车辆、船舶、航空器等运行造成的损害,见图1-1。本书主要探讨的是狭义上的交通事故及其处理、索赔及诉讼。

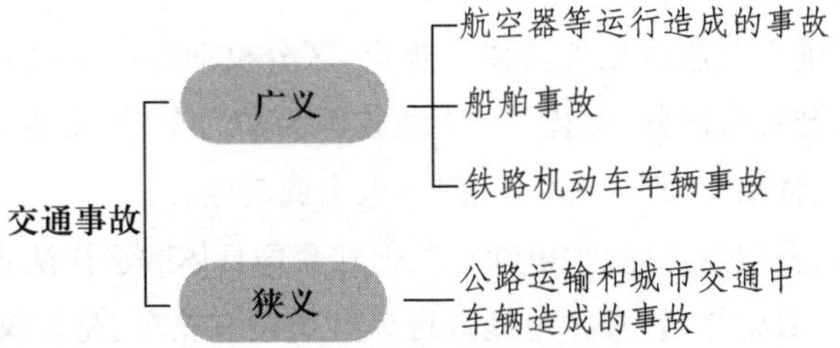

图1-1　交通事故的界定

从民事侵权责任的角度来看,交通事故包括车辆、道路、交通运行状态和过错损害等主要要素。

1. 车辆

交通事故由道路上的车辆引起,车辆可分为机动车和非机动车。

机动车,是指由动力装置驱动或牵引、在道路上行驶的、供乘用或运送物品或进行专项作业的轮式车辆。机动车主要包括大型汽车、小型汽车、专用汽车、挂车、特种车、货车、拖拉机、电车、公共汽车、卡车、摩托车等。非机动车,是指以人力或者畜力为驱动,在道路上行驶的交通工具,以及虽有动力装置驱动但设计最高时速、空车质量、外形尺寸符合有关国家标准的残疾人机动轮椅车、电动自行车等交通工具。非机动车主要有自行车、脚踏式三轮车、畜力车、人力车、符合国家标准的电动自行车、残疾人机动轮椅等。引起交通事故的车辆具体要求见图1-2。

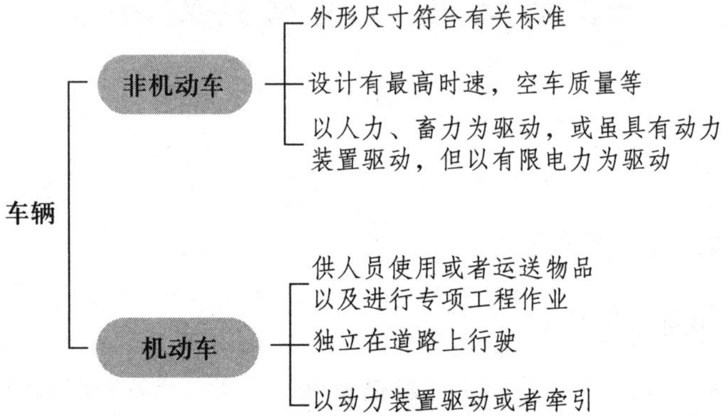

图1-2 交通事故的车辆要求

以人力为动力的自行车属于非机动车易被人们所理解,但是以电为动力的电动自行车却并非都属于非机动车。

依据道路交通安全法等相关法律的规定,区分机动车与非机动车主要是从车辆是否安装动力装置来区分,安装了动力装置即为动力车,不安装动力装置即为非动力车,且无论这种动力来源于燃油、燃气、电力或其他。

日常生活中,我们经常提到"电动车",但在我国具体的法律法规中,却没有"电动车"这个概念。日常生活中的"电动自行车""电动三轮车"是否属于机动车,需要区分情况进行说明。

电动自行车是否被视为非机动车,除了看其动力外,要看车辆设计最高车速、空车质量、外形尺寸等是否符合国家规定的相关技术参数标准,判断车辆"归属"应以"技术参数"为准。符合标准则属于非机动车,超过标准的则为机动车。根据新国标即《电动自行车安全技术规范》(GB17761-2018)的规定,电动自行车,是指以车载蓄电池为辅助能源,具有脚踏骑行能力,能实现电助动或/和电驱动功能的两轮自行车,属于非机动车的电动自行车,应该符合标准规定的基本要求,见图1-3。

电动自行车基本要求

- 具有脚踏骑行能力。30min的脚踏骑行距离≥5km；两曲柄外侧面最大距离≥30mm；鞍座前端在水平方向位置不得超过中轴中心线
- 具有电驱动和电助动功能。电驱动行使时，最高设计车速不超过25km/h；电助动行驶时，车速不超过25km/h，电动机不得提供动力输出。行驶车速达到15km/h时连续发出提示音
- 尺寸限值符合要求：整车高度≤110cm；车体宽度≤45cm；前后轮中心距≤125cm；鞍座高度≥63.5cm，鞍座长度≤35cm；后轮上方衣架平坦部分最大宽度≤17.5cm
- 装配完整的电动自行车的整车质量≤55kg；装有符合标准的前灯和后灯；装有符合标准的后反射器、侧反射器和脚蹬反射器
- 蓄电池标准电压≤48V，最大输出电压≤60V
- 电动机额定连续输出功率≤400W
- 软硬件具有防篡改设计，防止擅自改装或改动最高时速、功率、电压、脚踏骑行能力
- 在正常使用、合理可预见的误用以及故障情况下，符合标准规定和安全要求；淋水、涉水及冲击等符合标准规定的使用要求
- 整车及部件符合相关国家标准、行业标准的安全要求

图 1-3　电动自行车基本要求

我们日常生活中所称的“电动车”，除了上述符合电动自行车基本要求外的，应当都属于摩托车，包括轻便摩托车、两轮轻便摩托车、正三轮轻便摩托车等。

电动三轮车本质上属于三轮车，三轮车基于不同情形区分为汽车或摩托车。根据《国家标准 GB7258-2017（机动车运行安全技术条件）》的规定，以下三轮车属于汽车范围——不区分电动或燃油：(1)整车整备质量超过 400kg、不带驾驶室、用于载运货物的三轮车辆；(2)整车整备质量超过 600kg、不带驾驶室、不具有载运货物结构或功能且设计和制造上最多乘坐 2 人(包括驾驶人)的三轮车辆；(3)整车整备质量超过 600kg 的带驾驶室的三轮车辆。根据《国家标准 GB7258-2017（机动车运行安全技术条件）》的规定，以下三轮车属于摩托车范围：由动力装置驱动的，

具有两个或三个车轮的道路车辆,但不包括:(1)认定为汽车范围的三轮车;(2)最大设计车速、整车整备质量、外廓尺寸等指标符合相关国家标准和规定的,专供残疾人驾驶的机动轮椅车;(3)符合电动自行车国家标准规定的车辆。

根据《道路交通安全法》和《道路交通安全法实施条例》的规定,无论是汽车还是摩托车,都划归机动车管理。

以案说法

2019年6月12日16时许,张某无证驾驶无号牌普通两轮摩托车沿杭州滨江区江南大道由东向西行驶至江虹路路口时,因未确保安全超车,与前方同方向行驶的魏某驾驶的无号牌正三轮轻便摩托车发生碰撞,造成张某受伤及摩托车受损的交通事故。魏某驾驶的电动三轮车是否属于机动车?

电动三轮车是机动车的认定,所依据的是《机动车运行安全技术条件》,即该种车辆的最高时速、电机输出功率等达到了机动车的相关标准。涉案车辆最高时速等指标经交警部门技术检验认定,已达到了机动车标准,其在高速行驶时对他人可造成的安全隐患与普通机动车并无二致,故应当认定为机动车。该种电动车被认定为机动车,其一旦发生事故,对损失承担的责任比例应比照机动车的归责原则确定,比如若该车辆与非机动车、行人发生事故,应承担的是无过错责任。

2. 交通事故发生在道路范围内

道路是构成交通事故的基础条件。道路,是指公路、城市道路或其他允许社会机动车辆通行的地方,包括广场、公共停车场等用于公众通行的场所。除此之外,区域皆属于非道路范围。道路应当具有形态性、客观性和公开性三种特性。所谓形态性是指与道路相似的供公众通行的地方;客观性,是指道路为公众通行所建;公开性是指认为是供公众通行的地方。

在非道路上发生的车辆事故,不属于道路交通管理范围,公安机关交通管理部门不具有法定管理的职权。但大量非道路交通事故因不能得到及时适当的处理,甚至无人处理,给社会带来了许多不稳定的隐患。非道路范围见图1-4。

“非道路”范围

- 自建自管未列入规划的城市巷弄或村间路，或自行修建并自行负责管理的路面
- 用于田间耕作的农村铺设的水泥路、沥青路、砂石路等机耕路
- 村民宅前宅后建造的路段或自然通车形成的路面
- 封闭式住宅小区内楼群之间的路面
- 机关、团体、单位的内部路面
- 厂矿、企事业单位、火车站、机场、港口、货场内的专用路面
- 撤村建居后尚未移交公安交通部门管理的路段
- 晾晒作物的场院内
- 断路施工而且未竣工或已竣工未移交公共管理的路段
- 其他未列入公共交通管理范围的路段

图 1－4 “非道路”范围

鉴于此，道路交通安全法规定车辆在道路以外通行时发生的事故，公安机关交通管理部门接到报案的，参照本法有关规定办理。也就是说，非道路交通事故发生后，原则上不属于道路交通安全法的调整范围，有关非道路交通事故产生的人身伤亡、财物损失等主要依据侵权责任法进行处理，但在处理的程序上则参照道路交通安全法的相关规定执行。道路交通事故和非道路交通事故的区别见表 1－1：

表 1－1 两种事故的区别

两种事故	区别		
	发生地点不同	处理机关不同	法律后果不同
道路交通事故	发生在道路范围内	所在辖区交通管理部门处理	符合交通肇事罪时，责任人可能构成该罪犯罪
非道路交通事故	发生在非道路范围内	所在辖区公安派出机构处理	不存在涉嫌交通肇事罪，责任人可能涉嫌其他犯罪

非道路交通事故在具体的处理中,是比照道路交通事故案进行调查、取证。公安机关交通管理部门对非道路交通事故进行现场勘察,对证人、当事人进行询(讯)问,对车辆的检验以及伤员的救治等处置。

对非道路交通事故,公安机关同样应当进行责任认定,并形成公安机关的调查结论,调查结论可对事故进行成因分析,并告知当事人,但损害赔偿应向人民法院提起民事诉讼。公安机关交通管理部门作出的责任认定,只是作为认定双方当事人过错的重要依据。

在告知当事人向人民法院提起民事诉讼之后,各方当事人仍然申请公安机关交通管理部门进行调解的,公安机关交通管理部门可以进行调解,其损害赔偿的标准可参照道路交通事故的相关标准。至于调解是否达成协议,达成协议后任何一方不履行,公安机关交通管理部门均不再进行调解,当事人可向人民法院提起民事诉讼。

在具体的赔偿上,非道路交通事故中,交强险保险公司赔偿责任的确定,免赔范围、交强险责任限额,包括交通事故社会救助基金的垫付和追偿、交强险的理赔等都应当按照交强险的相关规定进行。非道路交通事故造成人身损害或财产损失当事人可就损害赔偿纠纷向人民法院起诉。

以案说法

2014年9月23日午饭后,被告王某福驾驶豫R0××××号货车在其玉米地倒车时,将其雇用的原告撞倒并轧伤。另查明,豫R0××××号货车车主是袁某生,事发时该货车由被告王某福借用。被告王某福雇用原告掰玉米,每日被告王某福支付原告工钱70元。原告受伤后被送往镇平县人民医院抢救治疗,住院59天,支付医疗费87164.74元。被告王某福垫付医疗费73500元。2014年12月22日南阳万和法医临床司法鉴定所对原告的伤残程度进行鉴定,鉴定意见为,原告双侧肋骨多发骨折属八级伤残。原告支付鉴定费900元。2014年3月27日豫R0××××号货车在被告中国人民财产保险股份有限公司镇平支公司处投保了交强险,责任限额122000元。保险期间,自2014年3月28日0时起至2015年3月27日24时止。

本案事故并非发生在道路范围,应当如何处理?

车辆行驶必须遵守交通安全法律法规,违反交通安全法律法规造成他人伤害及财产损失的,应当承担相应的损害赔偿责任。被告王某福驾驶的机动车发生交通事故,致原告受伤,被告王某福应对原告的损失承担赔偿责任。被告王某福所驾驶的车辆与被告袁某生属借用关系，因租赁、借用等情形，机动车所有人与使用人不是同一人时，发生交通事故后属于该机动车一方责任的，由保险公司在机动车强制保险责任限额范围内予以赔偿。不足部分，由机动车使用人承担赔偿责任；机动车所有人对损害的发生有过错的，承担相应的赔偿责任。因原告未能提供被告袁某生对损害的发生存在过错，且被告王某福具有驾驶资质，车辆符合行驶条件，不能证明被告袁某生出借车辆时具有过错，故被告袁某生对原告的损失不承担责任。

本案事故车辆豫R0××××号货车以袁某生的名义在中国人民财产保险股份有限公司镇平县支公司投保了交强险。该起事故首先由被告中国人民财产保险股份有限公司镇平支公司在交强险责任额范围内予以赔偿，不足部分，因投保义务人未投保商业三者险，依照《道路交通安全法》和原《侵权责任法》的相关规定由侵权人予以赔偿，被告保险公司称事故地点不在道路上，原告的损失不属交强险赔偿范围。依据《最高人民法院关于审理道路交通事故损害赔偿案件适用法律若干问题的解释》的规定，机动车在道路以外的地方通行时引发的损害赔偿案件可以参照适用本解释的规定。故本次事故发生地虽非道路，被告仍应在交强险责任限额内对原告的损失予以赔偿。

3. 过错造成交通参与者的人身或者财产损害

事故当事人对于事故的发生在主观上出于疏忽大意或者过于自信等过失，应至少有一方在开车或者行人行进过程中存在过错，造成一定的人身伤亡或者财产损失的后果，否则不构成交通事故。交通事故与意外事件的区别见表1-2。

在交通事故发生后，一般有机动车所有人、驾驶人、行人或乘客等交通参与者，并且事故造成了相关交通参与者的人身损伤或财产损失。

侵权人对交通事故的发生在主观上不具有故意，如果行为人出于故意伤害他人或造成他人财产的损失为目的，则其行为不构成道路交通事故，而属于其他的违法犯罪行为。

表1-2 交通事故与意外事件的区别

分类	区别	
	对损害结果预见的该当性不同	对损害结果没有预见的原因不同
交通事故	强调当事人的“疏忽大意”	当事人违反了注意义务,疏忽大意,或过于自信造成
意外事件	强调结果无法预见,且不应强求预见	主观上缺乏预见能力,客观上缺乏预见的可能性条件

如果受害人的人身伤亡或财产损失损害,是基于受害人的故意造成的,即使构成道路交通事故,除非侵权人存在重大过失等情形,否则侵权人不承担责任。这里所说的受害人故意,主要是指受害人自杀、自残或者“碰瓷”。

4. 车辆正处于运行状态

无论车辆是在启动、行驶、转弯,还是减速、停止,只要有一方是处于运行状态而发生的事故,即为交通事故。车辆的运行速度、目的和方向等因素,都不影响交通事故的认定。并非在车辆的运行过程中发生的事故,如停在车位的车辆所载货物掉落砸伤行人,不属于交通事故。

(二)交通事故的主要类型

根据不同的标准,交通事故可以区分为不同的类型。在日常生活中,主要有两大分类,一是按照交通事故的对象进行划分,见表1-3;二是根据交通事故产生的损失后果或者是法律后果进行划分。

表1-3 按照交通事故的对象进行划分

类型	定义
机动车与机动车事故	机动车与机动车之间碰撞发生的事故
机动车与非机动车事故	机动车与非机动车之间碰撞发生的事故
机动车与行人事故	机动车与行人之间碰撞发生的事故,包括机动车在车行道或人行道轧死、撞伤行人的事故等
非机动车与非机动车事故	自行车、人力车、三轮车、畜力车、残疾人专用车等非机动车之间发生的事故
单车事故	车辆单独发生事故,包括翻车事故,车辆撞上防护栏、树木等发生的事故

不同类型交通事故的事故处理、赔偿依据都是不同的。非机动车事故,如不涉

及机动车的车辆保险问题，赔偿规则较为清晰，应当由过错一方承担赔偿责任，双方均有过错的，根据双方的过错分担民事赔偿责任。涉机动车交通事故中，当事人在事故中的赔偿责任与是否驾驶交通工具及交通工具的种类有很大区别。

《道路交通事故处理程序规定》基于交通事故产生的损失后果，将交通事故分为财产损失事故、伤人事故和死亡事故，见表1－4。财产损失事故，是指造成财产损失，尚未造成人员伤亡的交通事故；伤人事故，是指造成人员受伤，尚未造成人员死亡的交通事故；死亡事故，是指造成人员死亡的交通事故。

表1－4　按照交通事故的损失后果进行划分

损失后果	区分
财产损失事故	造成财产损失，尚未造成人员伤亡的交通事故
伤人事故	造成人员受伤，尚未造成人员死亡的交通事故
死亡事故	造成人员死亡的交通事故

从交通事故参与人是否需要承担刑事法律责任来看，交通事故又可以划分为轻微事故、一般事故、重大事故、特大事故，见图1－5。根据我国相关法律规定，发生重大交通事故，致人重伤、死亡或者使公私财产遭受重大损失，交通事故参与人可能涉嫌交通肇事罪，将依法被追究刑事责任。

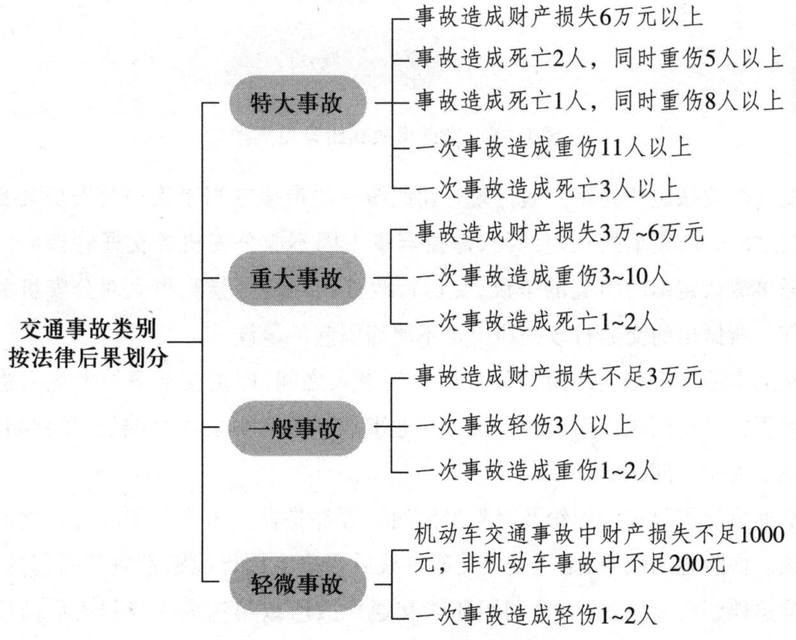

图1－5　按法律后果划分交通事故类别

(三)交通事故的主要纠纷

在交通事故中,交通事故当事人之间、当事人与保险公司之间、当事人与公安机关交通管理部门之间及交通事故当事人与其他相关责任人之间,难免因为利益受损等原因产生各类纠纷,常见的纠纷主要有交通事故认定纠纷、交通行政处罚纠纷、交通事故损害赔偿纠纷、交通事故保险理赔纠纷、交通事故保险追偿纠纷及相关责任纠纷等,见图1-6:

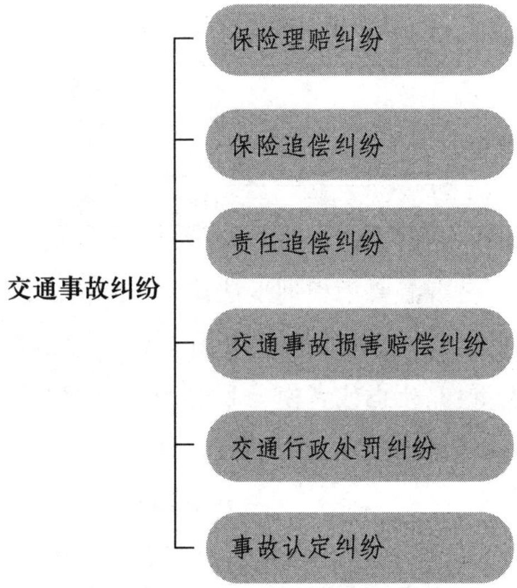

图1-6　交通事故纠纷常见类型

交通事故认定纠纷及交通行政处罚纠纷一般产生在当事人与公安机关交通管理部门之间。所谓事故认定纠纷,即指当事人因不服公安机关交通管理部门所作的交通事故认定书而引起的争议;交通行政处罚纠纷是指当事人对公安机关交通管理部门所做出的交通行政处罚决定不服而引起的争议。

交通事故损害赔偿纠纷一般发生在当事人之间,即指交通事故发生后当事人之间因损害赔偿问题而引起的争议。交通事故一般会引发人身赔偿、精神赔偿、财产赔偿三大赔偿问题。

交通事故保险理赔纠纷及保险追偿纠纷等都是在当事人与保险公司之间产生的争议。保险理赔纠纷,是指发生交通事故后当事人因保险赔偿责任引起的争议;而保险追偿纠纷,是指保险公司因赔偿交通事故所致第三人人身损害后向侵权人或投保义务人主张追偿权引起的争议。

除此之外，有的个案中还存在驾驶培训单位、修理厂等相关责任人与当事人、保险公司等之间产生的争议，如驾驶培训单位责任纠纷等。

二、交通事故的应急处理

交通事故发生后，各方车辆当事人应当认真做好应急措施，对事故进行处理。

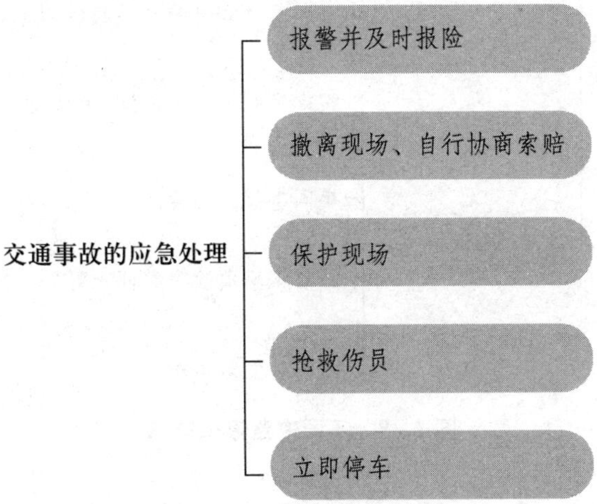

图 1－7　交通事故的应急处理

交通事故的应急处理见图 1－7，主要包括立即停车、抢救伤员、保护现场、撤离现场及自行协商索赔、报警并及时报险等措施。

（一）立即停车

立即停车，是指车辆驾驶人在已知或者怀疑发生了交通事故后应当立即采取制动措施，将车停下，并尽可能保持车辆在事故中的原始、持续状态。如果确已发生事故，驾驶员应当按照相关规定，放置红色三角标志或其他警示标志，避免再次发生事故（次生事故），造成新的人员伤亡或物品损失。

立即停车要求驾驶员将车停在事故发生的原位置或近处（高速公路或轻微事故），切不可将车行驶一段距离后再靠路边停下，这样可能会有“逃离现场”的嫌疑。驾驶员驾车擅自驶离事故现场，容易造成对事故现场的破坏，可能存在承担全部事故责任的风险。不同道路停车措施见图 1－8。

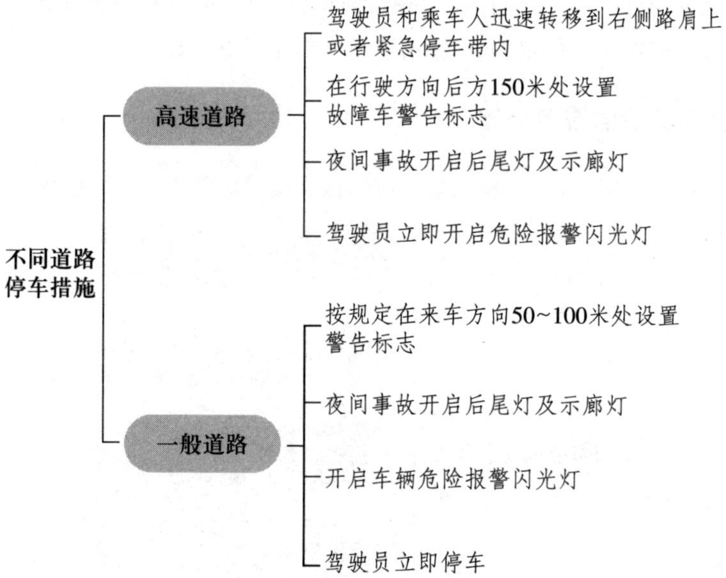

图1-8　不同道路停车措施

(二)撤离现场、自行协商赔偿

交通事故发生后,如果事故仅是财产损失,且当事人对事故事实及成因无争议的,事故双方可自行处理或经公安机关交通管理部门适用简易程序处理即可。

事故当事人应当在确保安全的原则下,采取现场拍照或者划标事故车辆现场位置等方式固定保存相关证据后及时将事故车辆撤离现场,再自行协商处理损害赔偿事宜以免妨碍交通。

如果机动车驾驶人不在现场或者拒绝撤离现场,造成交通堵塞的,公安机关交通管理部门可以对车辆驾驶员处以罚款,并可自行将车辆拖至不影响交通的地点或公安机关交通管理部门指定的地点存放。

《道路交通事故处理程序规定》对财产损失事故及伤人事故、死亡事故的处理程序做出区分,明确财产损失事故可以由当事人自行协商处理,发生死亡事故、伤人事故或特殊情形下的财产损失事故时,当事人应当保护现场并立即报警。但同时要求驾驶人应当在确保安全的原则下,立即组织车上人员疏散到路外安全地点,避免发生次生事故;驾驶人已因交通事故死亡或者受伤无法行动的,车上其他人员应当自行组织疏散。

(三)抢救伤员

抢救伤员是事故发生后当事人的首要义务。事故发生后,驾驶员应立即停车,下车查看有无人员受伤,如果有伤员应立即通过当地的急救电话通知医护人员与交通警察,并尽可能将伤员送到最近医疗机构救治。伤员抢救特别处理见图1-9。

因抢救受伤人员需要变动事故现场的,相关人员应当标明位置,以便于公安机关交通管理部门勘查现场,确定事故责任。乘车人、过往车辆驾驶人、过往行人应当予以协助。

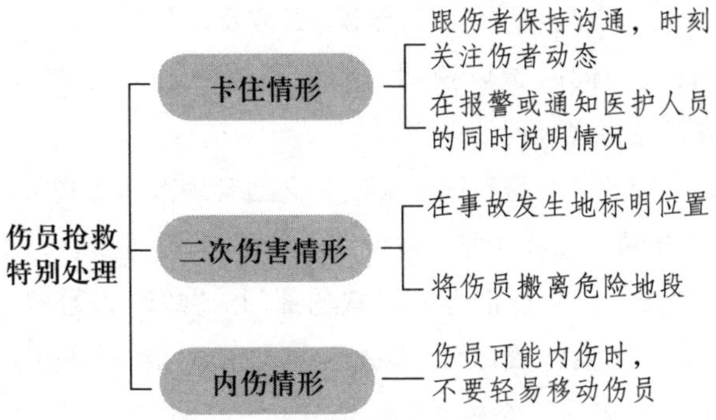

图1-9 伤员抢救特别处理

当伤员可能存在内伤、车辆漏油可能造成伤员再次伤害等特殊情形时,驾驶员等当事人或其他交通事故参与人员应当根据医护人员或交通警察的指引,做好必要的安全保护及抢救措施,在必要时应垫付部分医疗费用(注意保存相关票据)。抢救费用的处理见图1-10。

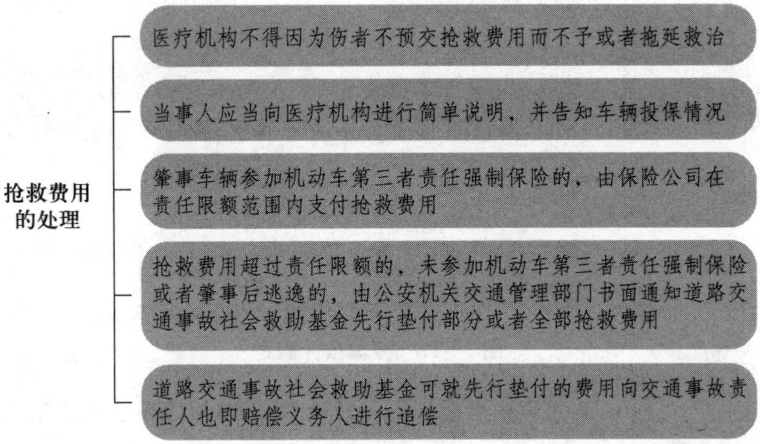

图1-10 抢救费用的处理

（四）报警并及时报险

及时报案，是交通事故处理的一个非常重要的步骤，能否及时报案，关系到交通事故现场能否快速得到勘查，事故能否得到及时地处理和解决。

除不存在特殊情形的财产损失事故或双方能够协商处理即当场处理完毕不留争议的事故外，交通事故发生后，事故当事人应当报警，由公安机关交通管理部门到现场或通过网络指导交通事故的处理。

我国统一报警电话为“110”，在事故发生后，当事人可立即拨打“110”，简要陈述事故发生的时间、地点、经过、伤亡等情况，如涉及需公安机关联系医疗机构或有特殊情况发生时，应当同时予以说明。如因事故引起了火灾，应当先行报火警“119”，再向公安机关报案进行处理。

此外，“122”报警服务台是我国公安机关交通管理部门受理群众交通事故的专门报警电话，是指挥调度警员处理各种报警求助，同时受理群众对交通管理和交通民警执法问题的举报、投诉、查询等而设置的部门。“122”报警服务台是公安机关交通管理指挥中心的主要组成部分，事故当事人亦可在事故发生后直接拨打该电话进行报案求助。

负有法定报案义务的只能是作为交通事故的当事人，当事人具备报案条件，但是不履行报案义务，导致事故现场遭到破坏无法进行责任认定的，应当承担事故的全部责任。如何确定报案条件，见图1－11。

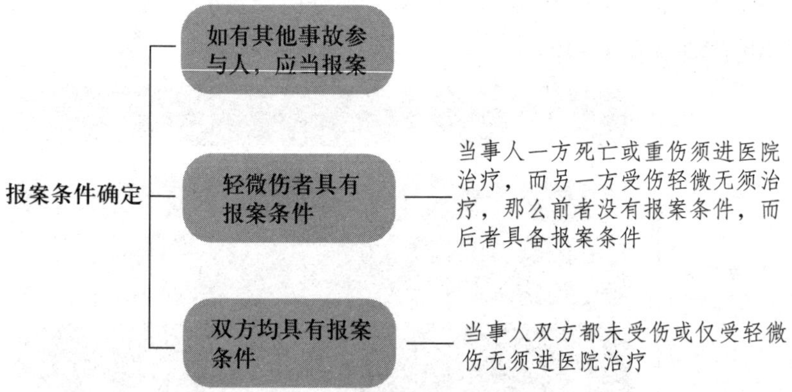

图1－11 报案条件确定

报案的方式有很多，可以由事故当事人自己报案，也可以由事故当事人委托过往的车辆驾驶员报案，可以电话报案、通过互联网平台报案，也可向附近巡逻、执勤的交通警察报案。报警时应当注意以下内容:(1)事故发生的地点;(2)说明险情,简要报告事故原因及人员、车辆的损失情况;(3)留下姓名和联系方式,便于后续联系;(4)保护现场,并按照规定设置警示标志;(5)记下车牌号码;(6)救护伤者,拨打“120”医疗急救电话。

报警不仅有利于事故的快速、正确、公正处理,而且在涉嫌刑事犯罪的情况下,驾驶员报警可视为自首情节,可减轻刑事责任。

《道路交通事故处理程序规定》确定了死亡事故、伤人事故,具有特殊情形的财产损失事故必须报警原则。具有特殊情形的财产损失事故见图1－12。

发生交通事故,造成车辆损害,若责任明晰,责任方应当及时通知承保的保险公司派定损人员到场,对受损车辆进行勘查、定损,方便日后进行理赔。若事故造成人员受伤,需要保险公司支付抢救费用,则可在报险后,由保险公司在交强险责任限额内支付急救费用(医疗费用)。未及时报险可能造成拒赔的情形见图1－13。

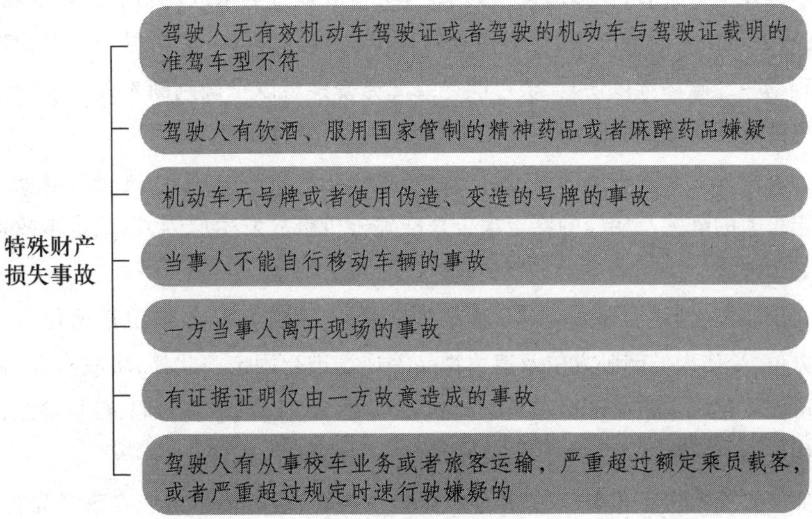

图1－12　具有特殊情形的财产损失事故

此外,发生财产损失事故,且具有机动车无检验合格标志或者无保险标志,或事故造成建筑物、公共设施或者其他设施碰撞的,车辆可以移动的,当事人应当组织车上人员疏散到路外安全地点,在确保安全的原则下,采取现场拍照或者标划事故车辆现场位置等方式固定证据,将车辆移至不妨碍交通的地点后报警,对于载运爆炸性、易燃性、毒害性、放射性、腐蚀性、传染病病原体等危险物品车辆发生事故的,当事人应当立即报警,车辆驾驶人、押运人应当按照相关规定及操作规范流程,采取相应的应急处理措施。

未及时报险可能造成拒赔

- 机动车不当移动,可能导致事故现场受到破坏,交通管理部门对事故责任无法认定
- 造成保险公司无法对现场勘查及对损失进行定损
- 受害人医疗费用超过医保范围
- 私下协商赔偿超过保险责任限额

图1-13 未及时报险可能造成拒赔的情形

(五)保护现场

事故发生报警后,在交通警察到来之前,事故双方当事人均负有保护现场的义务,在有人员伤亡的情况下,没有受伤或者受伤较轻的一方应当尽全力保护现场。事故现场一经破坏难以恢复,很可能导致交通警察难以正确判断事故发生的情况,造成事故责任不能及时查明。

公安机关交通管理部门通过对交通事故现场的事故痕迹、印迹进行取证分析,结合当事人的陈述及相应的鉴定报告来准确分析事故发生原因,以认定事故责任,正确处理事故。

在事故发生后,当事人应对车辆停车位置、车辆制动印迹、物品散落位置、车辆碰撞方位、受伤人员倒卧方位及遗留物品等现场进行固定。此外,事故双方当事人应尽可能注意收集相关证据,如双方当事人的姓名、住址、车牌号码,现场情况,目击者的住址、姓名、联系方式等,以有助于进一步查清事故责任。

如需要抢救伤者和财产,又得兼顾保护现场时,事故当事人应在现场先行用石灰、石头、树枝、绳索等物在车辆、伤者和刹车印等处标明移动前的位置,以便恢复现场,为公安机关交通管理部门作出事故认定提供有力的证据。若无人伤亡,但需抢救贵重物品,事故当事人应优先抢救贵重物品和车辆,但也要标明物体的位置。自媒体时代,当事人随身携带的手机一般带有拍照、拍摄等功能,可利用手机以拍照摄像的方式对现场进行留痕固定。

三、交通事故中的自行处理

（一）“私了”

当事人在事故发生后，可以自行处理的主要是轻微事故，不涉及人身伤害的事故。在2017年《道路交通事故处理程序规定》实施之前，对交通事故的事实和事故形成原因没有争议是达成“私了”的前提条件。所谓事实，指的是事故发生的时间、地点，事故造成的损失，双方当事人的基本情况等。所谓事故的形成原因，是指在事故中双方当事人的过错、责任、事故发生的路况、车辆本身是否存在障碍、各种因素对事故发生是否存在因果关系等。没有争议，是指当事人双方对财产损失情况和双方各自的责任分担意见一致，不存在争议。

2017年《道路交通事故处理程序规定》确定了财产损失事故自行协商处理的原则，当事人应当在确保安全的原则下，采取现场拍照或者划标事故车辆现场位置等方式固定证据后，立即撤离现场，将车辆移至不妨碍交通的地点，再行协商处理损害赔偿事宜，当然，具有当事人不能自行移动车辆、一方当事人离开现场等特殊情形的除外。

当事人可以通过现场或互联网在线自行协商处理财产损失事故，可以通过拍照等方式固定证据后，自行协商确定双方的事故责任，如果当事人对事实及事故发生的成因有争议的，也可以通过现场报警或通过互联网共同申请公安机关交通管理部门确定当事人的责任。当事人如果在事故后直接进行报警的，交通警察、警务辅助人员可以指导当事人自行协商处理。当事人要求交通警察到场处理的，应当指派交通警察到现场调查处理。

《道路交通事故处理程序规定》不主张伤人事故、死亡事故中当事人自行进行和解，但笔者认为，结合道路交通安全法等上位法的规定，如涉及轻微人身伤害的案件，可以在公安机关交通管理部门的主持下自行处理，比如事故仅造成当事人碰、擦伤，对骨头、关节等重要部位没有损伤的案件等。如果双方当事人能够“私了”，即自行处理，通过互相协商、自行处理，达成赔偿或者不予赔偿的一致意见，能最大限度地满足双方当事人的意愿，且减少不必要的程序之累。能够“私了”的基本条件见图1－14。不可“私了”的具体情形见图1－15。

“私了”的基本条件
- 事故仅造成了财物损失，没有人员伤亡
- 能自行协商或通过交通管理部门确定双方的事故责任
- 当事人在自愿基础上协商并自主处理因事故引起的损害赔偿事宜

图1－14 “私了”的基本条件

不可“私了”的具体情形
- 造成人员死亡、受伤的交通事故
- 载运爆炸物品、易燃易爆化学物品以及毒害性、放射性、腐蚀性、传染性病源体等危险物品车辆发生的交通事故
- 事故车辆中的机动车无号牌、无保险标志、无强制险标志等
- 财产损失事故中驾驶人有从事校车业务或者旅客运输，严重超过额定乘员载客，或者严重超过规定时速行驶嫌疑的
- 因碰撞建筑物、公共设施或者其他设施而造成的事故
- 交通事故驾驶员无有效机动车驾驶证
- 驾驶员有饮酒、服用国家管制的精神药品或者麻醉药品嫌疑
- 当事人无法自行移动车辆，或自行离开，或事故是故意造成的

图1－15 不可“私了”的具体情形

同样地，对于非机动车之间或非机动车与行人之间在道路上发生交通事故，未造成人身伤亡，且基本事实及成因清楚的，当事人应当先撤离现场，再自行协商处理损害赔偿事宜。当事人对交通事故事实及成因有争议的，应当迅速报警。

在“私了”过程中，当事人应共同确认事故发生的情况，并以书面形式予以固定。双方当事人可共同拟定一份包括当事人基本情况（姓名、居民身份证号码、联系电话、住址）、交通事故发生的时间、地点、天气，机动车驾驶证号，机动车种类和车牌号，保险公司及保险凭证号，交通事故形态，碰撞部位，当事人的责任等内容的协议书，双方以签字方式进行确认。当事人就损害赔偿达成协议的，应当在协议书中载明双方协商好的赔偿数额与履行方式及期限。双方达成协议后自行赔偿或再

共同到责任方投保的保险公司办理索赔手续。具体“私了”流程见图 1－16。

“私了”流程

- 标明事故发生时车辆位置及主要痕迹，可采取拍照等形式固定
- 车辆撤离现场
- 报警报险，损失较小不需要保险公司理赔情形除外
- 查验并记下事故对方当事人身份证件、驾驶证、行驶证、保险单（卡）、联系方式等基本信息
- 订立协议书或在交通管理部门提供的交通事故处理协议书中签字确认
- 按照协议约定各自赔偿或向各自投保保险公司索赔

图 1－16　“私了”流程

附：协议书样本

当事人自行处理交通事故损害赔偿协议书

<table>
<tr><td colspan="2">事故发生时间</td><td></td><td>事故发生地点</td><td></td><td>天气</td><td></td></tr>
<tr><td rowspan="2">当事人 1</td><td>姓名</td><td></td><td>住址</td><td></td><td rowspan="2">保险公司名称及保单号</td><td rowspan="2"></td></tr>
<tr><td>身份证号码</td><td></td><td>车型及车牌号</td><td></td></tr>
<tr><td rowspan="2">当事人 2</td><td>姓名</td><td></td><td>住址</td><td></td><td rowspan="2">保险公司名称及保单号</td><td rowspan="2"></td></tr>
<tr><td>身份证号码</td><td></td><td>车型及车牌号</td><td></td></tr>
</table>

事故经过及责任

当事人 1 驾驶_______车沿__________路由____________向____________行驶，因__________________（一般记载违法行为）与当事人 2 驾驶的____车沿___________路由__________向____________行驶因___________（一般记载违法行为）发生相撞，事故造成车辆受损情况为：____，人员伤害情况为：____。各方当事人对交通事故事实及成因无争议，且同意自行协商处理损害赔偿事项。各方当事人确定事故责任为____________________。

协议赔偿数额及处理方式（可选择）

1. 事故各方需要办理保险索赔的，持本《协议书》于________年____月____日____时，共同到________________________办理定损等理赔事宜；
2. 如不需要办理保险索赔的，由________当场赔偿______方人民币______元，完结此案；
3. 其他方式：____。

当事人 1 签名：____________　　当事人 2 签名：______________

联系电话：　　联系电话：

________年____月____日　　________年____月____日

当事人自行协商达成协议的，可以按照下列方式履行道路交通事故损害赔偿：(1)当事人自行赔偿；(2)到投保的保险公司或者道路交通事故保险理赔服务场所办理损害赔偿事宜。

当事人自行协商达成协议后未履行的，可以申请人民调解委员会调解或者向人民法院提起民事诉讼。

决定了要“私了”的双方当事人如果在“私了”的过程中，对责任认定和赔偿数额等方面未达成一致意见时，当事人向公安机关交通管理部门报案，公安机关交通管理部门可予以立案。公安机关交通管理部门对“私了”不成而报案的情况，有以下处理方式。

一是决定是否接受案件。发生道路交通事故后当事人未报警，在事故现场撤离后，当事人又报警请求公安机关交通管理部门处理的，公安机关交通管理部门应当按照规定记录内容，并在三日内作出是否接受案件的决定。经核查道路交通事故事实存在的，公安机关交通管理部门应当受理，制作受案登记表；经核查无法证明道路交通事故事实存在，或者不属于公安机关交通管理部门管辖的，应当书面告知当事人，并说明理由。

二是判定或推定事故责任。财产损失案件中，双方当事人对事故事实及事故成因有争议的，可以通过现场报警或互联网在线方式申请公安机关交通管理部门对事故责任进行判定确认。但如果说“私了”当事人已经撤离了事故现场，事故现场遭到了破坏，甚至有些当事人没有采取拍照等方式对事故现场痕迹进行固定，造成证据灭失，以致公安机关交通管理部门在接到报案后，只能根据事故的损害后果，询问当事人、证人，结合车辆碰撞痕迹等，对当事人应负何种交通事故责任进行推定。通常情况下，如果说双方当事人对事故发生的事实及成因等争议不大，公安机关交通管理部门可以根据调查结果作出事故责任认定。

三是告知当事人可申请人民调解委员会调解或者向人民法院提起民事诉讼。如果双方当事人对事故发生的时间、地点、碰撞的位置以及事故发生的原因等分歧较大，并且对事故成因无法辨明时，公安机关交通管理部门不适宜适用责任推定，而是根据相关法律法规的规定，出具事故证明。并告知双方当事人可以申请人民调解委员会调解或“因为各方当事人没有及时报案导致公安机关交通管理部门无法确定事故各方当事人的责任，各方当事人应当就交通事故所造成的损害赔偿交由人民法院处理和裁决”。

（二）自我取证

事故发生后应当及时取证，以保护自己的合法权益。如果驾驶员看到行人没有走人行横道、闯红灯或非机动车有猛拐的现象时，可以询问旁边的车辆或行人，并留下目击者的姓名、联系电话等资料；如果事故造成人员受伤，应当及时标识伤者倒地的具体位置或摄像摄影存证；当事人在接受民警询问时，应当尽可能地提供事故发生时和现场的细节，并可要求民警提供相关资料进行留底存证。

四、交通事故中公安机关交通管理部门的处理

（一）简易程序处理

符合法律规定情形的事故，如财产损失事故，或受伤当事人伤势轻微且各方当事人一致同意适用简易程序处理的伤人事故，公安机关交通管理部门可适用简易程序，由一名交通警察处理。但是如果上述法律规定的事故情形中，有交通肇事、危险驾驶犯罪嫌疑的，则不能适用简易程序。

适用简易程序处理交通事故有利于快速缓解交通拥堵问题，节省警力和办案时间，又免去当事人诉累或调解之累。实践中，公安机关交通管理部门迫于警员不足的压力，对没有人员受伤的财产损失事故或人员受伤较轻的伤人事故，或没有争议的事故一般都是适用简易程序方式进行处理。

简易程序的一般处理流程为：

（1）判断是否符合相关适用情形，当事人未能达成协议或者赔偿协议，当事人应当拨打“110”或当地报警电话报警并向投保保险公司进行报险。财产损失等可自行协商的事故中，当事人报警的，交通警察及警务辅助人员可以指导当事人自行协商处理，当事人要求交通警察到场进行处理的，公安机关交通管理部门应当指派交通警察到现场调查处理。

（2）交通警察到事故现场勘查固定现场证据后，当事人按照交通警察指令将车辆撤离现场。当事人无法及时移动车辆影响通行和交通安全的，交通警察应当将车辆移至不妨碍交通的地点。

（3）撤离现场后，交通警察应根据现场固定的证据和当事人、证人陈述等，认定并记录道路交通事故发生的时间、地点、天气、当事人姓名、驾驶证号、联系方式、机动车种类和号牌、保险凭证号、交通事故形态、碰撞部位等，并根据当事人的行为对发生道路交通事故所起的作用以及过错的严重程度，确定当事人的责任，制作道路

交通事故认定书,并由当事人签名。不具备当场制作条件的,交通警察应当在三日内制作道路交通事故认定书。道路交通事故认定书应当送达当事人,并由当事人签名,但如果当事人拒绝签名或接收的,交通警察可直接在事故认定书上注明情况,不影响事故认定书的生效。

(4)保险公司对损失进行确认或双方协商同意的物价评估中心对损失进行鉴定。

(5)当事人共同请求调解的,公安机关交通管理部门可以当场进行调解,调解成功的,在道路交通事故认定书上记录调解结果,并由当事人签名。当事人应当按照调解书确定的内容履行各自的义务,如需要向保险公司索赔的,则应将所需材料收集齐备后向保险公司办理理赔手续。

(6)双方不同意调解或不能达成协议的,当事人可持相关证据直接到人民法院提起民事诉讼。

(7)公安机关交通管理部门对当事人违法行为进行行政处罚,当事人可对公安机关交通管理部门事故认定及作出的行政处罚提出异议。

需要注意的是,并非所有简易程序处理的事故都适用于调解。如果存在当事人对交通事故认定存有异议等特殊情形,即便当事人提出调解请求,也不适用调解,具体的不适用调解的事故情形见图 1 – 17。但对存在的特殊情形,及某一方的调解意愿等内容,交通警察可以在道路交通事故认定书上载明。符合简易程序的处理情形,见图 1 – 18。

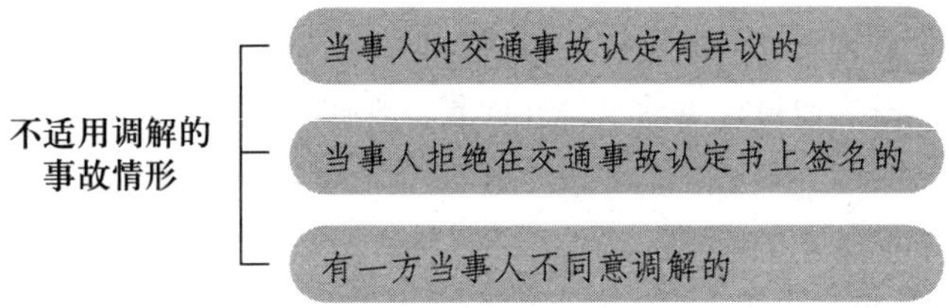

图 1 – 17　不适用调解的事故情形

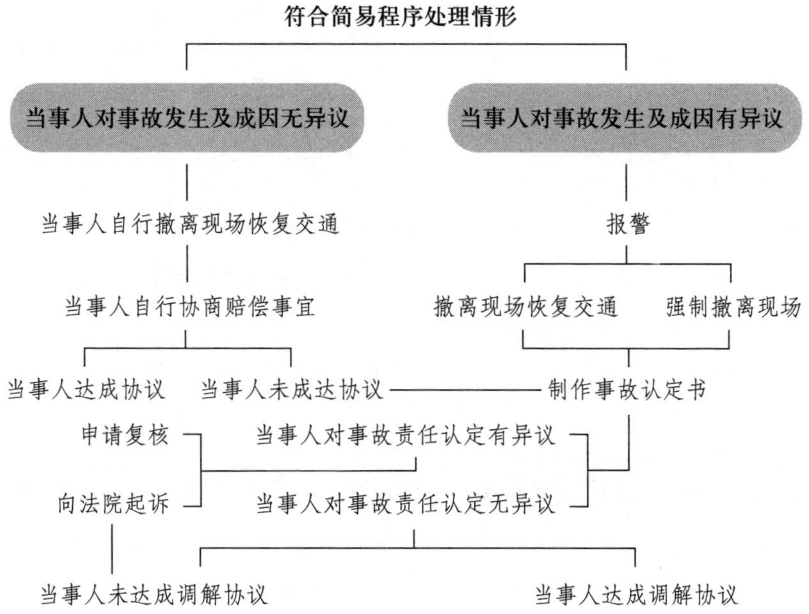

图1－18　符合简易程序处理情形

（二）普通程序处理

普通程序即为交通事故的一般处理程序。较之前规定，《道路交通事故处理程序规定》对简易程序处理事故的范围，以事故中是否涉及“伤人”及“死亡”作为事故处理程序的划分依据，将不涉及交通肇事、危险驾驶犯罪嫌疑的所有财产损失事故，及受伤当事人伤势轻微且各方当事人一致同意适用简易程序处理的伤人事故，都列入了简易程序处理的事故范畴。

根据《道路交通事故处理程序规定》的相关规定，除适用简易程序的交通事故外的其他事故都适用普通程序进行处理。

交通事故的一般处理程序包括现场处置及调查、对交通肇事逃逸查缉、检验和鉴定，并最终做出事故责任认定，及组织进行复核。

1. 现场处置工作

公安机关交通管理部门应当按照法律规定，到交通事故现场进行事故处理工作。现场处置工作流程见图1－19。

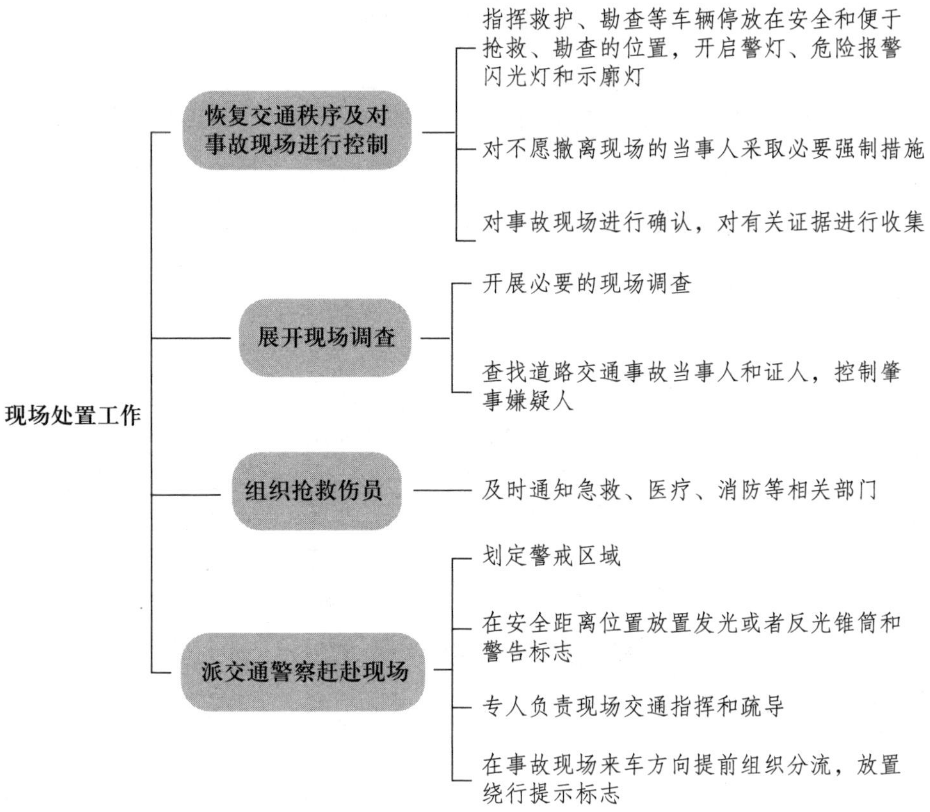

图1－19　现场处置工作流程

2. 调查

道路交通事故的调查处理应当由公安机关交通管理部门负责。公安机关交通管理部门应填写《交通事故受案登记表》,由具备事故处理资格的交通警察(不少于2人)对交通事故进行调查,受案登记表中应当包含下列内容:(1)报警方式、时间,报警人姓名、联系方式,电话报警的,还应当记录报警电话,报警人不报姓名的,应当记录在案。报警人不愿意公开姓名的,应当为其保密。(2)发生或者发现道路交通事故的时间、地点。(3)人员伤亡情况。(4)车辆类型、车辆号牌号码,是否载有危险物品以及危险物品的种类、是否发生泄漏等。(5)涉嫌交通肇事逃逸的,还应当询问并记录肇事车辆的车型、颜色、特征及其逃逸方向、逃逸驾驶人的体貌特征等有关情况。具备处理资格的交通警察见表1－5。

表 1-5　交通警察处理资格

类别	处理资格	
一般资格	经过培训并考试合格	
特殊资格	处理伤人事故	具有事故处理初级以上资格的交通警察主办
	处理死亡事故	具有事故处理中级以上资格的交通警察主办

交通警察在调查时应当向被调查人员出示《人民警察证》,告知被调查人即交通事故当事人依法享有的权利和义务,向当事人发送联系卡。联系卡载明交通警察姓名、办公地址、联系方式、监督电话等内容。

交通警察调查道路交通事故时,应当合法、及时、客观、全面地收集证据。对于发生一次死亡三人以上道路交通事故的,公安机关交通管理部门应当开展深度调查;对造成其他严重后果或者存在严重安全问题的道路交通事故,可以开展深度调查。

交通警察对事故现场开展必要的调查工作及进行道路交通事故现场勘查时,应当按照有关法规和标准的规定,使用执法记录设备,拍摄现场照片,绘制现场图,及时提取、采集与案件有关的痕迹、物证等,必要时应当及时固定、提取或保全相关痕迹、物证等证据。现场调查工作内容见图 1-20。交通警察应当制作现场勘查笔录。发生一次死亡三人以上事故的,应当进行现场摄像,必要时可以聘请具有专门知识的人参加现场勘验、检查。

现场图、现场勘查笔录应当由参加勘查的交通警察、当事人和见证人签名。当事人、见证人拒绝签名或者无法签名以及无见证人的,交通警察应当记录在案。

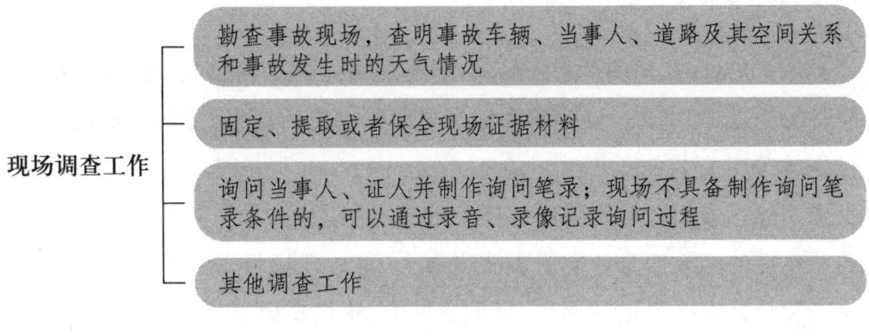

图 1-20　现场调查工作内容

交通警察应当核查当事人的身份证件、机动车驾驶证、机动车行驶证、检验合格标志、保险标志等,并将上述资料记录在案,勘查事故现场完毕后,交通警察应当清点并登记现场遗留物品,迅速组织清理现场,尽快恢复交通。现场遗留物品能够当场发还的,应当当场发还并做记录;当场无法确定所有人的,应当登记,并妥善保管,待所有人确定后,及时发还。

因调查需要,公安机关交通管理部门可以向有关单位、个人调取汽车行驶记录仪、卫星定位装置、技术监控设备的记录资料以及其他与事故有关的证据材料,也可以组织道路交通事故当事人、证人对肇事嫌疑人、嫌疑车辆等进行辨认。

公安机关交通管理部门可以根据收集证据的需要,扣留事故车辆,并开具行政强制措施凭证,公安机关交通管理部门具有保管义务,严禁公安机关交通管理部门指定停车场停放扣留的事故车辆。公安机关交通管理部门不得扣留事故车辆所载货物。对所载货物在核实重量、体积及货物损失后,通知机动车驾驶人或者货物所有人自行处理。

经过调查,不属于公安机关交通管理部门管辖的,公安机关交通管理部门应当将案件移送有关部门并书面通知当事人,或者告知当事人处理途径。

投保机动车交通事故责任强制保险的车辆发生道路交通事故,因抢救受伤人员需要保险公司支付抢救费用的,公安机关交通管理部门应当书面通知保险公司。

抢救受伤人员需要道路交通事故社会救助基金垫付费用的,公安机关交通管理部门应当书面通知道路交通事故社会救助基金管理机构。道路交通事故造成人员死亡需要救助基金垫付丧葬费用的,公安机关交通管理部门应当在送达尸体处理通知书的同时,告知受害人亲属向道路交通事故社会救助基金管理机构提出书面垫付申请。

3. 交通肇事逃逸查缉

事故发生后,无论是财产损失事故,抑或是伤人事故、死亡事故,如存在一方当事人交通肇事逃逸,则另一方当事人应当立即拨打电话报警,并向公安机关报告所掌握的车辆等相关事故信息。

交通事故当事人以外的其他掌握事故信息的人员,亦有义务报警并向公安机关报告所掌握的事故信息。交通事故当事人、事故现场目击人员和其他知情人员均有义务配合公安机关进行调查,提供嫌疑人、嫌疑车辆线索,并配合公安机关对肇事嫌疑人、嫌疑车辆进行辨认。事故现场目击人员和其他知情人员举报事故车辆逃逸,且证明属实的,公安机关交通管理部门应当给予奖励。“事故现场目击人员”主要是指交通事故发生时,事故现场过往的行人、附近的居民、过往的车辆上的驾驶人或其他乘客等。“其他知情人员”是指知悉事故发生情况的人员,包括事后得知相关情况的人员,如汽车修理厂的工人等。

发生交通事故后,停车保护现场、抢救伤者是交通参与者的法定义务,也是驾驶人员的基本职业道德。以下行为可以认定为交通肇事逃逸:(1)明知发生交通事故,驾驶员驾车或弃车逃离事故现场的;(2)认为自己对事故没有责任,驾车离开现场的;(3)驾驶员有酒后或无证驾车嫌疑,报案后弃车离开现场或返回的;(4)驾驶人员将伤者送到医院,未报案且无故离开医院,或给伤者及家属留下假姓名、地址及联系方式后离开医院的;(5)交通事故当事人接受调查期间逃匿的。

在交通肇事逃逸案件发生后,公安机关交通管理部门应立即启动查缉预案,布置警力堵截,并通过全国机动车缉查布控系统查缉。公安机关交通管理部门可以通过发布协查通报、向社会公告等方式要求协查、举报交通肇事逃逸车辆或者侦破线索,发出协查通报或者向社会公告时,公安机关交通管理部门可以公布交通肇事逃逸案件基本事实、交通肇事逃逸车辆情况、特征及逃逸方向等有关情况。接到协查通报的公安机关交通管理部门,应当立即布置堵截或者排查。发现交通肇事逃逸车辆或者嫌疑车辆的,应当予以扣留,依法传唤交通肇事逃逸人或者与协查通报相符的嫌疑人,并及时将有关情况通知案发地公安机关交通管理部门。

公安机关交通管理部门侦办交通肇事逃逸案件期间,交通肇事逃逸案件的受害人及其家属可向公安机关交通管理部门询问案件侦办情况,除依法不应当公开的内容外,公安机关交通管理部门应当告知并做好记录。

4. 检验、鉴定

交通事故发生后,对涉嫌饮酒或者服用国家管制的精神药品、麻醉药品驾驶车辆的人员,公安机关交通管理部门应当按照法律规定及时抽血或者提取尿样等检材,自事故现场调查结束之日起3日内委托具备资质的鉴定机构进行检验、鉴定,现场调查结束之日起3日后需要检验、鉴定的,需要报经上一级公安机关交通管理部门批准。对交通肇事逃逸车辆的检验、鉴定自查获肇事嫌疑车辆之日起3日内委托。

检验、鉴定费用由公安机关交通管理部门承担,但法律法规另有规定或者当事人自行委托伤残评定、财产损失评估的除外。

车辆驾驶人员当场死亡的,公安机关交通管理部门应当及时抽血检验。不具备抽血条件的,应当由医疗机构或者鉴定机构出具证明。尸体检验应当在死亡之日起三日内由公安机关交通管理部门委托进行。尸体检验不得在公众场合进行。为了确定死因需要解剖尸体的,应当征得死者家属同意。死者家属不同意解剖尸体的,经县级以上公安机关或者上一级公安机关交通管理部门负责人批准,可以解剖尸体,并且通知死者家属到场,由其在解剖尸体通知书上签名。死者家属无正当理由拒不到场或者拒绝签名的,交通警察应当在解剖尸体通知书上注明。对身份不明的尸体,无法通知死者家属的,应当记录在案。

尸体检验报告确定后,应当书面通知死者家属在十日内办理丧葬事宜。无正当理由逾期不办理的应记录在案,并经县级以上公安机关或者上一级公安机关交通管理部门负责人批准,由公安机关或者上一级公安机关交通管理部门处理尸体,逾期存放的费用由死者家属承担。对于没有家属、家属不明或者因自然灾害等不可抗力导致无法通知或者通知后家属拒绝领回的,经县级以上公安机关或者上一级公安机关交通管理部门负责人批准,可以及时处理。

公安机关交通管理部门应当与鉴定机构确定检验、鉴定完成的期限,确定的期限不得超过30日。超过30日的,应当报经上一级公安机关交通管理部门批准,但最长不得超过60日。鉴定机构应当在规定的期限内完成检验、鉴定,并出具书面检验报告、鉴定意见,由鉴定人签名,鉴定意见还应当加盖机构印章。公安机关交通管理部门应当对检验报告、鉴定意见进行审核,并在收到检验报告、鉴定意见之日起五日内,将检验报告、鉴定意见复印件送达当事人。

当事人对检验报告、鉴定意见有异议,可自公安机关交通管理部门送达之日起3日内书面申请重新检验、鉴定,经县级以上公安机关交通管理部门负责人批准,原办案单位应当重新委托检验、鉴定。同一交通事故的同一检验、鉴定事项,重新检验、鉴定以一次为限。重新检验、鉴定,公安机关交通管理部门应当另行委托鉴定机构。

自检验报告、鉴定意见确定之日起5日内,当事人可向公安机关交通管理部门申请领取扣留的事故车辆。因扣留车辆发生的费用由作出决定的公安机关交通管理部门承担,但如公安机关交通管理部门通知当事人领取,当事人逾期未领取产生的停车费用由当事人自行承担。经通知当事人30日后不领取的车辆,经公告3个月仍不领取的,对扣留的车辆依法处理。

对精神疾病的鉴定,由具有精神病鉴定资质的鉴定机构进行。

5. 证据

公安机关交通管理部门在处理交通事故时具有调查案件事实,收集证据的当然职责。结合交通事故的特殊属性，涉及的主要证据包括：

(1)物证、书证

物证，是指能够证明案件真实情况的物品和痕迹，如肇事车辆、刹车印痕、当事人现场留下的物品和痕迹等。书证是指以其记载的内容证明案件真实情况的文字材料，如驾驶证、加油发票、车辆材料维修单、病历、医院诊断证明、责任认定书等。

(2)证人证言

证人证言，是指直接或间接了解案件情况的人就其知道的情况向调查人员所做的口头或书面陈述。交通事故中的证人主要是指事故现场的目击者，如乘客、同行者、车主、单位领导、家长及与事故有关联的人员。

(3)当事人的陈述

当事人是导致事故的发生者和亲历者，是交通事故发生的主体，对事故真相比任何人都清楚。当事人的陈述，主要包括驾驶人的基本情况、事故发生的具体过程、有无同行人、车牌号等。

(4)鉴定结论、勘验检查笔录

鉴定结论，是指运用科学技术、专门知识的技能，对交通事故案件中某些专门性问题进行鉴定后所作的书面报告，如法医鉴定、车辆鉴定等。

勘验检查笔录，是指交警部门处理人员依法对交通事故的现场、车辆、尸体、物品及其他证据材料进行勘验、检查所作的书面记载。根据内容的不同，可以分为现场勘验笔录、对人体受伤部位的检查诊断笔录、车辆检验笔录等。

(5)视听资料

视听资料，是指利用录像、录音、电子计算机及其他科技手段反映出的形象、音响来证明案件情况的证据材料。主要包括录音、录像等。

第二章

责任认定、复核与申请调解

一、责任认定与民事赔偿

（一）责任认定与交通事故认定书

交通事故责任认定，是指公安机关交通管理部门根据当事人的违法行为与交通事故之间的因果关系，以及违法行为在交通事故中的作用，对当事人的交通事故责任加以认定的行为。

公安机关交通管理部门应当根据当事人的行为对发生道路交通事故所起的作用以及过错的严重程度，确定当事人的责任。当事人责任划分原则见表2－1。

表2－1　当事人责任划分原则

责任类别	划分原则
全部责任	因一方当事人的过错导致道路交通事故的，由违法行为的一方承担全部责任
区分责任	因两方或者两方以上当事人过错导致交通事故的，根据其行为对事故发生的作用以及过错的严重程度，分别承担主要责任、同等责任和次要责任
无责任	各方均无导致道路交通事故的过错，属于道路意外事故的，各方均无责任
特殊责任	发生交通事故后当事人逃逸的，逃逸的当事人承担全部责任
	故意破坏、伪造现场、毁灭证据的当事人承担事故全部责任
	为逃避法律责任追究，当事人弃车逃逸以及潜逃藏匿的，如有证据证明其他当事人也有过错，可以适当减轻责任，但同时有证据证明逃逸当事人有故意破坏、伪造现场、毁灭证据情形的，不予减轻

交通事故责任认定的主要程序有:(1)公安机关交通管理部门对现场进行勘查、调取证据,询问当事人和证人,绘制现场勘查图,并由公安机关交通管理部门对事故中收集的证据材料进行统一审查;(2)对交通事故所涉当事人在交通事故中的交通行为进行分析,确定当事人是否存在违章违法行为;(3)就当事人的违章违法行为与事故之间的因果联系进行分析、研究,确定当事人是否承担责任以及承担责任大小;(4)确定当事人是否负有责任后,公安机关交通管理部门依据相关法律法规规定对交通事故责任人进行责任认定;(5)由交通警察提出处理意见,部门进行讨论后由公安机关交通管理部门领导进行审批(简易程序处理的案件除外)。

归纳实务操作惯例,同等责任、次要责任、无责任等责任的划定主要以公安机关交通管理部门的自由裁量为依据。公安机关交通管理部门判定当事人负全部交通事故责任的行为主要有12种:(1)当事人逃逸,造成事故现场变动,证据灭失,公安机关交通管理部门无法查证事故事实的;(2)当事人故意破坏、伪造现场,毁灭证据的;(3)当事人驾驶车辆遇红灯继续同行造成事故的;(4)驾驶车辆越过禁止穿越的道路中心线或隔离设施造成交通事故的;(5)驾驶机动车进入非机动车道或非机动车通行范围内,与同向行驶的非机动车发生碰撞的;(6)驾驶车辆在人行道或行人通行范围内与行人发生碰撞的;(7)驾驶车辆与依法在人行横道内通行的行人发生碰撞的;(8)未避让执行紧急任务的警车、消防车、救护车、工程救险车发生事故的;(9)当事人驾驶车辆的装载物遗失、飘散,导致发生交通事故的;(10)当事人驾驶机动车倒车时,与车后其他车辆、行人发生交通事故的;(11)当事人驾驶非机动车在非机动车道逆行,与顺向行驶的非机动车发生事故的;(12)当事人驾驶非机动车在非机动车道超越同向行驶的非机动车发生交通事故的。

公安机关交通管理部门判定当事人负主要事故责任的行为主要有14种:(1)车辆在路口未按规定让行而发生事故的;(2)车辆在路口未按交通信号通行发生事故的;(3)车辆违反右侧通行规定,未各行其道而发生事故的;(4)车辆在路段未按规定让行发生事故的;(5)车辆未按规定变更车道,借道通行发生事故的;(6)机动车未按规定会车,后车未与前车保持安全距离而发生事故的;(7)机动车未按规定调头而发生事故的;(8)机动车未按规定超车而发生事故的;(9)机动车未按规定停放而发生事故的;(10)机动车违反规定装载而发生事故的;(11)机动车未按规定行车、停车发生的乘车人事故的;(12)行人未按规定通行而发生事故的;(13)当事人未按照规定施工、作业而发生事故的;(14)当事人未按规定设置广告牌、管线而发生事故的。

公安机关交通管理部门对交通事故责任的认定以交通事故认定书的形式呈现。交通事故认定书是公安机关交通管理部门通过对现场的勘查、技术分析和进行检验、鉴定后所出具的法律文书。交通事故认定书是公安机关交通管理部门认定道路交通事故事实、划分责任的基本依据。公安机关交通管理部门应当在法律规定的期限内制作交通事故认定书,并送达给事故当事人。事故认定书作出期限见图 2 – 1。对于有条件的地方公安机关交通管理部门,可以采取互联网的方式公布道路交通事故认定书。

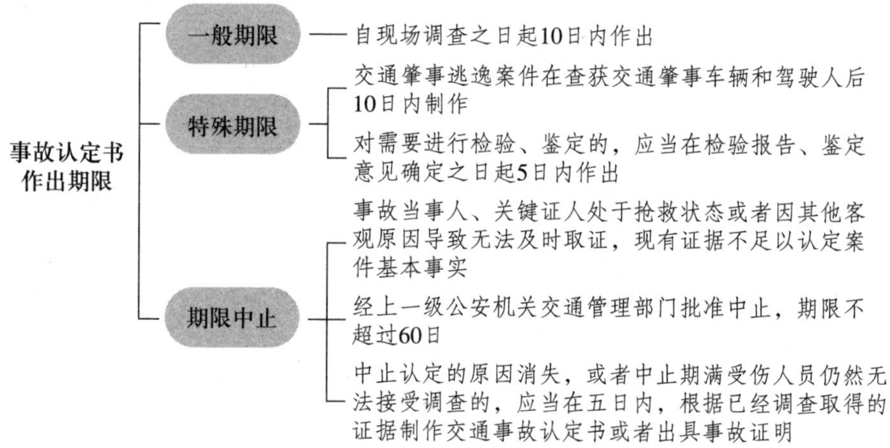

图 2 – 1　事故认定书作出期限

发生死亡事故以及复杂、疑难的伤人事故的,公安机关交通管理部门应当在制作道路交通事故认定书或者道路交通事故证明前,召集各方当事人到场,公开调查取得证据。但证人要求保密或者涉及国家秘密、商业秘密以及个人隐私的证据不得公开。当事人不到场的,公安机关交通管理部门应当予以记录。

公安机关交通管理部门应当根据交通事故现场勘验、检查情况,并可以经过有关部门的检验、鉴定,及时制作交通事故认定书,作为处理交通事故的证据。交通事故认定书应当载明交通事故的基本事实、成因和当事人的责任,并送达当事人。事故责任认定书应当载明的主要内容见图 2 – 2。

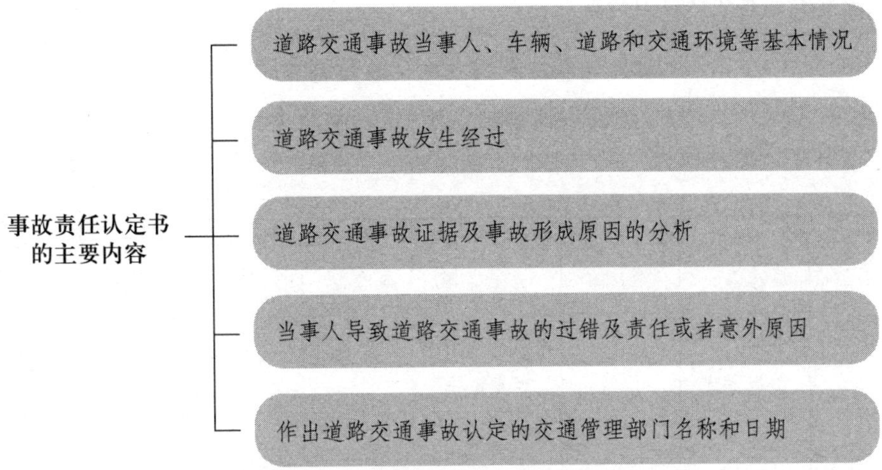

图2－2　事故责任认定书的主要内容

道路交通事故认定书应当由交通警察签名或者盖章，加盖公安机关交通管理部门道路交通事故处理专用章，在制作后3日内分别送达当事人，并告知当事人向公安机关交通管理部门申请复核、调解和直接向人民法院提起民事诉讼的权利、期限。

交通事故认定书并不因为当事人不签字便不生效。交通事故认定书是公安机关交通管理部门单方面的行政行为，不需当事人签字认可。当事人如对交通事故认定书不服，可在3日内向上级部门申请复核，即使当事人不签字，交通事故认定书仍然有效。

当事人收到道路交通事故认定书后，可以查阅、复制、摘录公安机关交通管理部门处理道路交通事故的证据材料，但证人要求保密或者涉及国家秘密、商业秘密以及个人隐私的，按照有关法律法规的规定执行。公安机关交通管理部门对当事人复制的证据材料应当加盖公安机关交通管理部门事故处理专用章。

附:道路交通事故认定书样本

××市公安局××交通警察大队
道路交通事故认定书(简易程序)
第×号

<table>
<tr><td colspan="2">事故发生时间</td><td></td><td>事故发生地点</td><td colspan="2"></td><td>天气</td><td></td></tr>
<tr><td rowspan="3">当事人1</td><td>姓名</td><td></td><td>住址</td><td></td><td rowspan="3">保险公司名称及保单号</td><td rowspan="3" colspan="2"></td></tr>
<tr><td>身份证号码</td><td></td><td>车型及车牌号</td><td></td></tr>
<tr><td>交通方式</td><td></td><td>联系电话</td><td></td></tr>
<tr><td rowspan="3">当事人2</td><td>姓名</td><td></td><td>住址</td><td></td><td rowspan="3">保险公司名称及保单号</td><td rowspan="3" colspan="2"></td></tr>
<tr><td>身份证号码</td><td></td><td>车型及车牌号</td><td></td></tr>
<tr><td>交通方式</td><td></td><td>联系电话</td><td></td></tr>
<tr><td>交通事故事实及责任</td><td colspan="7">当事人__________、__________ (印章)
交通警察__________ 年 月 日</td></tr>
<tr><td>损害赔偿调解经过</td><td colspan="7">当事人__________、__________ (印章)
交通警察__________ 年 月 日</td></tr>
</table>

特殊情形中的伤人事故,经各方当事人一致书面申请,经县级以上公安机关交通管理部门负责人批准,公安机关交通管理部门可以根据已经取得的证据,自当事人申请之日起五日内制作道路交通事故认定书。这里的特殊情形,主要包括:(1)当事人不涉嫌交通肇事、危险驾驶犯罪的;(2)道路交通事故基本事实及成因清楚,当事人无异议的。

未查获交通肇事人和车辆的,公安机关交通管理部门可以暂不出具交通事故认定书,但是一旦查获交通肇事逃逸人和车辆的,应当在10日内制作交通事故认定书。

对于未查获交通肇事逃逸人和车辆的,受害一方当事人要求出具交通事故认定书的,公安机关交通管理部门应当在接到当事人书面申请后10日内,确定各方当事人责任,制作道路交通事故认定书,并送达受害方当事人。道路交通事故认定书应当载明事故发生的时间、地点、受害人情况及调查得到的事实,以及受害方当事人的责任。

交通事故认定书除载明交通事故发生的时间、地点、受害人情况及调查得到的事实外，在责任认定上，实行严格的责任原则，即对于受害人来讲，有证据证明其存在过错的，确定受害人的责任，无证据证明其有过错的，确定受害人无责任。

交通肇事逃逸案件侦破后，已经制作了道路交通事故认定书的，应当按照规定重新确定责任，制作道路交通事故认定书，分别送达当事人。重新制作的道路交通事故认定书除应当载明的基本内容外，还应当注明撤销原道路交通事故认定书。

以案说法

2020 年 4 月 12 日 2 时，刘某在某市二环路上被一辆奥迪汽车撞成重伤，肇事司机驾车逃逸，刘某被路人送往医院住院治疗，共花去医疗费 8 万余元，后经医疗鉴定为九级伤残。

公安机关交通管理部门鉴于肇事车辆目前尚未查获，建议暂不出具交通事故认定书，但刘某强烈要求公安机关交通管理部门出具交通事故认定书，公安机关交通管理部门应当如何做?

根据我国现有的法律法规规定，未查获交通肇事人和车辆的，可以暂不出具交通事故认定书，但一旦查获，则应当依法在 10 日内制作交通事故认定书。

对于未查获交通肇事逃逸人和车辆的，交通事故损害赔偿当事人要求出具交通事故认定书的，公安机关交通管理部门可以出具交通事故认定书，认定书中应当载明交通事故发生的时间、地点、受害人情况及调查得到的事实。

此外，认定书中还应当严格责任，即对受害人来说，如果有证据证明其存在过错的，确定受害人的责任，无证据证明其有过错的，确定受害人无责任。当然，需要指出的是，受害人是否有过错，事实上其并不需要承担相关举证责任。

对于受害一方当事人来讲，如果已对肇事者有一定线索，可以在找到肇事者或车辆后再要求公安机关交通管理部门出具交通事故认定书，但如果对肇事者或者车辆线索不多，也可以要求公安机关交通管理部门出具交通事故认定书。交通事故认定书的出具是受害人日后合法合理提出赔偿要求的有利有效证据。

特殊情况下，道路交通事故责任适用推定。所谓责任推定，是指在预先设定的某种情况下，由公安机关交通管理部门推定当事人应负某种责任，而无论是否应该负某种责任，这是在特殊情况下认定事故责任的特殊方法，如经调查，能客观认定责任的，则仍需按规定认定责任。只有公安机关交通管理部门在根据现场情况无法认定责任的前提下，才能运用推定责任。责任推定的主要情形见图2－3。

《道路交通事故处理程序规定》明确规定当事人具有以下情形之一的，承担事故的全部责任：(1)发生道路交通事故后逃逸的；(2)故意破坏、伪造现场、毁灭证据的。同时，《道路交通事故处理程序规定》也规定了例外情形，即当事人弃车逃逸以及潜逃藏匿为逃避法律责任追究，但有证据证明其他当事人也有过错的，可以适当减轻责任，但如果当事人同时具有破坏、伪造现场或毁灭证据的，则不予减轻。

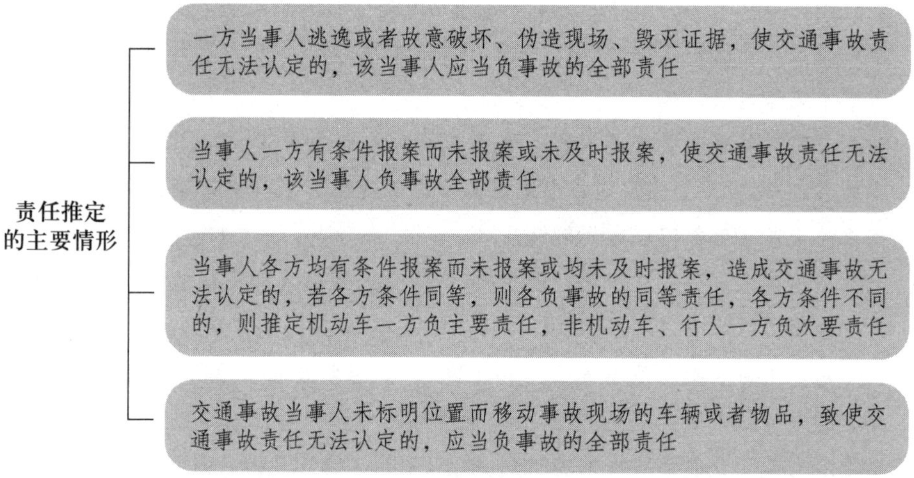

图2－3　责任推定的主要情形

交通事故基本事实无法查清、成因无法判定的，事故任何一方当事人均可要求公安机关交通管理部门出具道路交通事故证明，载明交通事故发生的时间、地点、当事人情况及调查得到的事实等。公安机关交通管理部门出具道路交通事故证明后，应当分别送达当事人，并告知申请复核、调解和提起民事诉讼的权利、期限。

对于尚未查明身份的当事人，公安机关交通管理部门应当在道路交通事故认定书或者道路交通事故证明中予以注明，待身份信息查明以后，制作书面补充说明送达各方当事人。

(二)事故责任与民事赔偿责任

公安机关交通管理部门仅是确认当事人在事故中所负的事故责任，并不确定责任方赔偿份额的承担比例。交通事故认定书是公安机关交通管理部门通过交通事故现场勘查、技术分析和有关检验、鉴定，分析查明交通事故的基本事实、成因和当事人责任后所出具的法律文书，是公安机关交通管理部门处理交通事故的主要依据。

公安机关交通管理部门作为职能部门，负责在交通事故发生后的第一时间到事故现场进行事故调查，故其根据调查结果做出的交通事故认定书一般能较为客观地反映交通事故的基本事实和成因，据此作出的责任认定也相对较为准确。且交通事故认定书形式上是由公安机关做出，本身具有很强地公信力，因此，交通事故认定书可以在民事赔偿诉讼过程中作为证据使用。

但尽管如此，也并非意味着交通事故认定书中认定的内容就应成为交通事故损害赔偿案件中人民法院确认案件相关事实的依据。交通事故认定书在人民法院确定事故双方当事人所需承担的责任时，虽说是重要的证据，但还需要查证，需举证、质证，并在综合考量双方当事人的过错程度的前提下，方可成为划分责任的参考依据。

实践中，大多数案件的民事责任是根据事故责任进行确定的，这主要是因为大多数交通事故案件中，除公安机关交通管理部门对事故责任认定存在明显过错外，双方当事人亦难以举证证明对方存在其他过错。没有充足的证据能够推翻公安机关交通管理部门确定的事故责任，人民法院经审查认为应当确认交通事故认定书的证明力，故根据事故责任认定书所反映的双方当事人的过错程度来确定民事责任。

当事人要承担多少责任，当事人可比对交通事故认定的责任比例，结合事故的实际情况，在调解中通过协商或在诉讼程序中由人民法院确定赔偿的比例。如经认定不负事故责任的一方，在交通事故中存在违法行为，人民法院也可能判决其对事故承担一定的赔偿责任。

经人民法院综合现场各类证据及询问笔录等，认定公安部门公安机关交通管理部门作出的交通事故责任划分确有错误的，在审理案件时，可对该责任认定书不予采信。人民法院可根据事故现场图、照片及其他证据作出正确的事故责任认定，并根据该事故责任认定做出裁判。

以案说法

2019 年 11 月 7 日 10 时许，在北京市丰台区刘家路，郭某驾驶电动三轮车由东向西行驶，适有车牌号为京 QR××××小客车由西向东在路边停放，电动三轮车左前挡板与京 QR××××小客车右前部接触，京 QR××××小客车损坏。经公安机关交通管理部门认定,郭某负事故的全部责任,王某作为京QR××××小客车车主对事故不负责任。2019年11月15日,王某将车辆送去维修,共支付修理费42749元。

另查明事故发生时郭某系全峰物流公司员工,事故发生在工作期间。全峰物流公司对事故认定不予认可,在庭审中提供了事故现场附近的道路情况及交通标识照片,欲证实王某的京QR××××小客车停车位置属于禁停区域。

本案处理的关键为区分交通事故责任与民事赔偿责任。民事赔偿责任与交通事故责任是存在区别的。

交通事故责任是车辆驾驶人员、行人、乘车人以及其他在道路上进行与交通有关活动的人员,因违反道路交通安全法等相关法律法规,或存在过错行为,造成人身伤亡或财产损失所应承担的责任,强调的是"行政责任"。交通事故责任由交警部门依照职权确定。

民事赔偿责任是人民法院在事故认定书的基础上依据侵权责任法等相关法律法规和司法解释,并结合事故相关人员的过错程度、因果关系来确定的民事赔偿的分担责任,强调的是"民事责任"。民事赔偿责任是法院依照审判权来确定。

事故认定书作为事故发生后的第一手证据,可信度高,是民事责任认定的基础和前提,人民法院应将事故责任作为民事责任认定的重要依据,但是并非唯一依据,在具体案件的审理中,法官将结合案件的具体情况,合理分配当事人之间赔偿责任的承担比例。

本案中,事故认定书虽认定郭某在事故中承担全部责任,但考虑到此次事故中王某将车辆停放在设有禁停标志的路段,其行为亦存在一定过错,应当承担相应的责任。又鉴于王某违章停车行为尚不足以造成事故,事故的直接起因仍系郭某未做到安全驾驶。结合事故具体情况,最后人民法院判定郭某承担70%民事赔偿责任,且因郭某发生事故时正在履行职务,故相应的赔偿由全峰物流公司承担。

此外,交通事故认定结论的依据与民事侵权中责任依据有所区别,其关系见图2-4,事故认定责任不完全等同于民事法律赔偿责任,当交通事故认定书认定的责任大小与实际侵权人对事故发生的原因力大小不匹配时,应当再综合考虑事故发生的原因力、具体情节及各方的过错程度等因素,确定各方的赔偿责任。

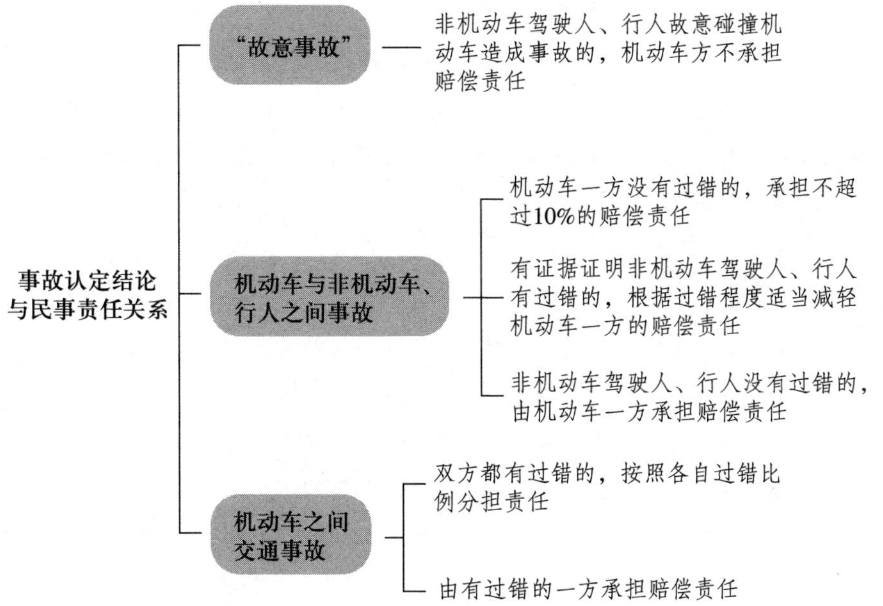

图2-4　事故认定结论与民事责任关系

根据我国法律规定，基于交通事故的损害事实，直接受害人、间接受害人、死者的近亲属等赔偿权利人均可要求事故侵权人等人承担相应的赔偿责任。赔偿权利人范围见表2-2。

表2-2　赔偿权利人范围

赔偿权利人	具体范围
直接受害人	直接遭受人身损害或财产损害的自然人、法人或其他组织
间接受害人	因交通事故直接指向的对象以外的，因法律关系或者社会关系的媒介作用而受到损害的人
近亲属	当直接受害人死亡，受害人的近亲属，亦可作为赔偿权利人向赔偿义务人主张损失赔偿
特殊权利人	直接受害人为单位的，该单位在事故发生后至赔偿请求前，被分立、合并的，承继原有单位相关权利的人有权作为损害赔偿权利人向赔偿义务人主张赔偿
	直接受害人如已死亡，而实际支付其医疗费或丧葬费等合理费用的人并非死者的近亲属情形下，实际支付相关合理费用的人可在支付的费用范围内向赔偿义务人主张损害赔偿

相对于赔偿权利人,承担赔偿义务的人则为赔偿义务人,也即赔偿责任人。赔偿义务人,是指交通事故中因承担事故侵权责任或者其他赔偿义务依法对受害人等权利人承担赔偿责任的自然人、法人或其他组织。赔偿义务是基于事故车辆相互碰撞而引起的,主要的赔偿义务人有直接侵权人、车辆所有者及管理人、肇事车辆的承保保险公司等。

以案说法

2020年8月12日2时,李某驾驶小汽车沿某快速公路由东向西行驶时与步行进入该公路的王某相撞,事故造成王某受伤,车辆受损。

公安机关交通管理部门认为事故现场道路为东西走向,道路设有中心绿化隔离带、主辅路绿化隔离带,快速公路进出路口均设有“禁止行人进入”标志,该快速公路为车辆专用封闭道路,最后认定李某和王某负事故的同等责任。

王某诉至人民法院,要求李某在交强险限额范围外承担60%的赔偿责任。

道路交通活动的参与者都应当遵守交通安全法规,行人不得进入高速公路、城市快速路或者其他封闭的机动车专用道。

本案事故发生在凌晨,发生在封闭的机动车专用车道,且道路进出口均设有明显的禁入标志,王某存在明显的行为过错,应当根据其过错程度适当减轻李某的赔偿责任。

王某要求李某在交强险限额范围外承担60%的赔偿责任,难以得到人民法院的支持,根据本案情况,李某在交强险限额范围外承担40%~50%的赔偿责任。

(三)特殊事故责任认定中的民事赔偿责任

1. 事故责任为同等责任

如果两方均为机动车,首先由肇事车辆投保的保险公司在交强险限额、范围内承担赔偿责任,对于超出交强险范围限额的部分,一般参照事故责任按照50%的比例确定民事赔偿责任。不同情形责任承担比例见表2-3。如果在确定民事责任时,有证据证明一方的过错程度明显高于另一方,或者一方存在明显的道路运行优势,则可对民事赔偿比例进行适当的调整。如果一方损失未超过交强险限额、范围,则由保险公司在交强险限额、范围内承担全部赔偿责任,交强险限额、范围内的损失无须按照双方的过错区分赔偿比例。

当事人在处理事故赔偿事宜时，有权按照100%比例向保险公司要求就其交强险限额范围内款项进行索赔，对于超出交强险范围限额内的损失，再按照相应的民事赔偿责任比例要求保险公司进行分担。

表2-3　不同情形责任承担比例

不同双方	责任承担比例
双方均为机动车	由保险公司在交强险范围内承担赔偿责任
	超出交强险范围限额的部分，参照事故责任按照50%的比例确定民事赔偿责任
一方为机动车，另外一方为非机动车	由保险公司在交强险范围内承担赔偿责任
	超出交强险范围限额的部分，参照事故责任，比照道路运行优势，非机动车承担30%～50%赔偿责任，机动车承担50%～70%赔偿责任
双方均为非机动车	适用过错责任原则，参照事故责任按照50%的比例确定民事赔偿责任，如果当事人能够举证推翻事故责任认定书的除外

2. 事故责任为主次责任

事故责任为主次责任时，对超出交强险责任限额范围的损失，民事赔偿比例一般由负主要责任的一方承担较多的赔偿责任，由负次要责任的一方承担较少的赔偿责任，具体的赔偿比例不局限于主要责任承担70%，次要责任承担30%。如果有证据证明一方过错程度明显高于另一方，或者一方存在明显的道路运行优势，赔偿责任可根据事故责任进行适当调整。在实践中，基于双方的责任过错，主要责任承担80%、70%、60%均有可能。

3. 事故责任无法认定

一般情况下，公安机关交通管理部门处理事故会依法确定事故责任，但也存在一些公安机关交通管理部门无法查清事故事实、无法确定事故责任的交通事故。对事故责任无法确定的交通事故，公安机关交通管理部门出具道路交通事故证明，记载其能够查清的部分事实，比如时间、地点、当事人情况、现场路况或者双方的联系方式等。

公安机关交通管理部门虽不能确定事故责任，但在诉讼过程中，人民法院仍然必须通过审理而对案件事实做出认定，并在此基础上确定当事人是否应当承担民事赔偿责任。法院应当首先尽最大可能地穷尽一切能够反映案件事实的证据材料,如道路交通事故案卷、鉴定意见书、证人证言、当事人的陈述等;在穷尽证据材料的基础上,法院方能适用证据规则对案件事实进行综合审查判断,并对案件事实做出最终结论。

人民法院在对案件事实做出认定后,需要对事故的赔偿责任进行划分,现人民法院通用“优者危险负担”原则。“优者危险负担”是指在难以分清双方各自的过错责任的情况下,考虑交通事故双方当事人对道路交通安全注意义务的轻重,按机动车辆危险性的大小以及危险回避能力的优劣,分配交通事故的赔偿责任。事故责任不清赔偿责任承担见表2-4。

具体来说,即为交通事故责任无法认定,推定机动车负全责,“机动车与非机动车驾驶人、行人之间发生交通事故的,由机动车投保的保险公司在机动车第三者责任强制保险范围限额内予以赔偿,超过责任限额的,非机动车驾驶人、行人没有过错的,由机动车一方承担赔偿责任,有证据证明非机动车驾驶人、行人有过错的,根据过错程度适当减轻机动车一方的赔偿责任”。

表2-4 事故责任不清赔偿责任承担

<table>
<tr><th>事故责任人</th><th colspan="2">赔偿责任分担</th></tr>
<tr><td rowspan="2">双方均为机动车</td><td colspan="2">双方当事人均可举证证明对方在交通事故中存在过错,根据双方各自的过错比例分担责任</td></tr>
<tr><td colspan="2">无法确定双方当事人过错的,由双方平均分担赔偿责任</td></tr>
<tr><td rowspan="2">一方机动车,另一方非机动车、行人</td><td rowspan="2">过错推定处理</td><td>机动车方不能举证证明非机动车驾驶人或行人有过错的,由机动车一方承担赔偿责任</td></tr>
<tr><td>机动车方能够举证证明非机动车方、行人有过错的,根据过错程度可适当减轻机动车方的赔偿责任</td></tr>
<tr><td rowspan="2">双方均为非机动车</td><td colspan="2">双方当事人均可以举证对方在事故中存在过错,根据双方各自过错的比例分担责任</td></tr>
<tr><td colspan="2">无法确定双方当事人过错的,由双方平均分担赔偿责任</td></tr>
</table>

以案说法

2020年5月22日23时40分许,马某驾驶出租车沿北某路由西向东行驶至有交通信号控制的北某路与东某路交叉路口时,与高某驾驶的小汽车发生碰撞,事故造成高某受伤,两车受损。公安机关交通管理部门经调查认为无法查明高某发生交通事故时的行驶路线，且无证据证明马某或高某是否违反交通信号灯，交通事故责任无法查清。本案中，各方当事人民事责任如何确定？

公安机关交通管理部门未能作出交通事故责任认定，人民法院可以根据现场勘验笔录，并结合双方当事人证据，依据道路交通安全法等相关法律法规的规定确定各方当事人的民事责任。

无法确定机动车碰撞的交通事故责任的，由未尽注意义务且对周围环境危险性较大，风险控制能力较强的一方对损害后果承担赔偿责任。双方均存在过错，但因未在事故现场及时报警或其他原因致使事故现场证据灭失，或现有证据无法证明双方的过错程度，则无法进行事故责任认定的，应推定双方应承担事故的同等民事赔偿责任。

在一起交通事故中，若存在多个驾驶人及多辆机动车，致使多辆车辆发生连环碰撞，即成立连环交通事故。根据我国相关法律规定，二人以上没有共同故意或者共同过失，但其分别实施的数个行为间接结合发生同一损害后果的，应当根据过失大小或者原因力比例各自承担相应的赔偿责任。多方车辆驾驶人主观虽不存在共同故意或过失，但多方的肇事行为却共同造成了受害人的人身或财产损害的后果，故多方驾驶人均应承担相应的赔偿责任。如在此类情况下无法确定多方驾驶人对损害后果发生的原因力大小，仍应推定多方驾驶人承担同等赔偿责任。

二、复核

交通事故复核申请是交通事故当事人对公安机关交通管理部门作出的责任认定或事故证明有异议时实施的一种救济行为。公安机关交通管理部门制作的交通事故认定书或事故证明书，是作为交通事故案件的证据使用的，不属于具体行政行为，因此，如果当事人对事故责任认定或出具的事故证明不服，不能提起行政诉讼。如果当事人对交通事故认定书牵连的民事赔偿不服的，可以向人民法院提起民事诉讼。

根据《道路交通事故处理程序规定》第 71 条的规定，当事人对道路交通事故认定或出具的事故证明有异议的，可以自道路交通事故认定书或事故证明书送达之日起 3 日内，提出书面复核申请。交通事故复核申请程序见表 2 - 5。复核申请应当载明复核请求及其理由和主要证据。当事人逾期提交复核申请的，不予受理，并书面通知申请人。

表2-5 交通事故复核申请程序

<table>
<tr><th>内容</th><th colspan="2">程序要求</th></tr>
<tr><td rowspan="3">申请主体</td><td rowspan="3">交通事故当事人</td><td>当事人本人</td></tr>
<tr><td>当事人为无民事行为能力人,其法定代理人可以代理人身份代理其提起复核申请</td></tr>
<tr><td>当事人在事故中丧失民事行为能力的,其近亲属可以征得当事人同意后以当事人的名义申请复核</td></tr>
<tr><td>申请时间</td><td colspan="2">当事人申请事故责任复核的期限为3日,超过3日,上一级公安机关交警部门将不再受理</td></tr>
<tr><td rowspan="2">申请程序</td><td colspan="2">通过作出事故认定书或事故证明的交通管理部门提出申请</td></tr>
<tr><td colspan="2">直接向上一级机关提出申请</td></tr>
</table>

当事人作为复核申请人,可以直接通过作出道路交通事故认定或出具道路交通事故证明的公安机关交通管理部门提出复核申请,也可直接向上一级公安机关交通管理部门提出复核申请。复核申请应当载明复核请求及其理由和主要证据。同一事故的复核以一次为限。

复核申请人通过作出道路交通事故认定的公安机关交通管理部门提出复核申请的,作出道路交通事故认定的公安机关交通管理部门应当自收到复核申请之日起2日内将复核申请连同道路交通事故有关材料移送上一级公安机关交通管理部门。复核申请人直接向上一级公安机关交通管理部门提出复核申请的,上一级公安机关交通管理部门应当通知作出道路交通事故认定的公安机关交通管理部门自收到通知之日起五日内提交案卷材料。

附:复核申请样本

交通事故责任认定复核申请书

申请人:(姓名、性别、居民身份证号码、民族、住址、联系方式等)

被申请人:(姓名、性别、居民身份证号码、住址、联系方式等)

申请人于×年×月×日收到×交通警察大队作出的×号道路交通事故认定书/道路交通事故证明书,申请人对事故责任认定/证明书中所载明的内容持有异议,现依据新《事故处理程序规定》提出复核申请。

复核请求:

1. 请求依法撤销×交通大队作出的×号道路交通事故认定书/道路交通事故证明书;

2. 依法认定被申请人×负事故的×责任/依法确认×内容。

事实及理由:(陈述异议理由,结合证据材料进行陈述)……

此致

×市公安局交通警察×队

申请人:×××

×年×月×日

除当事人逾期提交复核申请的情形外,上一级公安机关交通管理部门收到复核申请之日即为受理之日。交通管理部门复核的内容见图2-5。上一级公安机关交通管理部门自受理复核申请之日起30日内,对相关案件事实进行审查并作出不同的复核结论:(1)道路交通事故事实是否清楚,证据是否确实充分,适用法律是否正确;(2)道路交通事故责任划分是否公正;(3)道路交通事故调查及认定程序是否合法;(4)出具道路交通事故证明是否符合规定。复核原则上采取书面审查的办法,但是当事人提出要求或者公安机关交通管理部门认为有必要时,可以召集各方当事人到场,听取各方当事人的意见。办理复核案件的交通警察不得少于2人。

上一级公安机关交通管理部门经审查根据不同情形,可对事故认定书做出不同的复核结论。(1)原道路交通事故认定事实清楚、证据确实充分、适用法律正确、责任划分公正、调查程序合法的,作出维持原道路交通事故认定的复核结论。(2)上一级公安机关交通管理部门认为调查及认定程序存在瑕疵,但不影响道路交通事故认定的,在责令原办案单位补正或者作出合理解释后,可以作出维持原道路交通事故认定的复核结论。(3)上一级公安机关交通管理部门认为原道路交通事故认定有事实不清、主要证据不足、适用法律错误、责任划分不公正或调查及认定违反法定程序可能影响道路交通事故认定等情形之一的,应当作出责令原办案单位重新调查、认定的复核结论,原办案单位应当在10日内依照重新调查,重新制作道路交通事故认定书,并撤销原道路交通事故认定书。

同理,上一级公安机关交通管理部门经审查,可以根据不同情形,对道路交通事故证明作出不同的复核结论。(1)认为事故成因确属无法查清,应当作出维持原道路交通事故证明的复核结论;(2)认为事故成因仍需进一步调查的,应当作出责令原办案单位重新调查、认定的复核结论。原办案单位应当在10日内重新调查,重新制作道路交通事故证明,并撤销原道路交通事故证明。

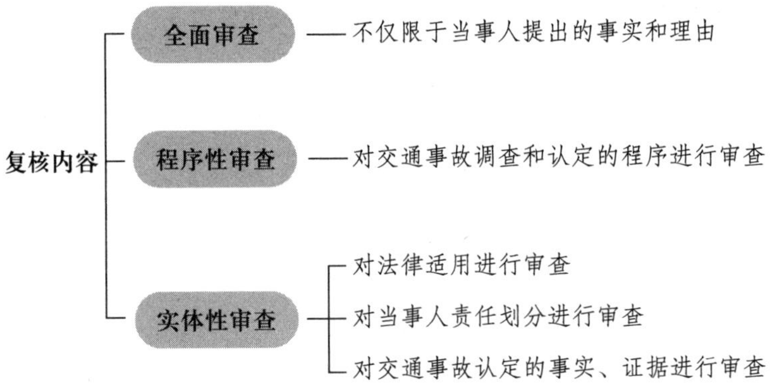

图2-5　交通管理部门复核的内容

上一级公安机关交通管理部门作出复核结论后,应当在做出复核结论后3日内将复核结论送达各方当事人。公安机关交通管理部门认为必要的,可以召集事故各方当事人,当场宣布复核结论,当事人没有到场的,可采取其他法定形式将复核结论送达当事人。上一级公安机关交通管理部门复核以一次为限。当事人不可随意多次启动复核程序。

在复核审查期间,申请复核人可以提出撤销复核申请,当事人提出申请的,公安机关交通管理部门应当终止复核,并书面通知各方当事人。受理复核申请后,任何一方当事人就该事故向人民法院提起诉讼并经人民法院受理的,公安机关交通管理部门应当将受理当事人复核申请的有关情况告知相关人民法院。受理复核申请后,人民检察院对交通肇事犯罪嫌疑人作出批准逮捕决定的,公安机关交通管理部门应当将受理当事人复核申请的有关情况告知相关人民检察院。

按照法律规定,对交通事故责任认定或事故证明不服的救济途径除了申请复核外,还可在民事赔偿诉讼中进行解决,当事人可对公安机关交通管理部门出具的事故责任认定可采取司法审查的救济方法,交由人民法院审查交通事故发生的事实是否与公安机关交通管理部门认定的事实相符,并审查事故双方应负责任是否与公安机关交通管理部门认定的责任相符,同时根据交通事故发生的事实,核对公安机关在适用法律方面是否准确。

人民法院有权根据事实情况,对有错误的事故责任认定或事故证明予以变更。当然,如果当事人仅对交通事故责任认定或事故证明不服,向人民法院提起行政诉讼或民事诉讼的,人民法院不予受理,以上审查仅限于在交通事故损害赔偿纠纷中提起。

另外,根据民事诉讼证据规则,当事人应当对自己的主张提供证据予以证明,交通事故双方当事人谁对交通事故认定书不服,应当向法庭提供证据。当然,公安机关交通管理部门收集的相关证据是公安机关交通管理部门作出事故认定的依据，也是处理事故收集的第一手证据，仅凭事故处理案卷材料，在司法实践中难以推翻公安机关交通管理部门作出的事故认定。

当事人应当从公安机关交通管理部门遗漏的证据角度收集证据，如调取公安机关交通管理部门尚未掌握的录像资料（包括行车记录仪摄影资料）或申请证人出庭作证等。当事人只有提供证据证明交通事故认定书或事故证明书存在错误，才可能否定原有事故认定或事故证明内容，从而争取有利于自己的民事赔偿。

三、申请损害赔偿调解

交通事故发生后，当事人可以采取多种方式解决事故损害赔偿争议。具体种类见图 2－6。申请公安机关交通管理部门调解和到人民法院进行诉讼是最为常见的争议解决方式。此外，法律还鼓励当事人通过申请人民调解委员会调解解决纠纷。

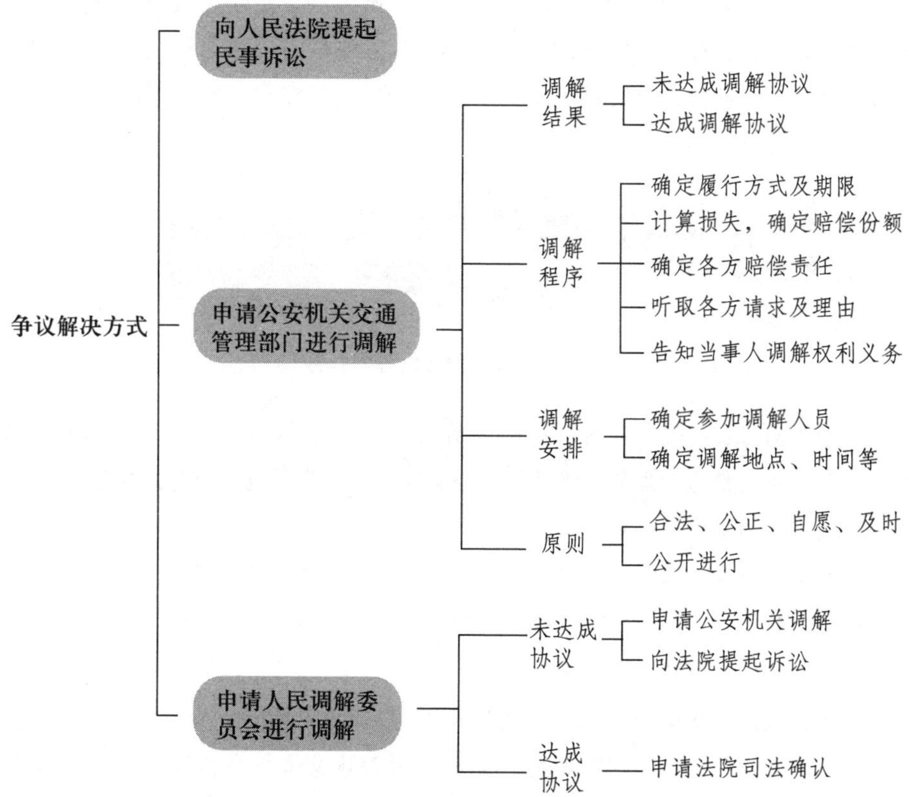

图 2－6　争议解决方式

当事人申请人民调解委员会调解,达成调解协议后,双方当事人认为有必要的,可以根据《中华人民共和国人民调解法》的规定共同向人民法院申请司法确认。当事人申请人民调解委员会调解,调解未达成协议的,当事人可以直接向人民法院提起民事诉讼并在诉讼中申请调解,或者自人民调解委员会作出终止调解之日起三日内,一致书面申请公安机关交通管理部门进行调解。

调解程序不是交通事故赔偿处理的必经程序。公安机关交通管理部门的调解需要当事人双方申请进行,只有双方通过书面申请调解,双方当事人愿意接受调解方案,公安机关交通管理部门才会组织调解。

通过公安机关交通管理部门调解,对于受害人等赔偿权利人来说,能够迅速解决纠纷并很快拿到赔偿款,对于赔偿义务人来说则能够减少损失并有利于后面的保险理赔工作。

是否需要调解,需要双方当事人结合其利益进行综合权衡。调解赔偿的基本条件如图 2-7。事故的事实清楚,证据充分,责任明确,才适宜进行赔偿调解。责任大小是调解的基础,如果责任不明,原因不清,则无法确定赔偿数额,调解的前提不存在。调解需要对各项赔偿数额进行明确,相关赔偿数额的主张,应有相关单据进行佐证。对于各赔偿数额的计算方法应当合理,只有在双方无争议的情况下,方能达成调解协议。

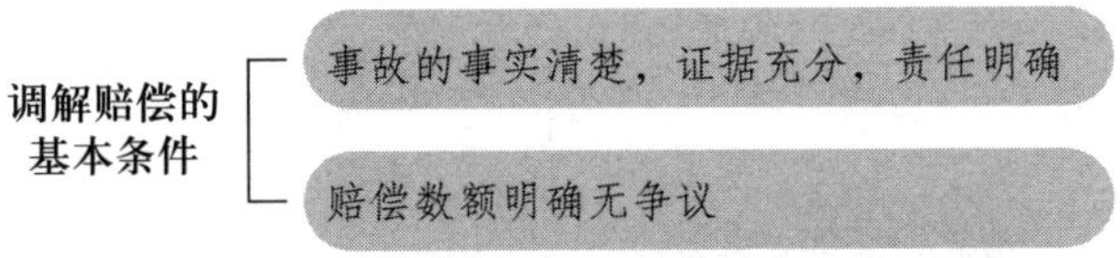

图 2-7 调解赔偿的基本条件

当事人向公安机关交通管理部门申请调解的,应当在收到交通事故认定书或上一级公安机关交通管理部门维持原道路交通事故认定的复核结论之日起 10 日内向公安机关交通管理部门提出。

调解是在事故处理交通警察的主持下进行,事故处理交通警察可以指定调解的时间、地点、方式,并就交通事故损害赔偿的项目、标准、赔偿总额等进行协商,从而达成调解协议。调解程序见表 2-6。

当事人提出调解申请应当以书面形式提出,调解申请书应当写明申请人的姓名、性别、年龄、联系方式、住址等基本信息,以及请求交通警察调解的事项,如事故损害的相关赔偿款项。

表 2－6　调解程序

阶段	具体内容
提出调解申请	一方或双方当事人提出调解申请
	相关部门查明事故原因,认定交通事故责任
	相关部门召集调解人员对损害赔偿进行协调
调解进行时	核实调解人员身份,明确调解人员调解权限
	就赔偿调解的规定对双方当事人进行释明
	交通管理部门对事故损失进行调查,明确损失范围
	组织双方进行协商,并制作调解笔录
调解结束	达成调解协议的,制作调解书,双方签字生效
	未达成调解协议的,交通管理部门制作调解总结

附:交通事故调解申请书样本

道路交通事故损害赔偿调解
申请书

××交通警察大队:

当事人姓名××,性别××,年龄××,身份证号××,车辆牌号××,联系电话××,＿＿＿＿＿现住址或单位××。

本人于×年×月×日×时在×地发生道路交通事故。现请求××公安机关交通管理部门对道路交通事故损害赔偿进行调解。

请求事项:1. ×××

2. ×××

申请人(签名或按指印):×

××××年××月××日

公安机关交通管理部门收到当事人的申请后,应与当事人约定调解的时间、地点,并于调解时间 3 日前通知当事人。口头通知的,记入调解记录。调解参加人因故不能按期参加调解的,应当在预定调解时间一日前通知承办的交通警察,请求变更调解时间。调解过程中,公安机关交通管理部门一般会采取公开方式进行调解,调解时允许旁听,当事人要求不予公开的除外。

赔偿义务人在交通事故损害赔偿调解后,如有可能需要向保险公司进行索赔的,应事先向保险公司询问应提交的手续或证据材料,并可在支付赔偿款的同时要求一并进行处理。

调解参加人员应具有相应的民事行为能力,能够独立进行民事活动,能够认识到自己从事民事活动的法律后果。能够参与调解的主要人员有道路交通事故当事人及其代理人、道路交通事故车辆所有人或者管理人、承保机动车保险的保险公司人员、公安机关交通管理部门认为有必要参加的其他人员。参加调解时当事人一方不得超过三人,如有代理人出席调解,应当出具由委托人签名或者盖章的授权委托书,授权委托书应当载明委托事项和权限。

公安机关交通管理部门在合理的时机组织各方就损害赔偿争议进行调解,如人员受伤应于治疗终结后方能进行调解工作。合理调解时机见图 2 - 8。但是如果公安机关交通管理部门受理调解申请时已超过法律规定的合适时间,调解自受理调解申请之日起开始。

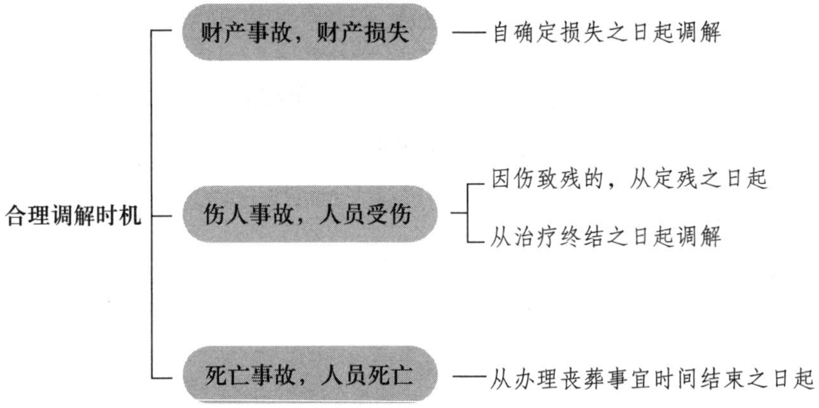

图 2 - 8 合理调解时机

在调解的过程中,双方当事人应当充分自愿,其赔偿权利受对方当事人及公安机关交通管理部门的充分尊重。公安机关交通管理部门在调解时,应当告知道路交通事故各方当事人的权利、义务,充分听取当事人各方的请求,根据法律相关规定合理界定损害赔偿数额及各方当事人的承担比例等,确定赔偿履行方式及期限。公安机关交通管理部门调解后,一般在 10 日内制作道路交通事故损害赔偿调解书或者道路交通事故损害赔偿调解终结书。

因确定损害赔偿的数额,需要进行伤残评定、财产损失评估的,由各方当事人协商确定有资质的机构进行,但财产损失数额巨大涉嫌刑事犯罪的,由公安机关交通管理部门委托。当事人委托伤残评定、财产损失评估的费用,由当事人承担。

经调解达成协议的,公安机关交通管理部门应当当场制作道路交通事故损害赔偿调解书,由各方当事人签字,分别送达各方当事人。调解书内容见图2－9。调解书中载明调解依据、道路交通事故认定书认定的基本事实和损失情况、损害赔偿的项目和数额、各方的损害赔偿责任及比例、赔偿履行方式和期限、调解日期。

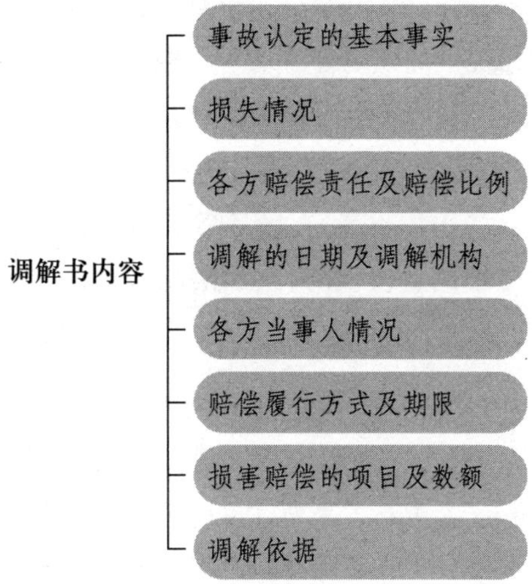

图2－9 调解书内容

经调解各方当事人未达成协议的,公安机关交通管理部门应当终止调解。当事人可持相关证据到人民法院提起民事赔偿诉讼,以维护自己的合法权益。

此外,以下三种情形也会造成公安机关交通管理部门终止调解:(1)在调解期间有一方当事人向人民法院提起民事诉讼的;(2)一方当事人无正当理由不参加调解的;(3)一方当事人调解过程中退出调解的。

关于调解时机及分寸,当事人应当特别把握。比如,发生重大事故,事故致人重伤、死亡或者使公私财产遭受重大损失,有可能构成交通肇事罪的情形中,如果公安机关没有立案,检察院没有提起公诉的,受害人等赔偿权利人可以提起刑事自诉附带民事赔偿,利用追究肇事方刑事责任作为民事赔偿谈判的筹码,以最大限度地争取自己的合法权益。

调解时,需要考量肇事方是否有足够的能力支付赔偿款。肇事方如果属于大公司或者有足够的财产可以支付赔偿款的,受害人等赔偿权利人可坚持要求更高的赔偿款,若实在调解不成,也能够通过诉讼方式使其权益得到维护;但如果说肇事方属于个人、非本地人或者没有支付能力,那么建议受害人可在调解赔偿的过程中适当做出让步。当然,如果说肇事方的车辆购买有足额的商业三者险,那么对于交通事故造成的损失,在商业三者险限额内的,肇事方可以向保险公司理赔。

调解书生效后,赔偿义务人不履行的,权利人可以向人民法院提起民事诉讼。权利人的诉讼请求并不限于赔偿调解事项,可以提出新的请求。

经公安机关交通管理部门组织调解后,调解书已经签收并已履行完毕,当事人能否反悔,应当在不同情况下加以区分。对于已履行完毕的调解协议,双方当事人又无重大误解或显失公平的,当事人对调解协议反悔,诉讼过程中难以得到人民法院的支持;但如果双方当事人存在重大误解,或者调解协议对于一方当事人明显显失公平,如当事人对自己的伤情不了解,伤残等级构成估算错误等情况,一方当事人反悔,提起诉讼要求撤销调解协议时,人民法院会对调解协议内容,结合当事人的具体情况,重新作出合理、合法的裁决。

以案说法

2020 年 3 月 1 日,李×酒后驾驶轿车在国道 318 线掉头时,导致刘×驾驶的两轮摩托车倒地,造成刘×受伤及摩托车受损的交通事故。县公安局(名山县公安局)对事故责任作出认定,由李×承担事故的主要责任,刘×承担事故的次要责任。刘×在县中医院(四川省天全县中医院)检查治疗期间,刘×的妻子王×与李×达成协议约定:由李×补偿刘×医疗费用 1000 元,以后发生的任何费用与对方无关。李×在协议达成后按约定向王×支付了 1000 元现金。刘×在县中医院及其门诊(天全县中医院门诊治疗)治疗期间支付医疗费 1269.1 元、交通费 64.1 元。2020 年 6 月 8 日,××鉴定中心(雅安××司法鉴定中心)对刘×伤残等级进行评定,结论为刘×构成 10 级伤残。

经查明,李×驾驶车辆的交强险保险期限已届满,且其未及时续保。刘×以在其治疗期间王×与李×私下达成赔偿协议,其并未参与赔偿协议的订立为由,提起诉讼,请求判令李×赔偿交通事故各项损失合计 66610.1 元的 80%,即 53288.08 元,扣除李×已支付的 1000 元,尚应赔付 52288.08 元。

李×辩称:交通事故发生后,刘×的伤情经县中医院检查并无大碍,本人遂与王×达成赔偿协议,本人已经补偿给刘×妻子王×1000 元并取得了收条,故此后发生的任何费用均与本人无关,刘×明知赔偿协议内容,亦认可该协议效力,故请求驳回刘×的诉讼请求。

法院判决：原告刘×因交通事故造成的损失共计16634.8元，被告李×赔偿原告刘×损失的80%即13307.84元，扣除已支付的1000元，还应给付12307.84元；驳回原告刘×其他诉讼请求。

交通事故发生后，受害人配偶在受害人伤情尚未明确的情况下与肇事者达成赔偿协议，因受害人未参与协议签订且事后未追认，故受害人配偶的行为属于无权代理。同时，鉴于协议对受害人的伤残程度估计不足，未考虑到伤残结果对生活费增加及劳动收入减少等情形，严重损害受害人利益，显失公平。据此，不能依据该协议确定肇事者的赔偿责任。

实务中，绝大多数的当事人因法律意识淡薄，常出现亲属代签赔偿协议的情形，也因此产生赔偿协议效力确认的争议。在司法实践中，当事人亲属代签赔偿协议的效力如何认定，应当注意以下两点：（1）代签人身损害赔偿协议行为的性质。我国法律建立了民事代理制度，民事代理即指代理人以被代理人名义实施民事代理行为，其法律后果归属于被代理人的情形。（2）代签的人身损害赔偿协议的效力认定。亲属的代签行为只有在构成表见代理、获得追认或者默示追认的情况下代签的人身损害赔偿协议才有效。即受害人具有完全民事行为能力，在未得到其本人同意的前提下，其他亲属代签协议不构成表见代理，未经受害人本人追认的，该代签协议应为无效。即使构成表见代理，但亲属签订协议的行为损害了受害人的权益时，该代理行为也应认定为无效。

第三章

机动车常见保险与赔偿责任

一、机动车交通事故责任强制保险

机动车保险包括机动车交通事故责任强制保险和商业保险，交通事故发生后，保险公司在交强险责任范围限额和商业险合同约定范围内承担相应赔偿责任。车辆保险责任范围见图3－1。

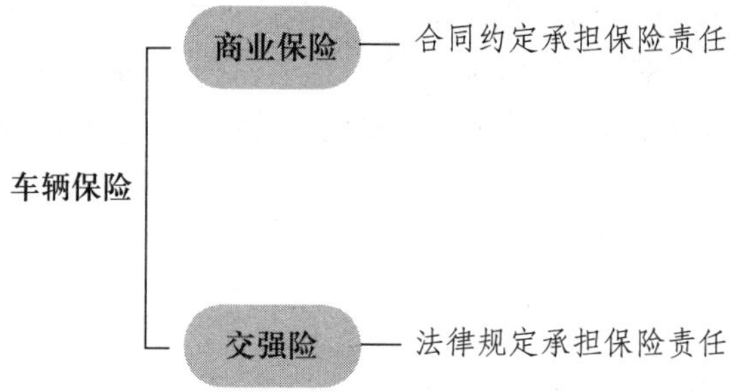

图3－1　车辆保险责任范围

（一）交强险为强制保险

交强险全称为“机动车交通事故责任强制保险”，是由保险公司对被保险机动车发生交通事故造成受害人（不包括本车人员和被保险人）的人身伤亡、财产损失，在责任限额、范围内予以赔偿的一种强制性责任保险。

交强险是法定险，是中国首个由国家法律规定强制实行的保险制度。交强险制度与登记制度、强制报废制度合称为我国对机动车管理实行的三大制度。根据我国相关法律法规规定，机动车的所有人或者管理人应对其在我国境内道路上行驶的机动车投保交强险。每辆机动车必须且只能投保一份交强险，重复保险无效。

交强险对于维护道路交通通行者人身财产安全、确保道路通行安全发挥了重要的作用，同时对减少法律纠纷、简化处理程序，确保受害人及时获得有效的赔偿，减轻交通事故肇事方的经济负担等均具有重要意义。

机动车辆的所有人或管理人，应当按照规定为车辆投保交强险，未投保交强险的风险见图3－2。诉讼中，未依法投保交强险的机动车发生交通事故造成损害，当事人请求投保义务人在交强险责任限额范围内予以赔偿的，人民法院应予以支持，当投保义务人和侵权人不是同一人的时候，当事人请求投保义务人和侵权人在交强险责任限额范围内承担连带责任的，人民法院应予支持。

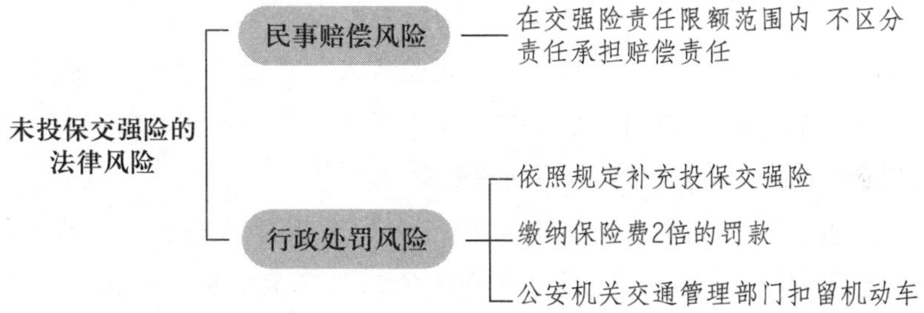

图3－2　未投保交强险的风险

具有从事交强险业务资格的保险公司违法拒绝承保、拖延承保或者违法解除交强险合同，投保义务人在向第三人承担赔偿责任后，可以主张保险公司在交强险责任限额范围内承担相应赔偿责任。

交强险的保险期间为1年，在一些特殊情况下，如境外机动车临时入境的、机动车临时上路行驶的、机动车距规定的报废期限不足1年或原保监会规定的其他情形，机动车的所有人或者管理人可以根据车辆需要使用的情况，投保短期交强险。

以案说法

2021年1月17日6时许，吴某驾驶无号牌二轮摩托车从梅西均田往龙虎方向行驶至某路段时，与相对方向由余某驾驶的粤×××××起亚牌小汽车发生碰撞，事故造成车辆受损、吴某受重伤后送医院抢救无效死亡。经公安机关交通管理部门认定，吴某与余某负事故的同等责任。

吴某在抢救期间共花去医疗费1万余元，修理车辆花费2000余元。肇事车辆为余某所有，该车辆于2020年12月1日自刘某处购买，但余某未及时办理过户手续，且车辆交强险于2020年12月15日到期，余某未及时为车辆续保。吴某的近亲属是否有权要求余某在交强险责任限额范围内先行赔偿各项损失20万元。

肇事车辆未投保交强险与受害人不能获得保险公司责任限额内的赔偿有直接的因果关系,投保义务人违反了投保交强险的法定义务,该不法行为产生的法律后果不应当由受害人承担。

本案中,肇事车辆虽登记在刘某处,但余某为实际车主,为车辆的实际支配者,为交强险的投保义务人。余某未及时为车辆续保,造成交强险脱保,产生的法律后果应当由余某承担。

对受害人的损失,肇事车辆车主或实际支配人应当先行按照相当于交强险的责任限额内赔偿,剩余部分再由其与受害人按照过错比例进行分担。吴某近亲属要求先不区分责任,由余某在交强险责任限额范围内先行赔偿各项损失符合法律规定,可以得到人民法院的支持。

需要指出的是,根据2020年9月19日开始实施的《关于实施车险综合改革指导意见》规定,交强险责任限额从原本的12.2万元提高到20万元,其中死亡伤残赔偿限额从11万元提高到18万元,医疗费用限额从1万元提高至1.8万元,财产损失赔偿限额则维持不变。故本案中,吴某近亲属只能根据以上限额进行主张,其余部分再根据过错比例进行分配主张。

中国银保监会《关于实施车险综合改革指导意见》优化了交强险道路交通事故费率浮动系数。改革意见中,在提高交强险责任限额的基础上,结合各地区交强险综合赔付率水平,在道路交通事故费率调整系数中引入区域浮动因子,浮动比率中的上限保持30%不变,下浮由原来最低的-30%扩大到-50%,提高对未发生赔付消费者的费率优惠幅度。对于轻微交通事故,鼓励受害人与侵权人采取"互碰自赔"、在线处理等方式进行快速处理,并研究不纳入费率上调浮动因素。上述车辆保险改革举动,提升了交强险保障水平,有效减少了车辆投保义务人的投保负担。

(二)交强险中的第三者

交强险保障的是事故车外受害人员也即第三者的利益,第三者是指交强险中被保险人对之负有损害赔偿责任的人。

我国相关法律法规对交强险中的第三者范围作出了限制:被保险机动车发生道路交通事故造成本车人员、被保险人以外的受害人人身伤亡、财产损失的,由保险公司依法在机动车交通事故责任强制保险责任限额范围内予以赔偿。交强险的第三者范围为因交通事故受到人身或财产损害的除被保险机动车本车车上人员、被保险人以外的人。

但是,在车辆修理或者一些特定的情况下,被保险人或者本车人员、驾驶员等都可能成为事故的受害人,在某种情形下,车上人员(本车人员)可能转化为本车交强险保障的第三者。如驾驶员下车后因意外被所驾驶的车辆撞伤、乘车人员因车门未关好或者其他原因被甩出车外致伤害等。

判断是否属于第三者主要基于时间和空间上进行考虑:(1)在时间上,应当以发生交通事故的瞬间为时间节点,符合时间节点则是判定损失和损害的最直接、有效的因素,也即为保险事故中的近因;(2)在空间上,应当以本车为考量对象,即交强险中的本车人员指的是保险事故发生的瞬间,在被保险机动车上位于机动车驾驶室或车厢内等安全部位的人员,不包括原来在车上,但是事故发生瞬间位于车外的人员,也不包括在驾驶室或车厢内等安全部位之外的人员。如公交乘客下车过程中受伤,因乘客已完成下车动作,故应属于交强险中的“第三者”和“受害人”的范围。第三者判断范围见图3-3。

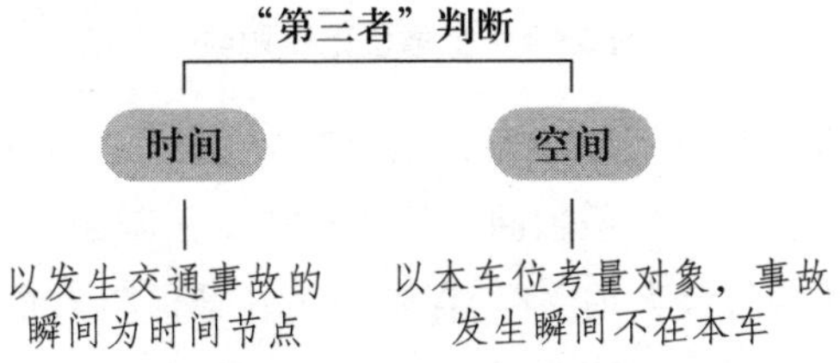

图3-3　第三者判断范围

被保险人驾驶其投保的车辆造成自己损害,不可能成为其本人利益的侵权人,并对自己的损害要求自己赔偿,故被保险人作为驾驶人时,不能纳入第三者的范围,只可能通过购买意外伤害险来承保自己遭受的损害。例外的是,如被保险人并非实际驾驶人及本车上人员,被自己允许的驾驶人驾驶投保的机动车让其受到损害时,可以要求承保的保险公司在交强险范围限额内承担责任。

如果受害人是投保人雇佣的合法驾驶人,不属于自己驾驶车辆投保的交强险的赔偿范围,不能获得自己驾驶车辆投保的交强险赔偿。这种情形也存在例外状况,如车辆存在多个驾驶人,某一驾驶人下车休息(脱离本车人员身份),被其他驾驶人疏忽造成损害,则该驾驶人作为受害人,属于第三者范围。

（三）交强险赔偿范围及限额

交强险特点是强制投保、强制承保，保险公司和投保人如无法定事由都不得擅自解除保险合同。交强险保险具有非营利性，为无责任赔偿，不以被保险机动车承担的赔偿责任比例为前提。交强险范围限额见图 3－4。

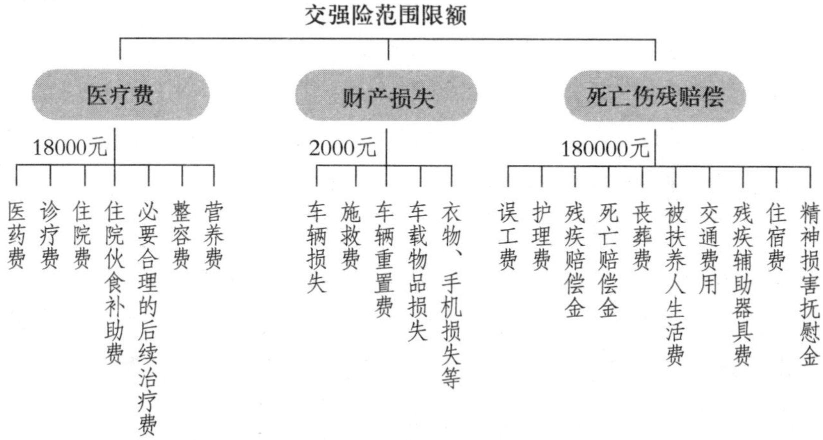

图 3－4　交强险范围限额

交强险的基本理念是：无论被保险人是否在交通事故中负有责任，保险公司均将按照交强险条例以及交强险条款的具体要求在责任限额、范围内予以赔偿。当被保险车辆发生交通事故致人损害时，保险公司在被保险人投保范围内对受害人予以赔偿，被保险人在该范围内的赔偿责任得以免除，保险公司有义务直接对受害人给付赔偿金。

人民法院在审理交通事故赔偿类案件中，一半都将承保交强险的保险公司列为共同被告，但该保险公司已经在交强险责任限额范围内予以赔偿且当事人无异议的除外。

保险公司依据交强险相关法律规定进行赔偿，具有限额及范围的限定，交强险每类项目的赔偿限额不能交叉适用。根据《关于实施车险综合改革指导意见》的规定，交强险的赔偿限额分为三类，医疗费用赔偿限额为 18000 元，死亡、伤残赔偿限额为 180000 元，财产损失赔偿限额为 2000 元。此外，在机动车在道路交通事故中无责任时，交强险的赔偿限额调整为医疗费用赔偿限额为 1800 元，死亡、伤残赔偿限额为 18000 元，财产损失赔偿限额为 100 元。

较之于之前的交强险责任限额，除财产损失赔偿限额维持不变外，死亡伤残赔偿限额和医疗费用赔偿限额均有较大提高，这意味着交通肇事强制赔付数额会更高，有助于保护事故中受伤者的权益。

机动车发生交通事故造成人身伤亡、财产损失的，由保险公司在机动车第三者责任强制保险责任限额范围内予以赔偿；不足的部分，按照下列规定承担赔偿责任：(1)机动车之间发生交通事故的，由有过错的一方承担赔偿责任；双方都有过错的，按照各自过错的比例分担责任。(2)机动车与非机动车驾驶人、行人之间发生交通事故，非机动车驾驶人、行人没有过错的，由机动车一方承担赔偿责任；有证据证明非机动车驾驶人、行人有过错的，根据过错程度适当减轻机动车一方的赔偿责任；机动车一方没有过错的，承担不超过百分之十的赔偿责任。(3)交通事故的损失是由非机动车驾驶人、行人故意碰撞机动车造成的，机动车一方不承担赔偿责任。

以案说法

2020 年 10 月 7 日 20 时许，原告刘某骑电动自行车与被告谈某驾驶的车牌号为沪×出租车(在被告人保公司处承保交强险)相撞，事故造成原告受伤，两车受损。经公安机关交通管理部门认定，原告刘某负事故的全部责任，被告谈某不负事故责任。

事故后，原告刘某至上海某医院进行治疗，共花费医疗费 3521 元，其伤情经司法鉴定评定构成十级伤残，原告刘某车辆经修理花费 800 元。原告刘某诉至人民法院要求被告人保公司在交强险责任范围限额内承担各项赔偿 59823 元。

被告人保公司承保的肇事车辆沪×出租车不负事故责任，应当认定为无过错机动车方。机动车与非机动车驾驶人发生交通事故，无过错的机动车方应当对超过交强险限额的部门承担有限的赔偿责任。原告刘某要求被告人保公司承担的赔偿限额远远超过其应当承担的赔偿责任，难以得到人民法院的全部支持。

本案中，机动车与非机动车驾驶人发生交通事故后产生的损失远超过交强险无责赔偿限额，依据公平原则，可判决由承保人被告人保公司在交强险无责赔偿最高限额内承担赔偿责任，超过交强险无责赔偿最高限额的损失，机动车一方无须再承担赔偿责任。另外，根据中国银保监会《关于调整交强险责任限额和费率浮动系数的公告》的规定，2020 年 9 月 19 日 0 时后发生道路交通事故的,新、老交强险保单均按照新的责任限额执行。本案,被告人保公司根据新责任限额规定,最多应承担医疗费1800元,伤残赔偿金等18000元,车辆修理费等物品损失100元。

交强险的投保具有相对性,涉机动车交通事故中,必然有一方以上应当承担交强险的投保责任,如存在多车相撞,则多车各自都应承担交强险投保责任问题。多车事故交强险承担范围见图3-5。

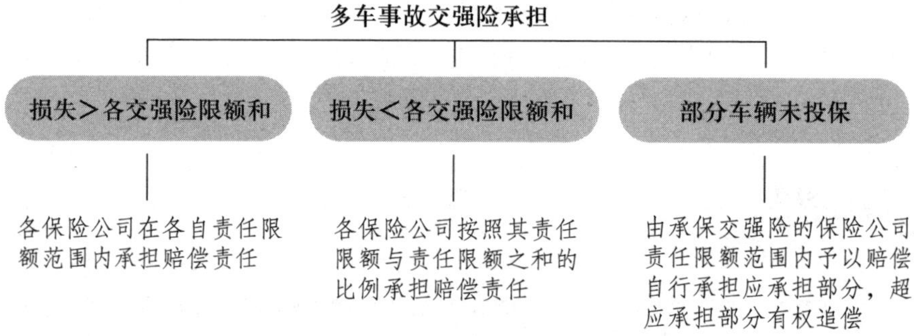

图3-5 多车事故交强险承担范围

在实践中,还可能有同一交通事故存在多个受害人即多个赔偿权利人的情形,在该种状况下,所有被侵权人都应当成为交强险的受偿主体,且所有赔偿权利人的赔偿总和不超过交强险限额。如赔偿权利人的损失均超出或者总和超出交强险责任限额,赔偿权利人需要就交强险限额内赔偿的保险金进行分配,其分配规则为:同一交通事故的多个被侵权人(赔偿权利人)同时起诉的,人民法院应当按照各侵权人的损失比例确定交强险的赔偿限额;如多个被侵权人并非同时起诉,人民法院应根据公平原则,估算各个被侵权人的伤情等损失,适当留存部分限额,便于后起诉的被侵权人顺利主张权利。

(四)保险责任例外及追偿

并非交通事故所有的损失都由保险公司在交强险限额范围内进行赔付。特殊情形中,交强险不负责赔偿和垫付。交强险赔付例外情形见图3-6。

交强险赔付例外情形

- 因受害人故意造成的交通事故的损失
- 被保险人所有的财产及被保险机动车上的财产遭受的损失
- 交通事故致使受害人停业、停驶、停电、停水、停气、停产、通信或者网络中断、数据丢失、电压变化等造成的损失以及受害人财产因市场价格变动造成的贬值、修理后因价值降低造成的损失等其他各种间接损失
- 因交通事故产生的仲裁或者诉讼费用以及其他相关费用
- 不属于道路交通事故产生的各项损失

图 3－6 交强险赔付例外情形

保险公司在机动车交强险责任限额范围内优先承担赔偿责任。发生交通事故后，如果抢救的费用超过交强险限额的，肇事车辆未参加交强险的，或机动车肇事后逃逸的，受害人人身伤亡的丧葬费用、部分或者全部抢救费用，由国家设立的道路交通事故社会救助基金先行垫付，道路交通事故社会救助基金垫付后，其管理机构有权向交通事故责任人追偿。

被保险机动车在驾驶人未取得驾驶资格、驾驶人醉酒、被保险机动车被盗抢期间肇事、被保险人故意制造交通事故等情形下发生交通事故，造成受害人受伤需要抢救的，保险公司在接到公安机关交通管理部门的书面通知和医疗机构出具的抢救费用清单后，按照国务院卫生主管部门组织制定的交通事故人员创伤临床诊疗指南和国家基本医疗保险标准进行核实。对于符合规定的抢救费用，保险公司在医疗费用赔偿限额内垫付。

保险车辆在交通事故中无责任的，保险人在无责任医疗费用赔偿限额内（1800元内）垫付。对于其他损失和费用，保险人不负责垫付和赔偿。对于垫付的抢救费用，保险公司有权向实际侵权人进行追偿。

以案说法

2020 年 10 月 30 日 16 时许，蔡某无机动车驾驶证驾驶河北 DK××××号变形拖拉机，在某处向后溜车时将车后方的行人张某撞倒在地，致使张某受

伤住院。经公安机关交通管理部门认定,蔡某承担事故的全部责任,张某不负事故责任。肇事拖拉机的实际车主为蔡某母亲王某,该车辆在人保财险公司处投保交强险,事故发生在保险期间内。

后张某诉至人民法院,要求被告蔡某、王某赔偿其各项损失78000余元,被告人保财险公司在交强险范围内先行承担赔偿责任。被告人保财险公司辩称本次交通事故系由蔡某无机动车驾驶证驾驶所致,人保财险公司不负赔偿责任。

驾驶人在未取得驾驶资格的情况下,驾驶车辆造成交通事故,使受害人遭受人身损害,此时,在肇事车辆已投保交强险的情况下,承保人虽具有免除部分保险责任的事由,但受害人并非保险合同当事人,不应受保险合同的约束。

本案中承保人即被告人保财险公司虽具有法律规定的免责事由,但仍不得以驾驶人无证驾驶为由拒绝向受害人赔偿,而应在其承担赔偿责任后,根据驾驶人无证驾驶的过错情形向驾驶人行使追偿权。被告人保财险公司的抗辩缺乏依据,应当在保险限额内先行向张某承担赔偿责任。

保险车辆并非因交通事故致第三者损害,交强险不赔。如因在道路上修理轮胎并充气导致轮胎爆炸造成第三者人身或财产损害的,不构成交通事故,保险公司不应承担交强险的赔付责任。

(五)交强险解除

交强险是一种强制保险,交强险合同的解除不同于一般保险合同的解除,交强险合同的解除只有法定解除,而无约定解除。交强险解除的法定情形见图3-7。保险公司基于法定解除情形解除保险合同后,并按照规定退还未投保期间的相应保费。

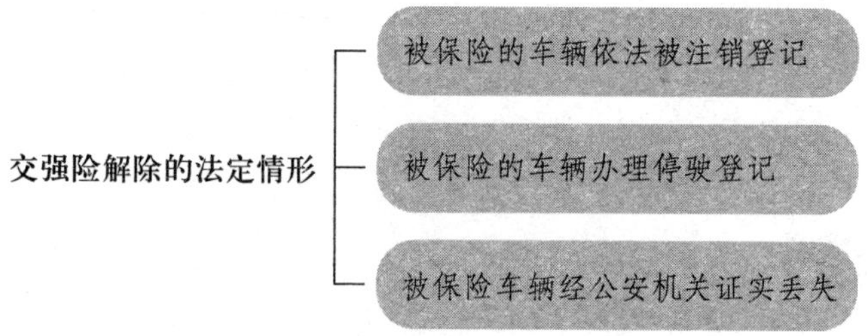

图3-7 交强险解除的法定情形

投保人未履行告知义务发生事故也可能造成保险公司不承担保险责任，并可能使保险合同得以解除。机动车所有权在交强险合同有效期内发生变动，保险公司在交通事故发生后，以该机动车未办理交强险合同变更手续为由主张免除赔偿责任的，难以得到人民法院的支持；机动车在交强险合同有效期内发生改装、使用性质改变等导致危险程度增加的情形的，发生交通事故后，赔偿权利人请求保险公司在责任限额范围内予以赔偿的，依法可以得到支持，且在该情形中，保险公司可以要求投保义务人按照重新核定的保险费标准补足档期保险费。

在上述重要事项发生后，投保人违反告知义务时，保险公司以投保人对重要事项未履行如实告知义务为由解除交强险合同的，应当书面通知投保人，如果投保人在收到该书面通知之日起5个工作日内如实履行了告知义务的，则保险公司不得解除合同，反之，保险公司可以解除合同。

保险公司解除机动车交通事故责任强制保险合同的，应当收回保险单和保险标志，并书面通知机动车管理部门。机动车交通事故责任强制保险合同解除前，保险公司应当按照合同承担保险责任。合同解除时，保险公司可以收取自保险责任开始之日起至合同解除之日止的保险费，剩余部分的保险费退还投保人。

二、商业险

机动车除投保交强险外，承保人一般会自由加投商业保险，常见的商业保险主要有车辆损失险（车损险）、第三者责任险及附加险，如不计免赔责任条款等。

2020年9月19日开始实施的《关于实施车险综合改革的指导意见》拓展和优化商车险保障服务，理顺商业险中主险和附加险责任，在基本不增加投保人保费支出的原则下，支持行业拓展商业险的保障责任范围，并积极引导将机动车示范产品的车损险主险条款在现有保险责任基础上，增加机动车全车盗抢、玻璃单独破碎、自燃、发动机涉水、不计免赔率、无法找到第三方特约等保险责任。《关于实施车险综合改革的指导意见》亦强调要进一步丰富商车险产品，如支持行业制定新能源车险、驾乘人员意外险、机动车延长保修险示范条款，探索在新能源汽车和具备条件的传统汽车中开发机动车里程保险（UBI）等创新产品。引导行业规范增值服务，制定包括代送检、道路救援、代驾服务、安全检测等增值服务的示范条款，为消费者提供更加规范和丰富的车险保障服务。

（一）车辆损失险

车辆损失险属于机动车的基本商业保险，也是《关于实施车险综合改革的指导意见》中重点调整和规范的商车险险种内容。

车辆损失险,是指保险车辆遭受保险责任范围内的自然灾害(不包括地震)或意外事故,造成保险车辆本身损失。车辆损失险的承保范围包括因雷击、暴风、暴雨、洪水等自然灾害和碰撞、倾覆等意外事故造成保险车辆的损失以及相关的施救费用。2020 年 9 月 19 日后,车辆损失险进一步扩展"车辆盗抢、玻璃单独破碎、自燃、发动机涉水、无法找到第三方"等多个保障,不计免赔并入主险,无须单独进行投保,部分原先不属于保险责任的场景,也被纳入了保险责任。较之以前,投保人无须支付额外保费,就可享受更多保障。车辆损失险的赔偿范围及规则见表 3－1。

投保人和保险人约定保险车辆的保险价值并在合同中载明的,保险车辆发生损失时,以约定的保险价值为赔偿计算标准。投保人和保险人未约定保险车辆的保险价值的,保险车辆发生损失时,以保险事故发生时保险车辆的实际价值为赔偿计算标准。保险金额不得超过保险价值。超过保险价值的,超过部分无效,保险人应当退还相应的保险费。保险金额低于保险价值的,除合同另有约定外,保险人按照保险金额与保险价值的比例承担赔偿保险金的责任。

表 3－1　车辆损失险的赔偿范围及规则

分类	赔偿规则	
全部损失	车辆保险金额大于车辆实际价值	以出险时车辆的实际价值为限进行赔偿
	车辆保险金额小于或等于车辆实际价值	以保险合同约定的保险金额为限计算赔偿
部分损失	车辆保险金额等于新车购置价	以实际损失为限计算赔偿
	车辆保险金额小于新车购置价	按照保险金额与新车购置价计算投保比例,按照投保比例计算损失赔偿
损失相加	所谓损失相加,是指在保险年份累计相加计算赔偿额	
	损失赔偿不超过保险金额	保险公司赔付金额等于保险金额的,保险责任终止

为减少争议,在发生事故时,被保险人或肇事人员应当及时报案报险,以及时明确具体的车辆损失,减少在车辆修复修理过程中的不必要争议。车辆修理前,应当由保险人和被保险人共同检验受损车辆,并明确修理的项目、方式及相关费用等。

车辆投保车辆损失险,是对车辆在事故发生时或意外情况下车辆损失的一种补偿,但并非所有的车辆损失都能得到赔偿,如在日常生活中,出现地震、恐怖活动等不可抗力情况,或驾驶人员存在故意或重大过失情形下,保险公司都可能不予赔偿。保险“不赔”情形见图 3－8。

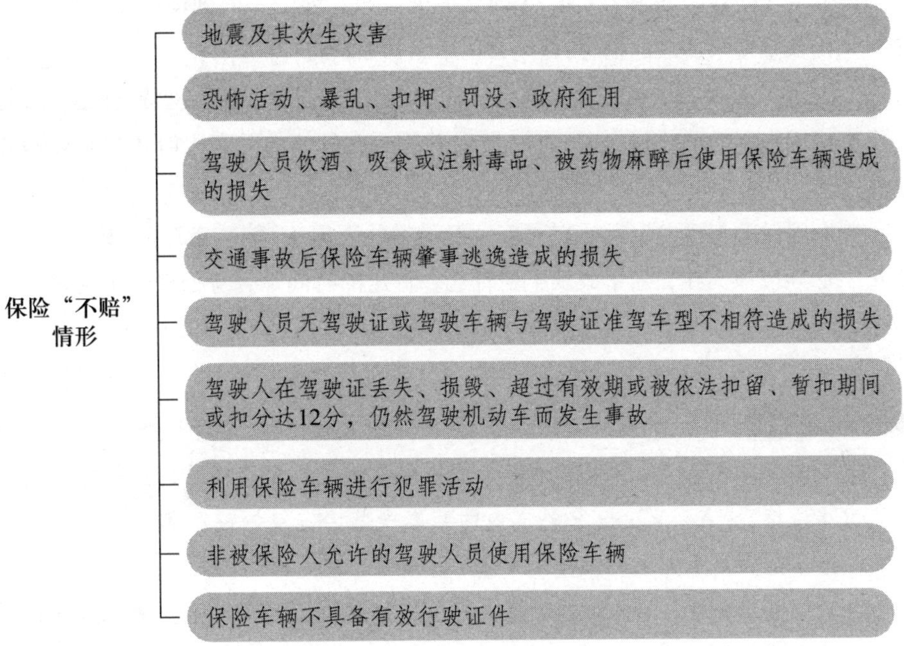

图 3－8　保险“不赔”情形

（二）商业第三者责任险

1. 商业第三者责任险及“第三者”

商业第三者责任险（以下简称商业三者险），是对交强险功能的有效补充。在机动车发生交通事故造成第三人损害时，商业三者险根据保险合同的约定，对于超出交强险各分项赔偿限额的部分负责赔偿。保险“三者”的划分见图 3－9。

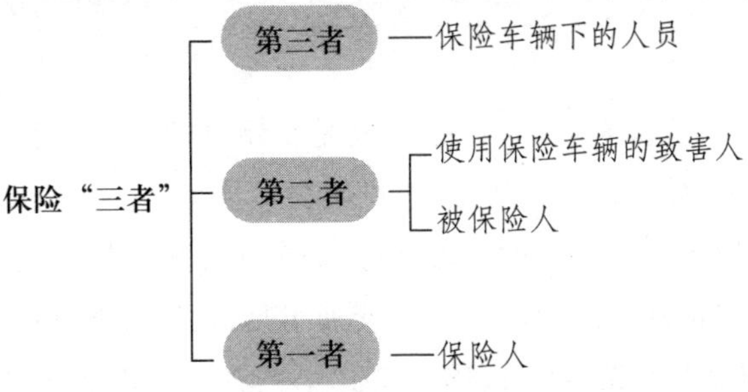

图 3－9　保险“三者”的划分

商业三者险属于机动车所有人或管理人自愿投保的险种,不具有国家强制性。

商业三者险保险期限为1年,投保义务人应当在保险合同到期前及时续保,否则对超出保险期限造成的损害,保险公司不承担赔偿责任。

“第三者”是相对于被保险人的赔偿责任产生的第三者,是个不特定的主体,是一个有范围限制的群体概念,只有当发生事故后有具体的受害人时才被具体和特定化。

判断因保险车辆发生意外交通事故而受害的人属于“第三者”还是属于“车上人员”,必须以该人在交通事故发生当时这一特定的时间是否身处保险车辆之上为依据,在车上即为“车上人员”,在车下即为“第三者”。

以案说法

王某驾驶皖A×××××轿车与刘某驾驶的未投保交强险的正三轮摩托车发生碰撞,皖A×××××轿车内的乘客李某因车辆侧翻坠落河中溺水死亡。李某是否属于皖A×××××轿车的第三者?

交强险及商业三者险种的受害人都是指被保险机动车发生交通事故造成人身伤亡或者财产损失的当事人,但不包括被保险机动车车上人员、被保险人。

车上人员与第三人系基于特定时空条件下的临时身份,其身份会随时空条件的变化而发生变化,判断因保险车辆发生交通事故中的受害人的身份,应当根据受害人在交通事故发生当时这一特定的时间是否身处保险车辆之上为主要依据。在事故发生时在车上即为车上人员,在车下即为第三者,而交通事故发生的时间应从受害者受到伤害时起算。

本案中两车发生碰撞造成交通事故时李某仍为皖A×××××轿车车内人员,而非第三者,因此李某并非皖A×××××轿车的受害人。

在一般情况下,受害人系“车上人员”还是车外的“第三者”是比较容易区分的。例如,受害人如果自始至终都处于车上,则其显然应为车上人员而非第三者;受害人自始至终都在肇事车辆外面的情形,也是非常明显的。但是现实中的交通事故存在复杂性和不确定性,机动车辆是一种交通工具,任何人都不可能永久地置身于机动车辆之上,故车辆保险合同中所涉及的“第三者”和“车上人员”均为在特定的时间、空间情形下的临时身份,而非永久、固定不变的,二者可以因特定时空条件的变化而转化。商业三者险中的第三者详细内容见表3-2。

表3-2　商业三者险中的第三者详细内容

第三者	标准
被保险人	被保险人不能成为"第三者"。第三者应以被保险人是否对其依法承担赔偿责任为标准,被保险人自身显然不构成第三者,亦无法成为"第三者"
	被保险人的人身伤亡或财产损失风险,可以通过人身意外险或其他责任险予以化解
驾驶人	驾驶人同时又是被保险人的,不能成为"第三者"
	驾驶人不是被保险人的,需要区别把驾驶人排除在第三者之外的合同约定是否有效,如果该约定有效,则不能成为"第三者"
	驾驶人不是被保险人的,派出合同约定无效,符合第三者的基本特征,是"第三者"
车上人员	车上人员在车外被所乘机动车造成人身或者财物损害的,除合同另有约定外,保险人应当按照商业三者险承担保险责任
	车上人员在交通事故发生时摔出车外导致伤亡,因事故发生的瞬间即保险起因发生时,车上人员不符合第三者的基本特征,不能成为"第三者"
	车上人员在发生交通事故时摔出车外与所乘机动车发生碰撞造成损伤的,除合同约定外,保险人应按照商业三者险承担赔偿责任
家庭成员	有可能不能成为"第三者":保险条款将家庭成员损失列入免责范围,且保险人就该条款对被保险人予以提示和明确说明,则家庭成员不能被认定为第三者

以案说法

2020年4月3日7时20分左右,林春明驾驶所有人为被告均鼎物流的辽H×××××(辽H××××挂)号解放牌重型半挂牵引车,沿兰南高速南阳至许昌方向行驶至241km+100m处时,车辆发生侧翻,乘坐人刘玉敏被甩出车外被车辆碰撞挤压造成死亡。该事故经交警部门认定,林春明负事故的全部责任,刘玉敏无责任。刘玉敏近亲属于2020年4月27日起诉至法院,请求判令被告赔偿原告各项损失共计755875元。案件审理中,原被告双方对刘玉敏是否属于第三者产生了争议。

交强险及商业三者险中"第三者"排除了交通事故中的驾驶人及其他车上人员,即本车车辆对于事故中的车上人员不予赔偿。但是,对于"第三者"的判读,应当以人员在交通事故发生当时这一特定的时间是否身处保险车辆之上为依据。

本案中，林春明驾驶机动车发生侧翻，刘玉敏被甩出车外被车辆碰撞挤压造成死亡，事故发生时，刘玉敏已处于车辆之外，其死亡原因是受到原“本车”的碰撞挤压。此种情形中，刘玉敏的身份已由“乘坐人”转换为“第三者”，原“本车”的交强险及商业三者险承保保险公司应当承担赔偿责任。

2. 商业三者险与交强险

商业三者险跟交强险功能相似，可以有效地提高机动车使用人在发生交通事故后对第三者的赔偿能力，避免机动车使用人在发生交通事故后陷入巨大的赔偿债务中，转移机动车一方因发生交通事故所引发的赔偿风险。对于受害人而言，侵权人机动车投保三者险，则其损失能够快速得到赔付，有利于伤情的治疗与恢复。

与交强险相比，商业三者险的特点在于：(1)由投保人和保险人自愿订立，不具有强制性；(2)双方可自由协商解除合同；(3)具有营利性；(4)根据事故类型及被保险机动车的事故责任承担赔偿责任。交强险与商业三者险的比较详情见表3－3。

表3－3 交强险与商业三者险的比较详情

<table>
<tr><th colspan="2">比较</th><th>内容</th></tr>
<tr><td rowspan="3">相同性</td><td>范围一致</td><td>都是“三者险”，对本车人员及被保险人的损害不负责赔偿</td></tr>
<tr><td rowspan="2">功能相同</td><td>转移赔偿风险，分担赔偿义务人的赔偿负担</td></tr>
<tr><td>为受害人提供赔偿保障</td></tr>
<tr><td rowspan="8">区别</td><td rowspan="2">法定与自愿的区别</td><td>交强险具有国家强制性，更侧重保护受害人能够及时获得赔偿</td></tr>
<tr><td>商业三者险的投保人自由自愿选择，不具有强制性，侧重转移驾驶机动车方的赔偿风险</td></tr>
<tr><td rowspan="2">保险责任范围不同</td><td>交强险的保险赔偿不以侵权责任为基础，即不管有无责，均应当承担相应的赔付责任</td></tr>
<tr><td>商业三者险针对的是车辆被保险人应当承担的赔偿责任，以机动车一方的侵权责任比例为限</td></tr>
<tr><td rowspan="2">赔偿顺序不同</td><td>交强险先予赔偿</td></tr>
<tr><td>交强险不足赔偿的部分，由商业三者险按照机动车一方应承担的民事责任比例，在责任限额范围内，依据保险合同的约定对受害人予以赔偿</td></tr>
<tr><td rowspan="2">限额不同</td><td>交强险责任限额区分为不同的赔偿项目，不能跨越使用</td></tr>
<tr><td>商业三者险的责任限额不区分赔偿项目</td></tr>
</table>

3. 商业三者险赔付规则

商业三者险并非定额险，2020年9月19日前，保险公司一般将其限额分为5万元、10万元、15万元、20万元、30万元、50万元、100万元、500万元等类别，即5万～500万元档次类别，每个类别分别设定不同的保费，2020年9月19日新保险政策后，为提升商车险责任限额，商业三者险责任限额从5万～500万元档次提升到10万～1000万元档次，以更加有利于满足消费者风险保障需求，更好发挥经济补偿和化解矛盾纠纷的功能作用。投保义务人可根据自身的经济承受能力、机动车经常驾驶区域的经济发展水平、交通事故赔偿标准等各因素确定应当投保的档类。投保的商业三者险责任限额越高，在发生事故后，保险公司能够赔偿的总金额就越高。

商业三者险只赔付超过交强险限额的部分，对于应当由交强险赔偿的损失，商业三者险不负责赔偿。商业三者险的赔付不区分赔偿项目，只要是超出交强险各分项限额的相关损失，都属于商业三者险的理赔范围。商业三者险不包含精神抚慰金，精神损害抚慰金主要是在交强险范围内优先赔付。交强险在其责任限额范围内的赔偿适用无过错原则，无须区分民事赔偿比例。商业三者险的保险责任是依法应当由被保险人承担的赔偿责任，即以被保险人依法应承担的赔偿比例为限。司法实践中，确定商业三者险的赔偿范围前，应当先行确定被保险人超出交强险范围的民事赔偿责任。

同时投保交强险和商业三者险的机动车发生交通事故造成损害，赔偿权利人在诉讼过程中请求将承保商业三者险的保险公司列为共同被告的，人民法院予以准许，可一并进行处理。当事人同时起诉侵权人和保险公司的，应当遵循法定赔付规则。同时投保交强险和商业三者险的法定赔付规则见图3－10。

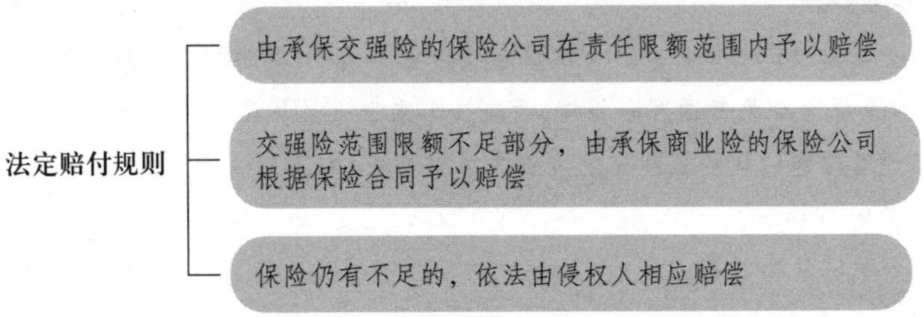

图3－10　同时投保交强险和商业三者险的法定赔付规则

商业三者险具有浓厚的商业色彩,商业保险模式受保险公司的保险条款、投保单和特别约定条款的约束。由于商业保险的趋利性,保险人在保险条款中设定有“责任免除”条款,将其风险分担给被保险人。商业三者险责任免除的范围见表3-4。

表3-4 商业三者险责任免除的范围

类别	具体情形
法定不赔	(1)被保险人及其家庭成员的人身伤亡、所有或代管的财产的损失; (2)本车驾驶人员及其家庭成员的人身伤亡、所有或代管的财产的损失; (3)本车上其他人员的人身伤亡或财产损失
条款约定不赔	(1)地震、扣押、罚没、政府征用; (2) 竞赛、测试,在营业性维修场所修理、养护期间; (3)利用保险车辆从事违法活动; (4)驾驶人员饮酒、吸食或注射毒品、被药物麻醉后使用保险车辆; (5)保险车辆肇事逃逸; (6)驾驶人员具有无证或驾驶车辆与驾驶证准驾车型不相符、专用机械车及特种车人员无有效操作证、营运性客车驾驶人员无有效资格证书等情形的; (7)非被保险人允许的驾驶人员使用保险车辆; (8)保险车辆不具备有效行驶证件; (9)未投保第三者责任保险的车辆(或挂车)或未投保第三者责任保险的其他车辆
间接损失不赔	(1)保险车辆发生意外事故,致使第三者停业、停驶、停电、停水、停气、停产、通信终端的损失以及其他各种间接损失; (2)第三者财产因市场价格变动造成的贬值、修理后因价值降低引起的损失; (3)保险车辆被盗窃、抢劫、抢夺造成第三者人身伤亡或财产损失
故意行为不赔	被保险人或驾驶人员的故意行为造成的损失

以案说法

王某驾驶苏L×××××重型专项作业车,在行驶过程中与刘某驾驶的苏H×××××小型普通客车相撞,致使该车乘坐人员吴某受伤后死亡。公安机关交通管理部门认定王某应负事故的主要责任,刘某应负事故的次要责任,吴某无责任。

经查陈某为苏L×××××重型专项作业车的实际车主,王某为陈某雇佣的驾驶员,陈某为苏L×××××重型专项作业车在中国太平洋财产保险股份有限公司苏州分公司投保了交强险和赔偿限额为50万元的商业三者险,王某持有准驾车型为 A2 的机动车驾驶证，但未有证据证明王某持有相关专项作业车的从业资格证。保险公司能否根据其商业保险合同的约定，拒绝在商业三者险范围内赔偿？

肇事车辆实际车主在保险人处为车辆投保了商业三者险与交强险。商业三者险采用保险人订立的格式条款，格式条款规定驾驶人员无相关从业资格证、许可证等证书即可免除保险人在商业三者险种的赔偿责任。但驾驶员无相关从业资格并不代表其不具有车辆驾驶资格，且不能证实因驾驶人员无从业资格即加重了承保车辆的运行危险程度，且在审理过程中，保险人未提供证据证明已就上述格式条款对被保险人进行明确提示及充分说明。

保险合同中的格式条款实质上是免除了保险人应承担的义务，加重投保人的责任，应认定无效，保险人应根据保险法的相关规定承担赔偿责任。即保险公司在保险合同所订立的加重被保险人责任，免除其应承担义务的格式条款无效，被保险人造成第三者损害的，保险人应依据被保险人的要求直接向第三者赔偿保险金。

保险标的转让的，保险标的的转让人承继被保险人的权利和义务。商业三者险保险标的的转让未经通知、变更、批改，并不必然导致保险合同的无效，保险公司仍需要承担保险责任的法律后果。

批改是指在商业险签订履行过程中，车辆所有权转移后，保险合同作出变更。未经批改，即车辆所有权转移后，保险合同未做变更、批改。机动车商业三者险保险合同是为第三人利益而设立的，承认该合同主体变更后仍然有效，是对传统合同相对性的突破，但从合同成立的目的来看，是否办理批改、通知并不会改变合同设立的初衷。

机动车转让需办理批改手续目的在于便于保险人对保险车辆的规范管理，并不在于免除保险人的赔偿责任，如果在保险合同中约定未办理批改手续导致保险合同无效，是将与保险人经营风险无关的因素纳入了免责的范畴，给被保险人施加了额外的强制性义务，违反了公平原则，该格式条款应当无效。

保险公司不承担保险责任必须同时满足保险标的因所有权转移危险程度显著增加，且被保险人未履行通知义务并由此发生交通事故。所以如果车辆转让并没有导致危险程度的增加，原保险合同承保的基础和条件没有发生改变，那么保险公司的相应保险责任不应当得到免除。

4. 明确提示及充分说明义务

订立保险合同，采用保险公司提供的格式性合同或条款时，保险人应当向投保人说明合同的内容，对免除保险人责任的条款，保险人应当在投保单、保险单或者其他保险凭证上作出足以引起投保人注意的提示，对该条款的内容以书面或者口头的形式向投保人作出明确说明。

保险公司未就免责条款作出提示或者明确说明的，相关条款不产生效力。也即保险人交付了保险条款，并对免责条款进行了加粗处理，保险人进一步提示与说明的，免责条款仍或有效。当事人对保险合同中免责条款的效力发生争议时，保险公司应当举证证明争议的免责条款已经尽到了法律规定的提示及说明义务。

以案说法 ▶▶

2020 年 6 月 24 日，区某在驾驶沪 A×××××货车撞击同向行驶的康某驾驶的车辆后，又撞飞隔离带内行道树木，随后又撞到非机动车道内的骑电动自行车的宋某和行人马某，致使宋某受伤，马某死亡，并造成车辆损害，经公安机关交通管理部门认定，区某驾车时未确保安全且超载，应对事故的发生负全部责任。

区某向事故受害各方作出经济赔偿之后，向车辆投保的保险公司进行理赔，保险公司认为发生事故时车辆超载，依据双方保险条款约定不予赔偿。保险公司观点能否得到支持？

区某因超载发生交通事故并应对事故承担全部责任。

虽然区某的行为符合保险合同中有归案免责条款的规定，但保险公司仅仅凭其在保险单上的特别约定和明示告知内容，并未对保险合同条款作出解释，仅仅起到了提示义务，但对于投保人关于条款的理解并无帮助，不足以证明尽到了明确说明的义务，因此，该免责条款不发生法律效力，保险公司应当履行赔付责任。

保险公司主要通过以下两种方式进行“提示说明”，“提示说明”的类型见图 3－11：(1)保险人通过提供由投保人签字的投保单来完成其举证义务，投保单中的投保人声明处一般记载有“本人已经收到条款全文，仔细阅读了保险条款，尤其是加黑突出标注的、免除保险人责任的条款内容，对保险人就保险条款内容的说明和明确说明完全理解，同意并接受本投保单所载各项内容，申请投保并同意按保险合同约定交纳保险费”等内容。(2)通过网络、电话等方式订立的保险合同，保险人以网页、音频、视频等形式对免除保险人责任条款予以提示和明确说明的，人民法院可以认定保险人履行了提示和明确说明义务。

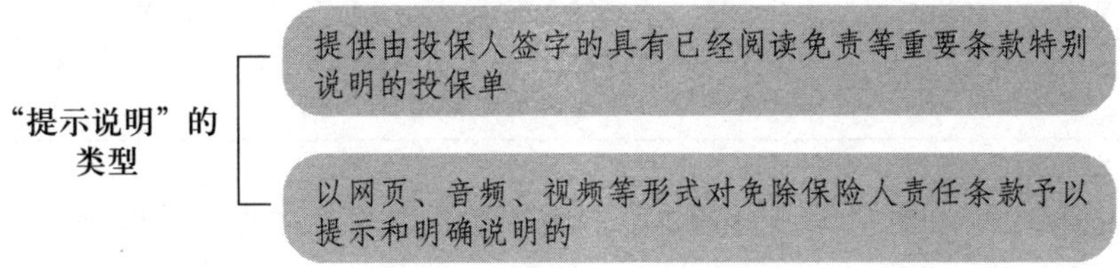

图 3－11　“提示说明”的类型

(三)机动车附加险

附加险，即为机动车基本险之外的保险，是对基本险保险责任外的其他风险的补充。附加险根据防控风险的不同，分有很多类型，有针对机动车本身的附加险，也有针对乘车人、驾驶员的险种，如司机责任险、乘客责任险等。中国银保监会于 2020 年 9 月 19 日开始实施的《关于实施车险综合改革的指导意见》扩展了车损险的主险范围及保障场景，原属于附加险的盗抢险等列入车损险的保障范围，主要机动车附加险范围大为减少。主要机动车附加险范围见表 3－5。

表 3－5　主要机动车附加险的范围

类别	具体情形	
车上人员责任险	车上座位责任险	车上人员责任险或车上责任险，赔偿保险车辆交通意外造成的本车人员伤亡的险种
	司机责任险	车辆发生意外事故，驾驶员伤亡造成的费用损失，保险公司按合同赔偿
	乘客责任险	车辆发生意外事故，车上乘坐的人员或家人遭受人身伤亡，保险公司按合同赔偿
无过失责任险	投保车辆在使用过程中，因与非机动车辆、行人发生交通事故，造成对方人员伤亡和直接财产损毁，保险车辆一方不承担赔偿责任。如被保险人拒绝赔偿未果，对被保险人已经支付给对方而无法追回的费用，保险公司按在保险单所载明的本保险赔偿限额内计算赔偿	

续表

类别	具体情形	
车辆停驶损失险	部分损失	保险人在双方约定的修复时间内按保险单约定的日赔偿金额乘以从送修之日起至修复竣工之日止的实际天数计算赔偿
	全车损毁	按保险单约定的赔偿限额计算赔偿
	累积计算	在保险期限内,上述赔款累计计算,最高以保险单约定的赔偿天数为限。最高约定赔偿天数为90日

附加险不能单独投保,只有在投保了基本险的基础上才能投保附加险:(1)部分附加险必须要投保了车辆损失险方可投保,车辆停驶损失险;(2)部分附加险必须要投保了车辆三者险方可投保,如车上人员责任险、无过失责任险。

三、保险索赔

发生交通事故后,当事人应当妥善保护好现场,立即通知公安机关交通管理部门并及时向保险公司报案。保险公司接到通知后,应立即给予答复,告知具体赔偿程序等有关事项。

被保险机动车发生交通事故的,应当由被保险人向保险公司申请索赔保险金。保险公司应自收到赔偿申请之日起1日内,书面告知被保险人需要向保险公司提供与赔偿有关的证明和资料。

保险公司接到报案后,将派人到现场勘查或到公安机关交通管理部门了解出险情况,同时对车辆进行定损、估算合理费用,并通知车主到保险公司指定的修理厂处理事故车辆。如车辆所有者或管理者要求对车辆自行修理,应办理自修手续,修理费如超出定损费用,应当由修理者自行承担超出部分的费用。

对第三者责任的索赔中,应由保险公司对赔偿金额进行确定,并依据投保金额予以赔付,被保险人不宜私下承诺保险赔偿金额。保险公司按出险当地交通事故处理规定及有关法律法规处理赔偿。被保险人自行承诺或支付的赔偿金额并不当然能得到保险人的赔付,保险人有权对第三者损失进行核定,如赔付金额超过合理数额,可以不承担超出部分的赔偿金。

保险公司对第三者的责任事故作出赔偿后,无论赔款是否达到保险赔偿的限额,在保险期间内,被保险人投保的第三者责任险仍然有效,直到保险期满,保险人不得以已经对被保险人的事故作出赔偿为由宣告合同终止。

此外,交通事故涉及需要对第三者进行赔付时,保险公司不宜直接向被保险人直接赔付相关赔偿款项,保险公司可将赔偿金直接支付于第三者。

从赔付时间上来看,被保险人可在车辆修复或自交通事故处理结案之日起三个月之内,持保险单、事故处理证明、事故调解书、修理清单及其他有关证明到保险公司领取赔偿金。但如被保险人与保险公司对赔偿有争议的,被保险人可以依法申请仲裁或者向人民法院提起诉讼。

如果投保人同时投保了交强险和商业三者险,赔偿责任应当按照承保交强险的保险公司、承保商业三者险的保险公司、侵权人的顺序承担。

被保险人即投保人向保险公司进行索赔应当在保险索赔时效内进行。所谓保险索赔时效,是指被保险人向保险人提出请求赔偿或给付保险金的期间,也即被保险人行使请求权的期间。根据我国《民法典》等相关法律的规定,财产损害赔偿诉讼时效为 3 年,即被保险人向保险人请求赔偿或者给付保险金的诉讼时效期间为 3 年,自其知道或应当知道保险事故发生之日起开始计算。

因交通事故纠纷处理的时间较为冗长,被保险人的赔偿责任甚至需要经过法院裁判进行确定,笔者认为,被保险人向保险人行使赔偿请求权必须具备两个基本条件:一是已经确定在交通事故中被保险人需要向第三者承担赔偿责任;二是已经确定被保险人需要支付的具体赔偿数额。因此,被保险人对第三者应负的赔偿责任最终确定之日视为保险事故发生之日,索赔时效并非从交通事故发生之日起计算。

第四章

赔偿权利人和赔偿义务人

一、损害赔偿权利人

赔偿权利人，是指因侵权行为或者其他致害原因直接遭受人身损害的受害人以及死亡受害人的近亲属。交通事故中的赔偿权利人，是指在交通事故中因交通事故侵权行为或者其他原因直接遭受损害的受害人、依法由受害人承担抚养义务的被抚养人以及死亡受害人的近亲属等。赔偿权利人具体包括：(1)直接受害人，即交通事故中财产及人身直接受到侵害的人；(2)间接受害人，即指交通事故直接指向对象以外的，因法律关系或者社会关系的媒介作用而受到损害的人；(3)近亲属，主要为配偶、父母、子女、兄弟姐妹、祖父母、外祖父母、孙子女、外孙子女等；(4)特殊情形下的权利义务承继人，如法定继承中兄弟姐妹死亡而发生的其子女可以作为代位继承人。赔偿权利人范围见表4－1。

(一)直接受害人

直接受害人是交通事故中的当然赔偿权利人。人身损害赔偿中，直接受害人在其无法直接主张权利时，法定代理人或委托代理人可代为主张赔偿权利。财产损害赔偿中，财产所有权人及受损害财产利益受损者均有权主张赔偿。

表 4－1 赔偿权利人范围

<table>
<tr><th>分类</th><th colspan="3">范围</th></tr>
<tr><td rowspan="5">人身损害赔偿</td><td colspan="3">受害者本人提起赔偿要求</td></tr>
<tr><td colspan="2">未成年人</td><td>法定代理人以未成年人本人的名义提起赔偿要求</td></tr>
<tr><td colspan="2" rowspan="2">已满 16 周岁未满 18 周岁的未成年人</td><td>一般应由法定代理人代为提起赔偿请求</td></tr>
<tr><td>事故发生时已以自己的劳动收入为主要生活来源，可以自己的名义自行提起赔偿要求</td></tr>
<tr><td colspan="2">无民事行为能力或者限制行为能力成年人</td><td>以其本人名义，由法定代理人提起赔偿要求</td></tr>
<tr><td rowspan="8">财产损害赔偿权利人</td><td colspan="3">车辆的所有权人以自己的名义提起赔偿要求</td></tr>
<tr><td colspan="2">挂靠车辆</td><td>车辆的实际所有权人有证据证明其所有权的，可以作为权利人请求损害赔偿</td></tr>
<tr><td rowspan="2">营运出租车</td><td>车辆损坏</td><td>车辆登记所有权人的出租车公司作为权利人提起损害赔偿要求</td></tr>
<tr><td>营运损失</td><td>出租车承包人作为权利人要求赔偿误工费及承包金损失</td></tr>
<tr><td colspan="2">分期付款保留所有权的车辆</td><td>车辆的实际使用人为请求损害赔偿的权利人</td></tr>
<tr><td colspan="2">连环购车但未办理过户手续的车辆</td><td>最后的受让人为权利人，可要求赔偿</td></tr>
<tr><td colspan="2">公共设施损坏</td><td>公共设施的管理者有权要求赔偿</td></tr>
<tr><td colspan="2">个人所有物品损失</td><td>物品所有权人有权要求赔偿</td></tr>
</table>

以案说法

2021 年 1 月，在上海市松江区某小区门口，李某（10 周岁）独自由东向西穿过其居住小区外道路时与张某驾驶的小客车相撞，事故造成李某受伤。经公安机关交通管理部门认定，张某负事故的全部责任。李某父亲支付了李某住院期间的全部医疗费用。

李某父亲作为李某法定代理人，能否以李某名义起诉要求张某及其车辆保险公司赔偿李某因交通事故造成的医疗费、住院伙食补助费、营养费、护理费等各项损失共计 2 万余元？

根据《民法典》的规定，8 周岁以上的未成年人为限制民事行为能力人，可以进行与其年龄、智力相适应的民事活动，其他民事活动应由其法定代理人代理，或者征得其法定代理人的同意，不满 8 周岁的未成年人是无民事行为能力人，由其法定代理人代理民事活动。未成年人的父母是未成年人的监护人，也即为当然的法定代理人。

本案中交通事故造成未成年人李某的身体损害，直接造成医疗费等各项损失，相关费用均由李某的监护人即其父亲先行垫付，但是李某父亲并不能以自己的名义起诉要求张某及保险公司进行赔偿，而只能作为李某的法定代理人以李某的名义提起诉讼要求张某等赔偿义务人赔偿损失。

（二）间接受害人

间接受害人，是指交通事故直接指向对象以外的，因法律关系或者社会关系的媒介作用而受到损害的人。

间接受害人所受到的损害，是一种以计算上的差额为表现形式的单纯经济利益损失和精神损害。

在人身损害赔偿案件中，一般特指被扶养人，即因交通事故扶养来源受到损害的人。被扶养人，是指受害人依法应当承担扶养义务的未成年人或者丧失劳动能力又无其他生活来源的成年近亲属。死者生前扶养的人，原来是在死者扶养之下，扶养来源是死者，因为侵权行为侵害而死亡后，使他的扶养来源受到损害，这是一个间接的损害。被扶养人判断见图 4－1。

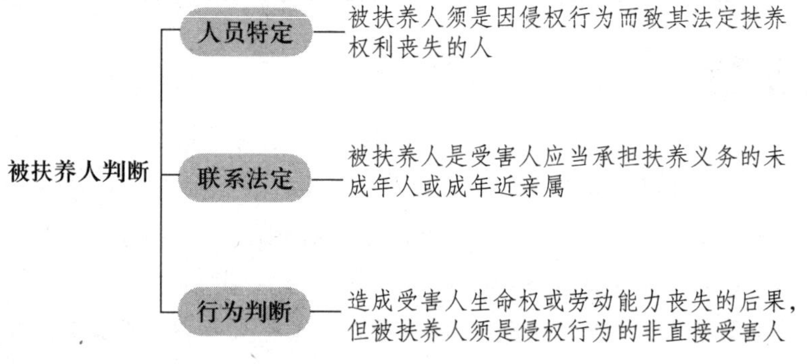

图 4－1　被扶养人判断

交通事故赔偿诉讼中，诉讼请求中包括赔偿被扶养人生活费的，应当把被扶养人也列为原告。

间接受害人就是死者生前扶养的人，因为扶养来源受到了损害，被扶养人有权利请求赔偿生活补助费。

被扶养人主要分为两类。一类是指受害人依法应当承担扶养义务的未成年人；另一类是指受害人依法应当承担扶养义务的丧失劳动能力又无其他生活来源的成年近亲属。被扶养人类别见表 4－2。

表 4－2　被扶养人类别

类别	内容
特别成年人	缺乏劳动能力又缺乏生活来源的兄弟姐妹
	子女已经死亡或者子女无力赡养的祖父母及外祖父母
	尚在接受高中及其以上学历教育，或者丧失或部分丧失劳动能力等非因主观原因而无法维持正常生活的不能独立生活的子女
	存在抚养关系且为丧失劳动能力又无其他生活来源的继父母
	丧失劳动能力又无其他生活来源的配偶
	丧失劳动能力又无其他生活来源的父母
	父母已经死亡或者父母无力抚养的未成年的弟妹
未成年人	父母已经死亡或者父母无力抚养的未成年孙子女与外孙子女
	未成年子女
	未成年人

在有数个扶养人的情况下，赔偿义务人只赔偿受害人自己依法应当承担的部分。如根据婚姻法等相关法律的规定，夫妻双方都有扶养子女的义务，在一方受到损害时，赔偿义务人只需赔偿受害人应承担的该未成年子女抚养费的 1/2 份额部分。

以案说法

2017 年 1 月 7 日 19 时许，被告人张某驾驶豫 R×××××号小型普通客车，沿桐柏县淮安街自北向南行驶至二高桥头北路段时，与自东向西步行的行人赵某合发生碰撞，造成赵某合受伤的道路交通事故。赵某合经医院抢救无效于 2017 年 1 月 17 日死亡。桐柏县公安局交通警察大队出具道路交通事故认定书，认定张某负此事故全部责任。案发后被告人张某一次性补偿赵某合亲属损失 100000 元并取得赵某合亲属的谅解。

被害人赵某合生于 1947 年 9 月 29 日，户籍地唐河县东王集乡草场村，生前属该村分散供养五保户。父母双亡后在其姐家生活居住,其姐去世后,自2007年起至事故发生时,赵某合一直居住在桐柏县城关镇,由六附带民事诉讼原告人轮流供养。唐河县东王集乡草场村委会声明不参与赔偿问题,由六附带民事诉讼原告人要求解决赔偿争议。六附带民事诉讼原告人提出附带民事诉讼,要求依法判令附带民事诉讼被告人中国大地财产保险南阳中心支公司在保险责任限额范围内承担死亡赔偿金、丧葬费、护理费、住院伙食补助费、营养费等共计324049.71元。附带民事诉讼被告人中国大地财产保险股份有限公司南阳中心支公司辩称六附带民事诉讼原告人不是死者的近亲属,不是适格主体,无权主张死亡赔偿金;被害人赵某合的死亡赔偿金应按农村居民标准计算。

桐柏县人民法院审理后于2017年8月23日作出(2017)豫1330刑初187号刑事附带民事判决,认定六附带民事诉讼原告人主体资格适格,判令附带民事诉讼被告人中国大地财产保险南阳中心支公司赔偿六附带民事诉讼原告人经济损失322522.12元。

本案的焦点是六附带民事诉讼原告人是否具有相应的诉讼主体资格。

虽然被害人赵某合属农村分散供养五保户,且近亲属均已去世,但六附带民事诉讼原告人作为被害人除近亲属以外最亲近的亲属,在本次事故发生前一直与被害人在桐柏县城关镇共同生活近10年,轮流照顾其饮食起居,接替母亲承担起舅舅赵某合的赡养义务,赵某合客观上已经成了六附带民事诉讼原告人的家庭成员。

被害人赵某合因本次交通事故去世后,显然会对六附带民事诉讼原告人的感情和家庭经济生活造成严重损害。被害人赵某合去世后,也是由六附带民事诉讼原告人为其操办丧葬事宜,同时唐河县东王集乡草场村委会声明不参与赔偿问题,由六附带民事诉讼原告人要求解决赔偿争议。基于本案的上述实际情况,认为赋予六附带民事诉讼原告人赔偿权利主体资格,符合民法的公平原则和公序良俗原则,符合我国传统的亲情和家庭观念,有利于弘扬尊老、爱老的社会美德和社会主义核心价值观,六附带民事诉讼原告人提起刑事附带民事诉讼符合情理和法理。因此,法院经审理认为六附带民事诉讼原告人主体资格适格。

因肇事车辆在中国大地财产保险南阳中心支公司投保有交强险及机动车第三者责任保险,应由该保险公司在保险责任限额范围内予以赔偿。因赵某合持续在桐柏县城关镇生活近10年,应按照河南省城镇居民赔偿标准计算损失。

《民法典》明确胎儿的继承权利、受赠与的权利受法律保护，但对在交通事故发生后，如抚养人的抚养能力受影响是否有权利主张被扶养人生活费未有明确规定。

笔者认为，胎儿是抚养人的当然被扶养人，抚养人的扶养能力的强弱直接关系到对胎儿出生后的抚养及基本生活，被抚养的权利应当等同于继承权利、受赠与的权利，事故发生后，应当就胎儿的被抚养人生活费部分做出必要的份额保留。

当然，因为胎儿是否顺利出生及存活是未知的，在具体的操作上，可以由相关部门如法院对该部分费用进行留存，在胎儿出生后再决定是否支付给其法定代理人或款项退还赔偿义务人。同理，如果是在诉讼等权利主张的过程中胎儿出生，胎儿的法定代理人可以代表胎儿提出赔偿被抚养人生活费用的主张。

为减少争议，笔者建议，因为交通事故发生造成人身损害后，赔偿权利人有权在一年内主张权利，而胎儿不足10个月，赔偿权利人完全可待胎儿出生后的状态，再行确定权利主张范围。

财产损失事故中，除直接受害人外，也可能存在间接受害人。如因交通事故致公共设施受损，可能引起停水停电，并造成第三方生产不能，或违约损失等。财产损失中的间接受害人应当提供损失与事故具有因果关系的证据，方可向赔偿义务人要求赔偿。

（三）近亲属

当直接受害人死亡，受害人的近亲属，亦可作为赔偿权利人向赔偿义务人主张损失赔偿。受害人因交通事故导致死亡，其权利能力消失，法律主体资格也不复存在了，不可能作为赔偿权利主体主张死亡赔偿，故该部分请求权赋予死者的近亲属。

根据《民法典》及相关司法解释的规定，结合近亲属与直接受害人之间的利害关系亲疏，自然人因侵权行为致死，死者的配偶、父母和子女向人民法院起诉请求赔偿的，配偶、父母和子女可作为原告提起诉讼；没有配偶、父母和子女的，才由第二顺序中的其他近亲属作为原告提起诉讼。如直接受害人无近亲属或者近亲属不明的，未经法律授权的机关或者有关组织不能作为原告要求赔偿义务人承担死亡赔偿金的赔偿责任。

需要指出，侄、侄女、外甥、外甥女等亲属并不属于《民法典》规定的近亲属范围，也不能作为直接的原告提起诉讼。侄、侄女、外甥、外甥女只有在其相应的父或母先于直接受害人死亡时，方能作为其相应父或母的代位继承人参与诉讼。近亲属范围见图4－2。

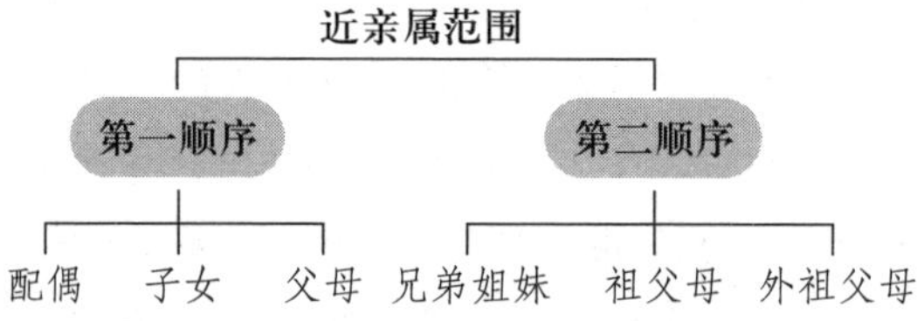

图4－2 近亲属范围

以案说法

2020年7月,付某驾驶机动车沿某路由南向北行驶时与道路作业人员徐某身体碰撞,事故造成徐某死亡。后公安机关交通管理部门未对事故认定责任。经徐某户籍所在地村民委员会证明徐某为未婚,且父母均已去世,现有两个兄弟及一个姐姐,徐某在2002年与李某未婚生育一女徐女某,现李某下落不明,村民委员会指定徐某的姐姐徐姐某为徐女某的监护人。

后徐姐某代表徐女某诉至人民法院要求付某及其车辆保险公司赔偿徐女某因徐某交通事故死亡造成的医疗费、交通费、丧葬费、死亡赔偿金等各项损失50余万元。

审理交通事故致人死亡的案件中,关键问题在于确定有权起诉的死者的近亲属范围。本案中徐某的父母在交通事故发生前去世,而李某虽与徐某育有一女,但并未登记结婚,并非徐某的配偶。徐女某虽然并非徐某婚生子女,但其地位相当于婚生子女,故属于徐某的第一顺位近亲属。

徐某虽有兄弟姐妹,但因第一顺位近亲属仅有徐女某一人,在有前一顺位近亲属时,后顺位近亲属不能作为原告提起诉讼,徐某的兄弟姐妹不能作为原告提起诉讼。因徐姐某为徐女某指定的法定代理人,可以以徐女某名义向人民法院提起诉讼。

(四)特殊权利人

如直接受害人为单位的,该单位在事故发生后至赔偿请求前,被分立、合并的,承继原有单位相关权利的人有权作为损害赔偿权利人向赔偿义务人主张赔偿。

此外,直接受害人如已死亡,而实际支付其医疗费或丧葬费等合理费用的人并非死者的近亲属情形下,实际支付相关合理费用的人可在支付的费用范围内向赔偿义务人主张损害赔偿。

以案说法

2020年9月，崔某乘坐某公交公司运营的公共汽车过程中，该公交车与何某驾驶的出租车相撞，公交车紧急刹车致使崔某受伤。崔某经医院诊断为右胫腓骨骨折。崔某以客运合同为由起诉公交公司赔偿其医疗费、护理费、住院伙食补助费、营养费、鉴定费、残疾赔偿金等共计10万余元。公交公司辩称，出租车司机何某对交通事故承担全部责任，应由何某所在的出租公司予以赔偿。

人民法院经审理后认为崔某与公交公司之间已经形成了客运合同，根据法律规定，承运人对乘车期间乘客的伤亡承担无过错责任，故公交公司应对乘车人崔某承担合同责任。人民法院判决由公交公司赔偿崔某合理损失，公交公司履行了赔偿义务。

其后，公交公司作为原告向事故的全责方何某及出租车公司及出租车承保保险公司提起诉讼要求赔偿。

崔某作为受害人，有选择侵权赔偿或合同违约赔偿的权利，既可以要求公交公司承担违约责任，也可以要求侵权人何某承担赔偿责任，但崔某一旦作出选择，不得再要求另一种赔偿。

若受害人崔某选择依据客运合同要求承运人承担违约责任的，则承运人应当按照客运合同的规定赔偿乘车人在客运过程中受到损害的损失；若承运人依据客运合同承担受害人的赔偿责任，则取得受害人对侵权人的赔偿请求权，其可以根据责任的大小向侵权人及其保险公司提起诉讼要求赔偿。

二、损害赔偿义务人

赔偿权利人回答的是谁有权主张损失的问题，赔偿义务人则回答的是谁应当承担相关损失的赔偿的问题。准确确定道路交通事故损害赔偿责任的主体，是正确处理交通事故损害赔偿纠纷类案件的基础。只有确定了损害赔偿责任的主体，受害人被侵犯的权益才能得以维护。

打官司中，“告谁”是一个很重要的问题。如果告的对象不对，不仅浪费了时间、人力、财力，还达不到要求赔偿的目的。

交通事故案件中，交通事故的行为主体和损害赔偿责任主体是两个不同的概念。交通事故行为主体是指交通事故的发生或对交通事故的损害结果负有责任的人,这类主体判定的角度是发生道路交通事故的客观事实。而交通事故损害赔偿责任主体则是指对机动车因运行造成人身损害和财产损失,依照法律的规定应当承担民事赔偿责任的责任人。

交通事故损害赔偿责任主体我们称为赔偿义务人,也就是赔偿责任人,即交通事故损害赔偿责任的承担者,通常为被告,具体是指因自己或者他人的道路交通侵权行为依法应当承担民事责任的自然人、法人或者其他组织。

在具体案件中,赔偿权利人起诉部分共同侵权人的,人民法院应当追加其他共同侵权人作为共同被告。赔偿权利人在诉讼中放弃对部分共同侵权人的诉讼请求的,其他共同侵权人对被放弃诉讼请求的被告应当承担的赔偿份额不承担连带责任。责任范围难以确定的,推定各共同侵权人承担同等责任。人民法院在案件处理时会将放弃诉讼请求的法律后果告知赔偿权利人,并将放弃诉讼请求的情况在法律文书中写明。

(一)肇事者(驾驶员)

驾驶车辆发生交通事故给他人造成损害的,驾驶员为实际侵权人,应当对损害承担民事赔偿责任。驾驶员并不当然等同于车辆的所有人或管理人,驾驶员为车辆行驶的实际支配者,对车辆实际进行控制,且因其支配控制行为在主观上存在一定的过错,客观上违反了交通安全相关法律法规,并实际给他人造成了人身或财产上的损失,驾驶员应当承担当然的民事赔偿责任。如未经允许驾驶他人机动车发生交通事故造成损害,赔偿权利人可以依照侵权责任法等法律规定请求由机动车驾驶人承担赔偿责任。

如车主与驾驶人是一致的,交通事故发生时,责任在机动车方,肇事者也就是车主为当然赔偿义务人。

(二)车辆所有者及管理人

车辆所有人或管理人如果不是事故发生时的车辆的实际驾驶人,通常情形下不属于侵权行为人,不需要承担赔偿责任。但是,如车辆所有人或管理人对事故的发生存在过错的,应当承担相应的赔偿责任。

机动车车辆的管理人与车辆的所有人都应当是交通事故中过错责任的责任主体。车辆所有人即车主,为机动车权利登记证上所载明的车辆权利人。机动车管理人不是泛指所有对机动车享有管理权利的人，而是特指在机动车管理人与所有人分立的情况下，通过机动车所有人的委托、租赁、借用等合法方式取得对机动车的占有、支配或者授意，并因将机动车再行通过出租、出借等方式交由他人使用而对机动车道路行驶负有与相同情形下机动车所有人相同注意义务的人。

机动车所有者或实际管理人在有过错的情形下承担相应的赔偿责任，主要是考虑机动车在出租、出借后，所有人或管理人对机动车不再具有直接的、绝对的支配，将其列入一般承责主体不太适当。但是，车辆的所有者及实际管理人在出租、出借机动车时应当预见到机动车由他人进行驾驶可能会产生的危险，应当尽到必要的注意义务，如机动车车况是否符合安全标准、驾驶人是否具有相应的驾驶资格等。车辆所有人或管理者的过错情形见图4－3。

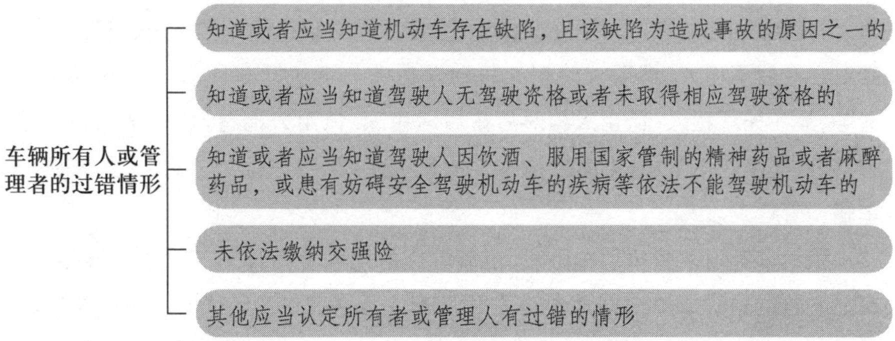

图4－3　车辆所有人或管理者的过错情形

未经允许使用他人车辆的情况下，除盗窃、抢劫或者抢夺的情形外，机动车所有人或者管理人有过错的，承担相应责任。

需要明确的是，上文所陈述的机动车所有人及实际管理人需要承担的赔偿责任，系与其过错相适应的按份责任，证明机动车所有人或实际管理人过错的举证责任应由主张机动车所有人需承担责任的一方当事人负担。如果负有举证责任的当事人无法提供证据证明机动车所有人或实际管理人存在过错，则其赔偿主张难以在诉讼或调解过程中得到支持。

以案说法

赣A×××××号小型普通客车原系张某某所有，该车在被告某保险公司投保了交强险，被告刘某某购买取得该车辆的所有权，后将该车交由某汽车租赁公司进行对外出租运营。被告王某(具有驾驶资格)从某汽车租赁公司承租了该车辆,并将该车借给无驾驶资格的历某驾驶。历某驾驶该车辆与原告曾某骑的自行车相撞,致使曾某重伤,两车损坏。

肇事后,被告历某驾车逃离现场,公安机关交通管理部门最后认定历某承担事故的全部责任。原告曾某后诉至法院,要求被告刘某某、被告王某等承担部分赔偿责任。

本案所涉及的主要问题便在于,在车辆管理人与所有人不一致的情况下,车辆管理人将车辆出借后发生事故,车辆管理人和所有人是否需要承担赔偿责任。

与车辆所有人的相对固定性不一致,机动车的管理人属于一个相对动态的概念,如果机动车承租人、借用人在租用、借用车辆的过程中又将该车辆出租、出借给其他人,那么基于在先承租人、借用人对该机动车的占有、支配地位,其对于在后承租人、借用人使用该机动车负有与该机动车所有人相同的注意义务,故在先承租人、借用人相对后在后承租人、借用人而言,构成车辆的管理者,以此类推。本案中,刘某某是车辆的所有人,某汽车租赁公司、王某都属于车辆的管理人。

机动车管理人将机动车出租、出借等交由他人使用情形下发生交通事故,在损害赔偿纠纷中的法律地位与车辆所有人相类似,负有对机动车道路行驶同样的注意义务,如未履行该注意义务即对发生交通事故损害具有过错的,应当根据过错承担相应的赔偿责任。

本案中,刘某某是车辆的所有人,其委托某汽车租赁公司进行合法出租,某汽车租赁公司将车辆出租给具有驾驶资格的王某,而王某擅自将车辆出借给无驾驶资格的历某,后历某驾驶车辆发生事故。在上述整个过程中,车辆所有人刘某某并无过错,显然不应当承担赔偿责任。王某将车辆借给无驾驶资格的历某,并最后造成事故的发生,王某没有尽到了解或审查历某是否有驾驶资格的注意义务,对事故的发生显然存在过错,依法应当承当相应的赔偿责任。

(三)保险公司

机动车一般投保有交强险和商业险,保险公司基于交强险的规定或商业险的约定在交通事故中承担相应的有限赔偿责任。

同时投保交强险和商业险的机动车发生交通事故造成损害的,赔偿权利人同时起诉驾驶员等实际侵权人和保险公司的,按照以下方式确定保险公司的赔偿责任:(1)先由承保交强险的保险公司在责任限额范围内予以赔偿;(2)不足部分,由承保商业险的保险公司根据保险合同予以赔偿;(3)仍有不足的,由侵权人等其他赔偿义务人进行赔偿。

(四)利益享有人

很多情况下,驾驶员并不享有或完全享有驾驶车辆获得的利益,当车辆支配者与利益享有者不重合时,应当由利益享有人承担相应的赔偿责任。如职务侵权行为、挂靠行为等。

我国确认交通事故赔偿责任主体的基本理论是:车辆运行利益和运行控制是确定责任主体的基本标准。

1.职务侵权事故

员工在履行职务过程中发生交通事故给他人造成了损害,为职务侵权行为,用人单位作为车辆驾驶利益实际享有者,应当承担赔偿责任。

“员工”是指用人单位的工作人员,用人单位不但包括国家机关,也包括国家机关之外的一般法人或者其他组织。行为应当发生在履行职务过程中。如用人单位工作人员发生交通事故时为从事私人事务等与履行职务无关的行为,则用人单位不需要承担赔偿责任,“执行工作任务对他人造成损害”是用人单位承担侵权责任的前提条件。

履行职务或者执行工作任务的范围,应理解为包括但不限于直接与用人单位目的有关的行为,还包括间接与目的实现有关的行为,以及在一般客观上视为用人单位目的范围的行为。“履行职务”的判断见图4-4。

但用人单位在承担侵权责任后,发现事故是因为工作人员故意或者重大过失造成的,可以依法就其损失赔偿部分向“员工”进行追偿。

劳务派遣期间,被派遣的工作人员因执行工作任务造成他人损害的,由接受劳务派遣的用工单位承担侵权责任;劳务派遣单位如果存在过错,则在过错责任范围内承担相应的赔偿责任。

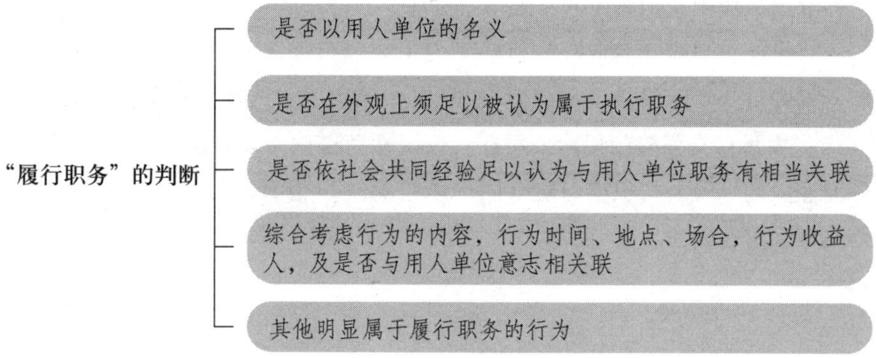

图 4－4 “履行职务”的判断

2. 雇佣活动侵权事故

雇员在从事雇佣活动时发生交通事故致人损害的,雇主应当承担赔偿责任。从事雇佣活动,是指雇员从事雇主授权或者指示范围内的生产经营活动或者其他劳务活动。雇主和雇员之间的雇佣关系,既可以书面合同形式约定,也可以是口头约定。

雇员在从事雇主授权范围内的活动发生交通事故,或者虽然超出雇主授权范围但其外部表现形式足以使人确信其是在从事雇佣活动中发生交通事故的,均应由雇主承担赔偿责任。

对于雇员是否在进行雇佣活动,即是否执行职务行为,一般的判断原则是:(1)从主观上看,要求雇员的行为是以雇主的授权或者指示为基础,并在其范围内从事的劳动行为,雇主享有对雇员在雇佣工作期间的行为加以控制的权力,雇员主观上也是为了雇主的利益而从事工作;(2)从客观上看,即使雇员的行为超出了授权范围,但其表现形式是履行职务或与履行职务有内存联系的也应当视为“执行职务”。在实践中,对于雇员行为是否构成职务行为,应当结合雇佣活动的性质或者目的事业范围,以及雇员行为与雇主利益的主观联系和客观联系等因素来综合进行认定。

我国对一般过失的雇员致人损害,由雇主承担替代责任,只有在雇员存在故意或重大过失时才会发生雇主与雇员对事故造成的人身损害承担连带赔偿责任的情形。雇主的替代责任认定见图 4－5。

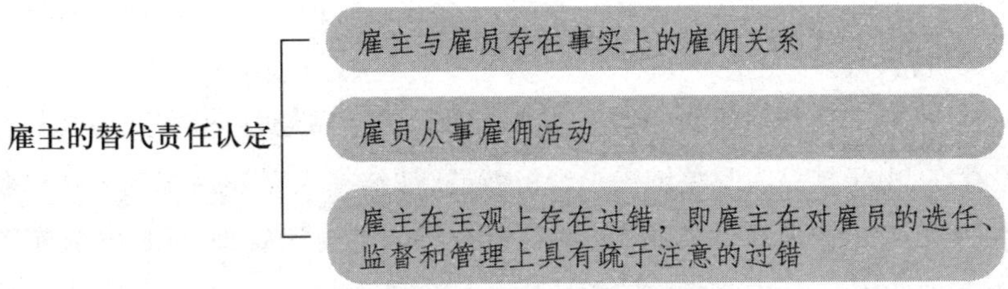

图 4－5　雇主的替代责任认定

如雇员因重大过失或故意导致交通事故时，为保障雇员本人及他人的安全，应强化雇员作为驾驶员的责任意识，则雇员应当与雇主承担连带的赔偿责任。雇主在承担侵权责任后，可以向有故意或者重大过失的雇员进行追偿。

在提供劳务期间，如果因为第三人的行为造成雇员损害的，雇员有权请求第三人承担侵权责任，也有权要求接受雇主给予补偿。接受劳务一方补偿后，可以向第三人进行追偿。如个人司机受聘于个人，在提供运输等劳务工作中发生交通事故，则司机可请求侵权方承担交通事故责任赔偿，也可要求雇主进行补偿。

在无偿劳务帮工情况下，无偿提供劳务的帮工人，在从事帮工活动中发生交通事故致人损害的，被帮工人应当承担赔偿责任。但是帮工人有故意或者重大过失的，被帮工人有权向帮工人进行追偿。如果被帮工人明确拒绝帮工的，不承担赔偿责任。无偿提供劳务的帮工人因帮工活动如驾驶车辆，遭受人身损害的，根据帮工人和被帮工人各自的过错承担相应的责任；被帮工人明确拒绝帮工的，被帮工人不承担赔偿责任，但应当在受益范围内予以适当补偿。帮工人在交通运输等帮工活动中因第三人的行为遭受人身损害的，有权请求第三人承担赔偿责任，也有权请求被帮工人予以适当补偿。被帮工人补偿后，可以向第三人追偿。

3. 挂靠车辆事故

挂靠，是指车辆的实际所有人为了满足车辆运输管理的需要，将自己出资购买的机动车登记于某个具有运输经营权的企业名下，由该企业为实际车主办理各种法律手续，并以该企业的名义对外从事运输经营活动的行为。车辆的实际所有人为挂靠人，被挂靠的企业称为被挂靠人。这里所称的挂靠主要指道路运输经营权的挂靠。

挂靠行为是违背行政许可、规避国家有关行业准入制度的行为。从行政法角度看，挂靠是违反行政法规的行为，对挂靠人和被挂靠人都应当予以行政处罚；从民法角度看，挂靠人以被挂靠人的名义对外经营，是违反诚实信用原则，具有欺诈性质的民事行为。

但是，虽然交通部门已明令禁止道路交通运输挂靠经营，但实践中挂靠行为仍然大量存在，由于挂靠人只单纯追求经济效益，被挂靠人对挂靠车辆的技术状况难以严格把关，对工作人员的素质、车辆安全和技术都疏于管理，致使挂靠车辆事故频发，给社会和他人的安全带来巨大危害。

对于挂靠单位是否应对挂靠车辆造成的交通事故承担责任，承担何种责任，法院在进行综合判定时，除了需要考虑挂靠单位是否对挂靠车辆享有控制能力外，还应当理解车辆挂靠是否能给挂靠单位获取运行利益。实际上挂靠单位将其经营许可证无偿或有偿租借给挂靠人，允许挂靠人以其名义将机动车投入运行是其自愿选择，视为自愿承担挂靠人在运营中可能为其带来的风险，而挂靠单位通过挂靠车辆获取利益并不仅限于管理费，还包括因接受挂靠而使挂靠单位规模扩大、市场占有比例提高，影响力增大等均是其所获利益。

根据《民法典》的规定，以挂靠形式从事道路运输经营活动的机动车，发生交通事故造成损害，属于该机动车一方责任的，由挂靠人和被挂靠人承担连带责任。故赔偿权利人可以在主张权利时对挂靠人与被挂靠人一并主张。被挂靠人是车辆的名义所有人，也是持有道路运输经营许可证的主体，被挂靠人是法定的责任主体，挂靠只是挂靠人与被挂靠人之间的内部关系，受害人等赔偿权利人对此无从知晓也不需要知晓，事故发生后，赔偿权利人要求被挂靠人承担责任合情合理。

以案说法

2019年5月15日15时许，刘某文驾驶辽ASQ×××轻型普通货车，由南向北行驶至101线834km+700m处，操作不当，驶入左侧，与高某滨驾驶的辽AWB×××号轻型普通货车相撞，造成两车损坏，辽ASQ×号牌轻型普通货车驾驶员刘某文和车内乘坐人员王某杰、刘某阳受伤，AWB×××号轻型普通货车驾驶员高某滨和车内乘员张某、刘某、高某建受伤。此事故经新民市交通警察大队认定，刘某文负此事故的全部责任，高某滨、王某杰、刘某阳、张某、刘某、高某建无责任。刘某文与刘某军系父子关系，肇事车辆实际车主是刘某军，肇事车辆系刘某文向刘某军借用，刘某文有C1驾驶证。该肇事车辆挂靠在盛祥通运输有限公司。保险公司已赔偿了120257元。高某滨所驾驶的车辆的车上人员张某、刘某、高某建均表示不再要求盛祥通运输有限公司、刘某文、刘某军、保险公司赔偿。高某滨的伤经鉴定，被评为八级伤残。现高某滨诉至原审法院要求赔偿各种费用共计371447.08元及诉讼费。

本案中，高某滨在交通肇事中身体受到伤害，诉请沈阳市盛祥通运输有限公司、刘某文、刘某军、保险公司赔偿相应损失，理应得到法院的支持。本次事故的责任认定书认定高某滨无责任，刘某文负事故的全部责任。刘某文驾驶的肇事车辆在保险公司投保了交强险和商业险10万元，保险公司应当在交强险和商业险限额内承担替代赔偿责任。刘某文系车辆借用人，出借人刘某军在出借过程中无过错，故应当由刘某文承担赔偿责任。盛祥通运输有限公司系刘某文所驾驶车辆的被挂靠单位，根据《最高人民法院关于审理道路交通事故损害赔偿案件适用法律若干问题的解释》的规定，被挂靠单位应当承担连带赔偿责任。

4. 租借车辆侵权事故

借用车辆肇事引发的道路交通事故损害赔偿案件在实践中较为常见，在基于所有人或管理人意思的情形下，车辆由他人即借用人使用而发生交通事故，车辆借用人在保险赔偿之外首先做出赔偿是毋庸置疑的。车辆借用人作为直接侵权人，无论是从危险的开启、危险的控制，还是从运行控制、运行利益的角度来看，都是需要承担赔偿责任的。

但是，车辆的出借人即车辆所有人或管理者责任承担适用过错责任原则，即只有在出借行为中出借人存在过错的情况下，才会产生出借人的民事责任承担问题。这主要是因为：(1)车辆出借人虽然不是机动车运行的实际控制人，但仍具有一般注意义务，在借用这一基于其意思移转机动车占有、使用的情形下，出借人应当预见到机动车由他人驾驶会产生的危险，出借人在一定程度上构成危险的来源；(2)从危险责任角度看，不能科以出借人所有的危险责任。借用是现代社会中普遍存在的交易方式，如果科以出借人所有的危险责任，这对出借人的行为自由、现代社会的社会关系和相关行业的发展都会造成过于严格的限制甚至是阻碍；(3)从受害人获得赔偿的角度来看，科以出借人过错责任，既能够加强对受害人的赔偿保障，也能够最大限度地保障行为人的行为自由。出借人“承责”情形见图4－6。

车辆的出借人过错主要体现在未对借用人是否具有相应的行为能力、驾驶能力等影响机动车安全驾驶的因素进行合理审查,或者体现为未对机动车适于运行状态进行合理维护等方面。如存在过错,应当承担相应的赔偿责任。

出借人“承责”情形

- 出借车辆不符合规定的安全要求，如制动性能不良等
- 出借不能上路行驶的车辆，如出借无证或超过使用年限的报废车辆等
- 将车辆出借给无相应驾驶资格的人员，没有尽到对借用人驾驶资格审慎的审查义务
- 将车辆借给虽有驾驶资质，但是不符合安全驾驶要求的人
- 出借人在出借车辆时故意不告知或保证车辆无瑕疵的，因瑕疵而发生交通事故，出借人应作为单独赔偿主体承担全部事故赔偿责任

图4-6　出借人“承责”情形

以案说法

2019年9月15日,司××与汪××等人一同在×市××镇畅园饭店吃饭,其间,汪××喝了白酒和啤酒。饭后,汪××向司××借车,司××将涉案车辆(苏B×××××轿车)的钥匙交予汪××,涉案车辆在保险公司(中国××财产保险股份有限公司江阴中心支公司)处投保了交强险和商业三者险。约一个小时后,未依法取得机动车驾驶证的汪××驾驶涉案车辆沿××市××镇××路由南向北行驶时,与前方行人罗×碰撞,致罗×受伤。事发后,汪××驾车逃逸,罗×被送往市人民医院接受治疗。次月,车管所(××市公安局交通巡逻警察大队车辆管理所)出具的交通事故车辆技术检验报告载明:“检验结果全车灯光齐全有效,车辆前部另加装2只LED小灯。分析意见:灯光不符合《机动车安全运行技术条件》(GB72582012)第8.3条款的规定。”10月12日,交警大队(×市公安局交通巡逻警察大队)出具的事故责任认定书,认定汪××负此次事故全部责任,罗×不负责任。

2019年12月,罗×以汪××无证驾驶司××所有的涉案车辆与其相撞致其受伤为由,提起诉讼,要求汪××、司××、保险公司赔偿已经发生的医疗费。

机动车出借人对其车辆进行了改装,导致车辆的灯光系统不合格。此后,出借人在与借用人一同饮酒后,未核实其是否具有驾驶资格即将车钥匙交给借用人,借用人驾车发生交通事故,即使灯光系统不合格与事故的发生无因果

关系,但出借人在明知借用人已饮酒的情形下出借车辆,对事故的发生具有一定的过错,应当承担与其过错相适应的赔偿责任。

在司法实践中,认定机动车所有人出借车辆的过错赔偿责任时,应当注意以下三点:(1)认定出借人对损害发生有过错的法律依据。《最高人民法院关于审理道路交通事故损害赔偿案件适用法律若干问题的解释》对于出借人存在的过错情形进行了明确规定。(2)对出借人在出借车辆时是否尽到必要安全注意义务的审查。根据前述司法解释的规定可知,出借人知道或者应当知道驾驶人无驾驶资格或饮酒仍然出借车辆的,应认定出借人具有过错。但对于出借人在出借车辆时是否需要确定或核实驾驶人是否具有驾驶资格或者是否饮酒并未作出明确规定,此问题即是出借人应负有的安全注意义务。出借人在未确定车辆出借后驾驶人是否具有驾驶资格、是否饮酒的情形下,将车辆出借给驾驶人且驾驶人驾驶该车辆发生了交通事故的,则应当认定出借人在出借车辆时未尽到必要的安全注意义务,对交通事故的发生具有过错,应当承担与其过错程度相适应的事故赔偿责任。(3)机动车出借人承担的过错责任为按份责任而非连带责任。机动车所有人出借车辆时,出借人与驾驶人对交通事故的发生并无共同的主观故意,不构成共同侵权,在双方无事先约定亦无其他连带因素的情形下,不能适用连带赔偿责任。同时,一般在出借车辆发生事故的案件中,是出借人的过错与驾驶人的驾驶行为相结合造成了受害人的损害。因此,出借人应当承担与其过错相适应的按份责任,而不是连带责任。

同样,在出租车辆事故中,从运行支配者和运行利益享有者的理论来说,车辆出租后,承租人是车辆的实际运行支配者和运行利益的享有者,应当由承租人承担交通事故的赔偿责任。

但如果出租人明知承租人驾驶资格和驾驶技能等方面存在明显瑕疵,却仍将车辆出租,应视为出租人对事故的发生在主观上存在一定的过错,其应当对其过错行为产生的后果承担相应的责任。对于赔偿权利人而言,可以向出租人或承租人一并提出赔偿请求,要求由出租人和承租人共同承担赔偿责任。

《民法典》规定,因租赁、借用等情形,机动车所有人、管理人与使用人不是同一人时,发生交通事故造成损害,属于该机动车一方责任的,由机动车使用人承担赔偿责任;机动车所有人、管理人对损害的发生有过错的,承担相应的赔偿责任。但笔者认为,在租赁和借用情形下判断机动车所有人或者管理人的过错标准应有所不同,判断出租人过错应比出借人更为严格,因为租赁为有偿,出租人往往可以通过定价机制等转移风险,很多出租人是专业的经营者,其在专业知识、危险预期等方面也往往高于出借人。

5. 拼装或报废车侵权事故

以买卖或者其他方式转让拼装或者已达到报废标准的车辆造成损害的,转让人和受让人承担连带赔偿责任。

拼装车,是指使用报废汽车发动机、方向机、变速器、前后桥、车架以及其他零配件组装的机动车。报废车,是指达到国家报废标准,或者虽未达到国家报废标准,但发动机或者底盘严重损坏,经检验不符合国家机动车运行安全技术条件或者国家机动车污染物排放标准的机动车。

拼装车和报废车上路行驶具有极大的危险性,转让人和受让人明知行为违法仍然转让、交易,致使拼装车和报废车上路行驶,导致交通事故发生损害,转让人和受让人应当承担连带赔偿责任。

但是如果有一方转让人或受让人存在不知情等较小过错,或事故责任是因受让人重大过错导致的,在内部责任分担上,有所区分,过错较小的人承担较小赔偿责任,重大过错受让人承担全部赔偿责任。拼装车或报废车多次转让后责任的承担见表4-3。

表4-3 拼装车或报废车多次转让后责任的承担

责任分类	责任承担
对外承责	所有的受让人及转让人均可认为在车辆违法转让行为中受益,发生事故导致损害时,所有的转让人和受让人承担连带赔偿责任
内部承责	转让人、受让人均无法证明其不知道或不应知道机动车是报废车、拼装车等禁止行驶的机动车时,可比较各自的过错程度,在内部责任份额中作出分担
	一方能够举证证明其不知道或不应知道机动车是禁止行驶的机动车时,能够证明的一方过错较小,承担较小赔偿责任
	事故发生完全是因为受让人醉酒等重大过错行为导致的,过错人承担全部赔偿责任

6. 多次转让车侵权事故

经多次转让但未办理转移登记的车辆发生交通事故造成损害的，实际占有车辆的最后一任受让人视为实际控制车辆且享有车辆运行利益的实际所有人，如有过错，应当承担相应的赔偿责任。

车辆转让以实际交付为准，车辆登记过户属于行政管理行为，并非物权法意义上的所有权转移，车辆买卖从交付时就已经发生所有权转移的法律效力。

车辆买受人已经成为实际车主，已将车辆实际占有和使用，即享有了占有、使用和收益等具有直接经济内容的权能，而车辆登记车主因交付车辆而丧失对车辆的控制及管理，也失去了对车辆的运行支配和运营利益，因而发生交通事故的，应由实际支配车辆运行或者取得运行利益的买方承担损害赔偿责任，原登记所有人不应再承担损害赔偿责任。多次转让车辆侵权事故见图4－7。

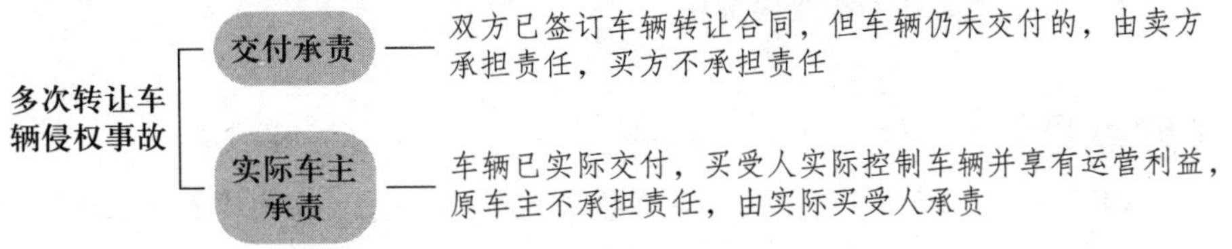

图4－7 多次转让车辆侵权事故

赔偿权利人在起诉时都期望所有转让方、受让方承担连带责任，但在司法实践中，原则上只允许当事人追加最后一次转让中受让人的前手为被告，且在赔偿权利人无法证明最后一次转让中受让人的前手有虚假转让或机动车本身为依法禁止行驶的机动车时，一般难以判决该前手承担连带责任。

如果多次转让的车辆是依法禁止行驶的机动车、被盗抢的机动车时，应当由所有转让人和受让人对事故造成的损失承担连带责任。

多次转让的车辆没有投保交强险：无论是机动车未主动参加或续保交强险，还是因保险公司单方解除交强险合同，受让人对机动车未投保交强险的结果都存在过错，既然最终结果是受让人因缺乏有效依据要求保险公司支付交强险范围、限额内的赔偿金，则应当由受让人自行承担交强险范围、限额内的赔偿责任。

7. 未过户转让车辆事故

实践中，在当事人之间已经以买卖方式转让并交付机动车使得机动车所有权发生转移时,因节省费用、以物抵债等多种原因可能出现买受人或受赠人未办理机动车所有权转移登记的情形,导致机动车名义所有人与实际所有人不一致的情况大量存在。

已转让但未办理过户手续车辆发生事故时,车辆的受让方作为实际车主,对机动车运行于事实上居于支配管理地位,并从机动车的运行中获得利益,依法应当承担赔偿责任。

《民法典》第1210条规定,当事人之间已经以买卖或者其他方式转让并交付机动车但是未办理登记,发生交通事故造成损害,属于该机动车一方责任的,由受让人承担赔偿责任。

但是机动车名义所有人是否需要承担赔偿责任?需要以名义所有人与机动车之间是否存在运行支配和运行利益的关联性加以确定。

如名义所有人不能支配车辆的运行,不具有防范事故发生的控制力,也无法从车辆的运行中获得利益,且无明显证据证明名义所有人对事故的发生存在过错,则名义所有人无须对事故承担赔偿责任。

以案说法

2019年7月30日18时许,蒋某驾驶豫B×××××小型汽车行驶至洛阳市××路口社会福利院路段时,因观察前面情况不明,处理不当,导致豫B×××××小型汽车撞到路上行人沈某,造成沈某倒地受伤,经医院抢救无效于次日死亡。事故发生后,经交警部门认定,蒋某负事故全部责任,沈某不负责任。

王某系豫B×××××小型汽车登记车主,2017年1月12日,王某为该车在太平洋保险公司购买保险期限为2017年1月12日00:00起至2018年1月11日24:00止的交强险。2017年12月1日,王某的丈夫严某与蒋某签订《二手车买卖合同》,将豫B×××××小型车辆以75800元的价格转让并交付给蒋某,同时约定该车在2017年12月15日必须过户。蒋某购买车后,因自身原因未办理该车所有权转移登记手续。亦未在该车的交强险到期后继续为该车投保交强险。

本案事故发生后,王某是否需要承担责任?

当事人之间已经以买卖等方式转让并交付机动车但未办理所有权转移登记的,发生交通事故后属于机动车一方责任的,由保险公司在机动车强制保险责任限额范围内予以赔偿,不足部分,由受让人承担赔偿责任。本案中,《二手车买卖合同》、微信聊天记录及交易记录、存款证明、证人证言等,均能证明王某夫妇于 2017 年 12 月 1 日将车辆卖给蒋某，但事后未办理过户手续的事实。且蒋某在购车时，该车交强险及商业三者险均在保险期限内。故王某对沈某死亡造成的损失不承担赔偿责任。蒋某在未为豫 B×××××小型车辆续保交强险的情况下，驾驶车辆发生交通事故，导致沈某死亡，并负事故的全部责任，应对沈某死亡的损失承担全部赔偿责任。

本案是转让机动车未办理登记造成交通事故的典型案件，在机动车已经交付并由买受人实际控制时，一般由买受人承担机动车交通事故责任，但需要出卖人主观上对于事故发生不存在过错其才能免责。

8. 教练车事故

接受机动车驾驶培训的人员即驾校学员在驾驶驾校的机动车发生交通事故造成他人人身或财产损害的，由驾驶培训单位即驾校承担责任。

依据运行利益和运营控制理论分析，驾校对于培训活动中的汽车既能够通过其雇员即教练员控制该车的运行，同时也通过这种运行获得利益，其利益已经包含在驾校学员所交纳的培训费中。虽然驾驶培训中的驾校学员也从驾驶活动中受益，但并非能够控制其所驾驶汽车的人，驾校学员只有经过驾校培训活动并考核合格才能取得驾驶资格，应当在教练员的指导下驾驶教练车辆，在这过程中，驾校学员的行驶路线、行驶速度、行驶方式等，完全听从于教练员的指挥，其在驾驶过程中不能认定为有效控制机动车。

以案说法

2020 年 3 月，在江苏省镇江市某路口，王某驾驶某驾校所有的小型普通客车由北向东行驶时与刘某驾驶的由南向北行驶的小客车前部相撞，事故造成两车损坏。后经公安机关交通管理部门认定，王某应当承担事故的全部责任，刘某为修理车辆支出修理费 7635 元。

刘某诉至人民法院要求王某、某驾校赔偿其修车费及停运损失等。王某辩称其为某驾校的学员，事故发生时正在学习驾驶技能，随车有某驾校的教练陪同，故应当由驾校承担赔偿责任。王某是否需要承担赔偿责任？

驾驶学员在驾校进行驾驶培训的目的是学习如何驾驶机动车，且在驾驶机动车时尚未取得驾驶执照，且依据法律规定学习机动车驾驶技能应当使用教练车,在教练员随车指导下进行。

本案中王某在驾驶机动车时,车辆的实际控制人应当为教练员,发生事故,应当由教练员承担责任。因为教练员指导学员的行为属于履行单位职务的行为,因此应当由培训单位即某驾校来承担对他人造成损害的赔偿责任。因此本案中刘某车辆的损失应当由某驾校来承担,而非由王某承担。

驾校作为驾驶培训机构,既然是专门为培训驾驶学员而开设的,那么驾校教练员就应当尽到培训学员驾驶技能并排除交通险情的义务。由于学员还不完全具有驾驶技能,无法处理各种交通状况,旁边有教练员指导时也并非独立驾驶,换言之,教练员才是教练车的实际支配人。故在驾驶培训活动中造成交通事故或者有交通违法行为,是由于教练员没有尽到自己的义务,因此产生的后果应当由教练员予以承担。但因教练员指导学员驾驶的行为属于履行职务的行为,该职务行为的法律后果自然应由驾校承担。

因此,根据运行利益与运行支配并结合驾驶培训自身的特点,驾校应当对驾驶培训过程中发生交通事故造成的损害承担赔偿责任。

此外,汽车陪练行业现已兴起,陪练过程中交通事故发生后,相关责任应当由谁承担?陪练并非"教练",学员在通过考试取得驾驶证后,在上路前聘请陪练公司的陪练员进行练习,如果此时陪练车发生交通事故,因为驾驶员已经具有完全的独立驾驶能力和完全的驾驶技能,即便有人进行陪练,从运行支配和运行利益标准来看,其对于车辆应当具有独立的控制能力和运行利益,应当由驾驶员自行承担赔偿责任。

但是应当注意的是,在陪练过程中,陪练人的作用在于督促驾驶人更加娴熟地掌握驾驶技能,虽然不能独立地控制机动车的行驶,但是对于驾驶人如何驾驶车辆会产生一定的影响。如果陪练员主观上有过错的,则应当在其过错范围内承担相应的责任,比如不当地影响了驾驶人的正常驾驶等。

9. 车辆承包、发包中侵权事故

汽车运输公司、企业进行承包经营,将车辆发包给个人或企业,收取承包费,实际上是车辆所有权人将自己对车辆的支配权交给他人,但实际仍然是车辆的支配者和运行利益的归属者。并且,国家对道路运输经营设定严格的市场准入制度,相关法律法规明文禁止道路运输经营许可证的租借行为。发包人对发包营运车辆的行为明知或应该知道其违法而仍然为之，存在明显过错，促成了不具有经营资格的承包人进行运输经营，客观上提高了营运车辆发生事故的危险性，故承包人与发包人构成共同侵权。因此，承包车辆发生交通事故，承包方作为直接侵权方或车辆的直接支配者和运行利益享有者，当然需要承担赔偿责任，发包方也应承担连带损害赔偿责任。

典型如出租车承包车主与出租车公司签订承包合同，由车主实际支配出租车进行运营，并从该车的运营中获得利益，出租车公司收取承包费，在承包期间内，出租车发生交通事故，由承包车主承担损害赔偿责任，出租车公司承担连带责任。关于出租车模式下责任承担问题，笔者将在后文详细分析，此处不做赘述。

10. 分期付款车辆事故

分期付款买卖是一种特殊的买卖形式，是买受人将其应付的总价款按照一定期限分批向出卖人支付的买卖。由于分期付款买卖中，出卖人须先交付标的物，买受人于受领标的物后分若干次付款，出卖人有收不到价款的风险，因此，当事人双方就分期付款买卖常有所有权保留的特殊约定，即买受人先占有、使用标的物，但在双方当事人约定的特定条件成就之前，出卖人仍保留标的物所有权，待条件成就后，再将所有权转移给买受人。

分期付款车辆即指在车辆买卖中，买卖双方通过协商约定，购买人支付一部分价款之后，先占有使用车辆，并按照约定在一定期限内分期支付车辆价款，在车辆价款还清之前，车辆的所有者仍然属于出卖人，购买人完全付清车辆价款后，出卖人才将车辆所有权转移给购买人。

保留所有权实质应当作为债的担保方式。分期付款买卖使购买人没有实际支付全部价金即取得买卖的车辆，出卖人未得到全部价金便需要转移车辆，出卖人存在不能取得全部价金的风险，而由出卖人保留所有权，则可以在一定程度上控制车辆购买人不能够自由处分财产，且可以保障买受人如果不支付价金，则出卖人有权实际取回车辆。

如在价款付清之前发生交通事故，则其责任承担主体存在较大的争议。但现有司法实践已明确购买人已实际支配车辆，并可能获得运行利益，而出卖方对车辆不可控制，对车辆上路安全行驶不存在任何过错，其保留所有权的行为与交通事故之间没有因果关系。故在分期付款期间车辆发生交通事故，出卖方不承担民事责任，责任主体应是购买人，而不是保留所有权的出卖人。

但是,如购买人是为了出卖人的利益而使用分期付款车辆致人损伤的,则出卖人也应当承担一定的赔偿责任。

11. 他名车辆事故

顶名买车,也就是我们常说的以他人名义买车。顶名买车多数是为了规避地方政策限制或享受地方政策优惠,如上牌等。他名车辆中,被顶名人也就是出借身份证者只是登记上的名义车主即名义所有人,借用身份证者即顶名人才是车辆的实际所有人。以他人名义买车发生交通事故时,由机动车使用人或实际所有人承担赔偿责任。

顶名人即车辆的实际所有人实际上对车辆拥有占有、使用、收益和处分权,对车辆的运行具有事实上的支配地位和享有车辆运行而产生的权益,故其应为机动车交通事故赔偿责任主体。而出借身份证者即被顶名人只是车辆的名义所有人,并不占有和使用车辆,对车辆亦无实际支配和运行利益,故不应成为交通事故责任的赔偿主体。但车辆名义所有人对交通事故发生存在过错的,应当承担相应的赔偿责任。

车辆名义所有人可能存在的过错情形主要是指以下情形:(1)知道或者应当知道机动车存在缺陷,且该缺陷为交通事故发生的原因之一;(2)知道或者应当知道驾驶人无驾驶资格或者未取得相应驾驶资格的;(3)知道或者应当知道驾驶人因饮酒、服用国家管制的精神药品或者麻醉药品,或者患有妨碍安全驾驶机动车的疾病等依法不能驾驶机动车的;(4)未缴纳交强险等其他认定为机动车所有人过错的情形。车辆名义所有人存在上述过错情形之一的,应承担相应的赔偿责任。

12. 试乘试驾中的车辆事故

试乘,是指顾客在车辆经销商指定的驾驶人员的陪同下,在车辆经销商指定的道路及路线乘坐指定的车辆体验了解车辆性能的行为。试驾是指消费者本人为了解体验车辆性能,驾驶经销商指定的车辆在指定的道路及路线上进行驾驶。试乘试驾的特点见图4-8。

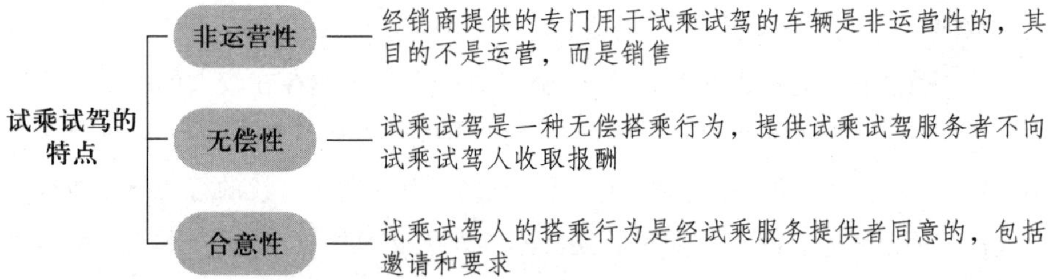

图4-8 试乘试驾的特点

试乘及试驾都是车辆经销商的一种商业促销手段，车辆经销商通过此行为获取了机动车的运行利益，且对车辆的运行具有一定的支配力，如果发生事故造成损害，应当承担相应的赔偿责任。如果试乘试驾人员对事故的发生存在过错，应当根据其过错大小相应减轻车辆经销商的赔偿责任。

有几类特殊情形要注意区分：(1)试乘驾驶员为车辆经销商提供的，应当由车辆经销商承担责任，驾驶员与车辆经销商之间构成雇佣关系，车辆经销商承担的是雇主责任。(2)试驾中，如车辆经销商存在车辆有潜在危险、驾驶路线选择不合理等过错的，车辆经销商应当承担赔偿责任；如因驾驶员驾驶行为不当的原因造成损害，则应当由驾驶人承担责任；如驾驶员欠缺相应的驾驶资格，而车辆经销商未尽到审查义务，经销商应当承担一定的过错责任，但因驾驶员及消费者存在过错，则可以适当减少经销商的赔偿责任。

(五)道路管理人及相关行为过错人

道路管理人、道路建设单位、施工单位或机动车生产销售方或其他行为人如对交通事故发生存在过错，应当承担相应的赔偿责任。

1. 道路交通维修、管理缺陷事故

道路交通维修或管理缺陷导致发生交通事故造成损害，道路管理者不能证明已按照法律法规规章或行业标准尽到管理及安全注意义务的，应承担相应的赔偿责任。

如高速公路管理中心作为管理单位未及时修复高速公路路段护网缺陷，为行人进入高速公路提供了便利条件，或封闭式道路管理者未对行人禁止进入封闭式道路采取安全防护措施及尽到提示义务，而造成行人在高速公路或封闭式道路上发生交通事故，相关道路管理者应当就其管理不善承担相应的赔偿责任，但相关道路管理者能够举证证明自己已经采取安全措施并尽到警示义务的，可以减轻或者不承担责任。

2. 道路障碍清除事故

未经许可，任何单位和个人不得占用道路从事非交通活动。因在道路上堆放、倾倒、遗撒物品导致发生交通事故造成损害的，由相关行为人承担赔偿责任，公路管理机构、公路经营企业即道路的管理者负有保证道路安全、行驶畅通的义务，违反该义务，对遗撒物品、堆放物品未及时清除造成事故的，应当根据其过错对受害

人承担相应的赔偿责任。

道路存在堆放、倾倒、遗撒物品时,存在行为人和道路管理者之间责任的竞合。如果道路管理者举证证明其已经按照法律、法规等相关规定及行业规范标准尽到清理、防护和警示义务,而道路障碍行为人不能证明其没有过错的,则应当由行为人承担完全的赔偿责任;如行为人和道路管理者均不能举证证明自己没有过错,则双方应各自承担与其过错程度和原因力相适应的责任,应当按照按份责任进行处理,一般行为人承担主要责任,道路管理者承担次要责任;如行为人下落不明或无法查询,道路管理者应根据其过错程度承担责任,且道路管理者承担协助查找行为人的当然法律义务。

以案说法

2019年8月12日1时10分,宋某涛驾驶高某所有的冀E×××别克牌小型客车在行使至大广高速公路由北向南146km+500m处,与路上一物体(死马)发生碾压,造成车辆损坏。事故发生后,高速交警沧州支队出具冀公交证字(2019)第0812001号道路交通事故证明,证明中载明事故发生的经过。2019年8月13日,驾驶人宋某涛委托华圣保险公估有限公司对事故车辆损失进行评估,交纳公估费3000元。华圣保险公估有限公司出具的编号为HSGR-20170259号公估报告书中显示冀E×××事故车辆实际核损金额为76036元。高速管理处在人保公司投有公众责任险。原告认为高速管理处未尽到管理职责,及时清理路面造成车辆损坏,系侵害其财产权益的行为,应承担赔偿责任。

因道路管理维护缺陷导致机动车发生交通事故造成损害,道路管理者应承担相应赔偿责任。本案中事故车辆履行了交纳车辆通行费的义务,即享有使用高速公路并安全通行的权利;高速管理处在行使收费权利后,亦应承担履行公路完好、安全、畅通的职责和义务。原告主张高速管理处未尽到养护和及时清扫的职责,导致原告的车辆撞上道路中间的死马产生车辆损坏的事故。高速管理处辩称原告车辆事故属于二次事故,是由道路前方另一起交通事故产生的,因交警正在处理前方事故,故不能移动道路上的死马。但高速管理处未提交证据予以证实,且其辩称不能成为其不履行义务的理由。即使当时存有客观原因不能履行清障义务,被告亦应在障碍物附近提供临时警示标志或者采取其他妥善处理措施以确保过往车辆的安全通行。高速管理处未尽到足够的管理及维护责任,致使原告车辆在行使过程中遭受损失应承担赔偿责任。

需要指出的是，我国对于道路的管理采取多层级、多元化管理模式，不同的道路由不同的管理者进行管理，交通事故发生后，如何准确界定道路管理者是难题。根据《收费公路管理条例》等规定，一般的区分原则是：非收费公路的管理者为公路管理机构，政府还贷公路的管理者为公路管理机构或其依法成立的公路企业法人，经营性公路的管理者为公路经营企业。对于公路管理者更为细致的划分一般由各地法规予以明确。当然，对于普通的当事人而言，可能并不能完整地区分以上各个管理者对具体道路的分工，比较常用的做法是，将上述管理者一并列入赔偿责任人进行主张，最后由各方管理者自行协商确定赔偿责任，或由法院判决确定。

3. 道路设计或施工缺陷事故

近年来，随着我国机动车数量的快速增长，道路通车里程逐年增加，道路安全系数不达标、路面交通安全标志不全等道路设计或施工缺陷，成为道路交通事故发生的重要原因之一。因道路设计、施工存在缺陷导致发生交通事故造成损害的，建设单位和施工单位应当承担相应的赔偿责任。

道路设计或者施工缺陷对事故发生的原因力的大小，是区分道路建设和施工单位应当承担赔偿责任比例的依据，但如无法确定责任比例，则应当由建设单位、施工单位与其他责任主体平均承担赔偿责任。建设单位和施工单位承担责任的条件见图4－9。

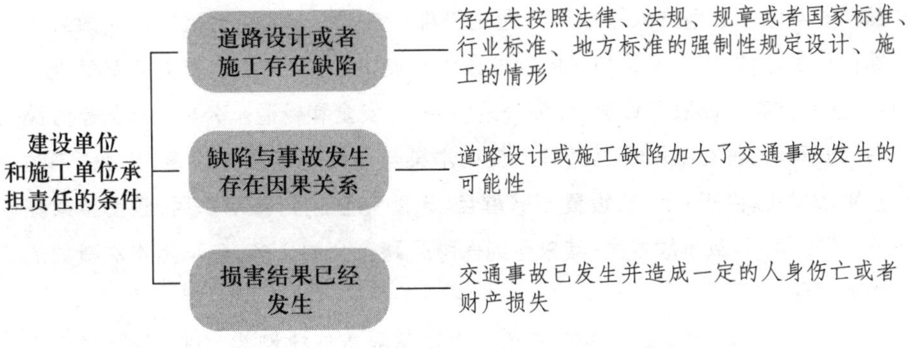

图4－9　建设单位和施工单位承担责任的条件

以案说法

公路局为X913崇店线简桥危桥重建项目的项目法人，通过发包的方式将该工程发包给畅安公司进行重建，2018年1月20日，公路局与畅安公司进行交工验收并出具江西省公路养护工程交工验收证书，评定该工程为合格工程。2019年6月11日8时左右，死者游某亮驾驶二轮摩托车由崇仁县桃源乡往崇仁县县城方向行驶，当行驶至桃源×村粮站路段时，跌入新修X913崇店线简桥下水渠中死亡。崇仁县公安局交通警察大队出具交通事故尸体检验报告，死者游某亮系道路交通事故致颅脑损伤死亡。游某亮于1983年7月14日出生，系农业家庭户口，从2012年开始至事故发生时一直居住于崇仁县巴山镇育才大厦二单元301室。游某英系游某亮的女儿，游某春系游某亮的儿子，蔡某兰系游某亮妻子。事故发生后，公路局向蔡某兰一方垫付了70000元。

《道路交通安全法》规定："驾驶机动车，应当依法取得机动车驾驶证。申请机动车驾驶证，应当符合国务院公安部门规定的驾驶许可条件；经考试合格后，由公安机关交通管理部门发给相应类别的机动车驾驶证。"以及第51条"机动车行驶时，驾驶人、乘坐人员应当按规定使用安全带，摩托车驾驶人及乘坐人员应当按规定戴安全头盔"和《机动车驾驶证申领和使用规定》第12条"申请低速载货汽车、三轮汽车、普通三轮摩托车、普通二轮摩托车或者轮式自行机械车准驾车型的，在18周岁以上，60周岁以下"。游某亮超过法定驾驶年龄无证驾驶摩托车，并且未佩戴安全头盔，导致跌入水渠致颅脑损伤死亡，其自身骑车注意义务不够，是导致事故发生的主要原因，应承担本次事故的主要责任。依据《公路法》的规定，各级地方人民政府应当采取措施，加强对公路的保护。县级以上地方人民政府交通主管部门应当认真履行职责，依法做好公路保护工作，并努力采用科学的管理方法和先进的技术手段，提高公路管理水平，逐步完善公路服务设施，保障公路的完好、安全和畅通。公路局作为事故路段的管理者，其在维修桥梁通车后仅在水渠与道路的连接处设置"土包"来防止事故发生，由于"土包"设置不够醒目，未能完全起到警示作用，致使游某亮冲出"土包"导致事故发生，其未尽到保障公路安全的义务，应承担本次事故的次要责任。

最后法院对本案酌定游某亮承担本次事故责任比例为80%，公路局承担责任比例为20%。畅安公司作为事故路段的施工方，其早已于2018年1月20日与公路局完成交工验收，公路局在核查施工合同的履约及工程质量等情况后，综合评定该工程为合格工程，并出具江西省公路养护工程交工验收证书。而事故发生并非因工程质量问题所导致的，故事故责任应当由公路的管理者即公路局承担，畅安公司在本案中不承担事故责任。

4. 机动车产品缺陷事故

因机动车产品缺陷导致发生交通事故造成损害的，生产者或者销售者应承担相应的赔偿责任。

机动车生产者和销售者承担责任应当满足以下条件：(1)机动车存在缺陷，存在危及人身、他人财产安全的不合理危险或机动车的产品质量不符合相应的国家标准和行业标准；(2)交通事故确已发生，并且造成人身、财产损害；(3)机动车缺陷与交通事故的发生存在因果联系。

以案说法

2016年7月1日晚，徐某驾驶电动自行车沿奉化溪口镇浒溪线北往南行驶，20时20分许，当车行驶至浒溪线与水口路交叉口地方时，车头与前面行走的行人孙某身体发生碰撞，造成孙某经医院抢救无效于当月10日死亡的交通事故。

2016年7月3日，北京中机车辆司法鉴定中心鉴定认为徐某驾驶的车辆符合机动车的相关定义，鉴定结论为该二轮车辆为二轮摩托车，属于机动车。

2016年7月17日，奉化区公安局交通警察大队出具道路交通事故认定书，认为徐某未取得机动车驾驶证驾驶二轮摩托车在道路上行驶是导致事故发生的直接原因，应承担事故的全部责任。

后孙某亲属孙小某、林某等人诉至法院，认为徐某驾驶车辆的生产厂商生产的车辆具有产品缺陷，要求电动自行车生产厂商浙江某电动车有限公司承担赔偿责任。

法院认为超标电动车实为机动车，机动车和存在警示缺陷两方面的因素相互作用，构成乃至加大了车辆的不合理危险，增加了事故发生的可能性和损害扩大的风险，所以超标电动自行车的生产者应当对交通事故的受害人承担一定的赔偿责任。

被告浙江某电动车有限公司的产品缺陷在一定程度上与事故的发生具有因果关系，故其理应承担相应的责任。法院认为原告孙小某等人的产品责任诉讼完全可以成立，但考虑产品超标属于事故发生的间接原因，故酌情确认被告只需要承担20%的赔偿责任。

2018 年 1 月 8 日,公安部交通管理局发布《关于转发人民法院对交通事故涉及的超标电动车生产销售企业依法承担赔偿责任有关判决的通知》,通知强调,超标自行车的各项技术指标不符合国家强制性标准,安全性能差,上道路行驶极易发生道路交通事故,且未投保相关保险,严重侵害了群众利益,给道路交通安全、交通秩序、矛盾化解带来诸多不利的影响。通知要求各公安机关交通管理部门在交通事故调查处理工作中,要积极引导当事人对超标电动车生产销售企业提起民事诉讼,依法要求其承担赔偿责任,对涉嫌构成犯罪的,依法协助追究刑事责任,倒逼企业停止违法违规行为。

机动车产品缺陷对损害发生的原因力大小是判定机动车生产者、销售者应当承担的赔偿责任比例的标准,如无法评定原因力,则生产者、销售者与其他责任主体应当平均承担赔偿责任。

5. 维修过程侵权

在机动车维修期间,车辆由修理公司或修理人员实质控制。在检验车辆修理成果或者代办验车过程中发生交通事故的,因驾驶人员系为修理公司履行职务行为,一般应当由修理公司承担赔偿责任。若修理人员未经单位许可,擅自驾驶维修的车辆外出发生了交通事故,则应当由修理人员自行承担赔偿责任,如修理公司存在过错,则应承担相应的连带赔偿责任。

同样地,在委托保管的情形下,车辆所有人失去了对车辆的运行支配权,也因此缺失运行利益,保管人成为运行支配者,如果在车辆交付保管的过程中发生交通事故,则应当由保管人承担赔偿责任。

(六)特殊情形中的赔偿义务人

1.“好意同乘”事故

“好意同乘”也就是我们通常所说的“搭顺风车”,提供车辆一方无偿搭乘他人由 A 地行驶到 B 地,提供车辆者为好意人,“顺风车”意味着搭乘人的目的地只是恰好与好意人的目的地一致或者其中某段路径一致而顺路搭乘,而不能是好意人为了搭乘人的目的而专门运送。

因“好意同乘”具有不受约束的意思表示,且不属于事实行为,因此不属于合同行为和无因管理行为，故应当将其纳入侵权法律关系的调整范围，只有在驾驶人即好意人与无偿乘车人之间发生侵权事实时，后者才享有请求权。“好意同乘”界定条件见图4-10。

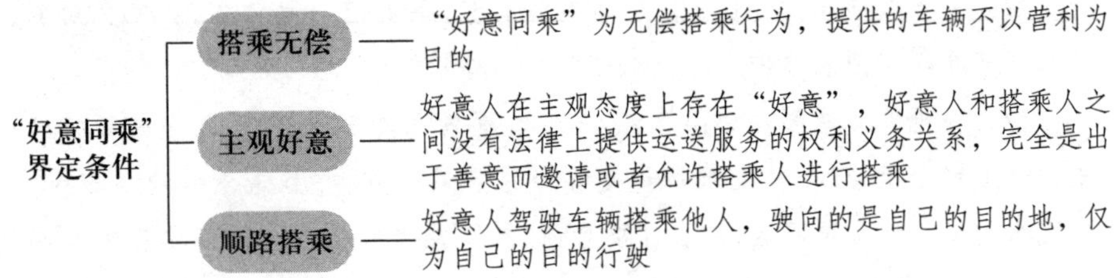

图4-10　“好意同乘”界定条件

《民法典》对于“好意同乘”事故责任的分担新增作出规定，非营运机动车发生交通事故造成无偿搭乘人损害，属于该机动车一方责任的，应当减轻其赔偿责任，但是机动车使用人有故意或者重大过失的除外。也即若“好意同乘”情形中发生交通事故，事故责任和过错均属于对方车辆，搭乘人的损失应由对方机动车所投保的保险公司在保险责任限额内进行赔偿，不足部分，由实际侵权人即驾驶员赔偿，无须由好意人承担赔偿责任。如果事故责任和过错属于好意人的，则原则上是需要承担赔偿的，但是因其“好意”行为，故应当减轻赔偿责任。

好意人并未在搭乘的行为中获取利益，相反可能给自己在时间和经济上都增设负担，根据公平原则，应当对好意人和搭乘人之间的利益进行权衡，搭乘者乘坐事故车辆并不意味着其甘愿承担全部风险，不能认定搭乘者视为放弃遭受交通事故损害的赔偿权利，好意人也不能因为搭乘者是无偿搭车而随意置搭乘人的安全于不顾，“好意同乘”不能成为驾驶人即好意人一方的免责依据。好意同乘是一种人与人之间的互相帮助行为，这种互帮互助和团结友爱的行为应当予以提倡和鼓励。如果过分强调保护搭乘人的利益，加重了好意人的责任，是与法律所追求的社会效果不符合的。因此，在保护搭乘人的权利要求好意人对自己的过错行为承担赔偿责任的同时，也应考虑好意人的好意，从而适当减轻好意人的赔偿责任。

搭乘人对事故发生有过错，如明知车辆超载或者驾驶人员存在不可驾驶车辆的情形而坚持搭乘等，人民法院一般会判决减轻好意人的赔偿责任。

以案说法

2020年7月6日上午,江某无证驾驶无牌电动摩托车自东向西行驶,与汪某驾驶的未经检验的浙JLB×××二轮摩托车相撞,事故造成江某、汪某及摩托车后座乘坐人刘某受伤(汪某与刘某为朋友,事发前一起钓鱼,钓完鱼后刘某乘汪某摩托车回家途中发生交通事故)。

经公安机关交通管理部门认定,江某负事故主要责任,汪某驾驶的摩托车未按规定定期检验,行驶中未按规定靠道路右侧行驶,并且未戴安全头盔,是造成本次事故的次要原因,应负次要责任,刘某乘坐摩托车未按规定戴安全头盔,其在本次事故中对其自身损失负次要责任。关于刘某因事故造成的损失,汪某是否需要承担赔偿责任?

机动车驾驶人驾驶的普通二轮摩托车未按规定定期检验,且在行驶过程中未按规定行驶造成交通事故,致使无偿搭乘人受伤,经认定汪某在事故中负次要责任,应当可以认定汪某作为驾驶人(好意人)对事故发生和刘某损失的造成具有一定的过错,应当对无偿搭乘人承担相应的赔偿责任。

但是汪某出于善意搭载刘某乘车,并未就此收取费用获取利益,在此情况下,应当可以适当减轻好意人的责任。

无偿搭乘人刘某在乘坐摩托车时未按规定戴安全头盔,自身也有一定过失,可以适用过错相抵原则,减轻甚至免除汪某的赔偿责任。

2. 酒后代驾事故

酒后代驾发生交通事故时,应当根据不同的情形区分被代驾人、代驾人或代驾公司的赔偿责任。

如为无偿代驾,无偿代驾一般为被代驾人的亲戚朋友,其进行代驾不收取费用,不谋取任何利益,被代驾人对车辆既具有运行支配权,同时保留有运行利益,如代驾人在代驾的过程中给他人造成损害的,应当由被代驾人自己承担相关赔偿责任。代驾人是否承担连带赔偿责任,应当据其过错进行判断。如代驾人存在故意或者重大过失的情况下,则应与被代驾人共同承担赔偿责任。

如是代驾公司或者专门从事代驾业务的个人提供代驾服务,并收取一定服务费用,个人代驾的,参照个人劳务关系进行处理。如为代驾公司安排代驾人,应当由代驾公司承担相应的交通事故赔偿责任;但如酒后车主及管理人员存在过错或者存在指示或选任过错,也应当承担相应的责任。

与此相类似的还有酒店、宾馆等服务场所提供泊车服务时发生交通事故，则一般也应由提供服务方承担赔偿责任。一方面，在泊车过程中，具体实施泊车等服务行为者要么是酒店、宾馆的员工，要么是酒店、宾馆找来的其他人员，亦即泊车等服务行为的驾驶员是酒店、宾馆的人员，故酒店、宾馆对于泊车等服务行为而言实际掌握了车辆的运行控制权，实现了对车辆的运行支配。另一方面，酒店、宾馆提供的泊车业务通常是不收取费用的，但其目的归根结底为带动客源、增加其盈利，酒店、宾馆在泊车等服务过程中显然因车辆运行而享有利益。因此，从运行支配和运行利益标准来看，酒店、宾馆等服务单位应当成为提供泊车服务而发生交通事故的损害赔偿责任主体，但是如接受服务方对损害的发生有过错，也应当承担与其过错相适应的赔偿责任。

3. 车门事故

车门事故，是指因机动车驾驶人或乘车人在打开车门时未注意其他车辆或者行人，导致双方发生碰撞而造成的事故。开车门过程中发生事故，应当由过错方承担相应的赔偿责任。

因机动车一方开车门造成事故的情况经常出现在车辆的停驶状态，但仍属于机动车使用过程中，故仍适用机动车交通事故的一般处理规则，即先由开车门的机动车方保险公司在交强险限额范围内承担赔偿责任，超出交强险范围的部分，则参照公安机关交通管理部门出具的事故责任认定书确定双方的过错，从而确定双方应当承担的民事责任。

特别注意的是，如驾驶员没有过错，而因乘车人开车门导致事故的发生，则驾驶员可不承担赔偿责任。

以案说法

2020 年 8 月 15 日 10 时许，在上海市嘉定区某辅路处，冯某骑自行车由西向东行驶时，陈某驾驶的小轿车停靠在路边，小轿车在开车门时与自行车相撞，事故造成两车受损，冯某受伤。

经公安机关交通管理部门认定陈某承担事故的全部责任。陈某驾驶的小轿车在某保险公司处投保了交强险，事故发生在保险期限内。

后冯某诉至人民法院，要求陈某、某保险公司赔偿其医疗费、误工费等各项损失 8000 余元。

本案所涉为机动车在开车门时致人损害的责任承担问题。

机动车在开车门时致人损害的,属于机动车交通事故。根据《道路交通安全法》等相关法律法规规定,机动车驾驶人及乘车人在开车门时应当尽安全注意义务,车辆停稳前不得开车门和上下人员,开车门亦不能妨碍其他车辆和行人的通行。

陈某的车辆虽然停靠在路边,但在开车门时未确保安全,致使与骑自行车正常行驶的冯某相撞,并造成冯某受伤。故应当按照机动车与非机动车发生交通事故的一般处理规则确定赔偿责任,应由某保险公司在交强险责任限额范围内先行承担赔偿责任,对冯某超出交强险范围的损失,应由陈某承担赔偿责任。

4. 套牌车事故

套牌车是使用参照别人车辆的型号和颜色,采用特殊技术手段仿造的与别人车辆牌照号码相同的假牌照的车。套牌车辆一般无法投保,当其发生事故时,无保险公司承担责任,给交通安全带来极大的隐患,因此过错方应当承担相应的赔偿责任。

套牌机动车发生交通事故造成损害的,如被套牌机动车所有人及管理人在行为上不存在过错,即对机动车被套牌不知情,亦未在套牌行为中获益,不应当承担赔偿责任,套牌方系交通事故的直接侵权方,根据侵权者责任自负原则,应当由套牌方即套牌机动车所有人或管理人承担直接赔偿责任。

套牌行为系被法律所禁止的行为,对车辆进行套牌并上道路行驶属于违法行为,并且该违法行为给公共道路安全造成巨大危险。

故如被套牌的机动车所有人或者管理人同意套牌的,甚至是存在有偿套牌的情形,则被套牌机动车所有人或者管理人对事故的发生存在过错,应与套牌机动车所有人或管理人承担连带责任。

我国法律之所以如此规定,是因为:(1)通过对受偿不能风险的合理分配,有利于受害人合法权益得到及时充分的维护。而对受偿不能风险的分配是连带责任形态最主要的作用,连带责任的价值主要体现在两个方面,一是权利人无须确定并针对所有责任人进行诉讼;二是权利人也无须确定各个责任人之间的责任比例。故确定被套牌方承担连带责任有利于赔偿权利人扩大请求赔偿对象而获得充分的救济。(2)连带责任不仅能够充分保护受害人,而且有促进公法目的的实现的功能,即通过引入私法领域的连带责任,事实上加重了被套牌方的注意义务,有助于促使其遵守交通管理法规,减少套牌现象从而维护道路交通秩序。(3)被套牌方的同意行为违反了保护他人的法律规定,客观上造成交通事故责任主体难以确定,受害人损失难以得到赔偿等不良后果,理应承担连带赔偿责任。

实践中,亦可能出现套牌车所有人或管理人将套牌车辆出租、出借给他人使用的情形。

在出借、出租套牌车辆发生交通事故造成损害的情形下,对车辆出借人即套牌车辆的所有人或管理人的责任承担,还需要权衡借用人、租用人对所租借的车辆属于套牌车是否明知。

如果有证据证明借用人、租用人知道或应当知道所借用、租用的车辆为套牌车,但是仍继续上路行驶,并因此导致受害人损害,则借用人、出租人应当与出借人、出租人承担连带赔偿责任。

5. 擅自驾驶事故

擅自驾驶的情形有两种,一种是存在雇佣关系的受雇人实施非雇佣行为,擅自驾驶而发生交通事故的,如雇员擅自驾驶雇主的车辆,公司职员擅自驾驶公司的车辆等。此事故原则上仍然由车辆所有人承担赔偿责任,所有人与驾驶人承担赔偿责任后,可以根据其与受雇人的雇佣合同或公司内部相关规定对擅自驾驶人进行追偿。

另一种则是不存在雇佣关系的其他人擅自驾驶他人车辆发生交通事故的,应由驾驶人承担损害赔偿责任。

当然如果说机动车的所有人或管理人存在管理上的瑕疵,则需要在其过错范围内承担相应的赔偿责任。

以案说法

2020年5月2日2时,在北京市昌平区顺沙路大东流工业园路口处,刘某驾驶一辆重型半挂牵引车由西向东行驶时与冯某驾驶的货车相撞,事故造成货车中的王某死亡,后经公安机关交通管理部门认定冯某承担事故的主要责任,刘某承担事故次要责任,王某不承担事故责任。

经调查冯某为酒后驾车,货车为北京某厂所有,冯某为北京某厂员工。时值五一期间,冯某因帮王某搬运货物过程中发生事故,发生事故前北京某厂对冯某开车情况不知情。北京某厂是否需要承担赔偿责任?

雇员擅自驾驶单位机动车,并在驾驶过程中因过失发生交通事故的,其应当承担赔偿责任。同时因事故发生时,雇员并未从事职务活动,故所属单位无须承担连带赔偿责任。

但鉴于所属单位即北京某厂作为机动车的所有人未尽到合理的管理、注意义务,致使雇员私自开车外出肇事,故该单位应当对受害人遭受的损失承担补充赔偿责任。

6. 盗窃、抢劫或者抢夺机动车事故

我国法律明确对盗窃车辆的责任承担问题作出规定,使用盗窃的机动车肇事的,造成被害人人身和财产损失的,肇事人应当承担损害赔偿责任,被盗机动车的所有人不需要承担赔偿责任。保险公司在机动车强制保险责任限额范围内垫付抢救费用的,有权向交通事故责任人进行追偿。

同理,在车辆被抢劫或者抢夺的情况下,车辆所有人没有任何过错而被迫脱离了对机动车的控制,其对机动车的行驶状况、实际驾驶人等无法预知,也无法控制,其对交通事故的发生不具有过错,因此不应承担赔偿责任,应由抢劫人、抢夺人与车辆实际驾驶人承担责任。

但例外情形,如盗窃人、抢劫人或者抢夺人与机动车使用人不是同一人,发生交通事故造成损害,属于该机动车一方责任的,由盗窃人、抢劫人或者抢夺人与机动车使用人承担连带责任。

以案说法

2020年9月3日,郑某于公路侧散步时与赵某驾驶的孙某所有的两轮摩托车相撞,事故造成郑某身体受伤,摩托车损害,赵某在事故发生后弃车逃逸。经公安机关交通管理部门认定,赵某应当承担事故的全部责任。

郑某伤情经治疗共支出医疗费1756元。后郑某诉至人民法院要求赵某、孙某共同赔偿医疗费等费用。

车主孙某辩称其车辆于2016年7月丢失,事故发生与其无关。后人民法院经审理后查明事故车辆系被盗车辆,孙某于2017年7月14日已向公安部门报案丢失。孙某是否需要承担责任?

车主孙某不应当承担赔偿责任。孙某作为车主,在事故发生时,车辆非因车主本人的意志被迫脱离了车主的掌控,车主对事故的发生没有过错。

同时,为了保障人身受到伤害的受害人能够及时得到救治,被盗抢机动车投保了交强险的,保险公司仍然有义务在交强险限额范围内垫付受害人的损失,在实际支付后有权向交通事故责任人追偿。但若事故只是造成受害人的财产受损,没有人身伤亡,则保险公司无须承担赔偿责任。

7. 乘车人事故

无论是按照规定已经购买了车票的乘车人,还是按照规定免票或经承运人认可搭乘的无票乘车人,承运人都有义务在约定期间或者合理期间内将其安全运送到约定的目的地。承运人应当对运输过程中乘车人的伤亡承担损害赔偿责任,但伤亡是由旅客自身健康原因造成的,或者承运人证明伤亡是乘车人故意、重大过失造成的除外。在此情形下,乘车人有权以违约为由要求承运人承担赔偿责任。

如乘坐车辆与另外一车相撞发生交通事故,乘坐车辆没有过错时,乘车人可依照客运合同关系要求承运人承担违约责任,要求其给予赔偿,也可依照侵权损害赔偿要求对事故负有责任的车辆所有者或经营者承担侵权责任。关于承运人承担责任的问题,笔者在之后网约车事故责任赔偿部分进行详细分析,此处不做分析。

8. 融资租赁车辆事故

融资租赁,是指出租人根据承租人对出卖人、租赁物的选择,向出卖人购买租赁物,提供给承租人使用,由承租人支付租金。在融资租赁期间,租赁物造成第三人人身伤害或者财产损害的,出租人不承担赔偿责任。因此,在机动车融资租赁中,承租人应就机动车致他人之损害承担赔偿责任。

融资租赁中出租人向承租人所收取的租金并非承租人使用租赁物的对价,而是出租人为购买租赁物所付出的成本及合理利润的分期偿还,因此,融资租赁车辆的出租人虽然为机动车的所有人,但是不享有该机动车的运行利益,对于承租人如何使用租赁物,如何让租赁车辆符合安全驾驶条件等均无法控制。正是因为上述原因,致使出租人不可能对车辆发生的事故承担责任。

9. 自驾游事故

自驾游,是指由旅游成员自行约定出行路线、地点、时间等,按照约定的驾驶方式,驾驶约定的车辆前往旅行地旅游的一种出行方式。

自驾游是有别于传统的集体参团旅游的一种新的旅游形态,在选择对象、参与程序和体验自由等方面给旅游者提供了伸缩自如的空间。自驾游的驾车者为旅游成员,车辆主要有轿车、越野车、房车、摩托车和自行车等,以私有为主,也可以采用借用、租赁及其他方式;驾车的目的具有多样性和随意性,最终决定权在于旅游出行团队,旅游是自驾的主要活动内容。

在自驾游过程中发生交通事故产生的民事赔偿责任,应当由自驾游的全体成员共同承担,驾驶者如在驾驶过程中存在过错,应当承担较大的赔偿责任。

在自驾游情形下,自驾游成员间虽无明确的权利义务关系的约定,但是自驾游的成行系所有自驾游成员形成合意的结果,故应当视为所有自驾游成员均认可其自驾游活动对外所为的民事法律行为。自驾游成员无偿驾驶自驾游车辆,系自愿无偿为整个自驾游团队提供驾驶服务,实际上是在履行整个自驾游团体的事务,执行的是整个自驾游团队的意志。

从侵权责任的分担来看,自驾游团队参与人之间相互平等,不具有管理或被管理的行政隶属关系,而是一种自助、自我管理的关系,自驾游团队实际是一个临时性、松散型的团队,各行为人之间具有相关的照顾和注意义务,但此种义务也是有一定限定的,各参与人之间应对自身的安全承担一定的注意义务。因此,自驾游车辆的运行支配和运行利益仍然归属于自驾游团队即全体自驾游成员,在此过程中发生交通事故而产生民事赔偿责任,显然应当由自驾游全体成员(包括受害人本人)共同承担。

但是,上述责任的共同承担并非对责任进行简单的平均分配,而需要考虑驾驶者对事故发生具有直接的过错,故驾驶者承担份额应当大于其他自驾游团队成员。即对于自驾游团队成员来说,事故应当由驾驶者承担主要责任,受害人本人及其他成员承担次要责任。在确定个人具体责任承担份额时,首先要根据驾驶者的过错情况确定其承担份额,其余份额如无其他特殊情况应由其他成员平均分担,或由受害人本人承担略多于其他成员的过错份额,其余份额由除驾驶者及受害人本人外的其他成员平均分担。

三、共享单车事故及责任承担

(一)共享单车概念

共享单车,即共享自行车,是指设计用于单人日常交通代步,采用互联网租赁方法,能实现公众公用的城市自行车。这里,笔者也将部分城市出现的共享电动自行车纳入共享单车范畴。

共享单车现在已经遍及城市的各个角落,人们只要登录APP或小程序,扫码就能骑走,共享单车为人们的短距离出行带来了极大的便利。

共享单车作为共享经济的一种新形态,在火速的发展过程中,也呈现一系列的问题,因为共享单车的所有人与使用人相分离,运行支配难以确定,运行利益具有多方性,且存在管理、监管等方面的难题,当共享单车发生事故时,赔偿责任的确定给社会出了一个难题。准确地说,共享单车事故为前文所述“非机动车道路交通事故”范畴,笔者希望本节探讨能为这一新型事故的处理提供指引,且为后文共享汽车事故相关责任承担问题分析提供帮助。

(二)共享单车与使用人的关系

在使用共享单车的过程中,使用人与共享单车平台公司之间形成一种特殊的租赁合同关系,其中共享单车平台公司是共享单车的所有者,是出租人,使用人为共享单车的使用者,是承租人。共享单车平台公司与使用人之间通过电子数据信息的方式成立租赁合同,合同内容由共享单车平台公司单方面提供格式合同进行确定,租赁期限短暂且不定期。

共享单车平台公司作为出租方,应当提供符合条件的租赁产品和服务,包括确保所提供的单车租赁服务符合国家交通安全相关法规,确保自行车零件完整且性能正常等。同时,共享单车平台公司还应当尽到一定的管理义务,如提供配套的还车、管理和维护保养服务,向共享单车用户进行必要的告知和提醒等。共享单车使用人作为承租方,有自由使用共享单车的权利,也应遵守相应义务,如按时缴纳租车费用,在租赁期间尽到良好的保管义务,按约定方式归还车辆等。

现实情况中,造成使用人损害或者发生事故的原因是多方面的,如平台提供的单车本身存在制造缺陷、设计缺陷或警示缺陷;单车反复被使用而出现问题,但平台未尽相应的维护管理义务而导致缺陷;第三人原因如路人恶意破坏致使单车存在缺陷等。

(三)共享单车事故责任的承担

1. 平台存在过错的事故责任承担

骑乘共享单车出事故造成使用人的损害,使用人可以根据《民法典》要求共享单车平台承担违约责任,或者提起侵权赔偿。如使用人需要以合同为由主张权利,应当有与平台之间成立了合同关系比如通过正规的电子扫码途径使用后发生事故的证据，因租赁物造成承租人损害，使用人无须证明平台的过错即可要求其承担赔偿责任。

如使用人需要以侵权为由主张权利，《民法典》中的归责原则表明，当交通事故在非机动车、行人之间发生的，一般由过错方来赔偿；双方均有过错时，按过错大小分别承担民事责任。事故主体均为非机动车时可参照交通安全法的相关规定。责任若无法确定，则按公平原则由当事人分担民事责任，平台方根据其管理义务的履行、单车质量等方面的过错情形，承担相应的赔偿责任。

我国现有法律法规对单车租赁服务的规范尚不完善，对共享单车事故的性质、证据提交、责任认定及赔偿范围都不明确，现实情况中共享单车事故纠纷的处理一般需要通过公安机关调解或法院诉讼解决。参照其他非机动车交通事故处理程序，由公安机关交通管理部门参照《道路交通事故处理程序规定》对共享单车事故进行处理。为减少争议，建议使用人在发生骑行事故时，能够第一时间报警，交由公安机关对事故进行处理，同时可委托专业的鉴定机构对事故车辆进行性能方面鉴定，因骑行事故导致伤残的，还应委托鉴定机构进行伤残等级鉴定，以有利于获得赔偿。

据了解，美团单车等已为骑乘用户投保人身意外险，但是具体哪些平台投保了保险，在什么范围内赔付，作为骑乘人员及使用人并不完全知情。即便平台为使用人购买保险，但理赔后，就使用人损害中没有被保险赔偿金所填补的那一部分责任，平台依然要负责赔偿。

2. 平台不存在过错的事故责任承担

共享单车事故分为单车事故及双方或多方事故，在平台不存在过错时，则按照事故方当事人的各自过错分别承担事故责任。

单方事故中，如共享单车的使用者（承租人）在使用单车时摔倒、受伤或造成公共物品损毁。(1)若是由承租人自身原因导致事故发生的，如骑行时注意力不集中，骑车技术不足以支持其在道路上正常行驶，骑行过程中相互追逐、打闹等原因导致损害后果发生的，使用人应承担事故的全部责任，其结果应由使用者自行承担。(2)若是因为外部环境因素导致事故发生的，如路面湿滑、崎岖不平，施工路段未设立警告标志，急转弯处未设立防护栏杆等原因导致人身受到伤害的，应根据该路面管理等有关责任人是否依法履行了管理职责等因素来确定各自的责任。

在双方或者多方事故中，若在骑行时发生交通事故，应当根据公安机关交通管理部门或辖区派出所出具的事故责任认定书或受案通知书等所陈述的相关事实或划分的责任来确定当事人的不同赔偿责任。

四、共享汽车事故及责任承担

继共享单车之后,共享汽车也已经进入人们的生活。类似于共享单车操作,人们只需要按照共享汽车公司的要求,下载共享汽车公司的APP或进入小程序,注册成为APP或小程序用户,即可通过手机下单租用共享汽车,随叫随走,使用者仅需要支付少于城市出租车车费的租车费用。

交通运输部、住房和城乡建设部联合发布《关于促进小微型客车租赁健康发展的指导意见》,明确鼓励分时租赁新业态的发展,让共享汽车市场急剧升温。据第三方不完全统计,目前全国已有10000余家汽车租赁业户,租赁车辆总数超过50万辆,并以每年20%左右的速度快速增长。在江苏、上海、安徽等部分区域,共享汽车出行已经成为人们出行的重要选择之一。

我国对机动车辆采取的管控措施是比较严格的,与共享单车使用人相比,共享汽车的使用人必须持有相应的证件,共享汽车必须经过注册登记且购置相应保险,使用人驾驶共享汽车应当遵守更为严格的交通法规规范。

共享汽车公司与使用用户之间基于电子数据进行汽车的租赁,成立汽车租赁合同关系,与本章前述汽车租借过程中出借人、出租人与借用人、租用人在事故发生后的责任承担类似,共享汽车使用用户作为直接的侵权人,当然需要承担赔偿责任,作为车辆的所有人、管理者共享汽车公司如对事故的发生具有过错,应当就事故损害承担相应的赔偿责任。使用人在使用期间仅享有从共享汽车公司让渡来的使用权,并不享有所有权,因此,不能任意破坏、蓄意磨损。使用人不当行为给车辆造成的伤害,共享汽车公司有权向用户索赔,用户需要为自己的不当行为承担侵权责任。

但是共享汽车与普通人面对面地借用车辆还是不一样的,作为使用共享汽车的第一步,使用用户应当在该平台上注册身份信息,通常平台都要求申请人提供驾驶证、身份证、照片等信息才能予以认证。相较于传统的汽车租赁方式,共享汽车的租赁方式,省去了面对面的人工审查,无形中放大了安全隐患,并且非注册用户可以在软件中使用注册用户的信息进行身份认证,一旦经过认证就可以在手机上进行租赁的相关操作。例如,原本没有驾驶执照的人员可能使用注册用户的信息进行租车,据报道,已经出现了未成年人使用父母账号进行租车。

此外,共享汽车公司难以对每一辆共享汽车实时进行监控和管理,共享汽车可能因为多人使用存在安全驾驶故障,或者被他人恶意进行破坏等。

笔者认为,共享汽车作为一项新鲜事物,不能简单运用传统租车行业的游戏规则去理解,事故发生后,在责任的承担方面不能对共享汽车公司过分苛求,但其需要比传统租车公司承担更多的管理责任和注意义务。

共享汽车公司应当保证汽车质量符合正常上路行驶要求,同时共享汽车公司还负有审核驾驶人驾驶资格的责任。如果共享汽车公司对共享汽车的安全、技术性能疏于维护,把不符合上路条件的汽车提供给他人,或者对使用人驾驶资质和驾驶能力疏于注意,将共享汽车交给不符合驾驶条件的人使用,驾驶人在使用过程中发生交通事故的,共享汽车公司都要承担相应的赔偿责任。

如果以上两个问题都不存在,交通事故是由驾驶人违章驾驶造成的,则由驾驶人一方承担责任,即由保险公司承担交强险责任和商业三者险合同约定的责任,仍有不足的,由驾驶人予以赔偿。驾驶人如没有相应赔付能力,从公平角度和保障受害人权益的角度出发,损害赔偿首先要由共享汽车公司赔付,共享汽车公司再向驾驶人追偿。

共享汽车只是对"车辆"的共享,如共享汽车公司将符合安全行驶及使用人出行需求的车辆交付给使用人使用,具有驾驶资质的使用人将车辆转借给他人使用,或不具有驾驶资质的其他人借用使用人的名义借用"车辆",由此引发交通事故,则具有驾驶资质的使用人应当承担过错责任,与侵权人连带承担相关赔偿责任。

当然,因共享汽车属于营运车辆,单车发生事故的可能性要高于私家车,一旦发生事故,作为责任方的驾驶人无力赔付,那么受害者作为无过错第三人,其权益难以得到保障。为此,共享汽车公司有必要为共享汽车投保高额的商业保险,确保发生交通事故时,受害者能够及时得到赔付。

五、网约车事故及责任承担

(一)网约车概念及类型

近年来,各种打车软件逐渐出现在人们的视野中,一种新兴的服务行业——网约车经营服务进入了人们的日常生活。所谓网约车,是指以互联网信息技术为基础,创建服务平台,对乘客和车主的信息进行整合和匹配,实现供求的有效对接,使符合条件的车主能够通过互联网平台预约出租汽车服务的经营活动。通俗来讲,即为:网络预约出租汽车平台公司推出打车软件,乘客通过手机下载打车软件,注册账号后,在软件上输入始发地和目的地,发出用车需求,在该出租汽车平台软件上注册的司机，了解乘客用车需求后进行接单，乘客到达目的地后通过支付宝、微信或其他方式进行付款结算。

网约车经营服务区别于传统出租车服务，它打破了传统的招手打车的方式，更加有效地解决了打车难的问题，同时，冲击了旧公共交通市场竞争秩序，打破了传统出租车的垄断，为许多有空闲车辆和空闲时间的人们提供了一个职业选择的机会。

通过市场细分，目前网约车主要存在三种运行模式，即网约出租车模式、网约私家车模式、网约专车模式。

1. 网约出租车模式

网约出租车模式即出租车司机在网约车平台上注册成为网约出租车车主，并在网约车平台上进行抢单，抢到订单后至乘客定位地点接乘客，根据乘客要求到达目的地后完成客运服务，乘客通过微信、支付宝等网络支付方式或现金交易方式进行付款结算。

网约出租车模式中，车辆仍属于出租车运营性质，网约车平台提供的是信息撮合服务及其附随的支付辅助服务，网约车平台与实际参与的车辆运营行为独立区分，属于网络服务提供者。平台提供技术服务，本身不提供信息和加工信息，但对信息有一定的控制能力，应承担平台正常运行规则的维护义务，包括用户注册协议中的信息保密义务、网络运行维护义务、费用支付安全保障义务等。网约车平台一般独立在乘客与出租车公司之间客运合同关系之外，不另外收取费用。

2. 网约私家车模式

网约私家车模式，即私家车车主通过网约车平台注册成为网约车车主，通过打车软件进行客运服务。打车平台为有出行需求的乘客及注册网约车服务的私家车车主提供信息联结服务，乘客发出用车需求，打车平台将需求通过网络传递给附近的网约车车主，如果车主的客户端处于接单状态，平台将自动为符合条件的车主派单，车主与乘客沟通后按照双方的合意成立服务合同，随后车主将乘客运送至指定地点，乘客按照打车软件的计价向车主支付费用。该种模式中，平台将收取一定比例的服务费用。

区别于网约出租车模式，网约私家车模式下，网约车平台除了提供信息撮合服务外，还参与规则制定、价格确定、结算等网约车服务的全过程。网约车平台不仅是网络服务提供者,同时也是网络活动的参与者,如发生交通事故,网约车平台依法需要承担赔偿责任。

3. 网约专车模式

网约专车模式,即乘客在网约车平台的客户端上注册成为网络用户,乘客在平台专车频道发布用车信息,网约车平台将信息发布在专车司机客户端上,专车司机接单后,至乘客指定地点接送乘客至目的地,乘客向网约车平台支付相应费用。专车司机由劳务派遣公司派遣,专车车辆为汽车租赁公司所有,或是私家车挂靠在汽车租赁公司,网约车平台按照与汽车租赁公司、劳务派遣公司的内部协议,收取一定比例的费用,剩余款项由汽车租赁公司、劳务派遣公司或与司机按约定进行划分。

从一般乘客对网约专车认识角度来看,网约车平台公司为客运承运人,专车司机与网约车平台公司之间属于劳务派遣关系。虽然目前网约车平台公司的大多数车辆没有取得出租汽车运营许可,但是笔者认为,运营车辆是否取得运营许可不影响客运合同的效力。

(二)网约车交通事故损害赔偿责任的认定

网约车作为互联网发展与信息共享的产物,极大地方便了人们的生活,但是随之而来的是在网约车服务过程中不断发生纠纷,尤其是交通事故纠纷。对于在运营过程中发生交通事故,应当如何对各参与主体的责任进行划分?由于网约车具有“互联网+”的时代特性,加之网约车驾驶员与平台公司存在多种模式下的不同法律关系,笔者认为,无论是交通事故当事人,还是对交通事故作出处理的律师、法官等,均需要对网约车事故的相关赔偿责任作出特别分析。

《网络预约出租汽车经营服务管理暂行办法》(以下简称《网约车管理办法》)明确了网约车的合法地位,但是对于网约车交通事故的处理及民事责任的承担没有着力,只是就网约车平台公司承担的承运人责任以及网约车驾驶员与网约车平台公司之间的关系进行了简单规定。

《网约车管理办法》规定“网约车平台公司承担承运人责任”,否定了网约车平台公司只是提供信息服务,不是从事乘客运营服务,无须承担客运合同承运人责任的主张。但是在交通事故发生后,网约车平台公司承担的只是合同责任吗?无须承担侵权责任?事实显然不是这样的。在发生交通事故追究民事责任时,受害人有权在侵权人承担违约责任和侵权责任之间进行选择，更多的受害人愿意选择追究侵权责任。此外，第三者与司机、平台之间并不存在运营合同，交通事故发生时也不可能存在违约合同责任。

在网约车的三种模式不同的法律关系框架下，网约车各方主体应当承担的法律责任是不一样的。

1. 网约出租车事故的赔偿责任

在传统出租车模式下，交通事故发生后，出租车公司等承运人对运输过程中乘客的人身或财产损害承担无过错的赔偿责任，即承运人是否有过错不影响责任的承担，除非是乘客故意或者是重大过失或乘客自身健康原因造成伤亡的。

出租车司机是否需要承担责任，主要依据司机与出租车公司之间的内部关系确定：(1)公司雇佣型，即出租车公司聘用司机为其工作人员，则司机从事的是职务行为，与本章前述分析一致，司机驾驶出租车运送乘客是履行职务，事故发生后的相关赔偿责任应由出租车公司进行替代赔偿。如果可以证明司机在主观上存在故意或重大过失，司机要和出租车公司承担连带责任，出租车公司已经承担了全部责任，可以向有故意或重大过失的司机追偿。(2)司机承包型，即出租车公司将车辆承包给出租车司机，公司以从司机处收取固定比例的营业利润的形式来获取收益，司机对外以出租车公司名义从事经营活动。因司机是出租车辆的运行支配者，应由司机自行承担全部赔偿责任。但因出租车公司也是运行利益的享有者，就遭受损害的第三者而言，出租车公司与司机承担连带赔偿责任。(3)挂靠承包经营型，即司机将自己的车辆挂靠到出租车公司，由有运营资质的出租车公司为其办理营运证，司机按月支付固定费用，司机以所挂靠的出租车公司名义进行营运活动。与本章前文所述挂靠车辆事故责任的承担一致，对受损害的第三人赔偿，出租车公司与司机承担连带责任，出租车公司可根据挂靠承包协议要求与司机内部分担责任。

与传统出租车模式相比，网约出租车在客运合同的订立过程中多了网约车平台为其提供网络信息，促成合同的达成，但这并没有改变乘客与出租车公司的客运合同关系，出租车公司和有过错的事故的其他方的责任认定与传统出租车模式相同，出租车公司承担无过错的侵权责任或违约责任，有过错的事故其他方承担过错责任。

而网约车平台公司仅是网络平台服务提供者，平台公司只是为乘客和司机提供了信息技术共享服务，对乘客和司机的信息进行筛选和匹配，不曾收取任何费用,因此平台公司不承担赔偿责任。

2. 网约私家车事故的赔偿责任

目前市场上存在的网约私家车,有的车主是兼职,有的车主是以开快车等为业,即成为专职的网约车司机。虽然现已有多省、市及地方对网约车注册获取运营资质等提出要求,但是有更多的网约车未办理运营资质,驾驶不符合《网约车管理办法》规定的车辆从事私家车运营营利活动。在这样的现状下,网约车公司有责任对注册车辆及私家车车主的资格进行审查和日常管理,此外,网约车平台公司对外不仅是技术提供者,更掌握着交易价格制定、订单分配模式、利益分享比例等多项涉及经营核心的内容,出行业务的市场信赖基础也是基于市民对某个平台的信任。网约车平台公司应当承担必要的"新风险"义务。

如果网约车发生交通事故,网约车平台公司作为网约车模式的组织方,是风险的开启者,又享有一定的运营利益,可视为网约私家车的经营主体之一,一旦乘客搭乘网约私家车出现交通事故,平台方应当成为责任主体,受害乘客可以要求网络平台对交通事故所造成的损失承担连带赔偿责任。

3. 网约专车事故的赔偿责任

如前所述,在网约专车模式下,网约车平台承担客运承运人责任,平台公司租车雇人,是专车司机的用工单位,是车辆的承租人。专车运营过程中发生交通事故致人损害的,应由网约车平台公司承担无过错赔偿责任,劳务派遣单位、汽车出租公司有过错的,承担与其过错相对应的赔偿责任。

(三)网约车交通事故中保险公司的责任承担

按照我国现行车辆管理法规,机动车辆按其使用用途分为营运和非营运两大类别。家庭自用车辆的风险小,支付的保费低,营运车辆的运行里程多,使用频率高,发生交通事故的概率自然更大,明显增高投保车辆危险程度,故支付的保险费高。现阶段,尽管"网约车"在进行规范,但是在网约私家车模式、网约专车模式中,仍然存在大量的"非营运车辆"用于营运经营的情形,即基本处于非法运营状态。

以自用名义投保的车辆,通过打车软件平台接下网约车订单,运送不特定乘客,实施网约有偿载客是营运性质的行为,改变了车辆原有登记的性质,使保险车辆发生危险概率明显增高。因此,如果车主将私家车用于提供网约车服务,发生事故后,原则上保险公司只在交强险范围内承担赔偿责任,不承担商业险的赔偿责任。当然,车主购买了专门针对网约车设计的保险产品的除外。

因此,如果说在保险期间内,“非营运”的私家车车主要改变车辆的用途,用于网约私家车服务或其他服务,而使投保车辆的危险程度显著增高,私家车车主应主动在合理期间内通知保险公司,保险公司在接到投保人的通知后,可以决定解除与车主的保险合同,并退还部分保险,也可以在不解除保险合同的前提下要求投保人按照风险的大小适当增加保费。若私家车车主没有按照约定履行告知义务,在之后发生交通事故,则可能被保险公司拒绝理赔。

第五章

交通事故财产损失赔偿

一、损害赔偿与财产损失

交通事故发生后的损害赔偿，是当事人尤其是受害人最为关心的问题。损害赔偿，是指发生事故后，受害人遭受的哪些损失可以得到赔偿。损害赔偿包括财产损失和人身损害两方面的赔偿，见图5－1。其中财产损失是交通事故中较为直观的赔偿款项。

财产损失，是指因交通事故造成受害人的财产权益受到侵害后的损失。财产损失包括直接损失和间接损失，均指已经发生的损失。

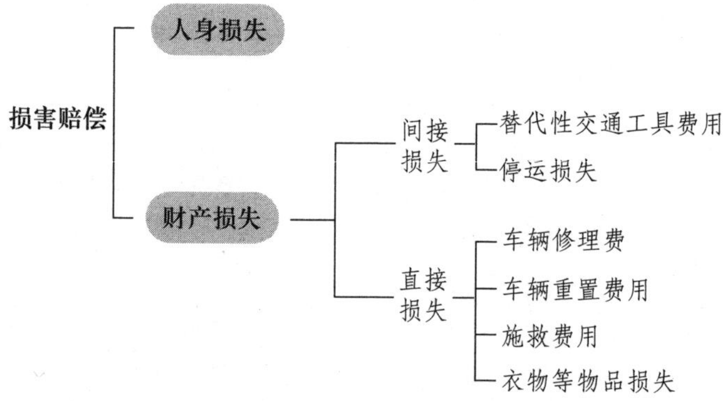

图5－1　损害赔偿的范围

直接损失，是指受害人因交通事故遭受的现有财产的减少，主要包括车辆修理费、车辆重置费用、施救费用、衣物等物品的损失。受害人直接损失的合理部分应当由赔偿义务人全部赔偿。

间接损失，是指受害人因交通事故遭受的可得利益或可期待利益的丧失，如停运损失等。间接损失特点如图 5－2。

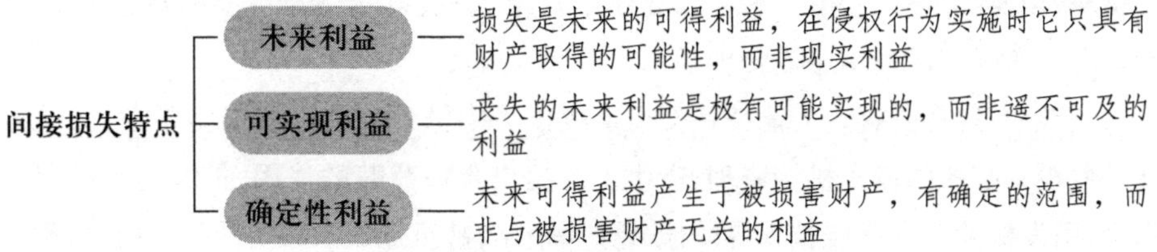

图 5－2　间接损失特点

我国相关法律法规明确规定，依法从事货物运输、旅客运输等经营性活动的车辆，因无法从事相应经营活动所产生的合理停运损失，及非经营性车辆因无法继续使用，所产生的通常替代性交通工具的合理费用，均属于间接损失的范畴，赔偿权利人有权要求侵权人等赔偿义务人进行赔偿。财产损失认定规则如图 5－3。

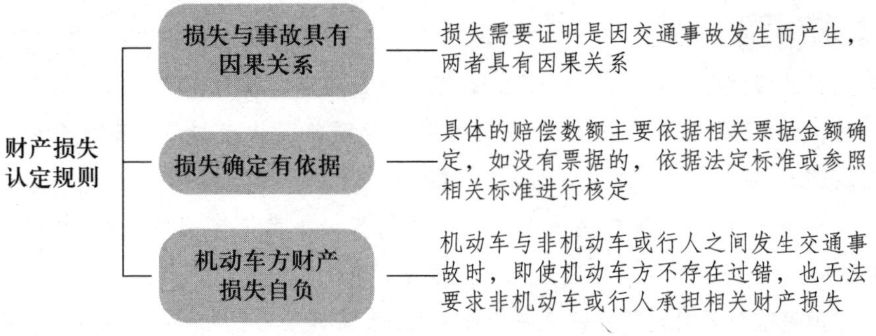

图 5－3　财产损失认定规则

二、车辆损失

机动车与机动车发生交通事故，或机动车与非机动车发生交通事故，一般都会产生车辆损失。车辆损失主要包括车辆修理费、车辆重置费用、施救费用等。

（一）车辆修理费

车辆修理费，是指车辆在交通事故中发生毁损后，为使车辆恢复至原有的状态，由专业的修理机构对车辆进行修理而产生的费用。车辆修理费属于直接财产损失，受害人可以向赔偿义务人请求赔偿该损失。车辆修理费的主张应当在合理、必要范围内，且与交通事故具有关联性。

保险公司对事故车辆损失进行定损形成的定损价格是确定车辆修理费的重要

依据,但不是唯一依据。如果双方当事人均认可在交通事故处理中所作的车辆评估价格,但实际维修费用与评估价格存在差距,一般以实际维修费来确定损失赔偿。但该实际支出费用应当合理。

实践中,存在受害人为能够在交通事故损害中额外获得利益或为了省事,随意在一些没有资质的修车机构修理,产生了远超出合理范畴的费用,扩大了交通事故损失,引发保险公司或侵权人等赔偿义务人拒赔,甚至造成不必要的赔偿纠纷。

此外,司法实践中,也出现过车辆的修理项目和费用超出了保险公司定损的范围,且未与保险公司协商追加定损或者选择有评估资格的评估机构重新进行评估的情况下,受害人私自对车辆进行了修复,致使相关鉴定机构无法根据已经修复的车辆评估出当时的损失情况,受害人的直接处置行为具有过错的,应自行承担一部分修理费用。

以案说法

张某驾驶苏×小型汽车在沿某市某路由西向东行驶时与刘某驾驶的车辆相撞,事故造成两车受损,经公安机关交通管理部门认定刘某负事故全部责任,张某无责任。

事故发生后,刘某车辆承保保险公司对苏×小型汽车损害定损,金额为8600元。后张某车辆经修理共支出修理费13560元。

因保险公司对定损外修理费拒绝赔付,张某诉至人民法院。庭审中,保险公司对张某车辆修理项目的合理性提出异议。

本案中事故车辆苏×小型汽车的赔偿义务人为刘某及其车辆承保保险公司:(1)刘某存在过错,在事故中负全部事故责任;(2)事故确实给张某的财产造成了实际损失,并且是直接损失,张某为修复受损车辆实际支付了车辆修理费;(3)张某的损失与交通事故存在关联性,维修的项目是在交通事故中受损。

本案争议焦点在于张某支付的车辆修理费是否合理。车辆的修理费必须具备合理性,如果超出了合理性费用范畴,则加重了赔偿义务人的负担。人民法院参考车辆维修部门的资质、维修价值与市场价格之间的偏差程度、可修理项目的修理方式选择等,结合鉴定机构的专业鉴定意见,最后认定张某的合理修理费用为10200元,最后判决保险公司在交强险和商业险责任限额范围内赔偿张某损失10200元,剩余3360元费用由张某自行承担。

事故车辆二次维修中的费用应当如何承担？笔者认为，机动车属于高度危险交通工具，车辆受损后，对损坏部分的修理方式应当以车辆适合安全使用为标准。事故车辆没有修理完毕的情况下，赔偿权利人有权要求侵权人等赔偿责任人继续进行修理，也有权将车辆更换修理厂进行修理，只要二次修理不存在重复修理和过度修理的情况即可。如果维修的费用高于车辆的实际价值，将给赔偿责任人造成不合理的负担，也不符合法律填补损失的纠纷处理原则，赔偿责任人可就该不合理的费用部分不予赔付。

应如何处理车辆保险价值与实际价值的关系？实际生活中，投保人经常按新车的价值在保险公司为其车辆进行投保并缴纳保费，甚至有些保险公司也要求投保人按照新车价值进行投保，这种做法是错误的。车辆在使用过程中必然发生损耗，车辆的实际价值逐年减少。保险金额不得超过保险价值，超过保险价值的，超出部分无效；保险金额低于保险价值的，除合同另有约定外，保险人按照保险金额与保险价值的比例承担赔偿保险金的责任。据此，投保人应当按照车辆的实际价值进行投保，并缴纳相应的保费，保险公司应当退还实际车辆价值与新车价值之间的保费差额。

（二）车辆重置费用

交通事故破坏性程度不同，车辆碰撞部位的不一，车辆的品质亦存在差异，车辆在交通事故中受损的程度也是不同的。车辆如只是一般损坏，受害人可以对车辆受损部位进行修理使其尽可能恢复至事故发生前的状态，受害人可以向侵权人主张修理费。但是如果车辆严重受损，甚至已然报废或维修的费用高于车辆的实际价值时，受害人也可向侵权人、保险公司等赔偿义务人主张与被损坏车辆价值相当的车辆的重置费用。车辆重置价的确定如图 5 –4。

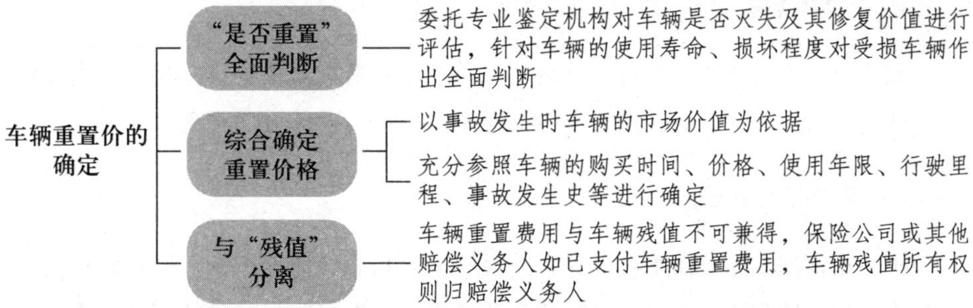

图 5 –4　车辆重置价的确定

（三）施救费用

车辆施救费用主要产生于车辆在事故发生后因运行不能，而由当事人雇用专业机械对车辆进行拖运、施救而支出的费用。车辆施救费属于因交通事故导致的合理损失，受害人支付费用后，可以向赔偿义务人主张赔偿。

车辆施救费用以施救部门提供专业服务后出具的施救费用票据为准。车辆施救费用应符合物价部门或交通管理部门的要求或规定，当事人应当选择正规的汽车救援公司拖车，索要正规的施救费发票，并在票据上载明施救的具体情况。如因当事人的过错造成损失扩大，则扩大损失部分应当由过错方负担。

三、物品损失及特殊货物损失

（一）物品损失

物品损失，是指因交通事故造成的受害人的衣物、眼镜、佩戴的首饰、手机等物品财产的损害。受害人可向侵权人、保险公司等赔偿义务人主张赔偿物品损失。

物品损失赔偿应首先考虑恢复原状，如能通过修理恢复原状，受害人可要求赔偿修理费，如无法恢复则可要求折价赔偿。受害人主张修理费用应当提供相关的修理费发票，折价赔偿也应提供相应购买发票。

物品损失的界定还应当考虑是否与交通事故相关，即受害人在主张相关物品的损失时应当证明物品的损害确实是由交通事故造成。

在司法实践中，人民法院主要考虑事故发生的状况及与物品之间的损害关联、双方的过错责任、物品的折旧等因素，尽可能以受损财物的实际价值为限判定财产赔偿数额。

（二）特殊货物损失

如果交通事故导致车载特殊商品、货物等损失，受害人等赔偿权利人应当提供相关的货物或财产证据以证实财产的特殊性，如种马、种牛、宠物狗等。

四、车辆停运损失

机动车根据其运行需求可以分为经营性车辆和非经营性车辆。经营性车辆主要从事货物运输和旅客运输等经营性活动。停运损失，是指从事货物运输、旅客运输等经营性活动的经营性车辆因交通事故受损，致使其无法从事相应的经营活动所造成的合理损失。

受害人等赔偿权利人因事故造成经营性损失，可以请求侵权人、保险公司赔偿停运损失。

经营性车辆的界定不完全依赖于日常生活经验，它要求车辆应获取行政许可从事经营性运输。只有依法获得行政许可从事经营性活动的车辆因事故受损，其经营损失才可能得到认可。最为常见的是出租车司机或公司起诉停运损失赔偿。经营性车辆的范围和界定如图5－5。

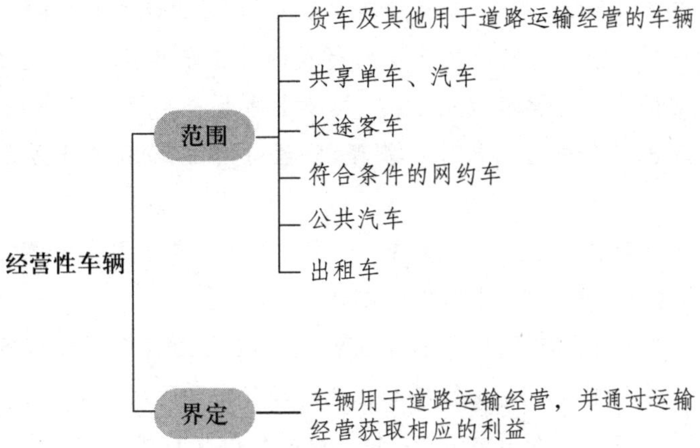

图5－5　经营性车辆的范围和界定

车辆停运损失相对于车辆修理费、重置费用等直接损失而言，属于间接损失，司法实践中，车辆停运损失难以准确界定，人民法院会要求当事人提供充分的证据对其主张的损失进行证明。首先，赔偿权利人应当提供证据证明受损车辆为营运车辆，如提供交通运输部门颁发的营运手续等；其次，赔偿权利人应当提供能够证明其损失的证据，如提供货运合同、客运合同或受害前6个月的营运获利数据、票据等。停运损失确定方式见图5－6。

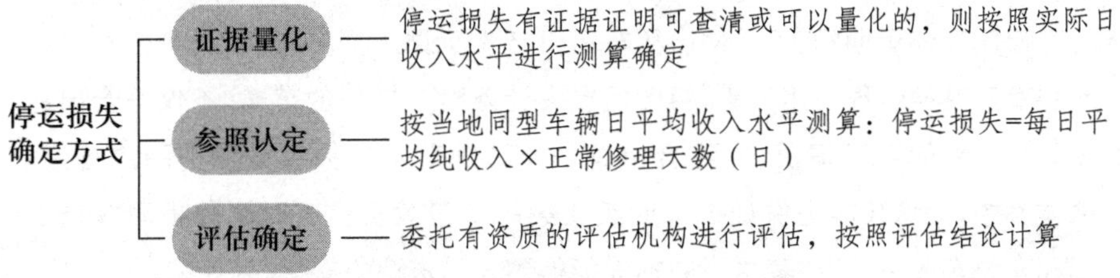

图5－6　停运损失确定方式

当事人如不能提供车辆正常营运期间的收入,则法官将结合经营性车辆的经营活动范围、经营成本、近期平均收益等因素对停运损失综合进行考虑,或委托有资质的评估机构对停运损失进行评估,按照评估结论计算营运损失。停运损失仅限于直接经营利益损失,不包括其他间接损失,如因停运导致对第三人违约产生的违约金损失等。

以案说法

2020年3月5日9时,刘某驾驶其所有的车牌号为赣A××车辆沿×路由南向北行驶时与张某驾驶的由北向南行驶的出租车相撞,车辆造成两车损坏。经公安机关交通管理部门认定,刘某负事故全部责任。事故发生后,张某所驾驶出租车被送往修理厂修理,修理时间为2020年3月5日至12日。

张某向刘某主张停运损失无果,诉至人民法院要求刘某赔偿停运损失3500元(包含车辆承包金、误工损失、燃油补贴等)。

出租车作为营运车辆,只有具有相应经营权的出租车公司才有权营运,而个人无权营运,出租车司机必须要与出租汽车公司签订承包运营协议或劳动合同后,方可从事出租车营运工作。依照出租车行业惯例,出租车司机每月要向出租汽车公司交纳承包金,承包金制度并不以出租车司机是否实际运营出租车辆为前提,亦不因出租车司机的具体情况而变化,即使出租车因交通事故维修,该承包金仍然需要交纳。故在出租车司机因交通事故维修导致出租车停运的情况下,必须交纳的承包金便成为出租车司机的实际损失。

误工损失属于受害人如未遭受人身或财产的损害而驾驶车辆本应获得的利益,可以根据受害人具体情况等主观利益损失量化计算损失。出租车因交通事故进行车辆维修,当然会产生因车辆运营不能而给出租车司机造成可期待利益的现实减少。

出租车停运期间,不但使出租车司机产生了误工损失,也使其产生相应的承包金等其他合理费用损失,将停运损失计入财产损失的范畴,不仅符合出租车司机职业的实际情况,亦符合相关法律法规对财产损害赔偿范围的规定。故本案中,如张某能提供证据证明其交纳的承包金及相应时间段相同城市的出租车单车收益情况,其主张的损失能得到人民法院的支持。

不具有道路运输经营资格的承包人为规避国家法律的规定，利用具有道路运输经营资格企业的名义，以承包、租赁的形式从事运输经营，该行为违反我国法律的相关规定，承包车辆在驾驶过程中与侵权人所驾驶车辆碰撞发生交通事故后，因交通事故给承包车辆造成的停运损失，由于承包车辆不具有道路运输经营资格，不符合应当赔偿的情形，承包人无权要求赔偿义务人对其停运损失进行赔偿。

五、替代性交通工具的合理费用

因道路交通事故造成非经营性车辆无法继续使用，而给使用人造成替代性交通工具合理费用损失的，当事人可以请求侵权人进行赔偿。这里的合理费用主要包括租车的费用、打车的费用以及乘坐公交、地铁等公共交通工具的费用。

替代性交通工具的合理费用主要是为了补偿车辆在维修期间使用可能性的这部分市场价值。只要在车辆维修期间，车辆具有使用的可能，就应当对这个可能性的市场价值做出赔偿，而无论被害人在修车期间有没有使用车辆的意图。

以案说法

刘某因工作需要，日常需自驾车辆至某地办公。2019年1月，刘某驾驶的车辆与王某驾驶的车辆发生碰撞，事故造成两车受损，事故认定王某承担主要责任。刘某驾驶车辆因事故需要大修，维修期间，刘某为满足工作需要，另外购置车辆一辆。刘某因向王某主张购车费用无果，诉至人民法院。

刘某日常驾驶车辆属于非经营性车辆，刘某因交通事故造成其办公不便，可以向侵权人在责任范围内主张替代交通工具的合理费用，如刘某租车或者乘出租车方式前往办公，其产生合理替代交通工具费用能够得到人民法院支持。本案中，刘某车辆不需重置，其为工作方便再次购车却要求王某承担赔偿责任，缺乏依据，对刘某自身原因造成的扩大损失，应由刘某自己承担。

替代性交通工具合理费用的主张仅限定为非经营性车辆受害者，赔偿的费用限于正当的用途，且强调费用合理。替代性交通工具合理费用主张要求见图5-7。

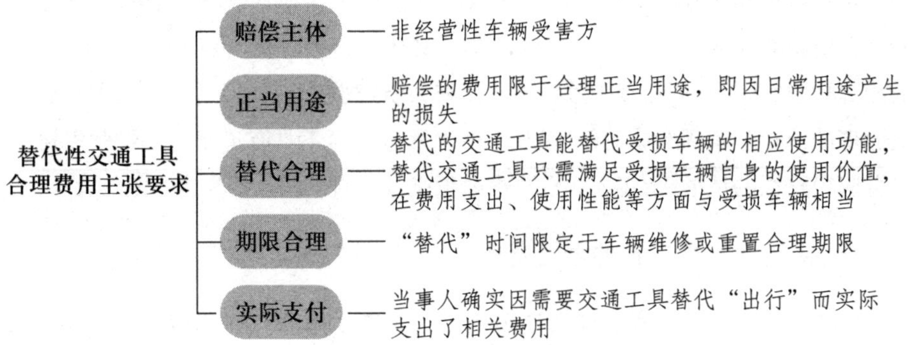

图 5－7　替代性交通工具合理费用主张要求

替代性交通工具的合理费用,承保商业三者险的保险公司一般不予承担。商业三者险是根据保险合同约定对损失进行赔偿。但通常,被保险人与保险公司签订的保险条款中都将保险责任范围限定于“第三者遭受的人身伤亡和直接财产损失”,因为停运损失及替代性交通工具合理费用都属于间接损失,保险公司完全可以根据保险合同中的免责条款向权利人行使抗辩权,拒绝赔偿。但在司法实践中,人民法院对保险公司签订免责条款或其他格式条款的“明确注明”及解释义务作出严格规定,如保险公司无法举证说明已就车辆保险免责等重要条款对被保险人进行明确注释及说明,则保险公司的赔偿责任难以免除。

第六章

交通事故人身损害赔偿

不同于财产损失，人身无价，交通事故发生后，如何准确地界定人身方面的损害损失？如何合理正当地获得与自身损害相当的赔偿？受害人对人身损害赔偿范围不了解是造成其无法准确主张损失的最为主要的原因。人身损害赔偿范围见图6－1。

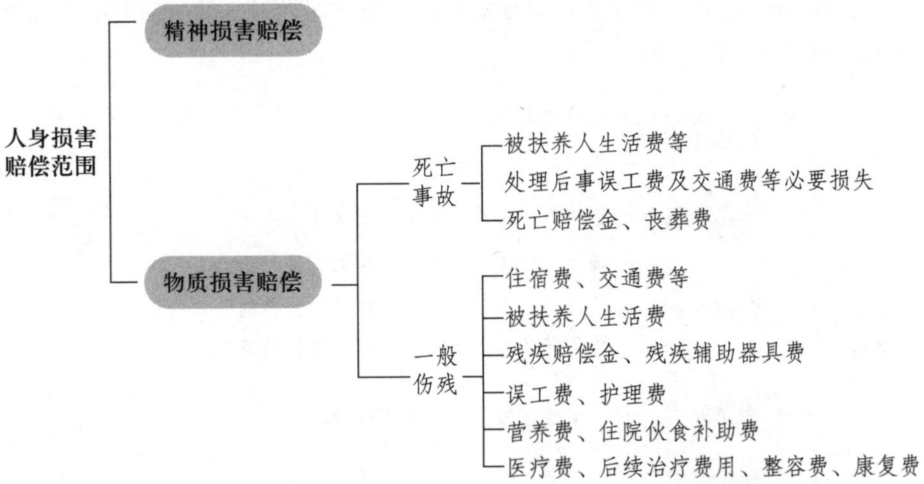

图6－1　人身损害赔偿范围

一、医疗费用

医疗费用，是指因交通事故造成受害人人身损害，受害人为治疗伤情等损害而支出的必要、合理费用。交通事故对人身造成损害时，不可避免会产生医疗费用。

因交通事故导致人身损害而支出的医疗费用属于交通事故导致的直接损失，应当得到赔偿义务人的赔偿。

（一）赔偿范围及计算标准

医疗费包括门诊费用及住院治疗费用，具体包括挂号费、检查费、治疗费、手术费、医药费、住院费等，见图6－2。

医疗费赔偿金额=诊疗费+医药费+住院费+其他

图6－2　医疗费用赔偿金额计算

医疗费用范围见图6－3。医疗费的赔偿数额根据医疗机构出具的医疗费、住院费等收费票据，结合病历、诊断证明等相关材料予以确定。其中诊断证明包括疾病诊断证明、入院记录、出院记录、费用清单等，医疗费票据主要指正规医疗税务票据，不包含收款收据、收条等非正式凭证。

医疗费用应当是治疗伤情所支出的必要性、合理性费用，受害人自行治疗与伤情无关的费用、自行重复检查所花费的费用、擅自购买与损伤无关的药品的费用不计入赔偿范围。受害人无正当理由故意延长住院时间而发生的费用为不合理费用，也不能计入赔偿范围。

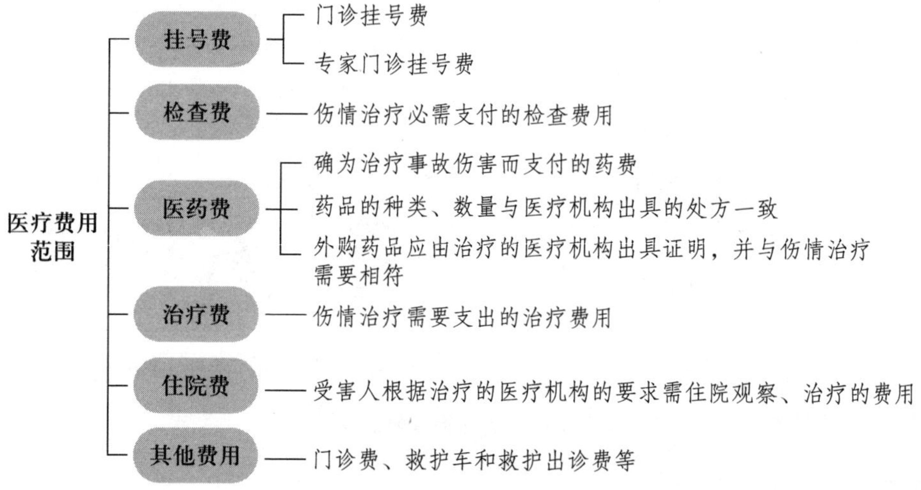

图6－3　医疗费用范围

赔偿义务人如认为治疗过程中存在不正当、不合理的治疗费用，应提供证据证明，必要时可申请人民法院委托鉴定机构对医疗用药合理性进行鉴定。若司法鉴定意见认为受害人在就医过程中存在医疗费用不合理情形，则不合理部分的医疗费用将无法得到人民法院的支持。如交通事故发生后，在治疗伤情的同时一并治疗糖尿病、心脏病等原有疾病，无法证明相关治疗与事故存在因果联系，则治疗该原有疾病所花费的医疗费用，赔偿义务人不予赔偿。

但是如果受害人原患有疾病，交通事故造成疾病恶化，甚至残疾，而受害人自身疾病与交通事故发生无因果关系，也不存在过错，且疾病恶化或残疾的损害后果为交通事故直接引起，赔偿义务人应当承担赔偿责任，不能按照外伤参与度赔偿受害人损失。

以案说法

2020 年 8 月 7 日，赵某驾驶电动自行车沿某公路由北向南行驶至某路口时，与王某驾驶的由东至西行驶的摩托车相撞，事故造成赵某受伤。经公安机关交通管理部门认定，赵某与王某负事故的同等责任。

赵某出院后，向人民法院提起诉讼，要求王某承担医疗费以及后期手术费用。赵某向人民法院提交医院的病历资料 1 份，出院小结 1 张及用药清单 1 份，收费票据 13 张（含门诊费用）及外购药发票 2 张。

庭审中，王某认为：(1)现产生的医疗费中，只有部分为自费费用，大部分已被医保核销，医保已核销部分的费用不予承担。(2)现有病历无法确定后期手术费用的实际数额，后期手术费用应自费用实际产生后再行主张；外购药与交通事故无关，用药清单中治疗皮肤病的费用不予认可。

受害人因交通事故受伤，发生的医疗费依法应当由侵权人等赔偿责任人赔偿，同时基于医疗保险关系，受害人亦可取得社会保险机构的医疗保险金，受害人同时主张侵权损害赔偿及医疗保险金并不矛盾。

从社会保险的设立目的与初衷来看，是为了保证公民在患病时能够得到及时的救治，并非减轻有过错的侵权人等赔偿责任人的赔偿责任；同时我国现行法律没有禁止受害人向社保部门报销医疗费后再向相关赔偿义务人行使医疗费的赔付请求。受害人可以通过社保部门报销部分医疗费的行为没有加重赔偿义务人的赔偿责任。

机动车道路交通事故责任纠纷案件属于侵权责任纠纷，医疗保险只是社会保障的基本手段，属于社会保险法的范畴，不属于同一法律关系，受害人的损害与其在社会保险机构所得的利益之间没有相当的因果关系，不符合损益相抵的原则。王某作为侵权主体，应当为其侵权行为造成的损害后果承担相应的责任,社会保险不能成为其减轻侵权责任的理由。故王某的第一个抗辩理由是不能被采纳的。

受害人主张的医疗费用应当具体、明确,且为治疗事故产生的伤情的必要、合理费用。受害人虽可主张后续治疗费用,但费用的主张应当得到医疗机构专业诊断意见的明确。赵某在治疗伤情的同时对其原有疾病即皮肤病进行治疗,由此产生的医疗费与伤情治疗无关,由王某承担赔偿责任没有依据,王某的第二个抗辩理由能够被法院采纳。

治疗应当注意诊疗时间选择,以伤情基本康复为标准。过度治疗可能扩大损失,造成不必要的赔偿负担,但治疗不足则对受害者的伤情治愈有很大影响,甚至影响伤残鉴定,另外,受害人的营养费、住院伙食补助费、护理费等合理费用难以得到保障。医疗费用的排除情形见图6-4。

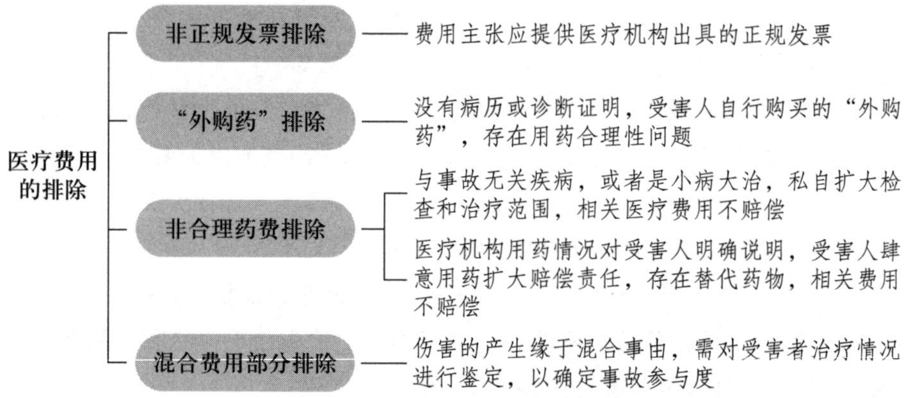

图6-4 医疗费用的排除

国家划分医保用药或者非医保用药对保险公司的交强险或商业险的赔偿责任豁免不起作用。尽管投保人与承保人在保险条款中约定医疗用药赔偿范围,并限定为一般医疗保险范围内的用药,但对于受害者而言,医疗机构或医务人员有责任和义务根据受害人的伤情选择合适的药物进行治疗,受害者、实际侵权人或保险义务人对医疗机构的用药没有选择权,无法左右医疗机构不用非医保用药。相对于受害人死亡或者伤情更重的可能来说,必要的合理的非医保用药如有利于治疗,实际上也减轻了保险公司等赔偿义务人的赔偿责任,保险公司等赔偿义务人应当承担非医保用药产生的费用。

此外,“医保”即国家基本医疗保险是为了补偿劳动者或社会公民因疾病风险造成经济损失而建立的一项具有福利性的社会保险制度,其旨在通过用人单位和个人缴费建立医疗保险基金,参保人员患病就诊发生医疗费用后,由医疗保险经办机构给予一定的经济补偿,以避免或减轻参保者因患病或治疗等所带来的经济风险。为了控制医疗保险药品费用的支出,国家基本医疗保险必须限定药品的使用范围。而保险公司的保险合同系商业性质,保险人收取的保费金额远高于国家基本医疗保险,投保人对于加入保险的利益期待也远高于国家基本医疗保险。充分保护受害人,使其所遭受的损失得到最大限度的补偿,进而达到维护社会整体利益的目的,是《民法典》侵权责任编的最基本功能。

保险公司等赔偿义务人经常对非国家医保范围用药导致的费用进行抗辩,要求不予赔偿,实际上是限制了投保人的权利,减少了保险公司作为保险人的基本义务。保险公司按照商业性保险收取保费,却按照国家基本医疗保险的标准进行理赔,不仅不符合诚实信用原则,更有悖于权利义务对等原则和公平原则。因此,保险公司在赔偿时不应当扣除所谓的“非医保”用药部分。保险公司的抗辩理由在实践中也难以得到人民法院的支持。

当然,如果说保险公司等赔偿义务人有足够证据证明受害人使用的非医保用药并非治疗必需、合理,受害人在接受非医保药物治疗过程中存在故意扩大损失等过错情形时,相关赔偿责任则可免除。

实践中注意,在医疗费举证时,必须提交的证据包括:住院病例首页、手术记录、出院记录、诊断证明、住院费用清单。医疗费发票必须是二级以上医院开具,医疗费发票必须与费用清单同时提交。涉及“康复费”“整容费”的,一定要单独区别开来,作为单独的赔偿项目提出。

(二)后续治疗费用

医疗费的赔偿数额,应在人民法院一审开庭辩论终结前根据实际发生的数额来确定。但一审法庭辩论终结之后实际发生的医疗费,以及医疗机构可以确定的受害人之后再次花费的治疗费即后续治疗费用,也可得到赔偿义务人的赔偿。

就赔偿的合理性角度而言,受害人因交通事故导致人身伤害后,有一个逐渐恢复健康的持续过程,特殊情况下,若受伤导致器官功能恢复训练所必要支出的康复费及其他后续治疗费用的,受害人可以待费用实际发生后另行主张。因为受害人在初次主张相关费用时,相关后续治疗等费用尚未发生,该笔费用的具体数额是不确定的，若让赔偿义务人就此承担赔偿责任，可能存在多赔偿的情形，这对赔偿义务人是不公平的。

但是如果说受害人可以提供证据证明后续治疗费用虽未实际发生，但发生是不可避免，并且数额明确确定，则受害人可在主张前期费用时就该后续必然发生的费用一并主张。

后续治疗费用的主张依据见图6－5。应当注意的是，首先，后续治疗费用数额的确定应当由专业的医疗机构作出专业的医疗鉴定，并非医生的个人建议，医生的个人建议难以被人民法院采纳。其次，后续治疗应当是必要、合理的。司法实践中，人民法院可能会要求受害人或赔偿义务人就后续治疗的必要性申请鉴定，由专业司法鉴定机构出具鉴定意见。在没有鉴定结论时，人民法院则根据实际情况综合考量，如事故造成人身损害致残的，已不可能完全恢复到健康状态，受害人进行治疗后也未有明显效果，则其主张的后续治疗费用难以得到支持。最后，后续治疗费用的主张应当证明事故与伤情治疗具有法律上的因果关系，只有在损害行为导致产生后续治疗费用时，受害人要求赔偿后续治疗费用的主张才可能得到支持。如果说是因为受害人自己或者他人的故意或者过失造成的损害，或者加大了损害，则相关费用不应当由侵权人等赔偿义务人承担。

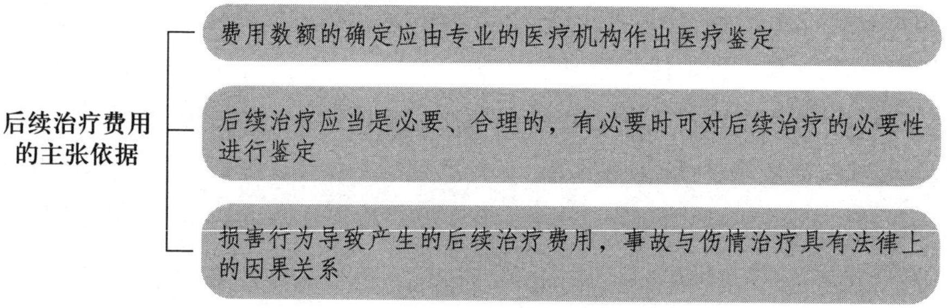

图6－5　后续治疗费用的主张依据

在交通事故中受伤的受害人，因伤所产生的合理损失理应得到赔偿，至于损失费用的具体计算数额，应当结合受害人伤残评定标准予以确定，而伤残评定一般是根据对受害人的损伤医疗终结后不能恢复的后果进行评定，评定时机应当以事故直接所致使的损伤或确因损伤引发的并发症治疗终结为准。其中治疗终结一般表现为临床治疗效果稳定，而受害人治疗结束出院即证明临床的治疗效果已经达到稳定，此时进行鉴定是合适的，作出的鉴定结论也是正确的，但这并不意味着仅凭法医鉴定，即可认定为伤情已经完全治疗结束，原因在于治疗终结可能是医疗结束，也可能产生医疗依赖。所谓医疗依赖是指伤、病在医疗期满后，仍不能脱离药物或其他医疗手段，因医疗依赖所产生的必要医疗费用，属于交通事故产生的必然损失，应当由相关赔偿义务人承担赔偿责任。

后续治疗费的举证，必须有医嘱或者鉴定结论。本项目是否支持，关键看侵权人是否同意，如果没有得到支持，不影响今后实际发生时受害人再单独起诉的权利。

（三）整容费用

如因事故造成受害人脸部明显疤痕等容貌毁坏特殊情况，受害人为消除疤痕而花费的必要整容费用应得到赔偿。整容费的产生仅限于交通事故造成的人身特殊部位受损，受损影响了大众审美，且客观上不可能自动恢复到原有容貌，需要依靠特殊的医疗手段才能得到恢复的情形。

受害人主张整容费应当考虑是否必要且主张的费用是否合理。交通事故对受害人的面容或身体等“外观”部位存在实际损害，伤害造成受害人自身社会评价降低和其对外在美的追求是整容费用产生的前提。如演员、模特等特殊行业人员，基于其从事行业的特殊性，其主张必要的恢复容貌的整容费理所当然，也能得到大众认可和法官的支持。

但对一般要求赔偿整容费的情形，人民法院一般要求受害人提供医疗机构或鉴定机构的相关诊断意见或者鉴定意见，并在整容费用实际发生后主张，法院对整容而支出的合理部分费用予以支持。所谓合理费用，主要是指受害人整容范围限于“恢复原本状态”，整容费用不能无限扩大，对于合理费用外的其他整容部分，赔偿义务人不需赔偿。

以案说法

2020 年 4 月 27 日，汪某驾驶车辆倒车时将车后的刘某撞倒，使其头部受伤，并造成脸部受创。经公安机关交通管理部门认定，汪某负事故的全部责任。

刘某治疗终结后，委托某鉴定机构对其因交通事故造成的面部瘢痕进行鉴定，后该鉴定机构认为刘某左侧眼部瘢痕形成，建议整形，刘某根据鉴定意见进行整容手术，共支付整容费用 8976 元。后刘某诉至人民法院，要求汪某承担整容产生的相关费用，并提供了由医疗机构出具的支付票据。

刘某主张整容费用有依据。刘某申请鉴定机构对其伤情是否需要进行整容手术进行鉴定,并根据鉴定机构出具的鉴定意见进行整容手术,整容应当为刘某治疗伤情、恢复"原本状态"产生的必要的费用。

对于整容费用的合理性,刘某提供了医疗机构出具的用于整容的相关费用单据,应属于合理,且汪某对此并没有提出异议,应当据此认定为合理。

(四)抢救费用

抢救费用即指抢救医疗费,是指交通事故发生后,受伤人员因需要及时抢救而产生的必要的医疗费用。我国法律明确规定医疗机构对交通事故中的受伤人员应当及时抢救,不得因为抢救费用未及时支付而拖延救治。抢救费用的垫付情形见图6-6。

在交通事故中因救治伤者而产生的抢救费,根据不同的情况由不同的主体承担或先行支付。

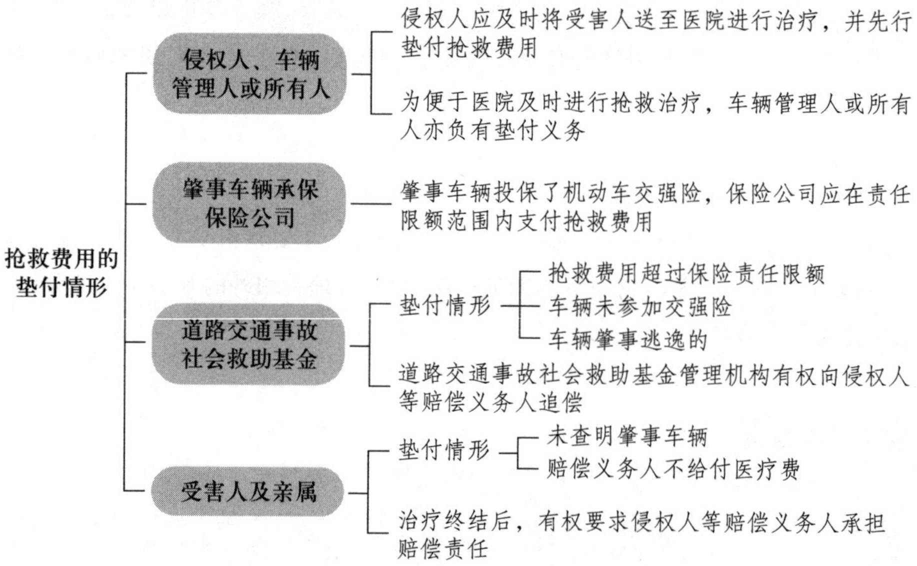

图6-6 抢救费用的垫付情形

二、住院伙食补助费

如因交通事故导致受伤住院,受害人可要求赔偿义务人赔偿住院伙食补助费。住院伙食补助费是指对受害人在交通事故中遭受人身损害,而在医疗机构住院期间支出的伙食费用的一种补偿。

受害人在医院治疗期间支出的伙食费用一般超过平时在家的伙食费用，赔偿义务人应当就其合理的超出部分予以赔偿。住院伙食补助费赔偿金额计算见图 6－7。住院伙食补助费赔偿金额可以参照当地国家机关一般工作人员的出差伙食补助标准确定其赔偿标准，并结合当地实际经济生活水平予以确定，一般是按照100 元/天计算。住院天数以出院小结或病历记载为准。

住院伙食补助费赔偿金额计算 —— 住院伙食补助费赔偿金额=国家机关一般工作人员出差伙食补助标准×住院天数

图 6－7　住院伙食补助费赔偿金额计算

在诉讼过程中，人民法院有权根据当地的经济发展和生活水平确定伙食补助费的标准，如在某些时候由于特殊的自然灾害导致伙食费用的高涨，此时再依据当地国家机关一般工作人员的出差伙食补助标准确定显然有失公允，应当依据实际发生的合理费用确定。

住院伙食补助费区别于伙食费，受害人主张伙食费用主要产生在受害人确实有必要到外地进行治疗，因客观原因不能住院的情形中。受害人本人及其陪护人员实际发生的伙食费及其合理的住宿费用，可以在医疗费、住院伙食补助费用外，再额外主张，其主张的数额为每天合理的伙食费乘以在外住院天数。

住院伙食补助费只针对受害人的就餐支出补偿，受害人家属或其他陪护人员支出的餐饮费用另行计算在护理费用中，不计算在此项赔偿项目内。

实践中应当注意的是，住院时间以住院病例记录的时间为准，与伤者实际出院时间无关。因为有些伤者可能提前出院，但办理出院手续的时间较晚。涉及转院的，应把全部的住院时间累计计算。

三、营养费

营养费，是指受害人在交通事故中遭受人身损害后，通过平常饮食的摄入尚不能满足受损害身体的需求，而需要以平常饮食以外的营养品作为对身体补充而支出的费用。

营养费属于受害人为辅助治疗伤情或者促使身体尽快康复，需要必要的营养品而支出的合理费用，它对受害人是一种辅助治疗，具体数额主要根据受害人的伤情，结合医疗机构的诊断意见等进行确定。营养费的主张基础在于受害人因伤情治疗需要加强营养,即营养费产生具有必要性。营养费判定标准见图6-8。

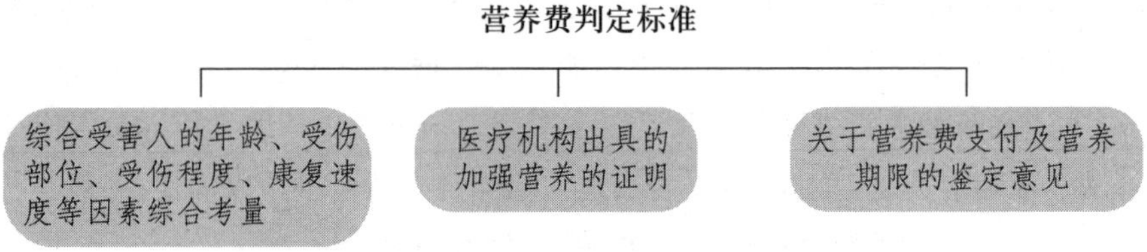

图6-8 营养费判定标准

受害人主张营养费时,其伤情是人民法院是否支持营养费的重要判断标准,在诉讼过程中,人民法院根据受害人年龄、受伤部位、受伤害程度、康复速度等综合因素酌情考量营养费的数额。

医疗机构出具的加强营养的证明是判定营养费用支付的主要依据。医疗机构对受害人的身体状况及如何治疗尽快恢复具有一定的专业权威,其出具的证明对认定营养费是否必要具有重大的参考价值。

如医疗机构未出具相关证明,受害人可通过申请司法鉴定确定是否需要加强营养辅助,若鉴定意见认为伤者需要加强营养,并给出合理营养期建议的,人民法院会采纳该意见。

可主张营养费的情形见图6-9。受害人受伤情况的不同导致营养要求也不同,尤其是危重病人,往往不能依靠普通进食来解决营养问题。从医学的角度来说,临床的许多治疗措施也需要营养支持作为提高疗效的手段。例如,出现以下情况需要营养支持:严重创伤、大面积烧伤、大手术、感染;分解代谢亢进;热能消耗和氮的丢失量显著增加;病人虚弱、疼痛、不适应;某些治疗措施或药物的副作用,使病人食欲不振,影响摄食;口腔创伤、消化道阻隔等不能正常进食,或进食反而加剧病情,或对术后伤口愈合不利等。

对需要营养的受害人实施营养治疗,给予适当的营养支持,能显著地改善受害人的营养状况,有效地配合临床,提高手术的成功率和治愈率,减少死亡率,缩短住院时间,促进其尽快康复。

因此,在医学上来说,根据受害人受伤害的程度,营养费的支出,对于受害人的治疗和康复有着不同程度的作用,是治疗过程中一项必要支出,对此,赔偿责任人应予以赔偿。

我国法律、法规或司法解释未对营养费的数额明确规定,要求根据医疗机构意见及受害人的伤残情况进行确定。医疗机构意见主要以两种方式出现,一是明确告知需要多少营养费用;二是作出补充营养多少天的建议。营养费赔偿金额计算见图 6 - 10。对于医疗机构已明确告知营养费用的情况,可以参照该意见确定营养费赔偿数额。如医疗机构只是建议营养期限,则可根据当地居民平均生活费标准的 40% ~60% 的比例计算,上海、江苏等地一般按照 50 ~ 80 元/天标准计算,广东等地则是根据伤残程度确定不同的营养费标准。

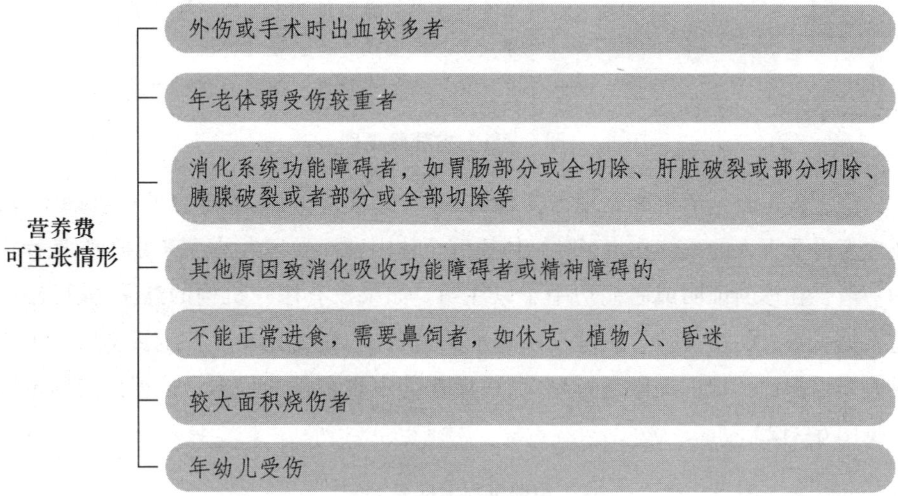

图 6 -9　营养费可主张情形

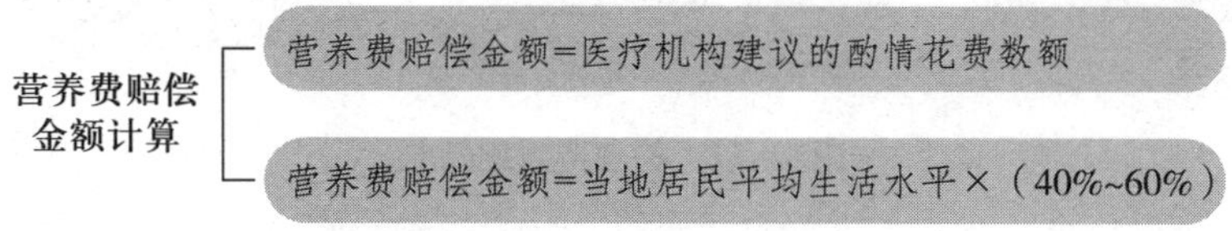

图 6 -10　营养费赔偿金额计算

营养费举证,应当注意的是,当事人应当争取医生在诊断证明或者出院记录(“医嘱”)上面写明“加强营养”字样,提供购买营养品的发票,必须是正规商店的发票,内容明细为“营养品或者食品”。营养费属于法官自由裁量,有合理说明,一般都会支持。

四、护理费

护理费,也即陪护费,是指交通事故受害人的人身受到损害后,在医疗或者康复的过程中支付给陪护人员的误工费或工资。护理费是因交通事故造成受害人生活难以自理,需要他人予以护理照顾而产生的合理费用。护理费类别见图6－11。

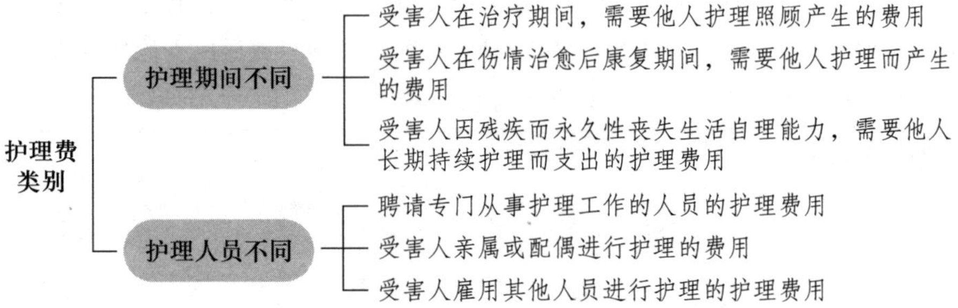

图6－11 护理费类别

受害人是否生活不能自理需要他人照顾,除依据医嘱、鉴定意见可以确定外,还应考虑受害人的具体伤情、年龄、体质等个体因素。受害人是否需要护理,医疗机构一般会在诊断证明或者病历中予以注明。如果没有医疗机构的意见,人民法院将根据受害人的伤情结合护理期限标准酌情认定,或委托专业鉴定机构对受害人是否需要护理及护理期限进行鉴定,以此作为审理案件的依据。护理费的判定标准见图6－12。

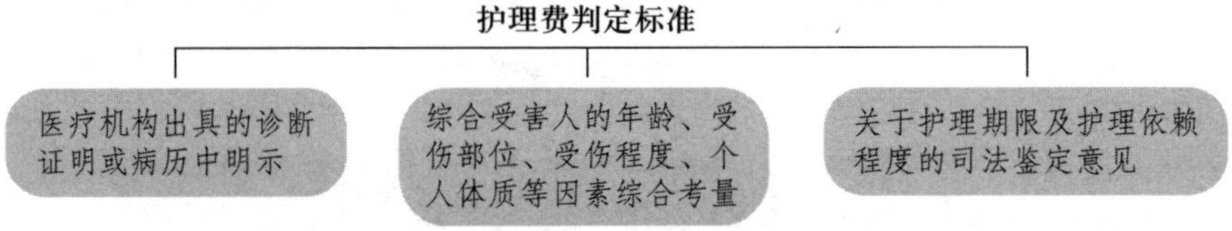

图6－12 护理费判定标准

护理人员原则上是一人,医疗机构或鉴定机构有明确建议的,则参照建议确定护理人员人数。护理期限应计算至受害人恢复生活自理能力时止,受害人因为残疾不能恢复生活自理能力的,可以根据其年龄、健康状况等因素确定合理的护理期限,但最长不超过20年。受害人定残后的护理,应根据其护理依赖程度并结合配置残疾辅助器具的情况确定护理级别。当事人对护理依赖程度以及护理期限、人数等可以申请司法鉴定,鉴定意见认为伤者伤情构成完全护理依赖、部分护理依赖或不构成护理依赖的,人民法院将根据鉴定意见书确定伤者未来的护理费用情况。

如果受害人受伤轻微,不能构成伤残,对于护理期限又未做鉴定的,人民法院一般参照医院的建议或者结合病历酌情考虑。因护理期限是法官在其自由裁量权范围内确定的，因此在护理期限尚未届满前，被护理的受害人死亡，已支付的护理费中尚未经过的护理期限部分护理费不应退还。

对当事人协商或人民法院判决最长20年护理期限后，受害人仍需继续护理的，可再向赔偿义务人主张权利。赔偿义务人应继续给付护理费用。

护理费主要根据护理人员的收入状况、护理人数及护理期限进行确定。护理费赔偿金额计算见图6－13。护理人员有收入的，参照误工费的规定进行计算，即护理人员有固定收入的，按其实际减少的收入计算；护理人员无固定收入的，以其最近3年的平均收入来计算护理费。护理人员无法证明其收入或者雇用护工的，则参照当地护工从事同等级别护理的劳动报酬标准计算。

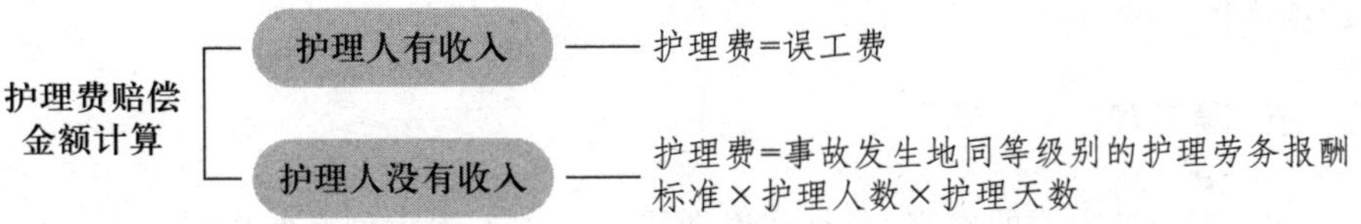

图6－13　护理费赔偿金额计算

以案说法

2019年12月8日，刘某被张某驾驶的小轿车撞伤，导致其左侧第3、4、5、6、7共5根肋骨骨折，刘某因治疗伤情需要共住院30日。

刘某诉至人民法院称遵照医嘱由其家属护理50日，要求张某及其汽车承保保险公司承担护理费6000元（以120元/天计50天），但未能提供家属因护理而误工的相关证明。

本案中刘某因交通事故受伤致使其生活自理产生影响，根据医疗机构出具的护理证明，可以确定其护理期限。

对于护理标准，若刘某雇用专业护理人员，则应当由护理机构出具护理费发票，根据其数额予以确定。但本案中刘某并未雇用专业护理人员，而选择由其家人对其进行护理，此时其应当提供家人因护理而导致无法工作造成误工损失的相关证明。

因刘某未提供其家人误工证明，则可以参照一般护理人员的护理标准，由人民法院酌定。在本案中，人民法院对其护理标准酌定为每日100元。

护理费用一般为一次性支付。主张护理费，受害人等赔偿权利人需提供以下材料:(1)医院出具的护理人员及护理人数和护理时间的证明;(2)鉴定机构出具的护理期限及护理依赖程度的相关司法鉴定意见;(3)护理人员的收入证明或者当地护工从事同级别护理的劳务报酬标准;(4)护理人员为另行聘请的,提供向护理人员支付费用的证明。

护理费举证,雇用护工,需要提供护理合同、护工身份证、护理费收据或者发票。家人护理,可以按照工资较高者计算,提供家人身份证、家人劳动合同、单位营业执照(或者单位工商信息查询资料)、工资表(盖单位财务章)。如果家人无工作,可按照护工标准主张,一般为150~200元/天。关于护理人数、出院后的护理,当事人应争取医生在"医嘱"上面写明。伤情较重或者伤者体质特殊(老、弱、病、残),建议做"护理依赖鉴定"。

五、误工费

误工费有两方面的内容:一是伤者即受害人本人治疗创伤造成误工发生的损失,包括受害人因精神损害导致不能正常工作、生活发生的误工费用。二是交通事故当事人及其亲属或委托代理人由于需要参与处理事故误工造成的损失,包括死者家属办理丧葬事宜期间误工损失。以上费用以合理为原则,第二类误工费用可能与护理费用发生重合,一般不重复计算。这里,我们讨论的主要是受害人的误工费部分,也即第一类误工费。

误工费,是指受害人因交通事故造成人身损害,致使其不能正常工作而遭受的预期财产利益损失。交通事故发生后,事故中遭受人身损害的受害人等赔偿权利人可以要求赔偿义务人赔偿因事故致使受害人失去或减少工作对其造成的损失。

误工损失属于受害人的直接损失,受害人有权要求赔偿义务人在合理范围内赔偿。受害人误工费采取"实际减少"的差额赔偿原则,即实际损失多少,赔偿义务人赔偿多少。误工费的数额主要根据受害人的误工时间和收入损失状况来确定。误工费用判断标准见图6-14。

误工费属于受害人如未遭受人身侵害而本应获得,却因侵权行为无法得到或者无法完满得到的利益,误工费是可以根据受害人的具体情况和特点等主观利益损失量化计算的损失,属于具体损失。

误工损失的认定应当以受害人的整体收入为依据,根据可得利益损失的原理,在某些情况下受害人就医治疗或者休养期间,并没有扣除其收入,即误工人员的收入并没有因交通事故而实际遭受损失,受害人的误工费也即不存在,不予赔偿。或者受害人因交通事故受到损伤，但只需要进行门诊治疗，对劳动、工作没有影响，不予赔偿误工费用。如教师在寒暑假期间遭遇交通事故受伤，但并不会影响其收入。故不存在误工损失的问题。

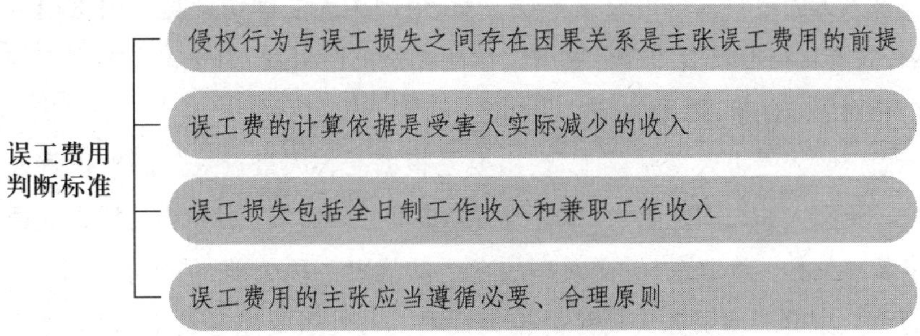

图 6－14　误工费用判断标准

交通事故未造成受害人死亡、残疾的，依照受害人就医的医疗机构出具的“建议休息”时间来确定误工损失。如造成残疾，则会考虑医疗机构出具的误工期证明，最长计算到定残日前一天；死亡的，侵权之日至死亡之日为误工时间，必要时或当事人对误工时间存在争议时，可委托专业鉴定机构对误工期限进行鉴定。根据鉴定意见书上确定的具体时间来计算误工费的实际损失，能够得到人民法院的支持。

误工损失不同于营养费、住院伙食补助费等，因个体的不同，误工损失的计算标准各不相同，即因为受害人的收入能力和水平差异较大，决定了不同的受害人在遭受损害后，其损失的误工收入会有较大差距。误工费用一般为一次性支付。误工费用赔偿金额计算见图 6－15。

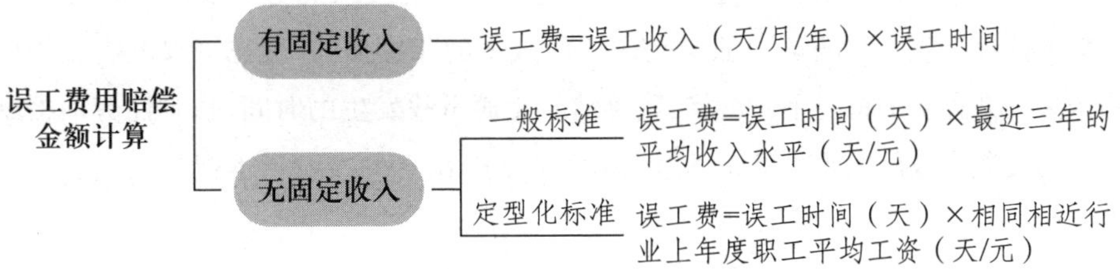

图 6－15　误工费用赔偿金额计算

有固定收入的受害人主张的误工费计算简单，以受害人发生损害前后财产减少的差额作为赔偿标准，即按照本人因误工实际减少的收入进行计算便可。所谓固定收入是指受害人从机关、企事业单位等按期得到的收入，包括但不限于工资、奖金、补贴、津贴等。赔偿权利人误工费主张需要有单位开具的证明,还应当提交纳税证明或者社保出具的缴费证明,如收入是以银行转账方式计入,可以提供银行对账单进行佐证,以充分证明事故发生前的实际收入及误工减少损失的事实。

受害人无固定收入也可以主张误工费,但因为无法确切计算其误工损失的算术差额,只能从损害赔偿的社会妥当性和社会公正性出发,为受害人的误工损害确定一个相对固定的标准,即为定型化标准。

无固定收入受害人主张误工费,主要是根据受害人最近三年的平均收入计算其损失。受害人如无固定收入,可由街道办事处、社区(村)居委会证明在交通事故发生前从事某种劳动,或提供交通事故发生前从事某种劳动,包括个体经营户(个体工商户)、家庭劳动服务人员等的相关证明。另外需要注意的是,如果受害人的工资超过个人所得税起征点,应当尽量提供个人所得税的纳税证明等。

受害人不能举证证明其最近三年的平均收入状况的,可以参照受诉人民法院所在地相同或者相近行业上一年度职工的平均工资进行计算。

另外,如果受害人是家务劳动的主要承担者,因受害确实无法从事家务劳动,造成其他家庭成员负担过重的,人民法院一般会酌情判令赔偿义务人给予一定的赔偿。

但如果受害人能够证明除了正常工资之外还应该获得其他临时性劳动收入,而该收入因交通事故而丧失,则赔偿义务人需要承担一定的赔偿责任。对于临时性或者随机性的劳动报酬损失的直接认定应该从严把握,只有在与权利受侵害之间存在因果关系的情况下才能得到救济。

临时性劳动报酬损失可能受到诸多不确定因素的影响,既包括自身能力、水平、技能等主观方面的原因,也可能包括交通事故突发状况等客观因素。如果说受害人能够提供充分的证据证明因误工所减少的相应损失,且在侵权事实及相应的因果关系存在的情况下,人民法院可结合交通事故发生的时间、临时性劳动报酬损失与交通事故的因果关系的大小,综合确定赔偿义务人应当承担的误工费损失数额。

考虑受害人原来的劳动能力强度及损伤是否降低其劳动能力,如果受害人原有劳动能力并不是很高,误工费的赔偿应当适当降低。

已过退休年龄的人员在遭受交通事故侵权后,主张误工费损失的现象非常普遍,对此,保险公司、赔偿义务人经常抗辩认为受害人已经过法定退休年龄,不能再从事正常的工作,且有的受害人还按月领取养老金,故其不存在误工费。但已过退休年龄人员仍从事劳作的普遍存在，退休人员从事社会有偿劳动的现象越来越多；在农村范围内，广大农民并没有享受退休待遇，达到法定退休年龄后仍耕种土地或外出务工人员大量存在。交通事故发生后，上述人员不能从事受伤前的有偿劳动，收入势必会减少，其合理的误工费用应当得到赔偿义务人的弥补。

因此，退休人员是否能够主张误工费，法院要求退休人员提供证据证明自己的主张。退休人员作为受害人如能够提供充分证据证明其从事了相关劳动，并曾获取相应的报酬或工资或其他收入，其主张就能够得到人民法院支持。如退休后接受相关行业的外聘，应提供劳动合同、工资清单等；城镇无业人员或农村人员仍从事其他劳作的，则要求提供当地村(社区)居(村)委会的证明。人民法院结合上述证据以及个案中当事人的身体状况、年龄、家庭经济情况综合进行考量。

但如受害人达到退休年龄，且其生活主要依靠子女赡养，该受害人发生事故虽可能产生误工期，但并不必然产生损失，如其不能证明误工损失情况，不能主张获得误工费赔偿。

误工费举证时，要区分情况。如果是有固定收入者，提供劳动合同、单位营业执照(或者单位工商信息查询资料)、工资表(盖单位财务章)、伤者误工证明、个人所得税/营业税纳税凭证；或者工资卡的银行记录(一般3个月以上)、社保卡记录(一般一年以上)。如果是无固定收入者，应提供所在行业的证明(营业执照、技术证书、荣誉奖章等)，或者一年以上的存折记录(盖银行章)，按照政府公布的行业工资标准计算或者按照城市居民平均收入计算。关于无固定收入者的误工费，属于法官的自由裁量权范围，需要给出合理的说明，才能得到支持。

关于误工时间的证据，要求诊断证明(“休假条”)是连续的，特别是涉及重新鉴定的，当事人应继续开“休假条”；伤情较重的(一般1~8级的)，建议做“误工时间鉴定”。

以案说法

2020年4月，被告张某驾驶摩托车行驶途中转弯时将行人原告李某撞到，经司法鉴定，原告李某受伤构成8级伤残。该事故经交通警察大队认定，被告负事故全部责任。

原告起诉被告及其车辆投保的保险公司，请求判决保险公司在交强险范围、限额内支付原告各项损失并承担本案诉讼费用。其中，原告诉称在事故发生前一直从事劳动，并提交了相应的证据材料。庭审中，被告保险公司提出原告李某已年满60周岁,已是法定的丧失劳动能力的年龄,不能主张误工费。

被告保险公司的观点不被认同:(1)60岁以上的人劳动是受法律保护的,60岁以上的老年人不属于劳动法范畴中的劳动者,不受劳动法律的调整,但是《老年人权益保障法》等相关法律保护老年人从事力所能及的劳动;(2)对于误工费的计算主要从受害人的误工时间和收入状况两方面来进行考虑,能否主张误工费关键要看受害人有无收入来源,即在事故发生前,受害人是否具备劳动能力,能否通过自己的劳动获得收入来源,而不是以年龄作为判断标准。如果说已超过60周岁而不支持误工费,不仅与案件实际不相符合,也违反了法律的规定,导致受害人的实际合法权益受到损害,客观上导致案件处理有失公平。

年满60周岁的受害人有证据证明其仍在从事劳动获取报酬,其要求理应得到法院的支持。在本案中,李某出具了劳动证明和工资流水等相关材料,可见,李某虽已超过法定退休年龄,但未丧失劳动能力,仍然以自己的劳动获得收入。李某因伤住院治疗期间不能像往常一样进行生产活动,其收入必然会减少,理应获得相应的误工赔偿。

六、残疾赔偿金

(一)残疾赔偿金及一般适用

残疾赔偿金,是指对受害人因交通事故人身遭受损害致残而丧失全部或者部分劳动能力的财产赔偿。交通事故致受害人伤残的,受害人可要求赔偿义务人赔偿残疾赔偿金。由于事故造成的受害人残疾致使其劳动能力部分丧失或全部丧失,使其减少或者丧失劳动收入,这种损失,是人身损害的直接后果,是一种财产损失,应当由赔偿义务人进行赔偿。

在交通事故中受伤的受害人,因伤所产生的合理损失理应得到赔偿,至于损失费用的具体计算数额,应当结合受害人伤残评定标准予以确定,即由受害人丧失劳动能力的程度或者伤残的等级标准来确定。伤残等级需要专门鉴定机构进行鉴定方可得知。伤残等级可分为十级、九级、八级、七级、六级、五级、四级、三级、二级、一级十个等级,数字越小伤残等级越高,其中十级为最轻伤残。

与伤残等级相对应的是伤残系数,伤残系数由伤残等级确定,主要运用于残疾赔偿金计算,即十级伤残系数为10%,以此每上升一级,伤残系数增加10%,至一级伤残时伤残系数为100%。如受害人因交通事故造成多处伤残,通常做法是将最高伤残级别所确定的伤残系数作为主伤残系数,其他等级按照附加系数计算,伤残系数总数之和不超过100%。附加系数在0~10%浮动,如附加十级伤残的,增加1%,九级伤残的增加2%。伤残赔偿指数为几个伤残等级最高的赔偿指数加上伤残赔偿附加指数。

以案说法

2020年4月6日,王某驾车出游路上与刘某驾驶的出租车相撞,事故导致王某重伤,经公安机关交通管理部门认定刘某负事故的全部责任。

王某伤情稳定后,经鉴定机构鉴定,分别构成道路交通事故伤残八级一处,十级三处。王某的伤残赔偿金应当如何计算?

多处伤残应当综合计算。多处伤残可以重复计算,本案中,王某的八级伤残及十级伤残部分都应当计算伤残赔偿金。

参照交通事故损害赔偿的伤残等级,多等级时,应当首先计算伤残级别中最高的等级,除此之外,每多增加一处伤残,增加一定的赔偿比例,即增加附加系数。如本案中,八级伤残对应的是30%,另外三处伤残都是十级,则叠加1%,即王某的残疾赔偿金应该为:20年×受诉人民法院城镇人均可支配收入/农村人均纯收入×伤残系数(33%)。

伤残评定一般根据对受害人的损伤医疗终结后不能恢复的后果进行评残,评定时机应当以事故直接所致使的损伤或确因损伤引发的并发症治疗终结为准。其中治疗终结一般表现为临床治疗效果稳定,而受害人治疗结束出院即证明临床的治疗效果已经达到稳定。此时进行鉴定是合适的,作出的鉴定结论也是正确的,但这并不意味着仅凭法医鉴定即可认定为伤情已经完全治疗结束,原因在于治疗终结可能是医疗结束,也可能产生医疗依赖。所谓医疗依赖是指伤、病在医疗期满后,仍不能脱离药物或其他医疗手段。

如果伤残等级较轻但造成职业妨害严重影响受害人劳动就业的,可以适当提高残疾赔偿金的计算标准,如特殊行业中舞蹈家的腿部截肢等情况。当然,如果受害人虽致残但实际收入没有减少,则可对其残疾赔偿金作出适当的减轻调整。

(二)残疾赔偿金计算标准

残疾赔偿金的标准是受诉人民法院所在地上一年度城镇居民人均可支配收入或者农村居民人均纯收入标准。

2021年1月1日施行的《最高人民法院关于审理人身损害赔偿案件适用法律若干问题的解释》仍坚持既往的审判实务惯例,区分农村或城镇的计算标准。

人民法院判断农村居民在城镇经常居住或收入主要来源非农业的主要依据包括是否在城镇购房、进行生产经营,是否办理暂住证,是否在城镇有较为稳定的工作,收入主要来源是否非农业等。在城市化进程中,尤其体现在农村纳入城市规划范围成为城中村,农民在土地被征收、征用后仍居住在原地址,受害人是在城镇生活多年的农村居民,或者收入来源非农业,残疾赔偿金应当按照其经常居住地城镇居民人均可支配收入进行计算。

以案说法

2016年11月29日11时10分,在北京市昌平区京藏高速沙河大桥下进京方向,被告吴某举驾驶车牌号为京A×××××的重型自卸货车与原告徐某新发生交通事故,造成原告徐某新受伤,车辆损坏。经公安机关交通管理部门认定,被告吴某举承担事故的全部责任。

事故发生后,原告徐某新先后在北京昌平医院、北京积水潭医院等处治疗,共住院22日。后经鉴定,原告徐某新因事故构成伤残十级,建议误工期为180~270日,营养期为60~90日,护理期为60~90日。

曾某兰系原告徐某新之母,育有子女5人,徐某为原告徐某新之女。原告徐某新户籍地址为安徽省合肥市肥东县某村,农村户口,2015年3月原告徐某新离婚后至北京工作,曾某兰与徐某随原告徐某新在北京生活。

原告徐某新要求以北京地区城镇居民标准计算其残疾赔偿金及被扶养人生活费。

本案的争议焦点是如何计算徐某新的残疾赔偿金及被扶养人生活费,计算的依据是城镇居民标准还是农村居民标准。

残疾赔偿金支付基础在于受害人劳动能力的丧失,或者受害人肢体造成了残疾进而影响了劳动就业,使其收入减少。所以残疾赔偿金的数额应该根据受害人实际收入减少额计算,而这减少应该是其受到伤害对工作产生影响而造成的。因为我国现法律并没有准确规定受害人应按城镇居民还是农村居民的标准获得赔偿，实践中一般是按照受害人的户籍性质作为判断衡量的方法。但是有很多农村户籍的人员在城市工作生活，如果按照农村居民标准计算其残疾赔偿金，难以弥补其实际受到的损失。

针对我国目前普遍存在的“农村人在城市”的情况，在确定受害人被扶养人生活费、残疾赔偿金计算标准时，应当适当地放宽标准。满足在城市有持续的非农业收入来源，且非农业收入为主要收入，在城市居住时间满一年以上条件的人员，即使是农村户籍，也应当按照城镇居民标准进行计算。

本案中，原告徐某新虽然是外地农村户籍，但是已经在北京工作并生活一年以上，主要收入来源为非农业收入，事故造成残疾对其在北京参加工作势必产生影响，故应当按照北京城镇居民标准计算残疾赔偿金。原告徐某新之女徐某及母亲曾某兰随原告在北京生活，符合按照北京城镇居民标准计算被扶养人生活费的标准。故原告徐某新的请求是合理的，应当得到人民法院的支持。

但在以往的人身损害赔偿实务判赔中，因为城市与乡镇的差别，导致出现“同命不同价”的情况，对此，最高人民法院及各省人民法院对于统筹各省市辖区内统一城乡居民赔偿标准作出探讨与实践。

例如，2020 年 3 月 20 日，江苏省高级人民法院颁布《江苏省高级人民法院关于印发〈开展人身损害赔偿标准城乡统一试点工作的实施方案〉的通知》。又如 2019 年 12 月，上海市高级人民法院通过的《上海市高级人民法院关于开展人身损害赔偿标准城乡统一试点工作的实施意见》。其他如山东、河北、天津、江西、河南、安徽、山西等省份也陆续通过城乡一体的赔偿标准。其人身损害赔偿适用标准见表 6 – 1。

故此在具体案件处理时，我们需要确定当地是否属于人身损害赔偿标准城乡统一区域，以正确把握适用城市标准还是农村标准进行损害赔偿计算及主张。

表6-1 部分省市2020年人身损害赔偿适用标准
(具体以各省、市统计部门及人民法院公布的数据及确定的标准为准,
更新统计至2021年1月31日)

单位:元

<table>
<tr><th>地区</th><th>城镇</th><th>农村</th><th>地区</th><th>城镇</th><th>农村</th><th>地区</th><th>城镇</th><th>农村</th></tr>
<tr><td>安徽</td><td colspan="2">39442</td><td>海南</td><td colspan="2">36017</td><td>河南</td><td colspan="2">34750.34</td></tr>
<tr><td>北京</td><td colspan="2">69434</td><td>广西</td><td colspan="2">35859</td><td>湖南</td><td colspan="2">41698</td></tr>
<tr><td>重庆</td><td colspan="2">40006</td><td>贵州</td><td>36096</td><td>11642</td><td>湖北</td><td colspan="2">36706</td></tr>
<tr><td>福建(除厦门、莆田、平潭等地区)</td><td>47160</td><td>20880</td><td>广东(除深圳、珠海、汕头)</td><td colspan="2">50257</td><td>浙江(除宁波)</td><td colspan="2">52397</td></tr>
<tr><td>甘肃</td><td colspan="2">32323</td><td>河北</td><td colspan="2"></td><td>吉林</td><td>32299</td><td>14936</td></tr>
<tr><td>内蒙古</td><td colspan="2">41353</td><td>江西</td><td colspan="2">38556</td><td>黑龙江</td><td>31115</td><td></td></tr>
<tr><td>山东</td><td colspan="2">43726</td><td>山西</td><td colspan="2">34793</td><td>陕西</td><td colspan="2"></td></tr>
<tr><td>上海</td><td colspan="2">72232</td><td>四川</td><td>38253</td><td>15929</td><td>天津</td><td colspan="2">47659</td></tr>
</table>

(三)残疾赔偿金计算及给付

残疾赔偿金计算采用就高原则,即如果受害人有证据证明其住所地或者经常居住地城镇居民人均可支配收入或者农村居民人均纯收入高于受诉人民法院所在地标准的,残疾赔偿金可以按照受害人住所地或者经常居住地的相关标准计算。残疾赔偿金额计算见图6-16。

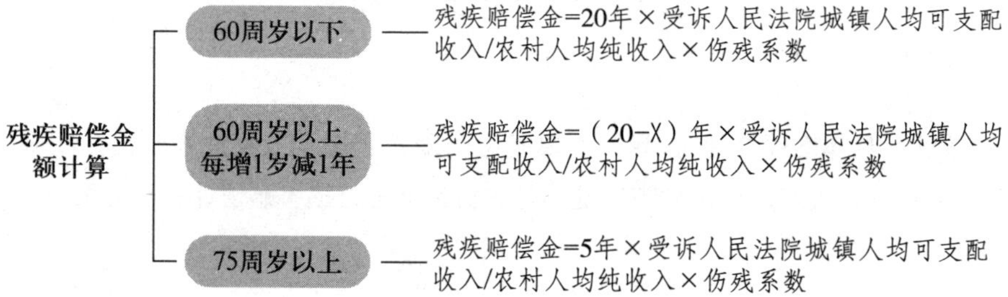

图6-16 残疾赔偿金额计算

关于残疾赔偿金的赔偿期限问题,主要可以分为以下几种类型:(1)受害人未满60周岁的,自定残之日起按20年计算;(2)受害人为60周岁以上的,年龄每增加1岁减少1年;(3)受害人年满75周岁以上的,按5年计算。

残疾赔偿金本身是对受害人因劳动能力全部或部分丧失而导致未来收入减少的一种损失赔偿,其本质是对受害人日后可得利益即遗失利益的赔偿。例如道路交通事故进入诉讼程序,在诉讼终结前因其他原因死亡,则不存在因劳动能力部分丧失而导致未来可得利益减少,相应的赔偿年限应当予以扣减。同理,超过确定的残疾赔偿金给付年限,受害人等权利人向人民法院起诉请求义务人继续给付残疾赔偿金的,人民法院应予受理,受害人确实没有劳动能力和生活来源的,人民法院应当判令赔偿义务人继续给付相关费用5~10年。

以案说法

2020年1月15日,被告张某驾驶小型客车与原告刘某驾驶的两轮摩托车相撞,致使刘某当场受伤,经公安机关交通管理部门认定,张某对本次交通事故负全部责任,刘某无责任。

刘某出院后,于2020年3月18日向人民法院起诉要求赔偿,经鉴定刘某的伤情构成十级伤残。

在诉讼过程中,也即2020年6月2日刘某因病去世(与事故伤情无关)。刘某的近亲属以原告身份参加诉讼,要求被告张某及其承保的保险公司给付自定残之日起按20年计算残疾赔偿金。

残疾赔偿金的给付应当以受害人生命之存在为前提,应当考虑受害人的劳动能力及收入丧失等综合情况。刘某在交通事故后死亡,但是该死亡结果与交通事故无关,即不构成相当因果关系,张某不应当对刘某死亡的后果及因死亡产生的损失承担损害赔偿责任。

我国人身损害赔偿制度采取的是定型化赔偿方式,若受害人因死亡导致未来收入已经恒定为零,则侵权人不应再承担之后的残疾赔偿金,刘某的残疾赔偿金应当从定残之日计算至其死亡之日,不再按20年标准计算。

残疾赔偿金的赔付方式有两种:一种是一次性赔偿,一次性赔偿即由人民法院判决确定义务人一次性赔偿受害人一定数额,由赔偿义务人进行赔偿。另一种是定期金赔偿。定期金赔偿即由人民法院判决确定每年赔偿的数额,受害人存活几年,就赔偿几年。赔偿义务人请求以定期金方式给付残疾赔偿金的,应当提供相应的担保,但一审法庭辩论终结前已经发生的费用、死亡赔偿金以及精神损害抚慰金,应当一次性给付。一般来说,赔偿义务人热衷定期金赔偿,而受害人更易接受一次性赔偿。

残疾赔偿金的举证焦点在于伤残级别。关于伤残级别,应委托有资质的鉴定机构鉴定伤者的伤残等级。注意报告中载明的伤者姓名、年龄,受伤部位,受伤时间,家庭住址等基本信息是否有误。鉴定人签字,鉴定机构盖公章。

至于采用农业还是非农业标准,必须以户口簿原件为准。如果伤者是城镇户口、非农业户籍或者居民户籍的,则必须按照非农业标准计算赔偿金。没有户口簿或者户口簿为农业户口,实际已经转为城镇的,当事人应提供派出所出具的"户口性质证明"。如果是集体户口,需提供户口簿首页。

在非城乡统一标准地区如果是农村户口主张按照城镇标准赔偿的,需要提供城镇居住满1年的证明,具体包括:伤者本人事发前1年在派出所办理的暂住证,租房合同(合同期限包含事发前1年)、房东身份证复印件,居委会、派出所开具的居住证明,购房合同,拆迁协议(包括棚户区改造、农村城镇化及其他拆迁协议),在居住城市办理的银行卡信息等。

(四)全省平均负担系数计算

江苏省高级人民法院于2020年3月颁布《江苏省高级人民法院关于印发〈开展人身损害赔偿标准城乡统一试点工作的实施方案〉的通知》,对于最高人民法院关于在辖区内开展人身损害赔偿纠纷案件统一城乡居民赔偿标准试点工作要求进行了实践。该通知明确城乡统一赔偿标准适用于江苏省内所有法院,包括江苏省高级人民法院、各地级市中级人民法院、各区县基层人民法院;城乡一体的标准适用于所有的人身损害赔偿案件,也就是包括通常的交通事故案件、工伤赔偿案件、一般人身伤害案件等案件。该通知不但统一了"城"与"乡"的标准,还统一了案件类型的不同标准,具有"颠覆式"的意义。

较之于其他省市,江苏省区域人身损害残疾赔偿金引入了"工资性收入、经营净收入、全省平均负担系数"标准,而"抛弃"传统人均可支付收入概念。全省人均可支配收入包括工资性收入、经营净收入、财产净收入、转移净收入四项子指标,实施方案仅选取了工资性收入和经营净收入指标作为计算依据,这两项指标与劳动能力直接相关,能够直接反映劳动能力丧失与收入水平之间的关系。这是人民法院对于经济指标运用到司法实践的尝试性变通,在坚持司法公平及保护对受害人有效赔偿的原则下，努力实现根据指标计算的费用数额与经济社会发展水平相符，具有极大的社会意义。

实施方案中工资性收入指的是就业人员通过各种途径得到的全部劳动报酬和各种福利，包括受雇于单位或个人、从事各种自由职业、兼职和零星劳动得到的全部劳动报酬和福利；经营净收入指的是住户或住户成员从事生产经营活动所获得的净收入，是全部经营收入中扣除经营费用、生产性固定资产折旧和生产税之后得到的净收入；平均负担系数是指每一就业者负担人数（包括就业者本人）。全省平均负担系数 = 全省全部居民人口数 ÷ 全省就业居民人口数（劳动力人口数）。

上一年度江苏省居民人均工资性收入、人均经营净收入、人均消费性支付额和全省平均负担系数的具体标准，由高级人民法院民一庭每年年初依据省统计局统计的标准下发全省各级法院执行，尚未公布相关数据的，按照已公布的最近年度的标准执行。2021 年 1 月 21 日，江苏省高级人民法院发布《江苏省高级人民法院民事审判第一庭关于适用〈江苏省该机人民法院关于开展人身损害赔偿标准城乡统一试点工作的实施方案〉有关费用标准（2020 年度）的通知》，2020 年度江苏省人身损害相关赔偿费用标准依据的统计数据为：（1）2020 年全省居民人均可支配收入中的工资性收入为 24657 元、经营净收入为 5703 元；（2）2020 年度全省居民人均生活费用支出为 26225 元；（3）2020 年全省平均负担系数为 1.84。

七、残疾辅助器具费用

残疾辅助器具费，是指交通事故发生后，受害人因伤致残，全部或部分丧失肢体某项功能，为使受害人能够生活自理或者从事生产活动而购买、配置的具有补偿功能的生活自助器具而发生的费用。在治疗过程中为辅助生活而购买的医疗辅助器具，如坐便器等，不应当计算在残疾辅助器具中，而应视为医疗费用。

残疾辅助器具是受害人进行正常工作或基本生活所必需的，属于交通事故后发生的直接损失，应当得到赔偿义务人的合理赔偿。

残疾辅助器具类型见表 6 – 2，残疾辅助器具的赔偿以必要性为原则，残疾辅助器具的配置必须是治疗伤情所必需的，也就是说受害人配置残疾辅助器具的，应当有医生的明确诊断证明，受害人必须经医院诊断为残疾，或需要有辅助器具的帮助才能正常生活和工作，只有“必要”方能主张赔偿残疾辅助器具费用。

表 6-2 残疾辅助器具的主要类型

残疾分类	辅助器具
肢体残疾	肢体残疾者使用的肢体辅助器具,假肢及其零部件,假眼、假鼻、内脏拖带、矫形器、轮椅、矫形鞋、非机动助行器、代步工具(不包括汽车、摩托车)、生活自助工具、特殊卫生用品
视力、听力残疾	视力、听力残疾者使用的盲杖、助视器、助听器等
智力残疾	智力残疾者使用的训练器等

购买使用的残疾辅助器具以恢复受害人基本功能的必要器具为限,而不要求辅助器具必须达到受害人发生事故前的全部功能。残疾辅助器具标准为普遍适用类型。(1)受害人配置的残疾辅助器具应当"普通",如假肢有三种:上臂机械手、电动假肢与肌电假肢。其中上臂机械手是最简单的一种,价格最低;电动假肢具有代偿功能,有三个自由度,价格适中;肌电假肢是最好的一种,可以意念控制,有三个自由度,但是价格最为昂贵。对此的确定应当以电动假肢为标准,这既保护受害残疾人的权益,又排除了奢侈型、豪华型的标准。(2)配置的残疾辅助器具应当"适用",能够起到功能补偿作用,符合"稳定性"和"安全性"的要求。

普通适用器具的合理费用的标准不是绝对的,"普通"类型不限定于国产或进口,适当、合理才好,对于伤情有特殊需要的,如残疾程度比较严重以致普通适用器具不能满足辅助要求的,可以参照辅助器具配置机构的意见确定相应的合理费用标准。

残疾辅助器具的安装还必须考虑受害人的年龄、残疾程度、职业以及所处的地理,环境灵活掌握残疾用具的配置状况。

辅助器具的使用期限主要是参照当地人均寿命减去受害人年龄认定,但如受害人存活年龄超过平均寿命,受害人主张继续给付的,考虑年龄情况及恢复的可能,可酌情认定 5~10 年,待期满后若仍需要继续使用,可再行主张。以上原则同样适用于受害人为未成年人,如主张或认定一次性给付,一般最长不超过 20 年,超过 20 年受害人仍需要残疾辅助器具的,可另行主张维护权益。

辅助器具另涉及使用年限、磨损、折旧等问题,还存在保养及定期更换问题。辅助器具是否需要保养、更换,或使用的年限及更换的周期是多少,主要参照残疾辅助器具配置机构的建议或专业鉴定机构的意见进行确定。残疾辅助器具费用在计算时包括残疾用具购入费用,还包括必要的安装、更换、维修、保养等费用,具体见图 6-17。

残疾辅助器具费赔偿金额计算 —— 残疾辅助器具费=单次普通适用器具的合理费用×更换次数+单次普通适用器具的合理费用×单次残疾辅助器具维修保养费用比例×更换（维修、保养）次数

图6-17　残疾辅助器具费赔偿金额计算

受害人需要提供相应证据用来主张残疾辅助器具费，对于已经购买的器具，应当提供购买的票据，以确定具体赔偿数额，对于未来需要购买的器具，则应提供由专业鉴定机构或其他专业医疗机构出具的证明，对需要购买的器具的标准、年限要求等予以确定，必要情况下，可以咨询残疾辅助器具配置机构的专业意见。

残疾辅助器具费的支付方式有两种：一种是一次性支付，即由人民法院判决在判决生效后由义务人一次性赔偿。另一种是定期金支付。定期金赔偿就是判决明确定期金的给付时间、方式以及每期给付标准，支付的期限以受害人存活的时间为限，存活几年便赔偿几年。可以说定期金给付的做法对双方来说都比较合理，但是定期金赔偿对于受害人及其家属等赔偿权利人而言，存在一定的风险，最为主要的一点是赔偿义务人是否一直有给付能力，所以实践中，主要采用的还是一次性赔偿。

八、死亡赔偿金

死亡赔偿金，是指交通事故致人死亡，赔偿义务人应按照一定标准对死者的近亲属进行的一定数额的赔偿。

与残疾赔偿金一样，死亡赔偿金是对受害人死亡导致的物质性的赔偿，可以和精神抚慰金同时主张。不同的是，死亡赔偿金不是对死者生命本身的赔偿，而是对死者近亲属的赔偿，目的在于抚慰死者家属所遭受的精神创伤、安定死者近亲属的正常生活，同时弥补死者近亲属所遭受的物质损失。

尚未有法律明确规定哪些人有权主张“死亡赔偿金”，也就是说具有死亡赔偿金赔付请求权的主体是死者的哪些“近亲属”还存在争议。从长期的司法实践来看，笔者认为可以参照法定继承顺序中的“近亲属”范围确定死亡赔偿金中的请求权人范围。

根据《民法典》的规定，位列第一继承顺序的有配偶、父母、子女等，位列第二继承顺序的有兄弟姊妹等。有第一继承顺序的亲属的时候，第二继承顺序的亲属就不能够请求分配遗产，这是属于继承法的继承顺序规则。同样地，死亡赔偿金的请求中，位列第一顺序的亲属，如配偶、父母、子女，可以向赔偿义务人请求死亡赔偿

金,这个请求权只属于第一继承顺序的人,兄弟姊妹等第二继承顺序的人不能染指。只有在没有第一继承顺序的人的时候,才可以将第二继承顺序的人列为死亡赔偿金的请求权人。死亡赔偿金赔付的方式只有一次性赔偿,不适用定期金赔偿。死亡赔偿金按照受诉人民法院(事故发生地)所在地上一年度城镇居民人均可支配收入或者农村居民人均纯收入标准计算。

死亡赔偿金的计算原则上按照死者的户籍性质进行计算,但是如果说死者虽然为农业居民,但生前经常居住地为城镇并且主要收入来源为非农业收入,则也可按照城镇居民标准予以赔偿。农业居民判定生前在城镇经常居住或主要收入来源非农业的依据见图6-18。主要有:是否在城镇购房、进行生产经营,是否办理暂住证或离开户籍地已经在城镇连续居住1年以上,是否在城镇有较为稳定的工作,主要来源是否非农业即为打工收入等。按照城镇居民标准予以赔偿。如前所述,现全国多个省市均在实施人身损害赔偿城乡统一标准试点工作,在试点区域中"同命同价",不存在"城镇"与"农业"区别,按照统一标准计算,无须特意举证。

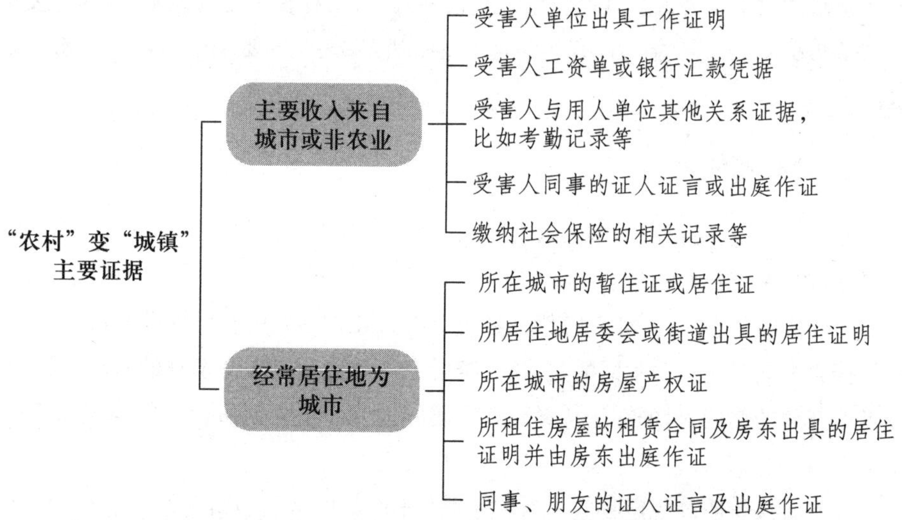

图6-18 农业居民判定生前在城镇经常居住或主要收入来源非农业的依据

死亡赔偿金计算采取就高原则。死者家属等赔偿权利人如能举证证明死者住所地或者经常居住地城镇居民人均可支配收入或者农村居民人均纯收入高于受诉人民法院所在地标准的,死亡赔偿金可以按照死者住所地或者经常居住地的相关标准进行计算。

以案说法

刘某为安徽某村农业居民,2012 年 8 月与同村王某结婚,王某常年在江苏某市建筑工地从事内墙装饰工作。刘某婚后随王某居住在江苏某市,两人均办理居住证,2013 年 7 月,刘某生育一子,取名王小某,刘某在江苏某市居住期间,未参加任何形式工作,王小某未登记户口。

2019 年 2 月 21 日 12 时许,刘某驾驶电动车,车上载有王小某,在某路行驶时与马某驾驶的重型自卸货车相撞,事故造成刘某及王小某死亡。经公安机关交通管理部门认定,马某与刘某均负事故同等责任,王小某无责任。王某诉至人民法院,要求马某及其肇事货车承保保险公司按江苏城镇标准支付刘某及王小某死亡赔偿金。

本案发生在 2019 年 2 月,即江苏省实施人身损害赔偿城乡统一标准试点工作前,故受害人需要就其“农村”变“城镇”标准进行相应举证。

交通事故导致受害人及其子女死亡,事故责任方应按法律规定支付死亡赔偿金。对于死亡赔偿金的计算标准方面,刘某在其丈夫王某所在地江苏某市打工期间一直在城镇居住并产子,虽未参加任何形式的工作,但是与无收入的城镇居民并无区别,因此,刘某的死亡赔偿金可以按城镇居民标准计算。

同理,王小某在城镇出生,其户口虽未登记,但仍然符合经常居住地在城镇的标准,即王小某的死亡赔偿金亦可按照城镇居民标准计算。王某的诉讼主张可以得到支持。

上述规则主要适用于赔偿权利人住所地或经常居住地位处我国国内不同区域,但并不包含外国区域。根据涉外相关法律规定,国籍及住所地在外国的受害人在我国境内遇到交通事故死亡的,应当根据我国死亡赔偿金标准计算具体的赔偿数额。鉴于按照事故发生地标准与按照受害人居住地标准计算的死亡赔偿金差距过大,在综合考虑保护受害人和均衡保护赔偿责任人的情况下,应按照我国国内各省份城镇居民最高标准计算死亡赔偿金的具体赔偿数额。

死亡赔偿金适用概括性赔偿,在同一交通事故造成多人死亡情形时,不考虑死者的个体差异,如年龄、职业、教育背景、收入状况等,均可以相同的数额确定死亡赔偿金,即“同命同价”。当然,“相同数额”仅限于死亡赔偿金,对于医疗费、护理费、误工收入等其他相关损失,则仍以实际发生数额进行计算。

此外,儿童在交通事故中死亡,并不因死者为儿童没有工作能力而拒绝对父母给付死亡赔偿金,死者父母可按照受诉人民法院所在地上一年度城镇居民人均可支配收入或农村居民人均纯收入主张获赔死亡赔偿金。

但如受害人在交通事故中死亡导致胎儿死亡的,即“一尸两命”,胎儿死亡无须赔偿。这主要是因为胎儿尚在母体中,无完整意义上的民事权利能力,考虑到胎儿死亡给近亲属父母的精神会造成更大损伤,一般会增加胎儿父母的精神损害赔偿金。

死亡赔偿金赔偿金额计算见图 6-19。根据受害人的年龄不同有所区别,死者年龄未满 60 周岁,赔偿期限计算 20 年;死者年龄已逾 60 周岁,年龄每增加一岁赔偿期限减少 1 年;75 周岁以上的,赔偿期限按 5 年计算。例如,死者发生事故时为 63 周岁,则其死亡赔偿金的计算年限为 17 年。

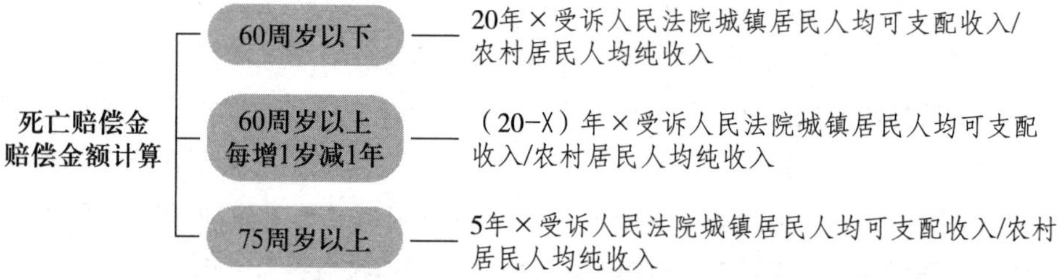

图 6-19 死亡赔偿金赔偿金额计算

以上计算方式,普遍适用于一般案件,在已实施人身损害赔偿城乡统一标准试点工作区域,则“城镇居民人均可支付收入”及“农村居民人均纯收入”替换为法院确定的统一标准。在江苏,“城镇居民人均可支付收入”及“农村居民人均纯收入”替换为:(上一年度全省居民人均工资性收入 + 上一年度全省居民人均经营净收入) × 上一年度全省平均负担系数。

遗产是公民死亡时遗留的个人合法财产,死亡赔偿金在受害人死亡时尚未产生,而是以受害人死亡为给付条件的,死者不能作为法律关系的主体,不再是权利义务主体,当然不能够以自己的名义接受死亡赔偿金。死亡赔偿金是对死者未来收入损失的赔偿,是对死者近亲属的赔付。

死亡赔偿金不是遗产,是受害人近亲属具有人身专属性质的法定赔偿金。死亡赔偿金不能作为遗产继承,债权人也不能主张受害人的近亲属等赔偿权利人在获赔死亡赔偿金的范围内清偿受害人生前的债务。在死亡赔偿金进行分割时,主要参照遗产继承顺序,且依据与受害人共同生活的紧密程度等决定分配的份额。

在实际生活中,支付死者医疗费等合理费用的,不一定是死者本身,而可能是其亲属、朋友或其他人；对于丧葬费，由于受害人已经死亡，只能是其亲属、朋友或其他人支付。若支付上述费用的是死者的近亲属，该些近亲属可以根据法律的规定请求赔偿义务人赔偿费用，若支付上述费用的并非近亲属，而是朋友、其他人或某单位，实际支付费用的主体可以作为独立的请求权人请求赔偿义务人赔偿垫付费用。但若赔偿义务人已将相关费用赔偿给死者的近亲属，上述费用的实际支出者只能要求获得赔偿的近亲属返还费用。

九、被扶养人生活费

被扶养人生活费，是指交通事故造成受害人伤残，如果受害人还有未成年人子女或无劳动能力且无其他生活来源的近亲属需要抚养、赡养的，赔偿义务人应当按照一定标准对受害人的被扶养人进行赔偿。

为保护被扶养人的生存权益，多地法院已探讨并实践被扶养人生活费不再作为单独的赔偿项目，但要求不影响赔偿总额，要求在残疾赔偿金或死亡赔偿金中列支。赔偿权利人可根据本地实际单列或在残疾赔偿金或死亡赔偿金中予以列支，列支方式不影响赔偿总额。本书为逻辑处理方便，予以单列。

（一）被扶养人的范围及认定特征

被扶养人，是指受害人依法应当承担扶养义务的未成年人或者丧失劳动能力又没有其他生活来源的成年近亲属。被扶养人的认定特征：(1)构成对被扶养人的侵权行为，必须造成受害人生命权丧失或劳动能力丧失或部分丧失的后果，但被扶养人须是侵权行为的非直接受害人；(2)被扶养人与直接受害人之间有法定的联系，直接受害人是被扶养人的法定扶养人，也就是在直接受害人与被扶养人之间，具有法定扶养的权利义务关系，双方是该法律关系的主体，这种法律关系，就是亲权或亲属权，以及其派生的扶养请求权；(3)被扶养人须是因侵权行为而致其法定扶养权利丧失或部分丧失的人；(4)被扶养人须是因此而享有法定扶养赔偿请求权的人。

被扶养人包括未满18周岁的未成年人(但已年满16周岁，以自己的劳动收入为主要生活来源的除外)以及丧失劳动能力又没有其他生活来源的成年人。具体来说，其范围主要有：(1)父母、子女；(2)夫、妻；(3)有抚养能力的祖父母、外祖父母对于父母已经死亡的未成年的孙子女、外孙子女；(4)有扶养能力的孙子女、外孙子女对于子女已经死亡的祖父母、外祖父母；(5)有抚养能力的兄、姐对于父母已经死亡或者父母无能力抚养的未成年弟、妹以及丧失劳动能力又无其他生活来源的成年人。

以案说法

2020年4月12日16时许,湖南株洲刘某因交通肇事致使35岁男子王某当场死亡。王某岳父母钱某、刘某及王某之女王小某诉至人民法院要求被告刘某及其车辆承保保险公司赔偿被扶养人生活费。

人民法院在审理过程中查明王某之妻钱小某在事故发生前两年因病去世,钱小某为独生女,钱小某去世后,其父母钱某、刘某及女儿王小某一直随王某生活,王某为钱某、刘某实际扶养人。

人民法院最后认定钱某、刘某及王小某均有诉讼主体资格,且都可向被告刘某及车辆承保保险公司要求支付被扶养人生活费。遂结合钱某、刘某及王小某的年龄情况等,判决刘某及保险公司赔偿被扶养人生活费128312.35元。

对丧失劳动能力的被扶养人的劳动能力的认定应限于因受年龄或身体、精神等方面的限制而无法从事必要的生产经营活动,而又无其他生活来源的人,一般由医院证明其病情,由被扶养人及受害人所在地乡镇、街道以上政府民政部门出具无其他经济来源情况的说明。农村地区男满60周岁,女满55周岁可视为丧失劳动能力又无其他经济来源。

另外,还存在三种被扶养人的特殊例外情形:(1)在受害人死亡、丧失或部分丧失劳动能力前不需要其实际扶养,但因受害人受害丧失了生活来源的人或在受害人受害后出生的子女也有权主张被扶养人生活费。如为避免胎儿出生后再次起诉可能找不到赔偿义务人的风险,通常可在诉讼时将胎儿抚养费一并主张,并提存在人民法院。(2)夫妻之间具有相互扶持的义务,但这并未上升至相互扶养的情况。成年被扶养人,是指没有劳动能力且无生活来源的人,在正常情况下,夫妻一方难以满足这两个条件。如果是已经丧失了劳动能力的夫妻一方,主要由受害人进行扶养,且未生育任何子女或子女早逝的特殊情况下,人民法院会酌定将其视为被扶养人,并支持或部分支持该被扶养人生活费。(3)夫妻双方离婚时,一方虽已一次性向未成年子女支付抚养费,但在特殊情况下,未成年子女仍可向一方提出变更、追加抚养费的合理请求,也即如因交通事故致使该方死亡,则致使未成年子女的相关权利被侵害,故在交通事故中,赔偿义务人应当向作为被抚养人的未成年人子女赔偿抚养费。

(二)被扶养人生活费的赔偿计算标准

被扶养人生活费的赔偿标准,一般是按照受诉人民法院所在地(主要为事故发生地或被告所在地)上一年度城镇居民人均消费性支出和农村居民人均年生活消费支出标准,自受害人定残之日起或死亡之日起开始计算。

除已实施人身损害赔偿城乡统一标准试点工作区域外,被扶养人生活费原则上按照被扶养人户籍性质计算,但如果被扶养人虽为农业居民,但经常居住地为城镇地区,可按城镇居民标准予以赔偿。人民法院判断农业居民在城镇经常居住的主要依据为未成年人或丧失劳动能力又无其他生活来源的成年近亲属是否随受害人城镇地区居住,主要证据为学籍证明、办理暂住证明、居委会出具的居住证明等。已实施人身损害赔偿城乡统一标准试点工作区域,则按照当地人民法院确定的赔偿标准予以计算,无须特别证明。

被扶养人生活费主张采取就高不就低原则。被扶养人如可以举证证明其住所地或者经常居住地城镇居民人均消费性支出和农村居民人均年生活消费支出标准高于受诉人民法院所在地标准的,被扶养人生活费可按照被扶养人住所地或者经常居住地的相关标准计算。

在确定被扶养人的生活费时,应当考虑受害人的伤残程度和劳动能力的丧失程度。劳动能力丧失或者受害人死亡等因素是导致受害人未来收入减少的影响因素,实践中的通常做法是按照受害人的伤残等级评定来确定,即根据伤残等级确定相应的赔偿数额。

另外,在给付被扶养人生活费的时候也应当考虑扶养人的扶养能力,如 80 岁高龄母亲扶养 55 岁精神病子女,后母亲因交通事故死亡,则在计算其精神病子女被扶养人生活费年限时,可参照人口平均预期寿命等因素,考虑扶养人的可能扶养能力,宜计算 5 ~ 10 年。

被扶养人生活费的赔偿期限根据被扶养人年龄不同有所区别,被扶养人为不满 18 周岁,且不属于已满 16 周岁以自己的劳动收入为主要生活来源的未成年人的,赔偿期限计算至 18 周岁;被扶养人为 18 ~ 60 周岁的,既没有劳动能力也没有其他生活来源的,赔偿期限计算 20 年;被扶养人年龄在 60 周岁以上的,赔偿期限随年龄每增加 1 岁减少 1 年;被扶养人年龄在 75 周岁以上的,赔偿期限计算 5 年。

被扶养人生活费赔偿金额计算分为两种情形,见表 6 - 3:第一种情形是当受诉人民法院城镇居民人均消费性支出或者农村居民人均年生活消费支出高于被扶养人住所地或者经常居住地相关标准,则按照受诉人民法院所在地标准进行计算。

第二种情形是被扶养人住所地或者经常居住地城镇居民人均消费性支出或者农村居民人均年生活消费支出高于受诉人民法院所在地相关标准,则按照被扶养人所在地或者经常居住地标准计算。

表6-3 被扶养人生活费赔偿金额计算

情形	年龄	金额计算
受诉人民法院城镇居民人均消费性支出或者农村居民人均年生活消费支出高于被扶养人住所地或者经常居住地相关标准	不满18周岁人员	受诉人民法院所在地城镇居民人均消费性支出(农村人均年消费性支出)×(18-实际年龄)÷被扶养人承担扶养义务的人数×伤残赔偿指数(如果受害人死亡的,不需要乘以伤残赔偿指数)
	18~60周岁被扶养人	受诉人民法院所在地城镇居民人均消费性支出(农村人均年消费性支出)×20年÷被扶养人承担扶养义务的人数×伤残赔偿指数
	60~75周岁被扶养人	受诉人民法院所在地城镇居民人均消费性支出(农村人均年消费性支出)×[20年-(实际年龄-60)]÷被扶养人承担扶养义务的人数×伤残赔偿指数
	75周岁以上被扶养人	受诉人民法院所在地城镇居民人均消费性支出(农村人均年消费性支出)×5年÷被扶养人承担扶养义务的人数×伤残赔偿指数
被扶养人住所地或者经常居住地城镇居民人均消费性支出或者农村居民人均年生活消费支出高于受诉人民法院所在地相关标准	不满18周岁人员	被扶养人住所地或者经常居住地城镇居民人均消费性支出(农村人均年消费性支出)×(18-实际年龄)÷被扶养人承担扶养义务的人数×伤残赔偿指数(如果受害人死亡的,不需要乘以伤残赔偿指数)
	18~60周岁被扶养人	被扶养人住所地或者经常居住地城镇居民人均消费性支出(农村人均年消费性支出)×20年÷被扶养人承担扶养义务的人数×伤残赔偿指数
	60~75周岁被扶养人	被扶养人住所地或者经常居住地城镇居民人均消费性支出(农村人均年消费性支出)×[20年-(实际年龄-60)]÷被扶养人承担扶养义务的人数×伤残赔偿指数
	75周岁以上被扶养人	被扶养人住所地或者经常居住地城镇居民人均消费性支出(农村人均年消费性支出)×5年÷被扶养人承担扶养义务的人数×伤残赔偿指数

被扶养人为数人时,赔偿义务承担的年赔偿总额不高于城镇居民人均消费性支出(农村人均年消费性支出),如被扶养人并不仅由受害人一个人扶养时,被扶养人生活费以受害人应当承担的生活费为限进行计算,赔偿义务人只赔付受害人应当承担的那一部分扶养费。受害人或被扶养人应当提供关于受害人及被扶养人的相关情况的证明,如父母生育子女的情况等。如果被扶养人有数人,赔偿义务人承担的年被扶养人生活费赔偿总额累计不超过上一年度城镇居民人均消费性支出和农村居民人均年生活消费支出额。

被扶养人生活费的支付方式有两种:一种是一次性支付;另一种是定期金给付。如采取定期金给付方式,人民法院在判决时将明确定期金的给付时间、方式以及每期给付标准,执行期间有关统计数据发生变化的,给付金额可适时进行相应调整。定期金赔偿对双方而言较为合理,但从受害人等赔偿权利人角度考虑,定期金赔偿可能造成今后执行不能的风险,实践中,仍通常采用一次性赔偿方式。

被扶养人生活费的举证重点在于伤者本人的农业或者非农业标准。被扶养人为父母亲的,需要提供父母户口簿,居委会或者村委会出具的父母无收入来源证明,兄弟姐妹人数证明,三者缺一不可。父母包括养父母、继父母在内。

被扶养人为未成年子女的,需要提供子女的户口簿或者出生证明,以及派出所、居委会或者村委会提供的子女人数证明,或者独生子女证。

被扶养人为成年子女或者兄弟姐妹的,必须提供"兄弟姐妹须扶养证明"以及下岗证、失业证、五保户证明、残疾证、低收入证明等。

十、丧葬费

因交通事故导致人员死亡的,赔偿权利人可要求赔偿义务人赔偿丧葬费。丧葬费,是指交通事故造成受害人死亡,受害人家属为死者处理丧葬事宜需要支出的合理费用。

(一)丧葬费的赔偿范围

丧葬费属于交通事故致人死亡导致的直接损失,应当由赔偿义务人予以赔偿。

根据我国大部分地区的实际情况,丧葬费一般包括运尸费、尸体存放费、尸体整容费、寿衣费、花圈费、火化费、购买骨灰盒费用和骨灰存放费及雇请丧葬人员花费的劳务费、治丧期间有关人员的吃住费用及交通费用等。这里强调的是总体赔偿,若死者家属在主张丧葬费用的同时另行主张上述范围内的其他费用,则一般难以得到支持。

(二)丧葬费的赔偿计算标准

丧葬费分地区定额赔偿计算,见图6-20,即无论死者家属实际支出多少,丧葬费均按照受诉人民法院所在地(主要为事故发生地或被告所在地)的上一年度职工月平均工资6个月数额来计算。

丧葬费分地区定额赔偿计算 —— 丧葬赔偿额=受诉人民法院所在地上一年度职工月工资×6个月

图6-20 丧葬费分地区定额赔偿计算

职工月平均工资按照政府统计部门公布的各省、自治区、直辖市以及经济特区和计划单列市上一年度职工月平均工资的统计数据确定。

即使死者家属在办理丧葬事宜中所花费的费用超过受诉人民法院所在地上一年度职工月平均工资标准的6个月总额,赔偿义务人也无须支付超出部分,应由死者家属自行承担。

十一、精神损害抚慰金

精神损害抚慰金又称精神损失费、精神损害赔偿金,在交通事故中设置精神损害抚慰金旨在弥补因交通事故导致受害人伤残、死亡,而给受害人本人或者家属带来的心理伤害。

交通事故的发生不但侵害了受害人的生命权、健康权、身体权等权利,同时也给受害人及其近亲属的精神带来一定的损害,对于这种损害应由赔偿义务人进行补偿。

(一)精神损害抚慰金的主张情形

精神损害抚慰金区别于残疾赔偿金及死亡赔偿金,残疾赔偿金及死亡赔偿金具有物质损失性质,是对残疾者家庭或死者家庭整体收入减少的平衡,而精神损害抚慰金则是一种精神损失的支持,本质上是通过金钱赔偿使受害人精神上、心理上得到安慰,可主张情形见图6-21。因此,受害人可以在要求伤残赔偿金或死亡赔偿金的同时主张精神损害赔偿金。

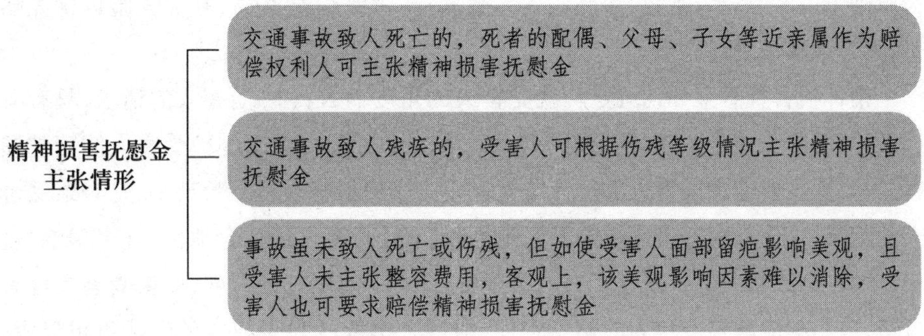

图 6－21　精神损害抚慰金主张情形

精神损害赔偿的权利主体包括交通事故人身损害赔偿中依法享有精神损害赔偿请求权的直接受害人和间接受害人，受害人仅指自然人，不包括法人和其他组织。直接受害人即为交通事故中受伤的当事人，而间接受害人则主要是指受害人的近亲属。

精神损害抚慰金的请求权，不得让与或者继承，但侵权人等赔偿义务人以书面方式承诺给予金钱补偿，或者赔偿权利人已向人民法院起诉的除外。

受害人等赔偿权利人在起诉时要求赔偿义务人赔偿精神损害，应当在侵权损害赔偿诉讼中一并提出，不能单独提出。在诉讼中，只有赔偿权利人正式提出精神损害赔偿的诉讼请求，人民法院才对该请求进行审理并裁判。权利人主张精神损害赔偿，可要求在交强险范围限额内优先偿付。

精神损害抚慰金同死亡赔偿金一样，应当一次性给付，不适用分期。

（二）精神损害抚慰金的赔偿标准

精神损害抚慰金的具体赔偿数额没有明确的法律法规规定。精神损害抚慰金数额的确定主要会考虑以下因素：侵权人的过错程度，侵害的手段、场合、行为方式等具体情节，交通事故所造成的后果，以及受诉人民法院所在地平均生活水平等。

各地区对精神损害赔偿金会设定一定的赔偿标准，从而保障个案赔偿的基本一致性，尤其是在致残、死亡事故中。但如受害人主张的是面部受伤等特殊事故情形，则法官会结合具体的案情，自由裁量一定数额的精神损害抚慰金。如江苏省高级人民法院及公安厅就处理交通事故损害赔偿案件中精神损害抚慰金提出指导意见，明确精神损害抚慰金应当按照《最高人民法院关于确定民事侵权精神损害赔偿责任若干问题的解释》予以确定，一般不宜超过 5 万元。上海市高级人民法院则认为原则上以5万元为基数,参照伤残系数确定,每级相差10%,在交强险内优先赔付,不考虑事故责任比例。

精神损害抚慰金如何确定?就受害人的角度而言:(1)受害人的请求,只有有诉求才能处理,这是民事诉讼或民事行为请求权实施的基础;(2)受害人的精神损害赔偿,这主要考虑加害人的行为给受害人造成的损害是否是长期的,是否给受害人的生活、工作及学习带来影响及影响程度;(3)受害人的社会地位、社会影响、名望、年龄、家庭状况等。就侵害人的角度而言:(1)侵权过错程度,如果受害人也有过错,应当相应减轻侵权人的赔偿责任,即过失相抵;(2)侵权人的经济负担能力;(3)侵权行为的目的、方式、场合等具体情节以及造成的后果;(4)侵权人的获利情况等。总体来说,还需要结合社会经济状况的变化及受诉人民法院所在地经济发展状况来确定。

另外,如交通事故涉及犯罪,受害人提起民事诉讼,有些地区不支持赔偿义务人支付权利人精神损害赔偿。如上海、江苏等地的司法实践基本认为,被告人受到了刑事处罚,在一定程度上已经对受害人精神上进行了弥补,故在民事赔偿中不再承担精神损害抚慰金的赔偿义务。

以案说法

2017年10月4日8时许,王某强驾驶豫H×××××号重型半挂牵引车牵引鲁R××××挂号重型自卸半挂车沿335省道由东向西行至正阳县油坊店乡雷岗路段时,因操作不当,行车未确保安全,未保持安全车速,与步行人赵某富发生交通事故,造成赵某富死亡。事故经正阳县公安局交警大队认定,王某强负全部责任,赵某富无责任。事故发生时,被告王某强驾驶的豫H×××××号重型半挂牵引车及鲁R××××挂号重型自卸半挂车的实际所有人为被告魏某学,其中牵引车在被告人寿财险公司投保有交强险和限额为500000元的商业三者险,含不计免赔,未见挂车保单。另查明,受害人赵某富系农业家庭户口,死亡时87周岁。河南省上年度农村居民人均纯收入为11696.74元,城镇在岗职工年平均工资为45920元。

侵害公民身体造成死亡的,应当赔偿丧葬费、死亡赔偿金、精神抚慰金等合理损失。本案中被告王某强驾驶车辆与受害人赵某富发生交通事故,造成赵某富死亡。事故经交警部门认定,王某强负全部责任,赵某富无责任,故被告王某强的车辆一方应当对赵某富的死亡承担赔偿责任。因本案事故车辆的实际所有人为被告魏某学，牵引车在被告人寿财险公司投保有交强险和限额为500000元的商业三者险，含不计免赔，故被告人寿财险公司应当在交强险责任限额内赔偿原告的合理损失，不足部分由被告人寿财险公司适用商业三者险进行赔偿，仍有不足的，由车辆实际所有人魏某学进行赔偿。

受害人赵某富系农业户口，应适用农村标准赔偿。四原告的各项损失计算如下：(1)丧葬费22960元(45920元÷2)。(2)死亡赔偿金。因受害人赵某富死亡时87周岁，其死亡赔偿金应按5年赔偿，计款58483.7元(11696.74元/年×5年)。(3)四原告主张的精神抚慰金有明确的法律依据，可以得到法院的支持。四原告主张70000元较高，结合本案中原告的家庭状况、被告的过错程度及本地的生活水平等客观因素，最后法院酌情认为以60000元适宜，由被告人寿财险公司在交强险限额内优先赔偿。

最后法院认定四原告的各项损失共计141443.7元，被告人寿财险公司应在交强险责任限额内赔偿原告丧葬费、死亡赔偿金、精神抚慰金等共计110000元，超出交强险限额的31443.7元由被告人寿财险公司在商业三者险限额内赔偿。

十二、交通费、住宿费及其他合理费用等

(一)交通费

交通费，是指受害人和其必要的陪护人员因就医或者转院治疗等而实际发生的用于交通的费用。其主要组成部分见图6-22。

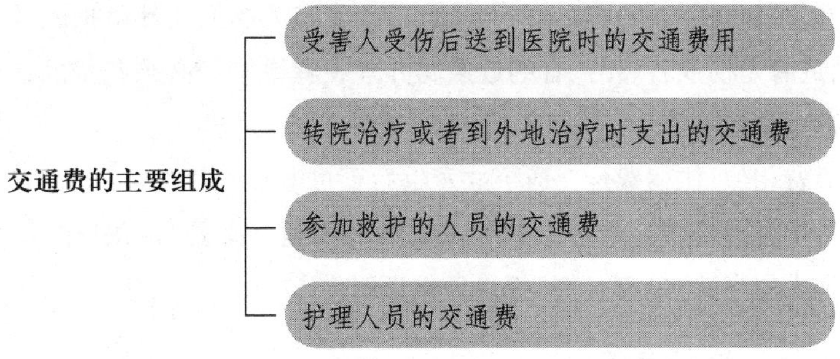

图6-22　交通费的主要组成

交通费包括受害人或其陪护人员使用私家车的费用，比如相应合理的燃油费、

停车费、过路费等。受害人就医、复查等支出的必要交通费用，属于交通事故发生后直接且不可避免的，应当得到合理赔偿。

除受害者外的其他交通费用不属于交通事故直接导致的损失，但确实属于必要支出的，也应当得到赔偿义务人的合理赔偿。

对于交通费用的赔偿，亦属于受害人等赔偿权利人的直接损失，但是从现行的法律规定来看，交通费用的赔偿并没有依照医疗费、误工费等的处理方法，而是对交通费的赔偿作出了更为严格的限制，只有受害人和必要的陪护人员支出的必要的交通费才有可能获得赔偿，对应当赔偿的交通费的认定条件也较为严格，只有就医、转院两项支出交通费才能获得赔付。

受害人等赔偿权利人主张交通费，要求提供正规交通票据。正规票据主要是指国家承认的能够作为报销凭证的税务发票和收费收据，包括汽车票、火车票、轮船票、出租车发票及过路费收据等。上述相关票据应当与就医地点、时间、人数、次数等相符合。

受害人主张的交通费应当合理，乘坐的交通工具以普通大众交通工具为主，公共汽车、出租车、普通硬座、硬卧或动车高铁二等座相关费用能得到认可。如存在特殊情况下的高额交通消费，赔偿权利人应当说明该费用支出的必要性。如不能提供，则由人民法院根据治疗的情况予以酌定。

我国人身损害赔偿中对医疗费、误工费的赔偿均采取了完全赔偿的方法，即受害人直接损失了多少，侵权人等赔偿义务人就应当赔偿多少，只是在受害人的损失无法查实证明的情况下，才采取定型化的赔偿方法。

（二）住宿费

住宿费，是指受害人确有必要到外地治疗，受害人本人及其陪护人员实际发生的住宿费，或者是伤残者、死亡者的近亲属办理丧葬事宜等必须花费的住宿费。其主要组成部分见6-23。

与交通费相似，住宿费是交通事故发生后不可避免产生的合理费用，应当由赔偿义务人给予合理赔偿。受害人到外地就医必须确有必要，且花费的住宿费不可避免。受害人应当就“确有必要”提供证据证明。

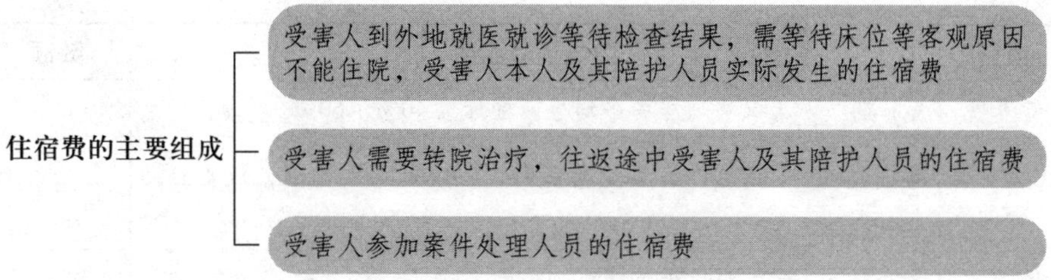

图6－23 住宿费的主要组成

住宿费的标准以侵权行为地国家机关一般工作人员出差的住宿标准为限，范围应当是实际支出。受害人等赔偿权利人应提供票据证明已实际支出了住宿费用。受害人的陪护人员和参加交通事故处理人员的人数不应超过两人，即主张两个人的合理住宿费为宜。

如相关住宿票据丢失，则由人民法院根据受害人的住院治疗情况、伤病的程度以及陪护人员陪护的客观需要，酌情考虑确定。

（三）其他费用

因事故产生的其他合理费用，受害人等赔偿权利人亦可向赔偿义务人主张。如受害人等赔偿权利人无法与赔偿义务人达成调解，赔偿权利人向人民法院提起诉讼，并在诉讼过程中申请鉴定、财产保全，由此产生的鉴定费、保全费及案件受理费等诉讼费用亦可主张赔偿义务人赔偿。

至于律师费，在上海有判决被告承担的案例，列入"其他损失"赔偿项目里。

附：交通事故赔偿速算表

项目	赔偿项目明细		数额
财产损失	车损	修理（重置）金额____元	
	物损	物品损失____元；手机、衣物损失____元	
	施救费	施救费票据金额____元	
	营运损失	修理天数____天×每天营业收入____元	
	合理交通费	修理天数____天×每天交通费用____元	
医疗费	住院费____元、门诊及挂号费____元、外购药费____元 检查费____元、后续治疗费____元、整容费____元		

续表

项目	赔偿项目明细	数额
营养费	营养期____天×当地居民平均生活费标准40%~60%____元	
住院伙食补助	住院天数____天×涉诉法院国家机关一般工作人员出差伙食补助____元/天	
误工费	误工期____天×每天误工损失____元	
护理费	护理期____天×每天护理费用____元(按照事故发生地护理同等级别护理劳务报酬标准计算)	
住宿费	涉诉人民法院国家机关一般工作人员出差住宿标准____元/天×住宿时间____天	
交通费	交通费单据____张____元	
残疾赔偿金、死亡赔偿金(伤残系数100%)	(1)60岁以下:20年×标准____元×伤残系数____; (2)60岁以上增一岁减一年:(20-____)年×标准____元×伤残系数____; (3)75岁以上:5年×标准____元×伤残系数____;	
	被扶养人生活费: (1)18周岁以下:____岁____人,抚养____年,抚养人数____人;____岁____人,抚养____年,抚养人数____人;每年____元,共计____元; (2)18周岁以上:____岁____人,扶养____年,扶养人数____人,每年____元,共计____元	
残疾辅助器具	单次费用____元×更换次数____次+单次费用____元×维修保养费用____元/次×更换(维修、保养)次数____次	
丧葬费	受诉人民法院所在地上一年度职工月平均工资—元/月×6个月	
精神损害抚慰	伤残等级____级,事故责任认定为____________	
其他费用	(1)____元;(2)____元	

续表

<table>
<tr><th>项目</th><th colspan="3">赔偿项目明细</th><th>数额</th></tr>
<tr><td rowspan="5">总计</td><td rowspan="3">交强险限额</td><td>医疗费限额（1.8 万元）</td><td>含医疗费、营养费、住院伙食补助费，合计____元</td><td rowspan="4"></td></tr>
<tr><td>伤残等人身损失限额（18 万元）</td><td>合计____元</td></tr>
<tr><td>财产损失限额（2000 元）</td><td>含车损、物损、施救费，合计____元</td></tr>
<tr><td>商业险</td><td colspan="2">保险金额____元，不计免赔率____，赔偿责任比例____，合计____元</td></tr>
<tr><td colspan="3">受害人应承担____元，保险公司承担____元，侵权人应承担____元，其他责任人应承担____元</td><td></td></tr>
</table>

第七章

鉴定、刑事犯罪与工伤“双赔”

交通事故发生后往往产生物品损失或人员伤亡损失无法确定的情形，在受害人等赔偿权利人主张权利时，赔偿权利人与义务人之间对于赔偿数额的确定难以形成一致意见。对物品价值或人员伤残、“医学三期”等进行鉴定，能够进一步确定交通事故损失范围，明确赔偿义务人的赔偿责任。

一、物品鉴定

(一)损失的自行判断

交通事故发生后，显性的损失可自行判断，如普通车辆零部件更换或修理产生的费用的判断，衣物或其他小物品损失的判断等。对于一般的车主或者驾驶员来说，对于车辆及车辆各个组成部分的价值及修理所需要的大概费用应有大致了解，交通事故发生后，车主或驾驶员可根据受损情况自行确定损失。对衣物或其他物品的损失等，交通事故双方亦可根据物品使用年限及更换成本等作出基本判断。

能够自行判断的损失一般数额较小，不适宜申请对该物损作出鉴定，主要由赔偿权利人与义务人自行协商确定处理；在双方未达成一致意见时，由人民法院酌情确定。

(二)定损评估鉴定

物品受到损坏，损坏的结果可能非常明显，基于常人基本认知即可对物品损失的大小作出基本的判断。但交通事故中一些物品的损坏，仅凭双眼及基本感官无法界定损坏物品的具体价值，需要专业的人员及机构对其价值进行评估判断。

定损评估鉴定发生在事故后“第一现场”，能够比较客观、全面地反映车辆或物品的毁损情况，为当事人修复车辆或物品提供较为直观的指导意见，减少因修理费用不当引发争议。

交通事故物品鉴定机构主要以公立鉴定机构及保险公司为主。常见评估机构见图7-1。定损评估鉴定主要由赔偿义务人以自身名义或公安机关交通管理部门委托鉴定。交通事故发生后，财产等物品损失需要鉴定的，公安机关交通管理部门应当自事故调查结束之日起3日内提交由其盖章并经双方当事人签字的道路交通事故车辆物品损失价格鉴定委托书，委托具备资格的鉴定机构鉴定。对现场调查结束之日起3日后需要检验、鉴定的，应当报经上一级公安机关交通管理部门批准。

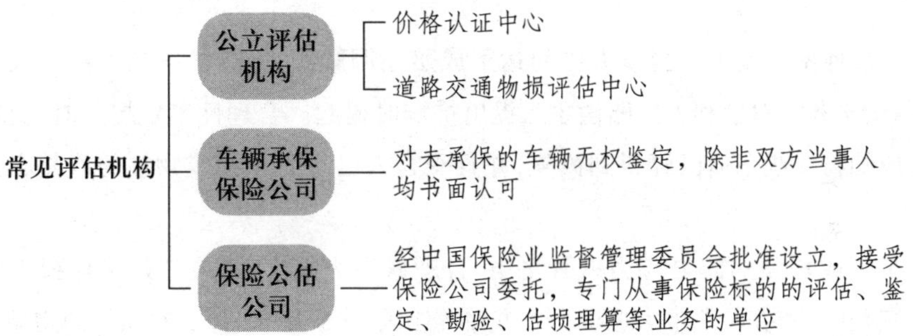

图7-1 常见评估机构

在对物品进行定损评估鉴定时，应当尊重当事人选择鉴定机构、参与鉴定过程、了解鉴定程序及结果等基本权利，否则相关评估鉴定意见不能被采纳。例如，当事人在选择让公立鉴定机构对物品损坏情况作出评估鉴定时，忽视通知保险公司参与鉴定程序，造成鉴定程序瑕疵，保险公司对公立鉴定机构的鉴定评估意见常不予认可，引发二次鉴定。但是，如果公安机关交通管理部门委托鉴定机构进行鉴定时，已通知双方当事人参加鉴定，并向双方当事人送达鉴定意见书等，则在权利人主张损失赔偿时，鉴定意见能被采纳，作为认定损失的依据。

一旦委托鉴定机构进行鉴定，鉴定程序便已启动。鉴定机构在接受委托后，将对现场或实物进行勘验，对车或物品的损毁情况拍照留痕，由两名具有专业资质的人员进行技术评定并计算，在规定的期限内完成价格鉴定，形成鉴定结论书或意见书后告知委托机关及当事人。

在公安机关交通管理部门委托鉴定过程中，当事人如对鉴定意见有异议，可以在公安机关交通管理部门送达鉴定意见之日起3日内申请重新鉴定，经县级以上公安机关交通管理部门负责人批准后，可重新鉴定。重新鉴定应当委托除原鉴定机构及人员外的其他鉴定机构及鉴定人，公安机关交通管理部门应当在收到重新鉴定报告或结论后2日内送达当事人。重新鉴定或检验以一次为限。

在诉讼过程中,交通事故双方均有权就车辆及物品损坏情况申请人民法院委托鉴定机构对损失事项进行鉴定。当事人申请鉴定时,应当在举证期限内提出(简易程序15日内;普通程序不少于15日,具体由人民法院确定举证期限)。当事人的鉴定申请经人民法院组织庭前会议确定同意后,赔偿权利人与义务人可自由协商确定具有专业鉴定资格的鉴定机构;协商不成的,由人民法院提供备选鉴定机构后摇号决定,亦可由人民法院直接指定。

(三)修理修复费用合理性鉴定

合理性鉴定发生在当事人之间达不成赔偿调解意见,赔偿权利人诉至人民法院,赔偿义务人对权利人的赔偿主张提出抗辩时提起。合理性鉴定提起时,交通事故造成的物损或车损已经得到修复,并且受害人已经为车损或物损的修复支付了代价。

车辆或物品的修复应当以其正当、合理修理为限度,不应超过物体损失的限度。实践中,受害人常常为追求个人方便等原因,未经定损,擅自对损坏的物品进行修理,最后引发赔偿争议。

合理性鉴定中,人民法院组织当事人进行庭前会议,对相关鉴定材料进行质证,就鉴定事项明确予以确定,并征求当事人的意见选择鉴定机构。赔偿权利人有义务提交车辆或物品修理修复费用、更换材料、人工费等各项费用票据,并就车辆在定损前擅自修理的合理性进行说明,赔偿义务人在明悉相关证据材料或说明后发表质证意见。

司法鉴定均由具备鉴定资质的鉴定机构组织鉴定人进行。申请人应直接向鉴定机构预交鉴定费用,人民法院没有权利代收。对需要鉴定的事项负有举证责任的当事人不预交鉴定费用,导致司法鉴定程序无法开展的,应当对该事项承担举证不能的法律后果。

当事人对鉴定意见有异议或者人民法院认为鉴定人有必要出庭的,鉴定人应出庭接受质询。当事人申请鉴定人出庭接受质询的,应当提交书面申请书,并预交鉴定人员出庭质询产生的误工费、交通费等合理费用。经人民法院通知,鉴定人拒不到庭作证的,鉴定意见不得作为认定事实的根据。

车辆或物品的修理修复费用如存在不合理因素,赔偿权利人应承担举证不利的后果,超过合理范畴的费用由赔偿权利人自行承担。赔偿义务人仅就合理修理修复费用承担赔偿责任。

二、伤残鉴定和“三期”、用药合理性、伤情参与度鉴定

（一）伤残鉴定

伤残，是指因交通事故损伤致使受害人人体组织器官结构破坏或者功能障碍，以及个体在现代临床医疗条件下难以恢复，生活、工作、社会活动能力不同程度的降低或者丧失。对伤残进行鉴定，有利于伤残受害者获得合理赔偿。

1. 鉴定评定时机的确定

受害人的伤情是否构成伤残，应当自受害人原发性损伤及与之确有关联的并发症治疗终结或者临床治疗效果稳定后，根据《道路交通事故受伤人员伤残评定》（GB 18667－2002）或《人体损伤致残程度分级》标准进行评定。“治疗终结或临床治疗效果稳定”一般应由专业医疗机构出具意见；如果对治疗终结的时间意见不一致，可由医疗机构组织专业医疗人员进行鉴定，确定其是否治疗终结。

常理中，受害人手持的出院小结可作为病人治疗终结的依据；如受害人持有多份出院小结，以最后一份出院小结为准。当然，具体实践中，法医会根据病情做进一步审查，未到评定时机的鉴定申请一般不予受理。如鉴定时机尚未成熟，尤其是在伤残部位可能存在再次治疗，而再次治疗可能对伤残等级产生影响时，鉴定机构即使出具鉴定结论，也不能作为受害人主张残疾赔偿金的依据。

各受伤部位治疗终结的时间是不同的：一般性的骨折为伤后 3 个月，听力障碍、脏器损伤、颅脑损伤为伤后 6 个月，外伤性癫痫为伤后 12 个月。当然也存在例外，肋骨受伤如果达到标准规定的伤残等级，可以在伤后 1 个月便做出评定。

在诉讼阶段，赔偿权利人可直接申请人民法院组织委托司法鉴定。人民法院在收到委托司法鉴定申请且同意后，组织当事人召开庭前会议，在庭前会议阶段，就司法鉴定的相关证据材料组织当事人发表质证意见，并对鉴定机构进行协商确定；如当事人协商不成，由人民法院直接指定，或在有鉴定资格的鉴定机构中摇号决定。

鉴定机构确定后，人民法院将委托鉴定机构对伤残进行鉴定，申请鉴定人应预交鉴定费用。对鉴定事项负有举证责任的当事人，不提出鉴定申请或举证，应对证明事实承担举证不能的法律后果。

赔偿权利人可在治疗结束后自行委托具有资格的鉴定机构鉴定，待有明确赔偿数额后再提起诉讼。

根据我国相关法律规定，当一方当事人自行委托有关部门作出鉴定结论后，另一方当事人有证据足以反驳并申请重新鉴定的，人民法院一般予以准许。当重新鉴定的鉴定结论与自行委托的鉴定机构出具的鉴定结论不同时，重新鉴定的鉴定结论更具有公信力，应当确定为认定赔偿的依据。自行鉴定与委托鉴定的区别见图7-2。在非诉讼阶段，受害人等赔偿权利人自行协商确定及自行委托的鉴定机构，都应当具有专业的鉴定资质。

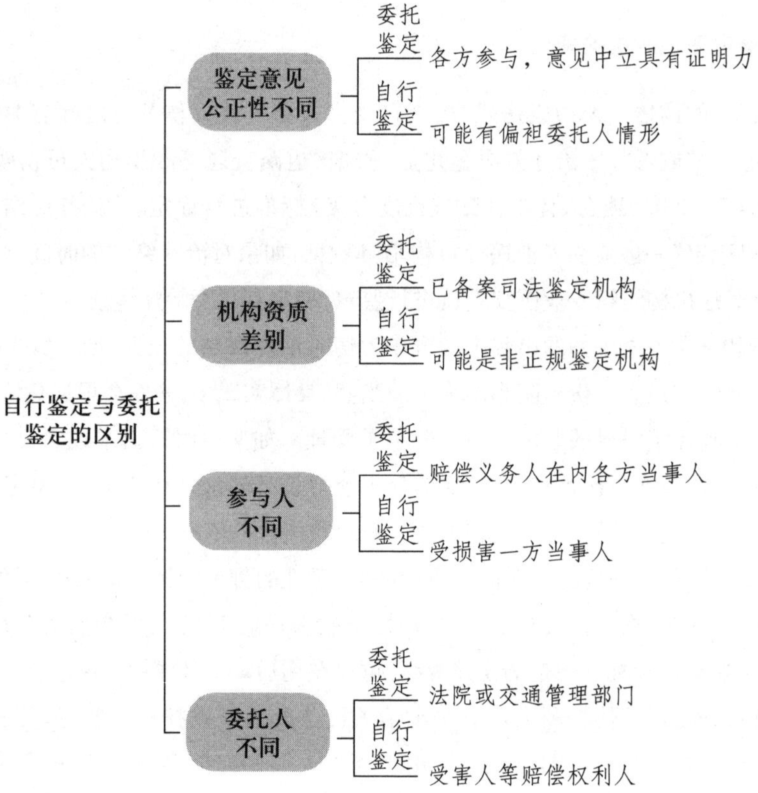

图7-2　自行鉴定与委托鉴定的区别

以案说法

货运公司（郑州×货运公司）与×保险公司（保险股份有限公司河南分公司）签订保险合同，为其所有的豫A-405××号中型普通货车投保交强险，保险期限自2019年10月14日起至2020年10月13日止。2020年5月4日5时许，驾驶人曹×在驾驶货运公司所有的豫A-405××号保险车辆行驶过程中与骑自行车的冯×发生碰撞，事故造成冯×颅脑损伤、右侧多发肋骨骨折及胸外伤，两车辆不同程度损坏。经交警部门认定，曹×负事故主要责任，冯×负事故次要责任。事故发生后，冯×在医院住院治疗共30天，花费医疗费共计16747.22元，曹×向冯×支付共计540元。治疗结束后，冯×委托许昌司法鉴定所对其伤情进行鉴定，鉴定意见为：冯×肋骨骨折构成九级伤残，右肩胛骨骨折构成八级伤残。×保险公司对冯×右肩胛骨伤残等级不予认可，要求重新鉴定。

冯×以其在交通事故中受到人身损害，曹×负事故主要责任，货运公司作为登记车主应承担赔偿责任，×保险公司应承担保险责任为由，提起诉讼，请求判令×保险公司、曹×赔偿各项损失共计127792.7元。

交通事故致受害人伤残后，受害人自行委托鉴定部门进行伤残等级鉴定。之后，在受害人提起的赔偿诉讼中赔偿义务人对该鉴定意见持有异议的，人民法院应准予对受害人伤残等级进行重新鉴定。重新鉴定意见与原鉴定意见不同的，因经人民法院委托所做的鉴定较受害人自行委托的鉴定更具有公信力，故应当依据重新鉴定的意见确认赔偿数额。

根据《最高人民法院关于民事诉讼证据的若干规定》的规定可知，当事人自行委托有关部门作出的鉴定意见在对方当事人有证据足以反驳时可申请重新鉴定，而人民法院委托鉴定部门作出的鉴定意见，在当事人没有足以反驳的证据时应认定其证明力。据此可知，法院委托鉴定的证明力或公信力高于当事人自行委托鉴定。

2. 伤残鉴定的主要证据材料

在鉴定过程中，赔偿权利人及义务人都应当配合鉴定。鉴定人员有权了解鉴定所需要的相关材料，伤残鉴定主要材料见图7－3。必要时，可以询问当事人或调取治疗时的相关材料；当事人拒不提供相关材料致使对案件争议的事实无法通过鉴定程序予以认定的，应对该事实承担举证不能的法律后果。

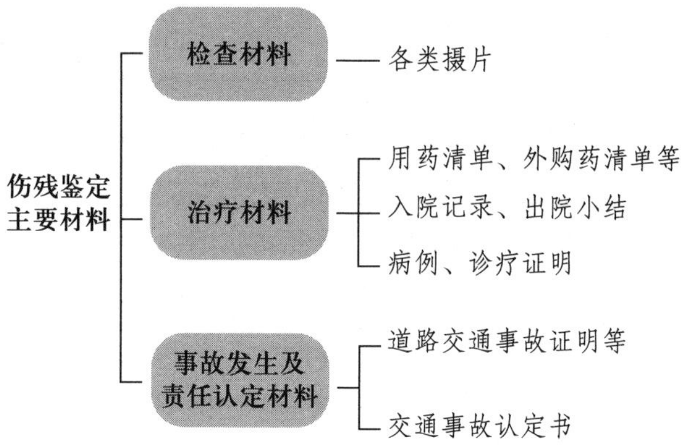

图 7-3 伤残鉴定主要材料

3. 常见交通事故伤情及伤残等级

2017 年,最高人民法院、最高人民检察院、公安部、国家安全部和司法部联合发布《人体损伤致残程度分级》,规定了人体损伤致残程度分级的原则、方法、内容和登记的划分,是开展法医临床司法鉴定、确定民事赔偿责任的重要标准。常见交通事故伤残等级及伤情见表 7-1。

鉴定机构依据《人体损伤致残程度分级》标准依据交通事故中人体组织器官结构破坏、功能障碍及其对医疗、护理的依赖程度,适当考虑由于残疾引起的社会交往和心理因素影响,综合判定致残程度等级。人体损伤致残程度划分为十个等级,从一级(人体致残率 100%)到十级(人体致残率 10%),每级致残率相差 10%。赔偿权利人获悉鉴定结论后,根据伤残等级与赔偿义务人进行调解或进行诉讼。

表 7-1 常见交通事故伤残等级及伤情

伤残等级	伤情
一级	1. 持续性植物生存状态;2. 精神障碍或者极重度智能减退,日常生活完全不能自理;3. 四肢瘫(肌力 3 级以下)或者三肢瘫(肌力 2 级以下);4. 截瘫(肌力 2 级以下)伴重度排便功能障碍与重度排尿功能障碍;5. 三肢缺失(上肢肘关节以上,下肢膝关节以上);6. 二肢缺失(上肢肘关节以上,下肢膝关节以上),第三肢各大关节功能丧失均达 75%;7. 二肢缺失(上肢肘关节以上,下肢膝关节以上),第三肢任二大关节均强直固定或者功能丧失均达 90%

续表

伤残等级	伤情
二级	1. 精神障碍或者重度智能减退，日常生活随时需有人帮助；2. 三肢瘫（肌力 3 级以下）；3. 偏瘫（肌力 2 级以下）；4. 截瘫（肌力 2 级以下）；5. 非肢体瘫运动障碍（重度）；6. 容貌毁损（重度）；7. 上颌骨或者下颌骨完全缺损；8. 双上肢肘关节以上缺失，或者一上肢肘关节以上缺失伴一下肢膝关节以上缺失；9. 一肢缺失（上肢肘关节以上，下肢膝关节以上），其余任二肢体各有二大关节功能丧失均达 75%；10. 双上肢各大关节均强直固定或者功能丧失均达 90%
三级	1. 精神障碍或者重度智能减退，不能完全独立生活，需经常有人监护；2. 截瘫（肌力 3 级以下）伴排便或者排尿功能障碍；3. 双手全肌瘫（肌力 2 级以下），伴双腕关节功能丧失均达 75%；4. 二肢缺失（上肢腕关节以上，下肢膝关节以上）；5. 一肢缺失（上肢腕关节以上，下肢膝关节以上），另一肢各大关节均强直固定或者功能丧失均达 90%；6. 双上肢各大关节功能丧失均达 75%，双下肢各大关节均强直固定或者功能丧失均达 90%，一上肢与一下肢各大关节均强直固定或者功能丧失均达 90%
四级	1. 精神障碍或者中度智能减退，日常生活能力严重受限，间或需要帮助；2. 外伤性癫痫（重度）；3. 偏瘫（肌力 3 级以下）；4. 截瘫（肌力 3 级以下）；5. 符合容貌毁损（重度）标准之三项者；6. 一上肢腕关节以上缺失伴一下肢踝关节以上缺失，或者双下肢踝关节以上缺失；7. 双下肢各大关节功能丧失均达 75%，一上肢与一下肢各大关节功能丧失均达 75%；8. 手功能丧失分值达 150 分；9. 皮肤瘢痕形成达体表面积 70%
五级	1. 精神障碍或者中度智能减退，日常生活能力明显受限，需要指导；2. 完全运动性失语；3. 四肢瘫（肌力 4 级以下）；4. 单肢瘫（肌力 2 级以下）；5. 非肢体瘫运动障碍（中度）；6. 双手大部分肌瘫（肌力 2 级以下）；7. 双足全肌瘫（肌力 2 级以下）；8. 一上肢肘关节以上缺失；9. 一肢缺失（上肢腕关节以上，下肢膝关节以上），另一肢各大关节功能丧失均达 50% 或者其余肢体任二大关节功能丧失均达 75%；10. 手功能丧失分值≥120 分
六级	1. 精神障碍或者中度智能减退，日常生活能力部分受限，但能部分代偿，部分日常生活需要帮助；2. 外伤性癫痫（中度）；3. 一侧完全性面瘫；4. 三肢瘫（肌力 4 级以下）；5. 截瘫（肌力 4 级以下）伴排便或者排尿功能障碍；6. 双手部分肌瘫（肌力 3 级以下）；7. 一手全肌瘫（肌力 2 级以下），伴相应腕关节功能丧失 75% 以上；8. 双足全肌瘫（肌力 3 级以下）；9. 符合容貌毁损（中度）标准之四项者；10. 面部中心区条状瘢痕形成（宽度达0.3cm），累计长度达 20.0cm；11. 面部片状细小瘢痕形成或者色素显著异常，累计达面部面积的 80%；12. 脊柱骨折后遗留 30°以上侧弯或者后凸畸形；13. 一肢缺失（上肢腕关节以上，下肢膝关节以上）；14. 双足跖跗关节以上缺失；15. 手或者足功能丧失分值≥90 分；16. 皮肤瘢痕形成达体表面积 50%

续表

伤残等级	伤情
七级	1. 精神障碍或者轻度智能减退,日常生活有关的活动能力极重度受限;2. 双侧大部分面瘫;3. 偏瘫(肌力4级以下);4. 截瘫(肌力4级以下);5. 单肢瘫(肌力3级以下);6. 一手大部分肌瘫(肌力2级以下);7. 一足全肌瘫(肌力2级以下);8. 面部中心区条状瘢痕形成(宽度达0.3cm),累计长度达15.0cm;9. 面部片状细小瘢痕形成或者色素显著异常,累计达面部面积的50%;10. 双下肢长度相差8.0cm以上;11. 一下肢踝关节以上缺失;12. 四肢任一大关节(踝关节除外)强直固定于非功能位;13. 四肢任二大关节(踝关节除外)功能丧失均达75%;14. 一手除拇指外,余四指完全缺失;15. 双足足弓结构完全破坏;16. 手或者足功能丧失分值≥60分
八级	1. 精神障碍或者轻度智能减退,日常生活有关的活动能力重度受限;2. 一侧大部分面瘫,遗留眼睑闭合不全和口角歪斜;3. 单肢瘫(肌力4级以下);4. 非肢体瘫运动障碍(轻度);5. 一手大部分肌瘫(肌力3级以下);6. 一足全肌瘫(肌力3级以下);7. 容貌毁损(中度);8. 符合容貌毁损(重度)标准之一项者;9. 头皮完全缺损,难以修复;10. 面部条状瘢痕形成,累计长度达30.0cm,面部中心区条状瘢痕形成(宽度达0.2cm),累计长度达15.0cm;11. 面部块状增生性瘢痕形成,累计面积达15.0cm^2,面部中心区块状增生性瘢痕形成,单块面积达7.0cm^{2}或者多块累计面积达9.0cm^2;12. 面部片状细小瘢痕形成或者色素异常,累计面积达100.0cm^2;13. 张口受限Ⅲ度;14. 肋骨骨折12根以上并后遗6处畸形愈合;15. 二椎体压缩性骨折(压缩程度均达1/3);16. 三个以上椎体骨折,经手术治疗后;17. 女性骨盆骨折致骨产道变形,不能自然分娩;18. 股骨头缺血性坏死,难以行关节假体置换术;19. 四肢长骨开放性骨折并发慢性骨髓炎、大块死骨形成,长期不愈(1年以上);20. 双上肢长度相差8.0cm以上;21. 双下肢长度相差6.0cm以上;22. 四肢任一大关节(踝关节除外)功能丧失75%以上;23. 一踝关节强直固定于非功能位;24. 一肢体各大关节功能丧失均达50%;25. 一手拇指缺失达近节指骨1/2以上并相应掌指关节强直固定;26. 一足足弓结构完全破坏,另一足足弓结构部分破坏;27. 手或者足功能丧失分值≥40分;28. 皮肤瘢痕形成达体表面积30%
九级	1. 精神障碍或者轻度智能减退,日常生活有关的活动能力中度受限;2. 一侧部分面瘫,遗留眼睑闭合不全或者口角歪斜;3. 一手部分肌瘫(肌力3级以下);4. 一足大部分肌瘫(肌力3级以下);5. 四肢重要神经损伤(上肢肘关节以上,下肢膝关节以上),遗留相应肌群肌力3级以下;6. 头皮瘢痕形成或者无毛发,达头皮面积50%;7. 颅骨缺损25.0cm^{2}以上,不宜或者无法手术修补;8. 容貌毁损(轻度);9. 面部条状瘢痕形成,累计长度达20.0cm,面部条状瘢痕形成(宽度达0.2cm),累计长度达10.0cm,其中至少5.0cm以上位于面部中心区;10. 面部块状瘢痕形成,单块面积达7.0cm^2,或者多块累计面积达9.0cm^2;11. 面部片状细小瘢痕形成或者色素异常,累计面积达30.0cm^2;12. 颈前三角区瘢痕形成,累计面积达50.0cm^2;13. 张口受限Ⅱ度;14. 肋骨骨折12根以上,或者肋骨部分缺失4根以上,肋骨骨折8根以上并后遗4处畸形愈合;15. 一椎体粉碎性骨折,椎管内骨性占位;16. 一椎体并相应附件骨折,经手术治疗后,二椎体压缩性骨折;17. 骨盆两处以上骨折或者粉碎性骨折,严重畸形愈合;18. 四肢任一大关节行关节假体置换术后;19. 双上肢前臂旋转功能丧失均达75%;20. 双上肢长度相差6.0cm以上;21. 双下肢长度相差4.0cm以上;

续表

伤残等级	伤情
	22. 四肢任一大关节(踝关节除外)功能丧失 50% 以上;23. 一踝关节功能丧失 75% 以上;24. 一肢体各大关节功能丧失均达 25%;25. 双足拇趾功能丧失均达 75%,一足 5 趾功能均完全丧失;26. 双足跟骨粉碎性骨折畸形愈合;27. 双足足弓结构部分破坏,一足足弓结构完全破坏;28. 手或者足功能丧失分值≥25 分;29. 皮肤瘢痕形成达体表面积 10%
十级	1. 精神障碍或者轻度智能减退,日常生活有关的活动能力轻度受限;2. 颅脑损伤后遗脑软化灶形成,伴有神经系统症状或者体征;3. 一侧部分面瘫;4. 四肢重要神经损伤,遗留相应肌群肌力 4 级以下;5. 开颅术后;6. 面颅骨部分缺损或者畸形,影响面容;7. 头皮瘢痕形成或者无毛发,面积达 $40.0cm^2$;8. 面部条状瘢痕形成(宽度达 0.2cm),累计长度达 6.0cm,其中至少 3.0cm 位于面部中心区;9. 面部条状瘢痕形成,累计长度达 10.0cm;10. 面部块状瘢痕形成,单块面积达 $3.0cm^2$,或者多块累计面积达 $5.0cm^2$;11. 面部片状细小瘢痕形成或者色素异常,累计面积达 $10.0cm^2$;12. 唇缺损或者畸形,致露齿;13. 舌部分缺损;14. 牙齿缺失或者折断 7 枚以上,牙槽骨部分缺损,合并牙齿缺失或者折断 4 枚以上;15. 张口受限Ⅰ度;16. 颈前三角区瘢痕形成,累计面积达 $25.0cm^2$;17. 枢椎齿状突骨折,影响功能;18. 肋骨骨折 6 根以上,或者肋骨部分缺失 2 根以上,肋骨骨折 4 根以上并后遗 2 处畸形愈合;19. 一椎体压缩性骨折(压缩程度达 1/3)或者粉碎性骨折,一椎体骨折经手术治疗后;20. 四处以上横突、棘突或者椎弓根骨折,影响功能;21. 骨盆两处以上骨折或者粉碎性骨折,畸形愈合;22. 一侧髌骨切除;23. 一侧膝关节交叉韧带、半月板伴侧副韧带撕裂伤经手术治疗后,影响功能;24. 一上肢前臂旋转功能丧失 75% 以上;25. 双上肢长度相差 4.0cm 以上;26. 双下肢长度相差 2.0cm 以上;27. 四肢任一大关节(踝关节除外)功能丧失 25% 以上;28. 一踝关节功能丧失 50% 以上;29. 下肢任一大关节骨折后遗创伤性关节炎;30. 肢体重要血管循环障碍,影响功能;31. 一手小指完全缺失并第 5 掌骨部分缺损;32. 一足拇趾功能丧失 75% 以上;一足 5 趾功能丧失均达 50%;双足拇趾功能丧失均达 50%;双足除拇趾外任何 4 趾功能均完全丧失;33. 一足跟骨粉碎性骨折畸形愈合;34. 一足足弓结构部分破坏;35. 手或者足功能丧失分值≥10 分;36. 手部皮肤瘢痕形成或者植皮术后,范围达一手掌面积 50%;37. 皮肤瘢痕形成达体表面积 4%

《人体损伤致残程度分级》施行后,《道路交通事故受伤人员伤残评定》标准不再适用,2017 年 1 月 1 日后所有交通事故案件、故意伤害案件、雇员损害等所有人身损害致伤的鉴定标准均适用《人体损伤致残程度分级》,工伤除外。

《人体损伤致残程度分级》明确鉴定原则以损伤治疗后果或者结局为依据,要求鉴定机构客观评价组织器官缺失和/或功能障碍程度,科学分析损伤与残疾之间的因果关系,实事求是地进行鉴定。《人体损伤致残程度分级》标准较原《道路交通事故受伤人员伤残评定》标准提高了伤残等级鉴定标准,以前可以构成十级伤残的情形,在新标准实施后可能构不成伤残等级。

伤残鉴定中如果存在旧伤、病情形时，应分析损伤与残疾后果之间的因果关系。鉴定机构根据损伤在残疾后果中的作用力大小确定因果关系的不同形式，可依次分别表述为：完全作用、主要作用、同等作用、次要作用、轻微作用、没有作用。除损伤“没有作用”之外，均应按照实际残情鉴定致残程度等级，同时说明损伤与残疾后果之间的因果关系；判定损伤“没有作用”的，不应进行致残程度鉴定。

4. 重新鉴定的主要情形

当事人对伤残评定不服的，如果鉴定过程存在鉴定机构或者鉴定人员不具备相关鉴定资格，严重违反鉴定程序，鉴定结论明显依据不足，鉴定依据存在不能作为证据使用的材料的情形，当事人可在规定的期限内申请重新鉴定一次。也就是说，当事人申请重新鉴定必须具备一定的条件才能被人民法院准许。重新鉴定主要情形见图 7－4。

当事人重新鉴定申请应当在人民法院给定的举证期限内提出，否则视为放弃权利；如鉴定中未出现法定情形或当事人可以通过补充鉴定、重新质证或者补充质证等方法解决的，不予重新鉴定。

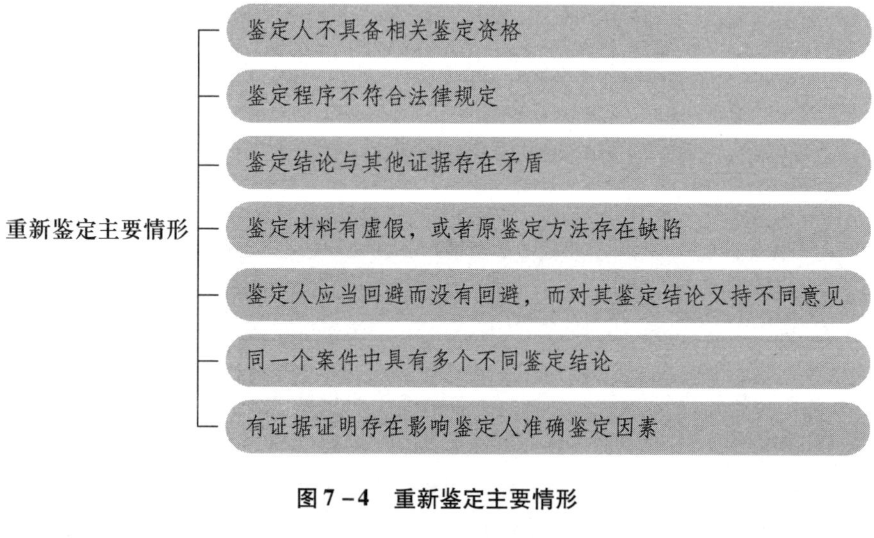

图 7－4　重新鉴定主要情形

当事人对鉴定意见有异议或者人民法院认为鉴定人有必要出庭的，鉴定人应当出庭接受质询。当事人申请鉴定人出庭接受质询的，也应当提交书面申请书，并预交鉴定人员出庭质询费用（误工费、交通费等合理费用）。经人民法院通知，鉴定人拒不到庭作证的，鉴定意见不作为认定事实的根据。

（二）医学“三期”鉴定

医学“三期”，是误工期限、护理期限、营养期限的简称。

“三期”鉴定是在交通事故中，涉及受害人人身伤害时，由法医对受害人的“三期”做出鉴定，并作为受害人向赔偿义务人主张赔偿的标准。

受害人在申请伤残鉴定时，可以同时提出“三期”鉴定申请。“三期”鉴定是交通事故损害赔偿时所参照的赔偿标准之一。有了“三期”鉴定结论，受害人等赔偿权利人可据此提出误工费、护理费和营养费的损失赔偿。受害人即使达不到伤残等级，仍可鉴定“三期”，没有伤残不等于不产生误工、护理、营养的期限。

实践中，受害人等赔偿权利人通常提出建休单、诊疗证明等材料来主张相关“三期”费用，但如果赔偿义务人对此提出异议，人民法院通常要求通过“三期”鉴定确定最后赔偿标准。

附：申请鉴定申请书

伤残及医学三期鉴定申请书

申请人：（姓名、性别、住址、居民身份证号码、民族、联系方式等）

请求事项：请求人民法院委托司法鉴定机构对申请人的伤残等级及“三期”进行鉴定。

事实和理由：

申请人诉××××道路交通事故损害责任赔偿纠纷一案，贵院已经受理，根据申请人受伤情况，申请人认为有可能构成伤残。为进一步查清交通事故损害事实，特申请对申请人的伤残等级及“三期”进行鉴定，请人民法院依法委托鉴定。

此致

××××人民法院

申请人：×××

××××年××月××日

（三）医疗费用合理性鉴定及伤情的参与度鉴定

医疗费用包含挂号费、检查费、化验费、手术费、治疗费、住院费和药费等费用，这些费用是否成立，应结合病历和诊断证明等相关证据确定：（1）伤者擅自购买的与损伤无关的医疗费或治疗伤情外本身固有的疾病，不属于赔偿范围；(2)住院费用及用药费用中，明显高于普通层次的标准部分，一般不予计入赔偿范围；(3)重复或高额检查、诊断和辅助检查的不合理费用，一般不予赔偿。不合理医疗费用常见情形见图7－5。

赔偿义务人如对医疗费用的合理性、必要性、相关性存在怀疑，可提出初步证据后，申请人民法院对医疗费用的相关性、合理性和必要性委托司法鉴定。

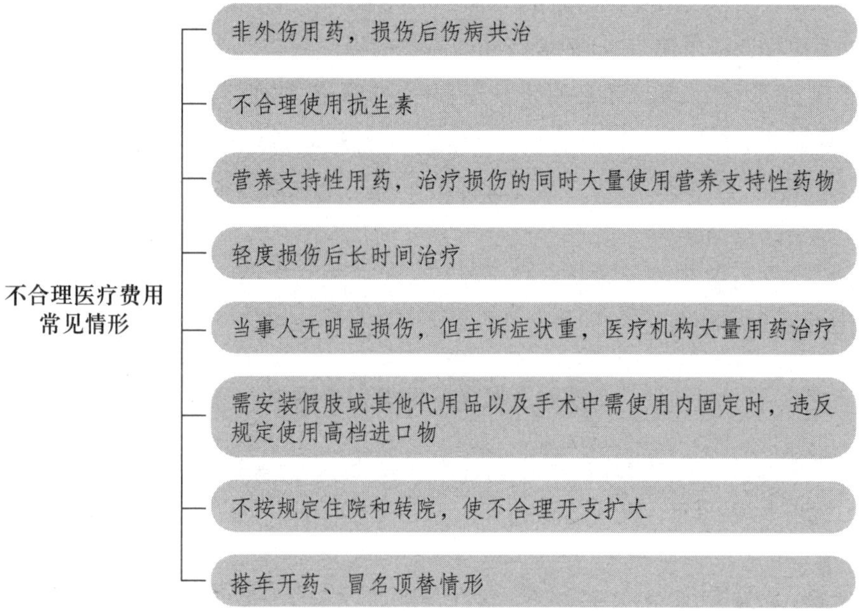

图7－5　不合理医疗费用常见情形

当保险机构等赔偿义务人对受害人的伤情与交通事故是否存在关联产生怀疑，或交通事故是否造成伤情的全部原因时，赔偿义务人可要求对受害人伤情与交通事故损伤之间的参与度申请鉴定机构进行鉴定，尤其是受害人在交通事故受损害时存在旧伤、交通事故发生后间断了治疗过程等情形。如受害人在交通事故发生几天后以事故产生损害为由进行治疗，其治疗是否与交通事故相关能够产生合理性怀疑。

医疗费用的合理性鉴定及伤情参与度鉴定发生在诉讼过程中，且在赔偿权利人与义务人对赔偿数额产生争议时，主要由赔偿义务人向人民法院申请委托鉴定，鉴定程序参考伤残鉴定、物品鉴定等。

以案说法

刘某在交通事故中膝盖受伤，出院后，自行委托某鉴定机构对其伤情进行鉴定，但在鉴定过程中隐瞒了膝盖存有旧伤的事实。

后某鉴定机构出具鉴定意见认为刘某伤情构成道路交通事故十级伤残。刘某根据该鉴定意见向赔偿义务人王某等人索赔。诉讼过程中，王某申请对刘某的伤残情况重新鉴定，并要求对其伤情与交通事故参与度进行鉴定。

交通事故发生后，受害人自行委托相关部门作出伤残鉴定，但在鉴定时，因隐瞒自身陈旧伤情或疾病的事实，致使该鉴定结论明显依据不足，故赔偿义务人有权申请重新鉴定。

考虑刘某的膝盖伤可能与旧伤相关，故王某等赔偿义务人亦可就交通事故与膝盖伤之间的参与度进行鉴定，并据此作为伤残等级评定及赔偿数额确定的依据。

三、伤情鉴定及死亡鉴定

（一）伤情鉴定

伤情鉴定是对交通事故中受伤人员的伤情按照一定标准进行检查和专业的认定。交通事故中，为明确事故等级及确定肇事者是否应当承担刑事责任，公安机关交通管理部门组织对受害人的伤情进行鉴定。伤情鉴定是确定事故等级和追究事故责任人法律责任的主要依据。

伤情鉴定更注重实事求是原则，坚持以致伤因素对人体直接造成的原发性损伤及其损伤引起的并发症或者后遗症为依据综合进行鉴定，主要依据最高人民法院、最高人民检察院、公安部、国家安全部、司法部制定的《人体损伤程度鉴定标准》进行确定。人体损伤程度鉴定标准划分见图7－6。

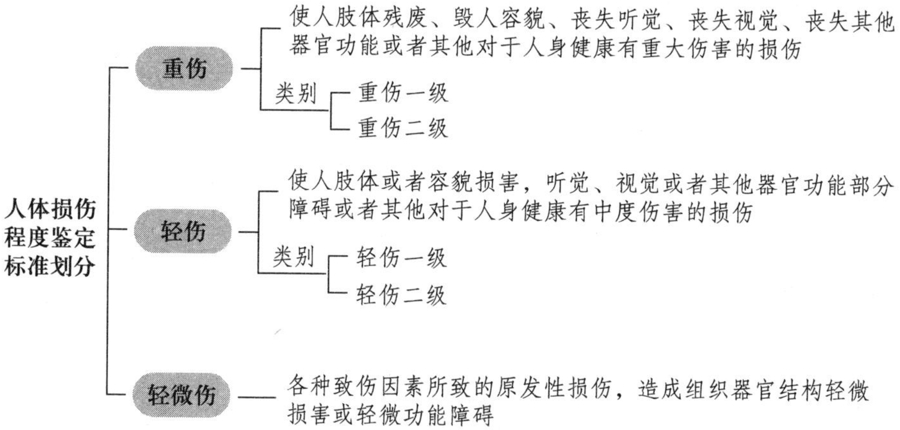

图7-6　人体损伤程度鉴定标准划分

(二)死亡鉴定

交通事故导致受害人死亡时,应当进行死亡鉴定。死亡鉴定目的亦为确定交通事故等级及明确事故责任人的责任大小,以进一步明确事故责任人是否应当承担刑事责任或明确其应当赔偿的数额。

在交通事故中,受害人死亡主要存在两种情形:(1)事故发生后,当事人当场死亡;(2)事故发生后,当事人受重伤,后经医院抢救无效死亡。当事人当场死亡的,由法医至现场检查尸体,明确受伤部位、受伤具体原因及死亡原因,做好证据保存或拍照,并写出鉴定意见。由医院抢救无效后死亡的,则由医院出具死亡诊断书。

公安机关交通管理部门如需要对尸体进行检验,应当在死亡之日起3日内委托具备资格的鉴定机构进行检验鉴定,但须事先征得死者家属的同意,并且不得在公共场合进行尸体检验。

死者家属不同意解剖尸体进行检验的,经县级以上公安机关或者上一级公安机关交通部门负责人批准后,可以解剖尸体,并且通知死者家属到场,由其在解剖尸体通知书上签名。死者家属无正当理由拒不到场或者拒绝签名的,交通警察应当在解剖尸体通知书上注明。对身份不明的尸体,无法通知死者家属的,应当记录在案。

检验尸体结束,尸体检验报告确定后,公安机关应当书面通知死者家属在10日内办理丧葬事宜。死者家属无正当理由逾期不办理的,公安机关应当记录在案,经县级以上公安机关或者上一级公安机关交通管理部门负责人批准后,由公安机关处理尸体,逾期存放的费用由死者家属承担。

四、交通事故刑事犯罪

(一)交通肇事罪

交通肇事罪,是指当事人违反交通运输管理法规导致发生重大交通事故,致人重伤、死亡或者公私财产遭受重大损失的行为。交通肇事罪的构成要件见表7-2。

表7-2 交通肇事罪的构成要件

构成要件	详细内容	
犯罪主体	一般主体	1. 交通肇事罪的一般主体,即凡年满16周岁、具有刑事责任能力的自然人均可构成。 2. 主体包括交通运输人员,也包括非交通运输人员。交通运输人员主要是指:(1)交通运输工具的驾驶人员,如火车、汽车、电车司机等;(2)交通设备的操纵人员,如扳道员、巡道员、道口看守员等;(3)交通运输活动的直接领导、指挥人员,如船长、机长、领航员、调度员等;(4)交通运输安全的管理人员,如交通监理员、交通警察等。 3. 指示、强令他人违章驾驶造成重大交通事故的单位主管人员、车辆所有人或管理人也可能成为本罪的主体。 4. 非交通运输人员违反规章制度,如非司机违章开车,在交通运输中发生重大事故,造成严重后果的,也构成本罪的主体
主观方面	过失	1. 过失包括疏忽大意,也包括过于自信,即行为人对自己违反交通运输管理法规的行为导致的严重后果应当预见,由于疏忽大意而没有预见,或者虽然预见,但轻信能够避免。 2. 主观如果存在故意,即违反交通运输管理法规行为目的即为制造交通事故,则不构成交通肇事罪,而有可能涉嫌故意杀人或故意伤害
犯罪客体	交通运输安全	交通运输,是指与一定的交通工具和交通设备相联系的铁路、公路、水上及空中交通运输
客观方面	行为人违反了交通运输管理法规,因而发生了重大交通事故,致人重伤、死亡或者使公私财产遭受重大损失的行为	

如果交通事故构成了交通肇事罪,则相关人员除了承担民事责任以外,一般还应当承担刑事责任。

根据我国《刑法》及其相关司法解释的规定,构成交通肇事罪的应当依据其犯罪情节以及危害后果,给予不同的量刑,范围通常为“拘役或者三年以上七年以下有期徒刑”。在司法实践中,交通肇事罪一般情况下在3年以下量刑;但是如果驾驶人逃逸,则可能会在7年以下量刑。

在特定情形中,交通肇事逃逸有可能转化为故意杀人罪或者故意伤害罪,则可能承担更为严重的刑事处罚。

以案说法

刘某因驾驶车辆不当无意将一位老人撞成重伤。刘某下车查看时,发现老人应当可以救治,便将其放在车中并赶往医院。

刘某在去医院途中考虑老人救治可能要花费巨额费用,后在无人处将老人放下然后逃走。

后老人因未得到及时救治死亡。刘某的行为可能构成什么罪?

刘某因驾驶车辆不当发生交通事故,其极有可能负该事故的主要责任。如刘某将老人送往医院救治,最后救治无效导致死亡,事故的发生并非刘某所愿,刘某可能构成交通肇事罪。

但是在事故发生后,刘某明知道将老人放在无人处可能造成老人死亡,但为逃避可能支出的费用而逃走,死亡的结果是其可以预见的,刘某的行为由交通肇事罪转化为故意杀人罪。故刘某应当按照故意杀人罪量刑。

行为人违反了交通运输管理法规,因而发生了重大交通事故,致人重伤、死亡或者使公私财产遭受重大损失,方才可能构成交通肇事罪。具言之,交通肇事罪构成需要符合法律规定的情形,否则,相关行为人不被追究交通肇事罪刑事责任。涉嫌交通肇事罪的具体情形见表7-3。

表7-3 涉嫌交通肇事罪的具体情形

类别	具体情形
一般情形	死亡1人或者重伤3人以上,并负事故全部或主要责任的
	死亡3人以上,负事故同等责任的
	造成公共财产或者他人财产直接损失,负事故全部或者主要责任,无能力赔偿数额在30万元以上的(具体由各地人民法院确定起点数额标准)

续表

类别	具体情形	
复合情形	交通事故致使1人以上重伤，负事故的全部或主要责任，并具有特殊情形之一的	酒后、吸食毒品后驾驶机动车辆的
		无驾驶资格驾驶机动车辆的
		明知是安全装置不全或者安全机件失灵的机动车辆而驾驶的
		明知是无牌证或者已报废的机动车辆而驾驶的
		严重超载驾驶的
		为逃避法律追究逃离事故现场的

事故发生后，如果侵权人或者说肇事者积极赔偿受害人的损失，受害人对肇事者的行为能够达成谅解时，那么受害人的谅解态度通常能成为人民法院量刑的考虑情节。因此，如果发生交通事故，肇事者应当以积极的态度解决纠纷，积极进行赔偿，并尽可能求得谅解，以使人民法院从轻量刑。

另外，犯罪分子本人直接向司法机关主动投案，犯罪分子向所在单位或其他有关负责人员投案，犯罪分子被送去归案并能如实交代犯罪事实经过且接受司法机关的审查和裁判的，都可以认定投案自首。在交通事故发生后，车辆驾驶员的义务应当是立即停车、保护现场并迅速报告公安机关。如果属于重大事故，其后果达到了应追究刑事责任的程度，就构成了犯罪。肇事司机在事故发生后，积极抢救伤者，到公安机关交通管理部门投案，并如实陈述事实经过的，其行为就符合自首成立的条件，应依法认定为自首情节。具有自首情形，人民法院在量刑时一般会从轻处罚。

（二）危险驾驶罪

危险驾驶罪，是指下列在道路上驾驶机动车的行为：追逐竞驶，情节恶劣的；醉酒驾驶机动车的；从事校车业务或者旅客运输，严重超过定额乘员载客，或者严重超过规定时速行驶的；违反危险化学品安全管理规定运输危险化学品，危害公共安全。危险驾驶罪的构成要件见表7－4。

表7－4 危险驾驶罪的构成要件

构成要件	具体要求			
犯罪主体	一般主体	凡年满16周岁、具有刑事责任能力的自然人均可构成		
		特殊情形	交通运输人员	交通运输工具驾驶人员
				交通运输活动直接人员
			机动车所有人、管理人	从事校车业务或者旅客运输,严重超过定额乘员载客,可能危害到社会公共安全行为,负有直接责任的机动车所有人、管理人
				从事校车业务或者旅客运输,超速、违反规定运输危险化学品,可能危害到社会公共安全行为,负有直接责任的机动车所有人、管理人
主观方面	故意	行为人明知道追逐竞驶、醉酒驾驶、从事校车业务或者旅客运输严重超过定额乘员载客或超速、违反规定运输危险化学品,可能危害到社会公共安全,而希望或放任这种状态的发生		
犯罪客体	交通运输安全	道路交通秩序		
		不特定多数人的生命、财产安全		
客观方面	行为人违反了交通运输管理法规,实施了“追逐竞驶,情节恶劣的;醉酒驾驶机动车的;从事校车业务或者旅客运输,严重超过定额乘员载客,或者严重超过规定时速行驶的;违反危险化学品安全管理规定运输危险化学品,危害公共安全”的行为			

危险驾驶罪是在2011年5月1日实施的《刑法修正案(八)》的新规定,后在《刑法修正案(九)》进一步进行了修正,属于《刑法》交通肇事罪的派生罪名。

危险驾驶罪发生在特定的情形之中,主要考量的是存在危险驾驶行为,对社会公共安全造成危险,对不特定多数人的生命、财产安全造成危险。

危险驾驶罪区别于交通肇事罪,其存在行为与结果的竞合。我国《刑法》等相关法律明确规定只要行为人从事了符合危险驾驶罪构成要件的行为,则应当“处拘役,并处罚金”。危险驾驶罪的认定情形见图7－7。但如果存在危险驾驶的行为,同时又构成其他犯罪的,则依照处罚较重的规定定罪处罚。

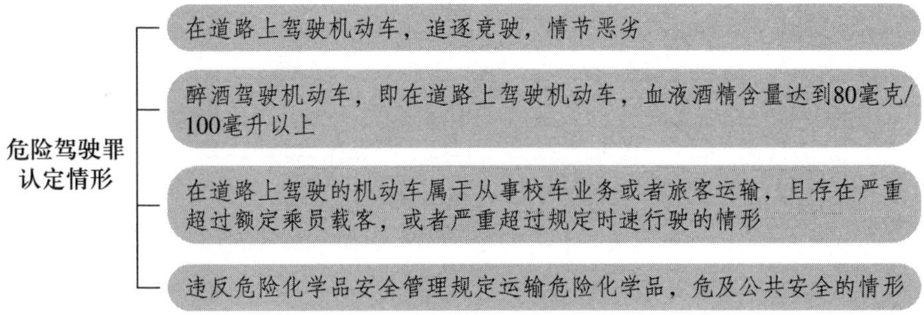

图 7－7　危险驾驶罪认定情形

此外，针对“醉酒驾驶”这一典型危险驾驶罪情形，最高人民法院制定专门性司法解释，对醉酒驾驶的相关情形及定罪量刑等作出较为精细的规定，明确规定醉酒驾驶机动车，具有特定情形的，应当从重处罚。醉酒驾驶中从重处罚的情形见图 7－8。

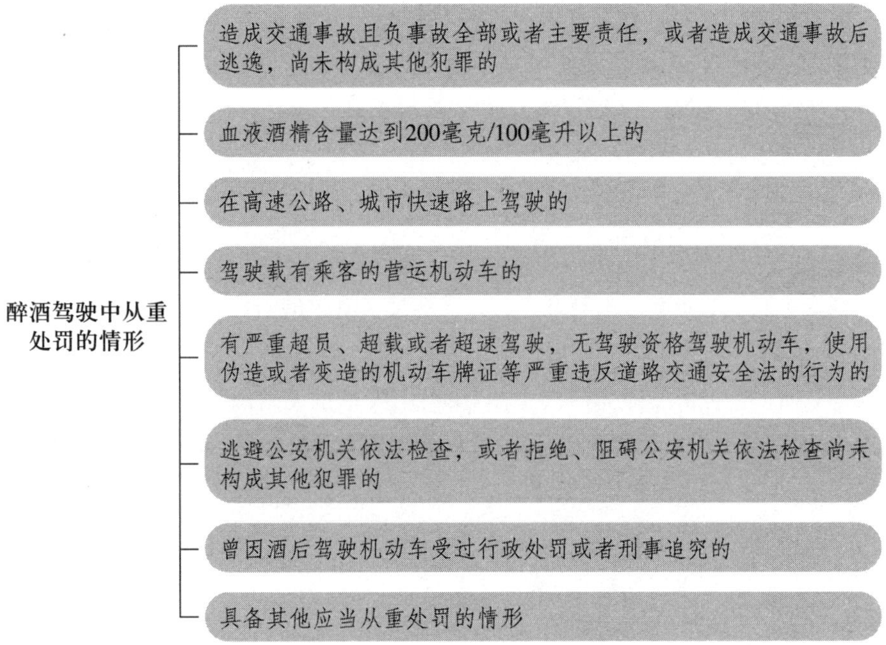

图 7－8　醉酒驾驶中从重处罚的情形

五、工伤“双赔”

在交通事故中遭受人身损害的受害人，如果同时构成工伤，并且符合一定条件的，可以获得“双倍赔偿”，即用人单位支付的工伤保险赔偿与交通事故人身损害赔偿。

交通事故受害人能够获得工伤赔偿的前提是相关损害构成工伤。根据《工伤保险条例》的规定，受害人在上下班途中，受到非本人主要责任的交通事故或者城市轨道交通、客运轮渡、货车事故伤害的，应当认定为工伤。“非本人主要责任”，是指受害人作为劳动者，不仅是在上下班途中发生交通事故，而且还要对交通事故不承担责任、承担次要责任或者承担同等责任，否则不能认定为工伤。另外，受害人不应当具有故意犯罪、醉酒或者吸毒、自残或者自杀等不予认定为工伤的任何情形；否则，尽管是上班期间发生交通事故，而且负非主要责任，也不可以被认定为工伤。

“双倍赔偿”具有充分的法律依据予以支持。根据《最高人民法院关于审理人身损害赔偿案件适用法律若干问题的解释》第 3 条之规定，依法应当参加工伤保险统筹的用人单位的劳动者，因工伤事故遭受人身损害，劳动者或者其近亲属向人民法院起诉请求用人单位承担民事赔偿责任的，告知其按《工伤保险条例》的规定处理。因用人单位以外的第三人侵权造成劳动者人身损害，赔偿权利人请求第三人承担民事赔偿责任的，人民法院应予支持。故如若受害人在上下班途中发生交通事故造成人身损害，且己方并不承担事故的全部责任或主要责任，赔偿权利人除了可以主张交通事故赔偿，还可向用人单位主张工伤保险待遇赔偿。

“双倍赔偿”可能存在“赔偿主体竞合”问题。根据以上法律分析，我们可以得到交通事故和工伤可以双赔的结论，但是也有两个前提条件：一是这个交通事故是上下班途中发生的非本人主要责任的。二是交通事故的另一方不能是用人单位的车，也就是说，受害人如果是被用人单位的车撞了，即便是用人单位的车全责，也不能获得双赔。这种情况即为赔偿主体竞合，用人单位无须因为一次事故责任承担两次赔偿。当然，对于受害人说，可以选择要求工伤保险赔偿，也可以选择人身损害赔偿。

并非所有的赔偿事项都可以主张“双倍赔偿”。受害人可以根据《工伤保险条例》的相关规定，获得工伤赔偿，例如工伤医疗待遇，治疗工伤期间的伙食补助费，停工留薪；若是有因工伤致残，还可以获得一次性伤残补助金、伤残辅助器具费、伤残津贴、一次性伤残就业补助金；若是因工伤致死可获赔丧葬补助金、供养亲属抚恤金和一次性工伤死亡补助金等。

工伤赔偿项目中有些部分是与交通事故赔偿项目重叠的，受害人作为单位职员可以依据《工伤保险条例》主张工伤赔偿，同时还可以作为交通事故侵权受害人，向赔偿义务人主张侵权赔偿。但是在一些赔偿项目上,作为事故受害人不能两边都获得赔偿。例如,工伤待遇中的一次性伤残补助金,一次性伤残就业补助金,一次性工伤医疗补助金与交通事故的伤残赔偿金、死亡赔偿金,是可以同时获赔的;而医疗费、误工费、残疾辅助器具费以及工伤职员在停工留薪期间发生的交通费、护理费、住院伙食补助费等不能获得双重赔偿,要按照受害人实际发生的受损费用获得一份赔偿。

第八章

起诉准备与起诉

一、起诉条件

诉讼即为“打官司”。交通事故发生后,如事故双方对赔偿事项不能达成调解意见,受害人等赔偿权利人有权通过“打官司”的方式向人民法院起诉要求赔偿义务人承担赔偿责任。诉讼的基本情形见图8－1。

诉讼的基本情形

- 交通事故双方当事人或有一方当事人不同意公安机关交通管理部门调解,当事人即可向人民法院提起诉讼
- 交通事故双方当事人均要求在公安机关交通管理部门调解,或一方当事人申请公安机关交通管理部门组织调解而另一方当事人同意调解,但双方当事人未能达成协议,公安机关交通管理部门下达调解终结书,当事人可以向人民法院提起诉讼
- 交通事故双方当事人已经在公安机关交通管理部门达成调解协议,但后有一方当事人反悔,不同意按照协议履行,另一方当事人可以向人民法院起诉
- 交通事故双方当事人已经在公安机关交通管理部门达成协议,一方当事人履行部分协议后不再履行剩余协议,另一方当事人也可向人民法院起诉

图8－1　诉讼的基本情形

当交通事故赔偿权利人决定通过“打官司”来维护自己的权益时,应至人民法院处申请立案,“立案”即视为案件已经进入诉讼程序。为少走弯路,赔偿权利人向人民法院起诉时,应当做好充分的起诉准备,创造符合法律规定的起诉条件。

(一)原告适格

原告、被告是诉讼过程中对“告”与“被告”当事人进行区分的概念。原告即为提起诉讼的人,被告则为被起诉的人。

原告适格即起诉的原告是与交通事故有直接利害关系的公民、法人或其他组织。“直接利害关系人”,是指因交通事故直接造成人身权或财产权受到侵害的人。

交通事故中的适格原告主要为赔偿权利人,包括自然人、法人及其他组织。

在不同情形中,原告的范围不同。不同情形中的原告范围见表 8-1。一般情形中,原告即为受害人,如人身权利受到侵害的当事人,及财产受损的车辆所有人或管理者等具有运行利益的人。但是在受害人死亡或者财产损失中的受害主体撤销或被合并情形中,则应当由受害人的近亲属及受害主体的承继主体作为原告提起诉讼主张权利。另外,如果受害人为无民事行为能力人或限制行为能力人,则应当由其法定代理人以受害人名义提起诉讼。建议可结合本书前文中的赔偿权利人的内容理解原告范围。

表 8-1 不同情形中的原告范围

<table>
<tr><th>分类</th><th colspan="5">范围</th></tr>
<tr><td rowspan="4">一般情形</td><td rowspan="4">受害人</td><td>人身受损</td><td colspan="3">人身权利受到侵害的人(本人)</td></tr>
<tr><td rowspan="3">财产受损</td><td rowspan="3">车辆所有者
车辆管理者或运行利益获得者
受损财产所有者或利益获得者</td><td colspan="2">自然个人</td></tr>
<tr><td>企业法人</td><td rowspan="2">企业或登记的字号
经营业主(未登记字号)</td></tr>
<tr><td>其他组织</td></tr>
<tr><td rowspan="2">受害人“消亡”</td><td colspan="2">自然个人</td><td colspan="3">死者的近亲属,一般为死者的配偶、父母、子女。其中配偶、父母、子女如存在限制行为能力人或无民事行为能力人,则应当由其法定代理人以其代理方名义进行起诉</td></tr>
<tr><td colspan="2">法人及其他组织</td><td colspan="3">法人及其他组织如因解散、注销、合并等原因“消失”,则由其权利义务承继方提起诉讼</td></tr>
<tr><td rowspan="6">受害人为限制或无行为能力人</td><td colspan="5">只有自然个人才存在限制行为能力或无行为能力情形</td></tr>
<tr><td colspan="2" rowspan="5">由法定代理人以受害人名义提起</td><td>未成年子女</td><td colspan="2">父母为其法定代理人(父或母一方即可,也可双方代理)</td></tr>
<tr><td rowspan="4">精神病人(含间歇性精神病人)</td><td colspan="2">已成年且有配偶,配偶为法定代理人</td></tr>
<tr><td colspan="2">已成年无配偶,父母为法定代理人</td></tr>
<tr><td colspan="2">已成年无配偶有子女,成年子女为法定代理人</td></tr>
<tr><td colspan="2">已成年无配偶、父母、子女,民政等具有抚养监护义务的人员或机构为法定代理人</td></tr>
</table>

(二)被告明确

原告起诉的被告应当具体且明确;没有被告或被告不明确,人民法院无法送达起诉状等诉讼材料,也无法明确争议,起诉当然无法成立。原告通过确定被告,亦可了解被告的情况,知道其履行能力,对如何解决赔偿争议做好心理预期。“被告明确”的界定见图8-2。

被告为自然人的,原告应尽可能提供被告的姓名、性别、年龄、职业、身份证号码、工作单位、住所、联系方式等具体信息;被告为法人或其他组织的,原告应尽可能提供被告的准确名称、住所地、法定代表人或负责人姓名及职务、统一社会信用代码、联系方式等具体信息。

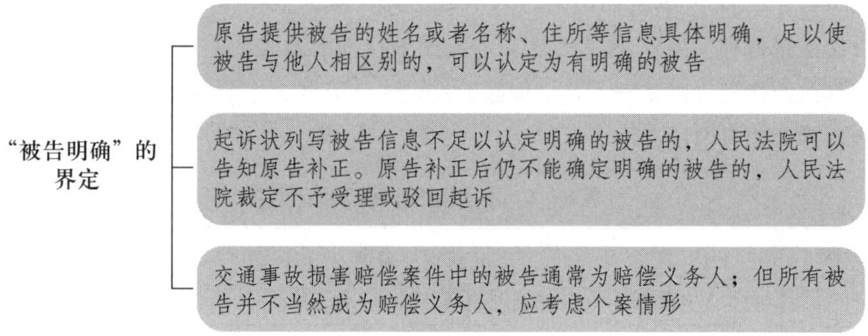

图8-2 “被告明确”的界定

交通事故中如涉及机动车方需承担赔偿责任,机动车承保交强险和商业险的保险公司一般可列为共同被告。“被告”的一般范围如何确定见图8-3。将保险公司列为被告时,应当明确承保保险公司的分支机构。一般的保险公司分公司均具有应诉资格,另外个别保险公司的支公司及营业部也可以作为独立主体参与诉讼并承担民事责任。

交通事故中的被告较易明确,原告可通过公安机关交通管理部门出具的交通事故认定书、事故证明书、事故调查资料,明确相关信息。

不同的事故中,因为交通事故参与人或车辆的区别,赔偿义务人可能不同,相对应地,被告的范围亦有所区别。原告应当明确“告”的范围,实现诉讼目的。

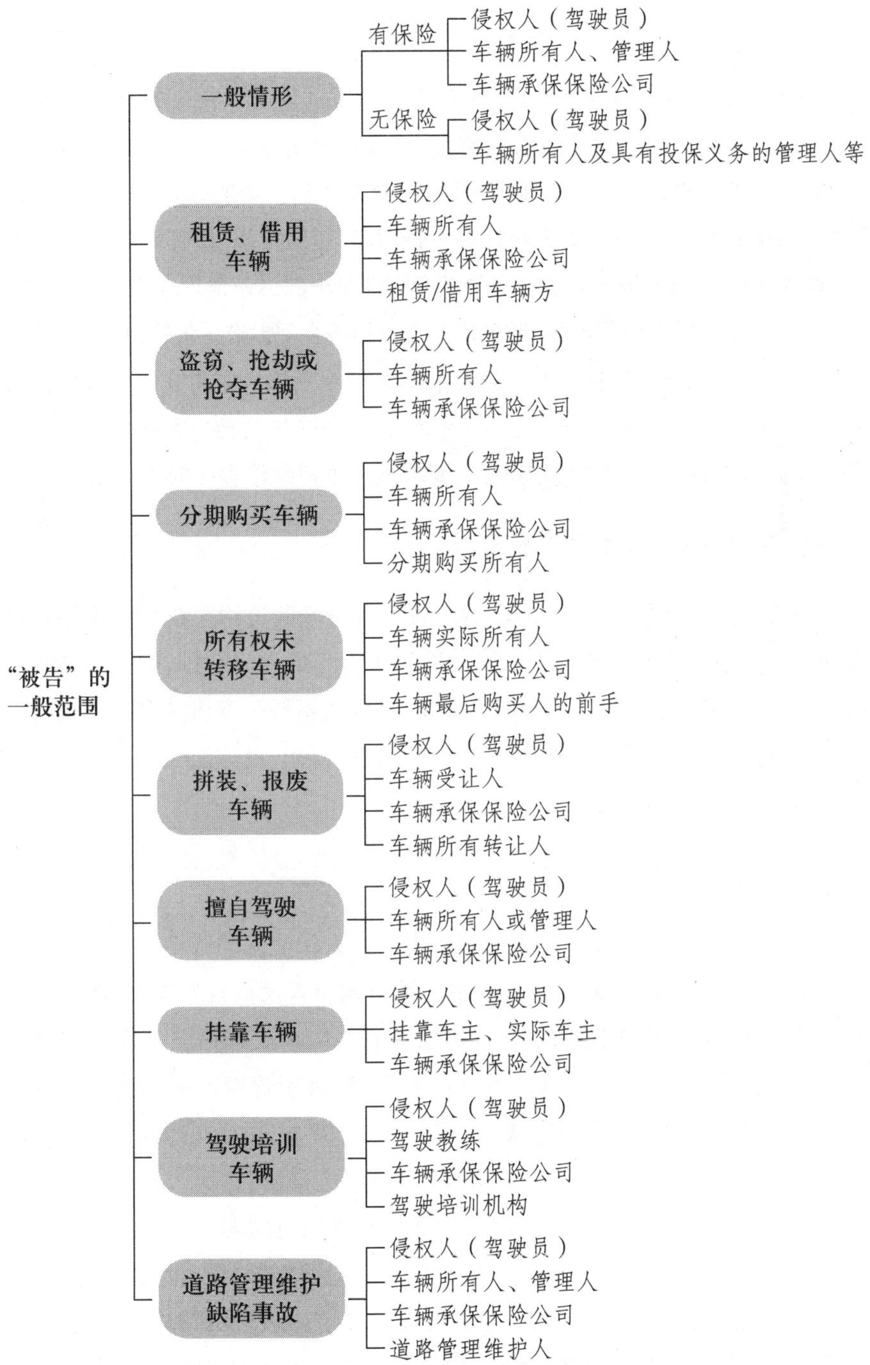
“被告”的一般范围
一般情形
有保险
侵权人（驾驶员）
车辆所有人、管理人
车辆承保保险公司
无保险
侵权人（驾驶员）
车辆所有人及具有投保义务的管理人等
租赁、借用车辆
侵权人（驾驶员）
车辆所有人
车辆承保保险公司
租赁/借用车辆方
盗窃、抢劫或抢夺车辆
侵权人（驾驶员）
车辆所有人
车辆承保保险公司
分期购买车辆
侵权人（驾驶员）
车辆所有人
车辆承保保险公司
分期购买所有人
所有权未转移车辆
侵权人（驾驶员）
车辆实际所有人
车辆承保保险公司
车辆最后购买人的前手
拼装、报废车辆
侵权人（驾驶员）
车辆受让人
车辆承保保险公司
车辆所有转让人
擅自驾驶车辆
侵权人（驾驶员）
车辆所有人或管理人
车辆承保保险公司
挂靠车辆
侵权人（驾驶员）
挂靠车主、实际车主
车辆承保保险公司
驾驶培训车辆
侵权人（驾驶员）
驾驶教练
车辆承保保险公司
驾驶培训机构
道路管理维护缺陷事故
侵权人（驾驶员）
车辆所有人、管理人
车辆承保保险公司
道路管理维护人

图 8－3　“被告”的一般范围

(三)诉讼请求具体,事实清楚、理由充分

诉讼请求是原告向人民法院提出的,要求人民法院予以判决的请求;诉讼请求是原告提起诉讼需要得到的"赔偿权利"。原告提起诉讼时,主张的权利应明确陈述,即诉讼请求要清楚、具体;不能模棱两可,含糊不清。如明确要求被告(侵权人)及被告(保险公司)赔偿各项损失合计多少钱,并列明医疗费、住院伙食补助费、护理费、营养费、伤残赔偿金等各赔偿事项数额。原告提出的诉讼请求应当尽可能符合实际,漫天要价的请求只可能导致法院判决原告承担不合理诉讼主张的相关费用。

事实及理由是对原告提出的诉讼请求的基础及依据。原告在陈述事实及理由时,应当就事故发生经过、责任认定、所遭受损失、各被告为何应承担赔偿款的原因等作出明确载明,做到主张的事实清楚、要求被告承担赔偿责任的理由充分。

(四)属于民事诉讼受案范围

受案范围,是指原告提出的诉讼请求属于人民法院适用司法程序能够解决的民事纠纷。如起诉的事项不属于人民法院民事诉讼的受案范围,则人民法院对该纠纷不应受理,即使受理也应当驳回。例如,当事人不服公安机关交通管理部门作出的事故责任认定,原告不能据此向人民法院提起诉讼,而应至公安机关交通管理部门申请行政复核。

(五)确定起诉的人民法院

原告应当向有管辖权的人民法院提起诉讼。人民法院的管辖分为级别管辖和地域管辖。交通事故赔偿案件一审基本上是由基层人民法院管辖;但涉及居住在国外或涉港、澳、台当事人较多的案件,可以由中级人民法院管辖。如果案件影响较大,也可以由高级人民法院与最高人民法院管辖,级别管辖不能由当事人自由选择。原告提起诉讼时,人民法院将对级别管辖进行审查,如存在违反级别管辖起诉情形,则裁定不予立案或将案件移送至有管辖权的人民法院。

交通事故赔偿案件中,原告更应当注意的是确定应向哪一个地区人民法院提起诉讼,即确定案件地域管辖。根据我国相关法律法规的规定,诉讼主要是由原告到被告住所地进行;如被告为多人,原告可以至任意一被告所在地人民法院起诉。因交通事故案件属于典型的侵权案件,侵权行为地人民法院亦有管辖权;侵权行为地包括侵权行为实施地、侵权结果发生地等。一般情况下侵权行为实施地和结果

发生地是重合的;但在特殊情况下,如伤者被送至其他人民法院辖区内的医疗机构救治后身亡,医疗机构所在地人民法院应当也具有管辖权。

交通事故赔偿案件赋予原告自由选择案件管辖人民法院的权利。因残疾赔偿金、被扶养人生活费、丧葬费、死亡赔偿金等费用损失均为按照受诉人民法院所在地标准进行计算,各地赔偿适用标准都是不同的,原告选择诉讼人民法院时,应充分考虑到不同人民法院对上述费用计算采纳标准的区别,以最大限度地维护自身合法权益。

二、起诉的时效要求

原告应当在法定时效内向人民法院起诉,起诉应当符合诉讼时效规定。诉讼时效,是指权利人向人民法院请求保护民事权利的有效期间。

法律设定诉讼时效,是为了督促权利人尽早主张权利,积极维护自身的合法权益;如权利人未在诉讼时效内行使权利,其胜诉权利难以得到法律保护,即可能丧失胜诉权。

《民法典》对于诉讼时效作出新的规定,确定因交通事故造成人身伤害或财产损害,应自其损害发生之日起3年内主张权利。

赔偿权利人应当及时起诉。交通事故中当事人的情况比较复杂。有一些当事人流动性较大,如果没有及时起诉,很可能相关赔偿义务人会采取逃避、隐匿财产等手段规避诉讼及执行,给诉讼和执行带来许多困难,甚至造成人民法院判决生效之后找不到相关赔偿义务人或者相关赔偿义务人已经没有财产可供执行的结果。

交通事故损害赔偿案件跟普通案件一样,适用诉讼时效的中断。诉讼时效中断,是指诉讼时效因提起诉讼或当事人一方提出要求或者同意履行义务而中断。从中断产生的法律效果来看,时效中断,则诉讼时效期间应当重新计算。交通事故损害赔偿案件中,若受害人等赔偿权利人向赔偿义务人主张权利,要求其赔偿损失,或赔偿义务人支付权利人赔偿款,或者权利人向人民法院提起诉讼,均产生诉讼时效中断的效果。

三、诉讼代理人

诉讼代理人,是指根据法律的规定或者当事人的委托在一定权限内代替或协助当事人,并以当事人名义进行诉讼活动的人,这里我们着重强调作为起诉方原告的诉讼代理人。诉讼代理人主要分为法定诉讼代理人和委托诉讼代理人,诉讼代理人应当在法律规定或委托授权的范围内进行诉讼活动,诉讼活动后果由被代理人承担。诉讼代理人的范围见图 8 -4。

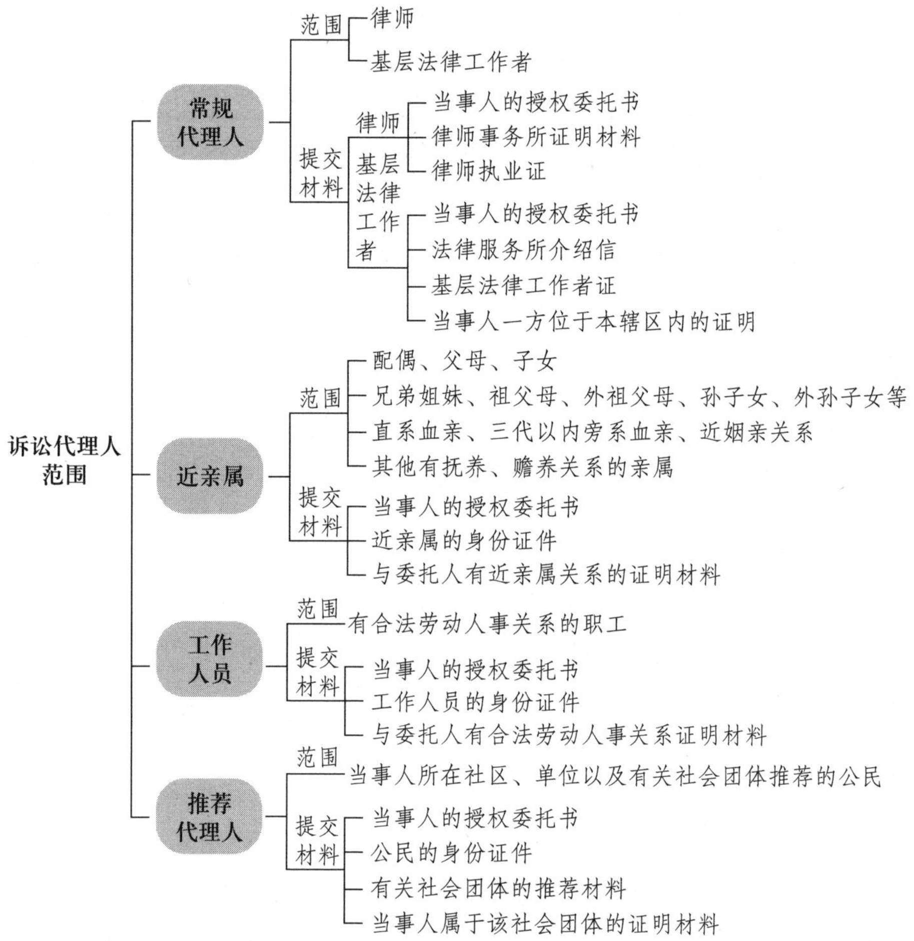

图 8 -4 诉讼代理人的范围

(一)法定诉讼代理人

法定诉讼代理人,是指法律规定的代理无诉讼行为能力的当事人进行诉讼活动的人。法定诉讼代理人最大特征在于法定,法定诉讼代理人的范围由法律直接规定,其代理权限亦由法律直接规定。根据我国《民事诉讼法》等相关法律规定,无诉讼行为能力人由其监护人作为法定代理人代为诉讼。

在交通事故中,原告方无诉讼行为能力一般表现在:未成年人(不含 16 周岁以上未满 18 周岁,但以自己的劳动收入为主要生活来源的未成年人)、不能辨认或不能完全辨认自己行为的精神病人、因事故导致人身受伤致丧失意识或辨认能力人(如植物人或头部受伤导致丧失正常辨认能力的人)等。

无诉讼行为能力的赔偿权利人由其法定诉讼代理人代为提起诉讼,法定诉讼代理人具有赔偿权利人应当具有的全部诉讼权利,并承担相应的诉讼义务。在提起诉讼时,原告应当提交法定代理人与赔偿权利人之间监护关系的证明,法定代理人可以委托律师或其他代理人参加诉讼。

(二)委托诉讼代理人

委托诉讼代理人,是指受赔偿权利人及其法定代理人委托并以委托人的名义在授权范围内进行民事诉讼活动的人。赔偿权利人及其法定代理人可以委托一人至二人作为诉讼代理人。

无民事行为能力人、限制民事行为能力人以及其他依法不能作为诉讼代理人的,不得接受委托成为诉讼代理人。可能损害当事人利益的人或者人民法院认为不宜作为诉讼代理人的人,不能作为诉讼代理人。

诉讼代理人的代理权限分为一般权限及特殊权限:一般权限主要是指代收法律文书、代为出庭、代为陈述等一般程序性事务权限,特殊权限则包括承认、放弃、变更诉讼请求等实体诉讼权利。诉讼代理人以授权委托书上记载的委托事项及权限进行诉讼活动。根据我国相关法律规定,当事人委托他人代为诉讼,必须向人民法院提交由委托人签名或盖章的授权委托书。授权委托书中应当载明委托事项和权限。当诉讼代理人权限变更或者解除时,当事人应当书面告知人民法院。

实践中,经常出现委托代理权限为"全权代理"但无具体授权,这在法律上只能默认为一般代理,不具有实体权利处置的代理权限。诉讼代理人代为承认、放弃、变更诉讼请求,进行和解,提起反诉或者上诉,必须有委托人的特别且明确的授权。

四、口头起诉与起诉状

(一)起诉的形式

起诉状是诉讼中最基本的材料,是原告向人民法院提交的载明双方当事人基本情况、原告的诉讼请求以及起诉事实、理由的书状。根据法律规定,原告起诉应当向人民法院递交起诉状,并按照被告人数提出副本。一般来说,起诉状应当由原告以书面形式提交;如果作为自然人的原告书写起诉状确有困难,可以口头起诉,由人民法院以笔录的形式将原告的诉讼请求、基本事实及理由进行固定,经由原告确认签字或捺印后,再予以立案,并告知被告等对方当事人。

(二)起诉状基本格式及内容

我国民事诉讼法对起诉状的内容作出了明确的规定,结合公文写作的基本格式,起诉状的书写,应当注意相关格式及内容。起诉状的格式及内容要求见图8-2。

表8-2 起诉状的格式及内容要求

起诉状的要求	具体内容
明确的诉讼类型	起诉状第一行单列,居中书写"民事起诉状"
明确的案件当事人基本情况	1. 按照原告、原告代理人、被告、第三人的顺序书写。 2. 当事人为自然人时,应当详细载明姓名、性别、出生年月(年龄)、居民身份证号码、民族、学历(文化程度)、工作单位及其职业、住所地、联系方式等。 3. 当事人为法人或其他组织,应当详细载明法人或其他组织的名称、统一社会信用代码、住所地(经营地址),法定代表人或主要负责人(经营者)的姓名、职务、联系方式等。 4. 案件涉及法定代理人或委托代理人,法定代理人信息中,应当载明法定代理人的姓名等上述基本信息外,还应当说明法定代理人与原告之间的关系。 5. 存在委托代理人,除律师、法律工作者外,其他代理人除详细载明以上基本信息,还应当注明与原告等当事人之间的关系或社区等基层组织推荐信息,律师、法律工作者应当载明姓名、服务处所、职业身份等信息
明确的诉讼请求	1. 诉状中应当明确赔偿责任主体,即由谁承担何种赔偿责任,进而明确赔偿责任大小。 2. 诉讼请求应当列明赔偿项目以及各个项目的赔偿计算方式及具体赔偿数额
事实清晰、理由充分	事实与理由部分,应当详细载明事故发生经过、公安机关交通管理部门责任认定、人身伤亡及治疗的情况、财产受损的情况以及主张权利的理由及依据等内容
证据及证人	证据相关内容一般可以以附件形式提出
明确的起诉人	1. 起诉状由原告亲笔签名或捺印,并写明起诉日期。 2. 法定代理人代为提起诉讼的,应当由法定代理人代签;如涉及法人或其他组织提起诉讼,应当在具状人处加盖单位印章

附:民事起诉状样式

民事起诉状

原告:王×,男,199×年×月×日出生,居民身份证号码×××××××,汉族,

高中文化，×公司员工，住×市×县×乡×村×号，通信地址×市×县×乡×村×号，联系电话135××××。（原告基本信息）

委托诉讼代理人：胡×，江苏×律师事务所律师。（委托代理人为律师或法律工作者）

委托诉讼代理人：王小×，系原告父亲，196×年×月×日出生，居民身份证号码×××××××，汉族，初中文化，×公司员工，住×市×县×乡×村×号，通信地址×市×县×乡×村×号，联系电话135××××。（委托代理人为自然人）

被告：刘×，男，198×年×月×日出生，居民身份证号码×××××××，汉族，高中文化，×公司员工，住×市×县×乡×村×号，通信地址×市×县×乡×村×号，联系电话138××××。（侵权人即驾驶员信息）

被告：李×，男，197×年×月×日出生，居民身份证号码×××××××，汉族，大学文化，私营业主，住×市×县×乡×村×号，通信地址×市×县×乡×村×号，联系电话138××××。（实际车主信息）

被告：中国×保险股份有限公司×分公司，组织机构代码×，地址×市×县×街×号。

负责人：孙某，该公司总经理，联系电话159××××。

诉讼请求：

1. 请求依法判令三被告支付医疗费等各项赔偿款×元[其中医疗费×元、住院伙食补助费×元（×元/天计算×天）、营养费×元（×元/天计算×天）、护理费×元（×元/天计算×天）、误工费×元（×元/天计算×天）、伤残赔偿金×元（×元/年按伤残系数×%计算×年）、交通费×元、精神损害抚慰金×元、衣物损失×元、车辆损失×元]；

2. 由三被告承担本案诉讼费用×元及鉴定费用×元。

事实与理由：

××××年××月××日，被告刘×驾驶车牌号为苏E×轿车经×路由东向西行驶至×路口时，与骑电动自行车的原告相撞，事故造成原告车辆受损，原告受伤。经公安机关交通管理部门认定，被告刘×负事故的主要责任。

事故发生后，原告被送至×医院进行住院治疗，住院时间为××××年××月××日至××月××日，共计×天，原告出院被诊断为×。后原告伤情经鉴定因×伤情构成道路交通事故×级伤残，因事故产生误工期×天、营养期×天、护理期×天。原告因事故共花费医疗费×元、因受伤产生误工损失×元、产生护理费×元等。

原告车辆因事故受损,共花费修理费×元,原告因受伤产生衣物手机损失×元。另原告因鉴定花费鉴定费×元,花费交通费×元。

经查明,肇事车辆苏E×轿车为被告李×所有,在被告中国×保险股份有限公司×分公司承保了交强险及商业三者险(保额为×元),事故发生在保险期限内。请求人民法院判令被告中国×保险股份有限公司×分公司在交强险及商业险范围限额内先行承担赔偿责任,对超出保险赔偿范围的其他损失由被告刘×和李×连带负担。

此致

××人民法院

具状人:王×

××××年××月××日

附:证据材料(详见证据目录)及证人出庭作证申请书(含证人信息)

五、起诉材料准备

除起诉状外,赔偿权利人提起诉讼还应准备其他起诉材料。

赔偿权利人应当提供当事人的身份证明的相关资料及委托代理材料。应当尽可能地准备原、被告等各方当事人的基本身份证明资料。原告如果为自然人,应当准备身份证复印件;原告为法人或其他组织的,应当提交法定代表人身份证复印件及身份证明书、营业执照副本复印件、组织机构代码证复印件。如被告为个人,原告应当尽可能提交其身份证复印件、驾驶证等个人信息;如被告为法人或其他组织,应当准备提交其信用登记信息;应当准备行驶证、保单等车辆基本信息。以上被告信息及车辆基本信息,一般在公安机关交通管理部门的处理卷宗中都有记载,原告可向公安机关交通管理部门申请调取。

赔偿权利人如委托他人代为提起诉讼,应当提交授权委托书,以及根据不同的委托代理人提供不同的身份证明资料。

赔偿权利人应当尽可能地准备证明交通事故的基本事实及实际损失的相关证据材料。交通事故中的主要证据材料见表8-3。证据材料主要包括书证、物证、视听资料、电子数据、证人证言、当事人陈述、鉴定意见、勘验笔录等。在交通事故损害赔偿纠纷中,无论是当事人之间自行协商解决,还是由公安机关交通管理部门等进行调解解决,抑或人民法院处理,证据材料都是查明事实、确认赔偿责任分担的重要依据。

表8-3　交通事故中的主要证据材料

类别	证据材料
事故发生	公安机关交通管理部门出具的交通事故认定书、事故证明书,或双方签署的交通事故快速处理协议、和解协议
医疗费损失	医疗机构出具的病历、住院记录、出院记录、诊断证明书、医疗费用清单、医疗费发票、医疗机构出具的医疗辅助器具建议书、辅助器具购买发票等
营养费	营养期限司法鉴定意见书、医疗机构出具的需要加强营养的医嘱或诊断证明、购买营养品的发票等
误工费	误工期限司法鉴定意见书、劳动合同、用人单位营业执照复印件、工资单、社保缴纳证明、个税缴纳证明、用人单位出具的工资扣发等误工证明、银行对账单等
护理费	护理期限及构成护理依赖的司法鉴定意见书、医疗机构出具的需要护理的医嘱、护理费发票或护理人员因护理而造成误工损失的相关证明材料
伤残赔偿金	构成伤残司法鉴定意见书、户口簿或经常居住地证明、暂住证、房屋租赁合同,或者长期纳税证明、社保缴纳证明、居住城市办理银行卡信息、购房合同、健康证、投资信息等
被扶养人生活费	扶养人与被扶养人之间亲属关系证明、出生证明(未成年子女)、无独立生活能力且无生活来源证明(成年子女)、父母无生活能力且无收入来源证明及父母生育子女情况证明、被扶养人户口本或者经常居住地证明等
残疾辅助器具	县级以上医院对伤者需要残疾辅助器具的证明、民政等相关部门或机构出具的普及型器具的价格标准、义肢配置机构对义肢更换周期及赔偿期限以及维修费用的说明等
死亡赔偿金及丧葬费	死亡证明、公安部门及基层组织出具的继承人情况说明、死者生前工作及收入来源相关证明及居住情况
交通费、住宿费等其他损失	交通费支出票据、住宿费票据等其他损失相关票据
衣物、手机等物品	购买相关物品的发票以及相关物品在交通事故中受损的照片等
车辆受损修理费或重置费	车辆行驶证复印件、定损单、维修费发票、维修清单、车辆报废证明、购买新车的合同及发票等
停运损失	车辆为营运车辆证明、停运时间证明、营运收入证明等
租车费等替代交通工具	租车合同、租车发票等
施救费等其他物损	施救费票据、其他能够证明交通事故造成物品损害及其价值的证明材料等

原告提交的相关证据材料,需要向人民法院递交被告人数加一份复印件,证据原件在庭前会议或开庭质证时提交或出示。如相关证据原告及其委托代理人因客观原因无法提供,可在起诉时一并提交申请人民法院调查收集。

交通事故案件中,证据材料较多,为有效控制证据遗漏,充分地维护权益,建议赔偿权利人等原告在准备齐全上述证据材料后,还应当制作证据清单,一并提交给法院。证据清单中需要明确证据的顺序,按照相关事实陈述、诉讼请求等方面进行归类列举,清晰陈述证据名称,并指向具体的证明内容。

附:诉讼材料及证据清单样式

诉讼材料及证据清单(样式)

一、原告主体资格材料			
序号	材料名称	材料说明	页数
1	原告的身份证复印件、驾驶证复印件(如有)	原告主体适格	
2	赔偿权利人的身份证明		
二、被告主体资格材料			
序号	材料名称	材料说明	页数
1	被告身份证复印件、驾驶证复印件(如有)	被告明确,且主体适格	
2	被告企业信用信息		
3	肇事车辆行驶证复印件		
4	车辆查询信息		
5	保险信息		
三、证据材料			
1	交通事故认定书	交通事故发生的事实,说明事故发生的时间、地点,及双方的责任等	
	道路交通事故证明书		
2	住院病历、入院记录、出院小结、诊断证明书等	受害人受伤害的事实,医疗费及后续治疗费用、住院伙食费及加强营养证明、护理依赖证明	
	用药清单、费用明细清单等		
	医疗费发票		
3	营养费发票或者情况说明	营养费主张依据	
4	护理费证明、发票	护理费主张依据	
	护理人员误工证明		

续表

5	司法鉴定书	伤残等级及营养、护理、误工期限	
6	户口簿复印件	户籍性质、家庭成员情况	
7	暂住证或城镇居住满一年的证明	农村户口按城镇标准计算赔偿的证据	
	劳动合同及工资单、银行流水凭证		
	城镇区域房屋租赁合同		
	房屋买卖合同、房屋所有权证		
	社保缴纳记录、个人所得税缴纳记录		
	工作单位企业信用信息资料		
8	小孩出生证明或户口所在地派出所证明	被扶养人生活费主张依据	
	父母无收入来源证明		
	兄弟姐妹人数证明		
	下岗证、“五保户”或困难户证明、残疾证、失业证等		
	被扶养人情况说明		
	被扶养人身份证或户口簿复印件		
	结婚证		
9	残疾辅助器具费用发票、残疾辅助器具证明、适配意见等	残疾辅助器具费用主张依据	
10	精神损害的证据或者情况说明	精神损害抚慰金主张依据	
11	误工收入证明或者情况说明	误工费主张依据	
	工资单/收入存在及减少证明		
	完税证明		
12	鉴定费发票	鉴定费主张依据	
13	交通费单据或者情况说明	交通费主张依据	
14	住宿费发票或者情况说明	住宿费主张依据	
15	财产损失证据或者情况说明	财产损失主张依据	
	营运合同等		
16	其他证据		
	提交人：	时间：	

六、起诉受理

人民法院保障当事人的起诉权利,对符合起诉条件的案件,必须受理。人民法院审查原告的起诉材料,认为符合起诉条件的,应当登记立案,并通知原告;对当场不能判定是否符合起诉条件的,应当接收起诉材料,并出具注明收到日期的书面凭证;对需要补充必要相关材料的,人民法院应及时告知原告。起诉人在补齐相关材料后,人民法院在7日内决定是否立案;人民法院对不符合起诉条件的,在7日内作出裁定书,不予受理;原告对裁定不服的,可以提起上诉。人民法院在立案后发现不符合起诉条件的,则裁定驳回起诉。

如原告在起诉状中有谩骂和人身攻击之辞的,人民法院收到起诉状后会告知其修改后提起诉讼。

另外,对于下列特殊情况,人民法院会给予不同的处理:(1)依照《行政诉讼法》的规定,原告的相关诉讼请求属于行政诉讼受案范围的,告知原告提起行政诉讼;(2)依照法律规定,原告提起的争议属于其他机关处理的争议,告知原告向有关机关申请解决;(3)原告提起的争议事项不属于本院管辖的,告知原告向有管辖权的人民法院起诉;(4)对判决、裁定、调解书已经发生法律效力的争议事项,原告又起诉的,告知原告申请再审,但人民法院准许撤诉的裁定除外。

现阶段,随着互联网等技术手段的普及,许多地方法院开始实行网上立案及跨域立案方式,原告亦可了解起诉法院的立案习惯,通过互联网络进行立案,并可在居住地法院进行跨域立案。

七、诉讼费用的交纳与减免

当事人进行民事诉讼,应当依法交纳诉讼费用。诉讼费用主要包括:(1)案件受理费;(2)申请费,如保全费、鉴定费等;(3)证人、鉴定人、翻译人员、理算人员出庭接受质询或作证时发生的交通费、住宿费及误工损失等。

案件受理费由原告、提起反诉的被告及有独立请求权的第三人预交,交纳费用的期限自接到人民法院交纳诉讼费用通知次日起7日内。当事人如逾期不按照规定交纳案件受理费,并且没有提出司法救助申请,或者申请司法救助未获得批准,在人民法院指定的期限内仍未交纳案件受理费的,案件视为自动撤诉处理,人民法院对案件不予实质性审查处理。

适用简易程序审理的赔偿争议案件,当转为普通程序时,人民法院一般在程序转换后通知原告补交案件受理费，原告应当在收到催缴通知书之日起 7 日内补交案件受理费。如原告无正当理由未按期足额补交，按撤诉处理，已经收取的诉讼费用退还一半。

区别于其他案件，交通事故赔偿纠纷类案件审理有损失确定过程，常常涉及伤残等级及“营养期、误工期及护理期”的鉴定，而相关鉴定一般发生在诉讼过程中。原告在诉讼过程中变更诉讼请求数额案件的案件受理费处理规则为：(1)原告增加诉讼请求数额的，按照增加后的诉讼请求数额计算后予以补交；(2)原告在法庭调查终结前提出减少诉讼请求数额的，按照减少后的诉讼请求数额计算后退还多交纳部分。

当事人在诉讼过程中可能会因案件审理需要要求证人、鉴定人等出庭参加诉讼。根据我国法律规定，证人、鉴定人、翻译人员在人民法院指定日期出庭发生的交通费、住宿费、生活费和误工补贴也属于诉讼费用，上述费用应当由申请人预交，最终由败诉方承担。

当事人如交纳诉讼费用确有困难，可以向人民法院申请缓交、减交或者免交诉讼费用的司法救助。原告申请司法救助，应当在起诉时一并提交书面申请，并提交足以证明其确有经济困难的证明材料以及其他相关证明材料。当然，诉讼费用的减免一般只适用于自然人。

诉讼过程中，因鉴定、公告、勘验、翻译、评估、拍卖等发生的依法应当由当事人负担的费用，人民法院则主要根据“谁主张，谁负担”原则，由主张方先行直接支付给相关机构或者单位，人民法院不予代收代付。交通事故赔偿类案件中，原告提起伤残鉴定、医学“三期”鉴定时，应当垫交相关鉴定费用。

八、二次或多次起诉情形

如交通事故致人受伤且伤情较重需要长期治疗或多次手术，容易出现基于一次事故而两次甚至多次起诉情形。一般有下列不同的处理方式：(1)治疗完全结束后一并起诉要求赔偿，该方式有利于节省当事人的诉讼成本，并且有利于矛盾纠纷的一次性了结；但是在实践中，一些赔偿权利人因经济原因需要起诉后获得赔偿以支付后续治疗费用，因此多采取边治疗边起诉的方式。(2)在原告初次起诉时提供证据，对后续治疗费用予以确定，一次性给予补偿。(3)原告在进行二次手术或后续治疗完毕后再次起诉，即根据实际发生的损失主张具体的损失。

原告进行二次或多次起诉时，应当注意多次起诉及相关判决的衔接问题，主张权利时,不建议漏项主张,但是也不要重复主张。当事人如果重复主张权利,则违反了民事诉讼的“一事不再理”原则,依法不能被法院受理,或不能得到法院支持。所谓“一事不再理”,是指对于同一案件已经由其他有管辖权的法院依法审理,或对于判决书、调解书、裁定书等已经发生法律效力的案件,当事人再次起诉的,法院不予处理的诉讼法原则。“一事不再理”的实质是法院对当事人的诉请不做重复处理。

第九章

庭前工作、审理、调解与判决

一、先予执行

先予执行，是指人民法院在终结判决之前，为解决权利人生活或生产经营的急需，裁定义务人预先履行将来生效判决中所确定之义务的一种措施。先予执行的着眼点是满足权利人的迫切需要。

在交通事故赔偿类案件中，受害人因交通事故遭受严重的身体伤害，急需住院治疗，受害人等赔偿权利人无力负担医疗费用，而与负有承担医疗费用义务的赔偿义务人不能协商解决，赔偿权利人诉至人民法院，请求人民法院判决。因民事案件从起诉到作出生效判决，需要经过较长的时间，如不先予执行，必然使受害人的治疗被耽误，或者造成严重后果。如人民法院依法裁定先予执行，就可以解决这个问题。

当事人是否因生活或伤情治疗急需而要立即实现有关的权利，当事人自己最清楚；因此，先予执行的要求应当由当事人主动向人民法院提出，人民法院不能主动依职权裁定采取先予执行的措施。但不是所有案件中原告作为申请人都可以提起先予执行申请；只有符合法律规定的条件，原告方可在提起诉讼时，一并向人民法院提请先予执行。先予执行申请条件见图 9－1。

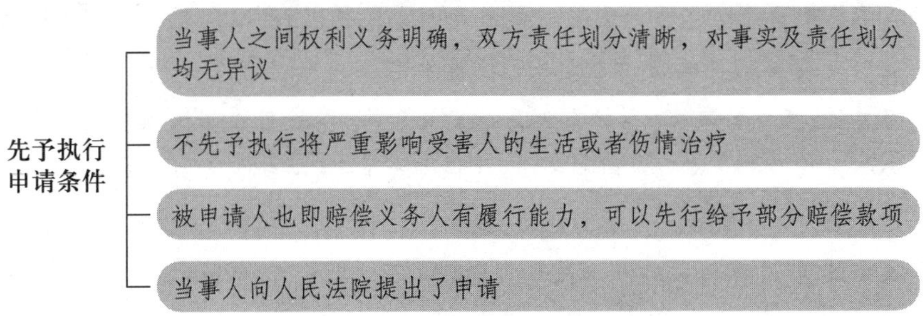

图 9－1　先予执行申请条件

附:先予执行申请书样本

先予执行申请书

申请人王×,男,199×年×月×日出生,居民身份证号码×××××××,汉族,高中文化,×公司员工,住×市×县×乡×村×号,通信地址×市×县×乡×村×号,联系电话135××××。(原告基本信息)

被申请人刘×,男,198×年×月×日出生,居民身份证号码×××××××,汉族,高中文化,×公司员工,住×市×县×乡×村×号,通信地址×市×县×乡×村×号,联系电话138××××。(侵权人即驾驶员信息)

被申请人李×,男,197×年×月×日出生,居民身份证号码×××××××,汉族,大学文化,私营业主,住×市×县×乡×村×号,通信地址×市×县×乡×村×号,联系电话138××××。(实际车主信息)

被申请人中国×保险股份有限公司×分公司,组织机构代码×,地址×市×县×街×号。

负责人孙某,该公司总经理,联系电话159××××。

请求事项:

请求人民法院依法裁定三被告先予给付医疗费5.21万元。

事实与理由:

××××年××月××日,被告刘×驾驶车牌号为苏E×轿车经×路由东向西行驶至×路口时,与骑电动自行车的原告相撞,事故造成原告车辆受损,原告受伤。经公安机关交通管理部门认定,被告刘×负事故的全部责任。

事故发生后,原告被送至×医院进行住院治疗,现已产生医疗费×元,已支付×元,现尚欠×元,×医院已向申请人发出催缴通知,如不及时缴付医疗费,则可能对原告的伤情治疗产生重大影响。申请人因家庭贫困,巨额医疗费用已给原告生活造成较大影响,现实在无力承担巨额医疗费用。

经查明,肇事车辆苏E×轿车为被告李×所有,在被告中国×保险股份有限公司×分公司承保了交强险及商业三者险(保额为×元,并投保不计免赔),事故发生在保险期限内。三被告具有履行能力,且依法应当承担申请人的医疗费用等损失。申请人特依据《中华人民共和国民事诉讼法》的相关规定,申请裁定先予执行医疗费用款项,以解决申请人的实际生活困难,减轻申请人的医疗负担。申请人自愿以其位于×区(产权证号×号)的房屋作为先予执行担保。请予以准许。

此致

××人民法院

申请人:王×

××××年××月××日

附:1. 医疗费票据及欠费催缴通知;

2. 家庭情况证明等。

先予执行范围限于原告的诉讼请求范围。原告申请先予执行,人民法院认为有必要让原告提供担保的,可以责令申请人提供担保,原告不提供担保的驳回申请。

先予执行向人民法院提出后,人民法院将对原告申请是否符合先予执行情形、是否属于先予执行的范围及条件进行严格审查;对符合先予执行条件的申请,应当及时作出先予执行的裁定。裁定送达后即发生法律效力,赔偿义务人不服可以申请复议一次,但复议期间不停止先予执行裁定的执行。

赔偿义务人应当依裁定履行义务;拒不履行义务的,人民法院可以根据受害人等赔偿权利人的申请或依职权决定采取执行措施强制执行。赔偿义务人申请复议有理的,人民法院应当裁定撤销原裁定。若原裁定已执行,人民法院应当采取执行回转措施。

交通事故赔偿类案件审理终结时,人民法院将在裁判中对先予执行的裁定及该裁定的执行情况予以说明并提出处理意见。受害人等赔偿权利人胜诉,先予执行正确的,人民法院应在判决中说明权利人应享有的权利在先予执行中已得到全部或部分的实现;受害人等赔偿权利人败诉,先予执行错误的,人民法院应在判决中指出先予执行是错误的,责令申请人返还因先予执行所取得的利益或裁定采取执行回转措施强制执行;被申请人因先予执行遭受损失的,申请人应当赔偿。

二、财产保全申请

财产保全,是指人民法院在利害关系人起诉前或者当事人起诉后,为保障将来的生效判决能够得到执行或者避免财产遭受损失,对当事人的财产或者争议的标的物采取限制处分的强制措施。交通事故中的财产保全,主要是指受害人等赔偿权利人在起诉前或起诉后,为了避免转移财产造成今后判决执行困难,向人民法院书面提起申请,对赔偿义务人的财产进行保全。交通事故的财产保全主要适用于无保险公司作为赔偿义务人,或保险金额不足以赔偿损失,需要侵权人等其他赔偿义务人承担赔偿责任的情形。

附:财产保全申请书

财产保全申请书

申请人王×,男,199×年×月×日出生,居民身份证号码×××××××,汉族,高中文化,×公司员工,住×市×县×乡×村×号,通信地址×市×县×乡×村×号,联系电话135××××。(基本信息,下同)

被申请人刘×。(侵权人即驾驶员信息)

被申请人李×。(实际车主信息)

被申请人中国×保险股份有限公司×分公司,组织机构代码×,地址×市×县×街×号。

负责人孙某,该公司总经理,联系电话159××××。

请求事项:冻结被申请人刘×、李×及中国×保险股份有限公司×分公司的银行存款×元或查封、扣押其相应价值的财产。

事实与理由:

关于王×诉刘×、李×、中国×保险股份有限公司×分公司机动车交通事故赔偿责任纠纷一案,贵院已受理。为减少相关赔偿义务人恶意转移财产的风险,便于今后执行,现申请对被告刘×、李×及中国×保险股份有限公司×分公司的银行存款×元或其相应价值的财产进行查封、扣押。申请人自愿提供×财产作为财产保全担保。

此致

×人民法院

申请人:王×

××××年××月××日

附财产线索及有关证据材料:李×所有的车牌号为×的车辆

赔偿权利人申请财产保全的范围应当限定于其诉讼请求,不得超出诉讼标的

(诉讼主张的数额),保全对象为不可分割物,且无其他可供保全的财产;保全的财产应当只限于被告有关的财物,不得对案外人的财物进行保全。司法实践中,交通事故保全的财物主要是赔偿义务人的银行存款、车辆或房屋等。财产保全的主要措施为对银行存款进行登记,对已经登记的车辆或房屋在相关登记部门进行查封限制其转让,对事故车辆进行扣押等。

赔偿权利人在提出财产保全申请的同时,应当一并向人民法院提交其掌握的赔偿义务人的相关财产线索;赔偿义务人的车辆、房屋是最为显性的财产线索,其他财产线索有待申请人进一步调查。申请人不能提供财产线索时,可以申请人民法院调查。人民法院根据申请人提供的财产线索对相关财产采取保全措施,保全的财产应当不属于限制保全财产部分。限制保全的财产范围见图 9－2。

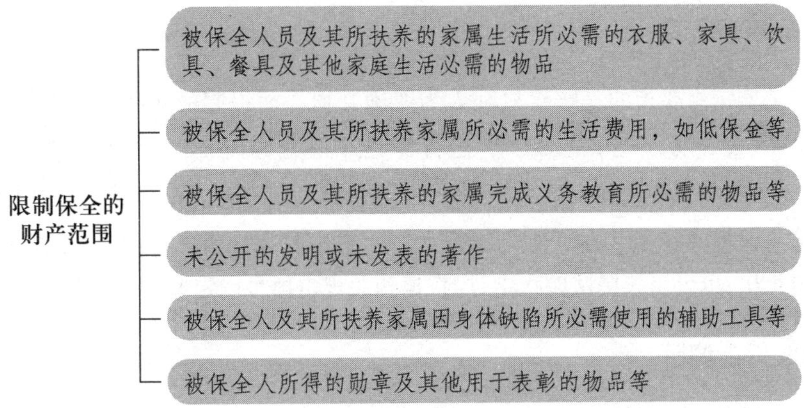

图 9－2　限制保全的财产范围

财产保全一般由原告向案件受理的人民法院提出。但如果是诉前保全,则一般由赔偿权利人向财产所在地、被告所在地或交通事故发生地等对交通事故具有管辖权的人民法院提出。赔偿权利人在向人民法院提起诉前财产保全后,应当在财产保全措施作出后 30 日内依法提起诉讼。如果在人民法院采取保全措施 30 日内不进行诉讼,则人民法院应当解除保全;而由此给保全措施实施对象造成的损害,应当由赔偿权利人承担。

保全是在当事人之间权利义务不明确情况下对赔偿义务人的财产采取的限制性措施;对于执行保全申请的人民法院而言,采取保全措施,尤其是诉前财产保全措施存在风险。因此,在赔偿权利人提出财产保全申请后,人民法院一般会要求赔偿权利人提供担保;申请人若不提供担保,则人民法院将裁定驳回其财产保全申请。申请人提供的担保包括现金担保、实物担保或保证人担保等。对于错误保全的,申请人应当赔偿对方当事人因财产保全所遭受的损失。

此外,申请财产保全也应当按照法律规定由赔偿权利人预先交纳保全费用,费用最高不超过5000元。保全费用属于诉讼费用,后一般由败诉的一方承担。

财产保全的目的不单为便于今后财产的执行,也为促成赔偿权利人与义务人双方就交通事故赔偿事项进行协调提供抓手。当财产保全的目的实现,尤其是交通事故赔偿纠纷已经得到解决,赔偿义务人可要求解除对财产实施的保全措施。解除财产保全应当向人民法院提出申请,人民法院收到申请后应当予以准许。

财产保全裁定送达给当事人后便立即生效。如果赔偿义务人对裁定不服,不允许上诉,但可以申请复议一次,复议期间不停止裁定的执行。

三、申请鉴定

申请鉴定主要指的是赔偿权利人为明确其损失而提起的对物品损失、人身伤残及医学"营养期、护理期、误工期"进行鉴定(具体内容前文已作出详细陈述,不赘述)。赔偿权利人申请鉴定应当在举证期限内提出,可在提交起诉状时一并提出鉴定申请。原告的鉴定申请经人民法院同意后,可由双方当事人即原告、被告协商确定鉴定机构,也可由人民法院指定,或根据相关规定摇号确定鉴定机构。

四、诉前调解

诉前调解,是指根据诉讼案件当事人自愿申请,法院在受理案件前,委派专业调解组织,由专业调解人员进行调解的一种争议解决机制。

当事人因交通事故赔偿责任纠纷起诉后,法院立案前,双方当事人可以申请诉前调解服务,法院委托专业调解组织派出调解员于30日内主持调解。调解成功后,原告可申请撤回起诉,法院将出具民事裁定书准予撤诉;原被告可以要求法院出具民事调解书,法院对调解笔录、协议文本进行审查后,出具民事调解书,该民事调解书与民事判决书有相同的法律效力。

五、诉讼审查、应诉送达及庭前会议

(一)诉讼审查

当赔偿权利人起诉,立案庭予以立案,起诉材料移送到审判庭室后,负责审理的法官会再次对原告的起诉是否符合法律规定的条件、本院是否具有管辖权等进行审查。如果符合起诉条件及属于管辖权范围,则正常予以处理;如不符合起诉条件或本院不具有管辖权,则裁定驳回或将案件移送至有管辖权的人民法院处理。诉讼审查要素见表9-1。

表9-1 诉讼审查要素

<table>
<tr><th>类别</th><th colspan="3">审查内容</th></tr>
<tr><td rowspan="6">原告要素</td><td colspan="3">原告与本案是否有利害关系,即原告的人身权或财产权是否因为交通事故而受到损害</td></tr>
<tr><td colspan="3">原告是否遗漏,尤其是涉及交通事故中受害人死亡情形,如果死者的亲属起诉,应当以死者某一顺位的全部继承人参与诉讼,若前一顺位继承人尚还存在则不考虑后顺序继承人</td></tr>
<tr><td rowspan="4">具体审查内容</td><td>被侵权人的审查</td><td>1. 人身损害应当由谁主张
2. 财产损失应当由谁主张</td></tr>
<tr><td>近亲属的审查</td><td>1. 被侵权人(受害人)死亡的,由谁主张权利
2. 近亲属的范围</td></tr>
<tr><td>代理人的审查</td><td>1. 何时需要法定代理人
2. 委托代理人的范围
3. 委托代理权的权限范围</td></tr>
<tr><td colspan="2">无名死者请求权主体的审查</td></tr>
<tr><td rowspan="4">被告要素</td><td colspan="3">被告是否适格,是否为依法可能承担责任的主体</td></tr>
<tr><td rowspan="3">具体审查内容</td><td>侵权人审查</td><td>原则上以事故认定书、事故证明书中记载内容确定侵权人主体</td></tr>
<tr><td>保险公司审查</td><td>原则上以事故认定书、事故证明书中记载的事故时间、保单来确定保险公司主体</td></tr>
<tr><td colspan="2">其他被告的审查</td></tr>
<tr><td rowspan="3">管辖审查</td><td colspan="3">交通事故中侵权行为地即为事故发生地,交通事故发生地或被告住所地是否在受诉人民法院管辖范围内</td></tr>
<tr><td rowspan="2">具体审查内容</td><td colspan="2">法定管辖的审查</td></tr>
<tr><td>特别管辖的审查</td><td>如发生在上海市高架道路上的交通事故统一由上海铁路运输法院管辖</td></tr>
</table>

(二)应诉送达

审理法官对符合起诉条件及有管辖权的案件,应当自立案之日起5日内将起诉状副本及相关应诉材料送达给被告;被告应当在收到起诉状副本后在人民法院给定的答辩期间内提交答辩状,就原告提出的相关诉讼请求发表答辩意见。

应诉送达是审判过程中的一个社会性疑难问题。交通事故赔偿类案件中,被告情况较为复杂,且流动性较大,驾驶员、车辆所有者或管理者难以有效送达。如果碰巧公安机关交通管理部门在处理事故时已留下被告的送达地址确认书,则人民法院可以根据该送达地址确认书向被告送达;但如不具有上述送达地址确认书,原告则应当配合审理法官对被告穷尽送达手段。

送达包括直接送达、留置送达、电子送达、委托送达、邮寄送达、转交送达及公告送达七种方式。

直接送达,是指人民法院将相关应诉文书直接交付给受送达人签收,直接送达是最基本的送达方式。直接送达见图9-3。

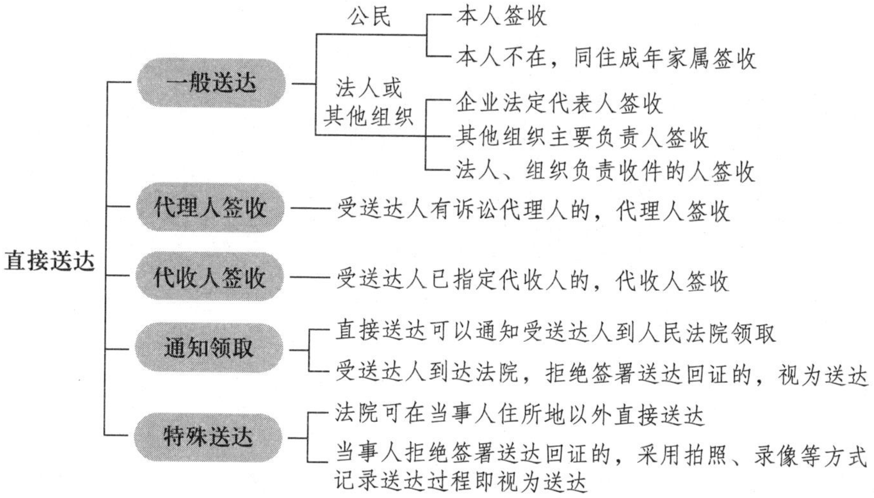

图9-3 直接送达

留置送达,是指当事人拒收应诉文书时,人民法院将文书留在当事人住处的送达方式。留置送达是直接送达不能时法院采取的一种强制送达方式。通常在以下两种情况中适用:(1)人民法院将文书送达给当事人,或当事人的成年家属,或当事人的诉讼代理人、代收人时,当事人本人或其成年家属、诉讼代理人、代收人拒绝签收,法院可直接将相关文书留置在住所或当事人可以查收的处所的一种送达方式。(2)法人的法定代表人、该组织的主要负责人或者办公室、收发室、值班室等负责收件的人拒绝签收或者在法院送达的诉讼文书上盖章的,适用留置送达。

留置送达时,人民法院应当邀请有关基层组织或者其所在单位的代表到场,说明情况,在送达回证上记明拒收事由和日期,由送达人、见证人签名或者盖章后将诉讼文书留在受送达人的住所。

电子送达可用于送达应诉或开庭传票等,是指人民法院将相关应诉材料对被告的邮箱等电子媒介送达。电子送达可以采用传真、电子邮件、移动通信、微信等即时收悉的特定系统作为送达媒介。因为电子送达具有特殊性,电子送达的指向性较之于传统的送达方式,更为隐蔽,且可能存在争议,故一般应经受送达人同意,并应当在送达地址确认书中予以确认。

委托送达,是指被告不在受诉人民法院的辖区内,直接送达有困难时,委托被告所在地人民法院代为送达的方式。接受委托的只能是人民法院。人民法院需要委托送达时,应当出具委托函,将委托的事项和要求明确地告知受托的人民法院,并附送达回证。

邮寄送达,是指人民法院直接送达有困难时,将诉讼文书附送达回证交邮局用挂号信寄给被告的送达方法。挂号信回执上注明的收件日期为送达日期。挂号信回执上注明的收件日期与送达回证上收件日期不一致的,或者送达回证没有寄回的,以挂号信回执上注明的收件日期为送达日期。

转交送达,是指在特定情况下,不宜或者不便直接送达时,人民法院将诉讼文书通过被告所在单位转交的送达方式。转交送达是在受送达人身份特殊的情况下适用的。例如,交通事故赔偿责任方为军人的,通过其所在部队团以上单位的政治机关转交;赔偿义务人因交通事故犯罪被监禁的,通过其所在监所或者劳动改造单位转交。代为转交的机关、单位在收到诉讼文书后,必须立即交受送达人签收,以受送达人在送达回证上的签收日期为送达日期。

只有在上述送达手段穷尽时,方可适用公告送达。公告送达,是指人民法院以公告的方式,将需要送达的诉讼文书的有关内容告知被告的送达方式。公告送达见图9-4。

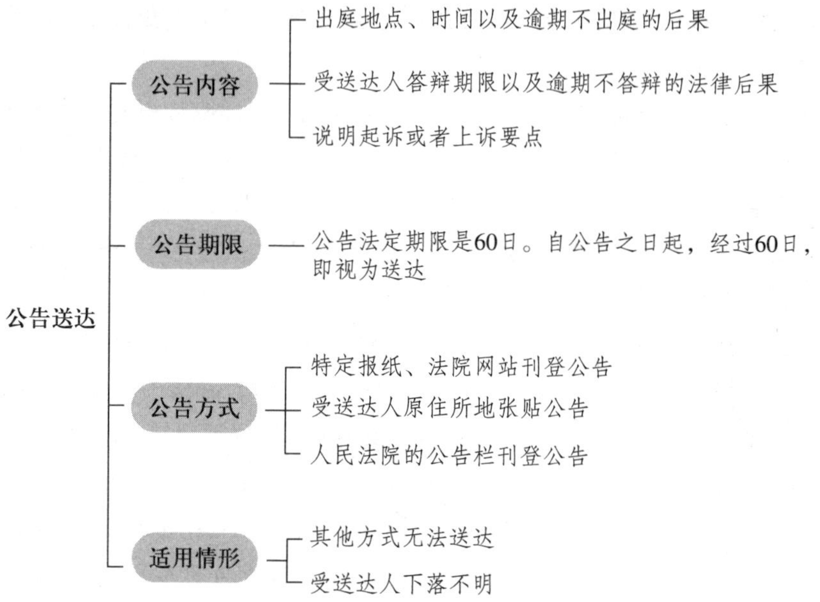

图9－4　公告送达

(三)庭前会议

人民法院在送达应诉材料的同时一般会随同送达庭前会议通知。

庭前会议属于法庭审理准备阶段中的一个中间程序,为法官便于了解案情、明确诉讼请求、协调调解而进行的非庭审式会议。并不是所有的案件都需要召开庭前会议,交通事故案件一般证据较多,甚至涉及庭前鉴定等事项,故人民法院一般会在正式庭审前召开庭前会议。

庭前会议一般包括以下内容:(1)明确原告的诉讼请求和被告的答辩意见;(2)审查处理当事人增加、变更诉讼请求的申请,以及第三人提出的与本案有关的诉讼请求;(3)根据当事人的申请决定调查收集证据,委托鉴定,要求当事人提供证据,进行勘验,进行证据保全;(4)组织交换证据;(5)归纳争议焦点;(6)进行调解。交通事故案件中的庭前会议内容主要为明确诉请及答辩意见、组织证据交换、委托鉴定等。

六、明确诉讼请求及审判要素归结

(一)明确诉讼请求

交通事故赔偿类案件中,原告变更诉讼请求的情况时有发生;这主要是因为交通事故赔偿类案件中有许多问题需要专门鉴定机构进行确定，如前所述各鉴定事项等。在鉴定机构出具鉴定意见后，原告应当根据鉴定意见相应地增加或减少诉讼请求。如原告在起诉或庭前会议时提出对其伤残等级及医学“三期”进行鉴定，若鉴定机构意见确定原告构成伤残，并对营养期、误工期及护理期等均作出明确建议，则原告会申请增加伤残赔偿金、被扶养人生活费、精神损害赔偿等，会申请调整营养费、误工费及护理费等。诉讼请求变更后，诉讼费用将会进一步调整，如增加诉讼请求，原告则应当预先垫付补交相应的诉讼费用；减少诉讼请求，则人民法院应将多交纳的诉讼费用予以退还。诉讼请求增加后，人民法院依法给予被告一定的答辩期。

法院将对原告的诉请进行审查。主要包括：(1)事故责任的审查；(2)赔偿顺序的审查；(3)支付各项赔偿费用的诉请审查，包括人身损害赔偿费用类型、财产损害赔偿费用类型；(4)对交强险承担费用后的诉请审查，包括交强险的赔偿范围、交强险的赔偿限额、交强险的无责赔偿；(5)对商业三者险的承担责任的诉请审查，包括商业三者险的赔偿范围、赔偿限额；(6)对侵权人承担费用的诉请审查，包括侵权人责任范围、责任方式；(7)对其他责任主体的诉请等。

(二)审判要素归结

交通事故赔偿类案件审判具有要素性，法官主要从原被告主体、事故发生状况、责任认定、车辆投保情况、损失、司法鉴定意见等要素对案件争议焦点进行归结，并要求原、被告填写或确认审判要素表。机动车交通事故责任纠纷审判要素如表9-2。

表9-2　机动车交通事故责任纠纷审判要素

审查要素	主要内容	
诉讼主体审查	原告	交通事故当事人
		受害人死亡，死者近亲属(继承人)
		交通事故财产损失人
	被告	驾驶员
		车主或实际管理者等
		保险公司

续表

<table>
<tr><th>审查要素</th><th colspan="6">主要内容</th></tr>
<tr><td rowspan="6">事故发生及责任认定审查</td><td>时间</td><td colspan="2"></td><td>地点</td><td colspan="2"></td></tr>
<tr><td>事故当事人</td><td colspan="5"></td></tr>
<tr><td colspan="3">事故车辆所有人及投保等相关情况</td><td colspan="3"></td></tr>
<tr><td colspan="3">事故责任认定或事故证明内容</td><td colspan="3"></td></tr>
<tr><td colspan="3">对事故发生及责任认定是否有异议</td><td colspan="3"></td></tr>
<tr><td colspan="3">是否涉嫌刑事犯罪</td><td colspan="3"></td></tr>
<tr><td rowspan="22">损失审查</td><td rowspan="13">人身损害</td><td rowspan="5">医疗</td><td colspan="2">住院情况</td><td>费用</td><td>垫付或拖欠情况</td></tr>
<tr><td colspan="2"></td><td></td><td></td></tr>
<tr><td colspan="2"></td><td></td><td></td></tr>
<tr><td colspan="2" rowspan="2">依医嘱产生的其他费用或门诊、复查费用</td><td>费用</td><td>垫付或拖欠情况</td></tr>
<tr><td></td><td></td></tr>
<tr><td colspan="3">医嘱营养期、护理期、误工期</td><td colspan="2"></td></tr>
<tr><td rowspan="7">鉴定意见</td><td rowspan="3">伤残等级</td><td>鉴定机构</td><td></td><td>定残日</td></tr>
<tr><td>委托方</td><td colspan="2"></td></tr>
<tr><td colspan="3"></td></tr>
<tr><td>营养期</td><td colspan="3"></td></tr>
<tr><td>护理期</td><td colspan="3"></td></tr>
<tr><td>误工期</td><td colspan="3"></td></tr>
<tr><td colspan="2">对鉴定意见是否有异议</td><td colspan="2"></td></tr>
<tr><td colspan="3">损失项目</td><td>主张金额</td><td>金额主张依据或证据</td><td>被告是否有异议</td></tr>
<tr><td colspan="3">医疗费</td><td></td><td></td><td></td></tr>
<tr><td colspan="3">住院伙食补助费</td><td></td><td></td><td></td></tr>
<tr><td colspan="3">营养费</td><td></td><td></td><td></td></tr>
<tr><td colspan="3">后续治疗费</td><td></td><td></td><td></td></tr>
<tr><td colspan="3">整容费或残疾辅助器具费用</td><td></td><td></td><td></td></tr>
<tr><td colspan="3">残疾/死亡赔偿金</td><td></td><td></td><td></td></tr>
<tr><td colspan="3">丧葬费</td><td></td><td></td><td></td></tr>
<tr><td colspan="3">被扶养人生活费</td><td></td><td></td><td></td></tr>
</table>

续表

<table>
<tr><th>审查要素</th><th colspan="7">主要内容</th></tr>
<tr><td rowspan="10">损失审查</td><td colspan="2">损失项目</td><td>主张金额</td><td colspan="2">金额主张依据或证据</td><td colspan="2">被告是否有异议</td></tr>
<tr><td colspan="2">误工费或处理丧事人员误工费</td><td></td><td colspan="2"></td><td colspan="2"></td></tr>
<tr><td colspan="2">交通费及外出就医产生的住宿费</td><td></td><td colspan="2"></td><td colspan="2"></td></tr>
<tr><td colspan="2">精神损害抚慰金</td><td></td><td colspan="2"></td><td colspan="2"></td></tr>
<tr><td colspan="2">车损</td><td></td><td colspan="2"></td><td colspan="2"></td></tr>
<tr><td colspan="2">物品损失</td><td></td><td colspan="2"></td><td colspan="2"></td></tr>
<tr><td colspan="2">替代交通费用</td><td></td><td colspan="2"></td><td colspan="2"></td></tr>
<tr><td colspan="2">停运损失</td><td></td><td colspan="2"></td><td colspan="2"></td></tr>
<tr><td rowspan="2">损失共计</td><td colspan="2" rowspan="2"></td><td rowspan="2">垫付或赔偿情况</td><td colspan="2">车主/司机等</td><td></td></tr>
<tr><td colspan="2">保险公司</td><td></td></tr>
</table>

原告、被告填写或确认相关审判要素后，人民法院将无争议事实进行确认，归纳出争议焦点，便于在庭审中有目的地进行审查。

机动车交通事故责任纠纷案件审理偏重要素式审理，即便各个人民法院或各个法官的审理思路及习惯不同，也只是对上述要素的审查方式不同，上述基本事实均会作为庭审调查的重点。尤其自 2016 年 8 月 1 日起，人民法院对传统法律文书样式进行修正，根据新民事判决书样式，更专注陈述原告、被告之间有争议内容及证据的论证；熟悉把握交通事故赔偿类案件的审判要素，亦有助于厘清审判思路，或了解案件的裁判思维，减少诉累，提高庭审效率。

（三）诉讼程序

根据我国《民事诉讼法》等相关法律的规定，基层人民法院及其派出法庭审理事实清楚、权利义务关系明确、争议不大的民事案件可以适用简易程序审理，如果当事人约定适用简易程序也可以当然适用，交通事故赔偿类案件一般都符合简易程序的适用要求。如果在交通事故赔偿类案件中存在起诉时被告下落不明，发回重审，共同诉讼中一方或者双方当事人人数众多或其他案情复杂人民法院认为不宜适用简易程序进行审理的情形，则不适用简易程序。

设立简易程序的目的是便于人民群众的诉讼活动，是对普通诉讼程序中相关环节的简化处理。与简易程序相对应的是普通程序。普通程序与简易程序的比较见图9-5。

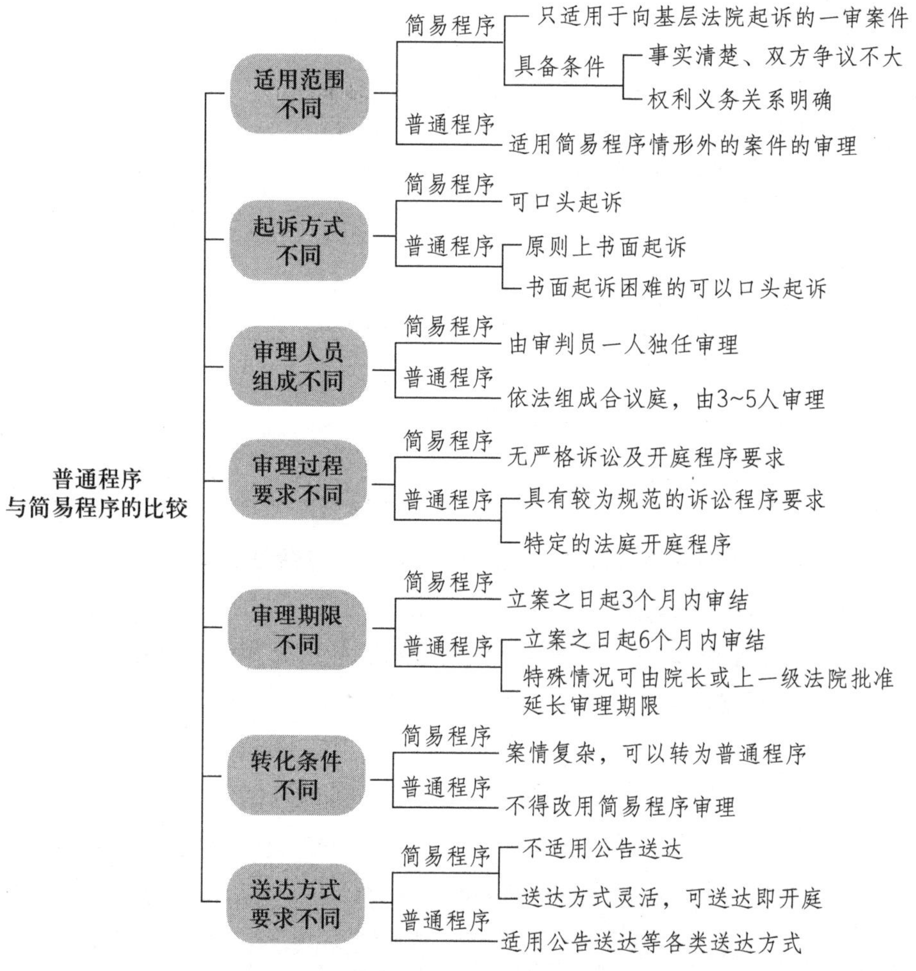

图9-5　普通程序与简易程序的比较

小额诉讼程序是简易程序的“再简易”，事实简单无争议或争议较小、诉讼金额较小的案件适用小额诉讼程序。根据相关法律规定，基层人民法院及其派出机构审理简单民事案件，标的额在各省、直辖市、自治区上年度就业人员平均工资的30%以下的，可以适用小额程序，实行一审终审。与普通程序及一般简易程序相比，小额程序更为“方便”，由审判员一人独任审理，可以简便方式送达开庭通知，可以灵活确定开庭的时间、地点、方式，被告答辩期间可以缩减到7日以内，当事人的举证期限一般不超过10日。小额诉讼程序审理的案件不可上诉，为一审终审；如果当事人对判决结果不服，只能依法申请人民法院再审。小额诉讼程序能够实现案件简便快速处理，节约诉讼时间与成本。

小额诉讼程序的设立主要是为了解决当事人诉讼请求数额较低时，诉讼请求与诉讼成本、时间之间的矛盾。交通事故案件中，如有符合上述规定的，也可适用小额程序审理，实行一审终审。

（四）繁简分流处理及智能辅助办案

交通事故案件涉及的法律关系具有复合性，且责任主体较为复杂，但在审判实践中却呈现高度繁简分流的倾向。损害标的较小的案件，诉调模式成熟，保险理赔快捷，且各方对于法院处理结论认可度高，因而具有相当数量的案件能够通过诉前调解程序或小额诉讼程序予以化解。当然，对于复杂事故或损害标的较大的案件，则一般流入正常诉讼程序中。

现各地法院结合自身特点，在普遍利用人民调解的基础上，采取了多种不同的交通事故简易处理方式，如在交警队派驻专项合议庭提供“一站式法律服务”，鼓励保险行业协会参与调解，或采取信息化审理手段等。很多创新模式不仅使审理流程快捷简便，更使裁判结果的可靠性及可预见性大大提高，同时极大缩短了事故处理及理赔时间，取得了良好的社会效果。

此外，在信息化时代，为了实现诉讼各环节的全程网络化，进一步提高司法效率，很多法院启动了民商事、行政案件等智能辅助办案系统，交通事故类案件在该系统中得到了最真实的应用与检验。如上海于2018年9月全市推广采用智能辅助办案系统，交通事故类案件的处理引起了巨大的变革，全市范围内审判流程得以规范、赔偿标准得到统一，减少了争议，增强了裁判效果。

七、庭审

庭审是诉讼程序的中心环节，一审的庭审程序主要包括四部分内容，即开庭准备、法庭调查、法庭辩论及最后陈述。

（一）开庭准备

根据相关法律法规规定，开庭审理前，书记员应当核实当事人、诉讼代理人、证人等是否到庭，并将证人请出法庭外等待庭审传唤，其后应当宣布法庭纪律。

开庭审理时，由独任审判员或审判长再次核对当事人的身份，宣布案由、审判人员及书记员的组成,告知当事人的诉讼权利及义务,并询问当事人是否提出回避申请。若当事人提出回避申请,则应当审查是否存在需要回避的情形;若双方均未申请回避,则进入法庭调查阶段。

2016 年 5 月 1 日起实施的《人民法院法庭规则》(以下简称《法庭规则》)充分保障了旁听权利,有效促进了司法公开,同时也对旁听要求、法庭纪律等进行了修正。《法庭规则》对旁听人员参加旁听进行了规范,要求旁听人员应当持有效身份证件旁听庭审,并接受法庭安全检查,除经法庭许可需要在法庭上出具的证据外,枪支、弹药、管制刀具以及其他具有杀伤力的器具,标语、条幅、传单等,可能危害法庭安全或妨害法庭秩序的物品均不允许带入法庭。

此外,也并非所有人都可以参加旁听,证人、鉴定人以及准备出庭提出意见的有专门知识的人不得旁听;另外未获得人民法院批准的未成年人、拒绝接受安全检查的人、醉酒的人、精神病人或其他精神状态异常的人,因可能妨碍庭审,也不得旁听法庭审理。在庭审阶段,旁听人员不得进入审判活动区,不得随意站立、走动,不得发言和提问。

庭审准备阶段,书记员应当宣布法庭纪律。根据《法庭规则》规定,全体人员在庭审活动中应当服从审判长或独任审判员的指挥,尊重司法礼仪,遵守法庭纪律,不得实施下列行为:(1)鼓掌、喧哗;(2)吸烟、进食;(3)拨打或接听电话;(4)对庭审活动进行录音、录像、拍照或使用移动通信工具等传播庭审活动;(5)其他危害法庭安全或妨害法庭秩序的行为。相关诉讼参与人发言或提问,应当经审判长或独任审判员许可。媒体记者经许可对庭审活动进行录音、录像、拍照或使用移动通信工具等传播庭审活动,应当在指定的时间及区域进行,不得影响或干扰庭审活动。

当事人申请回避,是指如果当事人认为审判人员或者书记员、翻译人员、鉴定人员、勘验人等其他有关人员与案件具有一定的利害关系,存在法定需要回避的情形,则当事人或其诉讼代理人可以请求相关人员回避,更换其他人员参加诉讼。

当事人申请回避应当说明理由,并在案件开始审理时提出;如果回避事由是在案件开始审理后才知道,应当在法庭辩论终结前提出。当事人申请回避的法定理由即为相关人员具有法庭需要回避的情形。申请回避的法定情形见图 9 - 6。

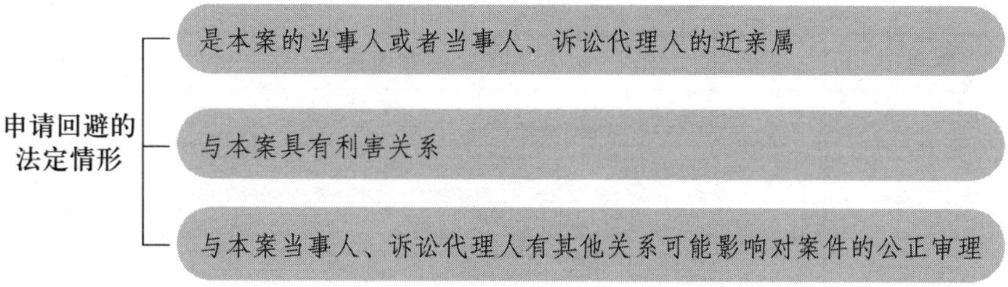

图9－6　申请回避的法定情形

当事人提出回避申请后，人民法院应当在3日内以口头或书面的方式作出决定。其中院长担任审判长时的回避决定由审判委员会作出，审判人员的回避由院长作出，其他人员的回避由审判长作出。如果申请人对决定不服，可以申请复议一次。人民法院应当在3日内作出复议决定；复议期间，不影响相关被申请回避的人员正常进行工作。

（二）法庭调查

开庭准备结束后即进入法庭调查阶段，法庭调查包括当事人陈述、证据交换质证、法官调查询问、当事人对事实部分进行补充或询问等内容。

当事人陈述是法庭调查的第一步内容，即指原告陈述诉讼请求及事实与理由，被告根据原告的诉讼请求及事实与理由进行答辩，第三人针对原、被告的相关陈述发表意见。该阶段也被称为先调查程序。先调查程序常见调查内容见表9－3。

原告陈述诉讼请求可以宣读起诉状或概括地陈述其起诉的事实及理由、诉讼请求，原告的陈述是固定庭审内容及范围的重要依据。被告进行答辩时可以对无争议事实部分进行确认或在法官的引导下进行确认，对于有争议事实部分陈述理由。第三人主要为医院等医疗相关费用垫付或欠付方，其陈述主要是针对垫付或欠付的事实进行主张，并要求当事人返还或支付。在江苏等地，为减少诉累，针对被告预先垫付赔偿款问题，允许一并进行处理；因此，被告在答辩时也应当就垫付的款项进行陈述，并可要求一并进行处理。法官在先调查程序，一般会针对各方的陈述进行提问，以固定原告诉讼请求、被告答辩意见及第三人的陈述意见。

表9-3 先调查程序常见调查内容

类别	调查内容
第三人	是否存在款项垫付的情况等
	参与诉讼的原因
被告	是否存在先行赔偿的费用
	是否认可原告的各项赔偿项目及计算方式
	是否认可赔偿责任的划分及赔偿顺序
	是否认可交通事故责任认定
原告	精神损失抚慰金是否在交强险内先予赔偿
	如何分配交强险和商业险的赔偿责任
	各被告的赔偿顺序
	各被告的赔偿责任划分问题
	各项赔偿的具体数额与计算方式

交通事故赔偿类案件一般不存在反诉情形,所谓反诉是指原告陈述、被告答辩、第三人陈述后,被告陈述其反诉请求及事实与理由,然后依次由原告、第三人针对该请求及事实与理由进行答辩。被告提出反诉应当符合法律规定的条件。

法官将结合原告的诉讼请求及事实与理由,和被告的答辩意见、第三人的陈述意见,归纳案件的争议焦点。常见的案件争议焦点主要有:(1)本案交通事故责任如何划分?(2)本案民事赔偿责任如何承担?(3)本案原告各项赔偿的依据及计算方式?(4)本案交通事故是否给原告造成严重精神损害?

当事人应当结合法官归纳的争议焦点,组织并提交证据。证据交换及发表意见是固定案件事实的依据。首先应当由原告向法庭提交支撑其诉讼请求及事实与理由的相关证据材料,并陈述证明目的,后被告针对原告提交的证据材料发表质证意见。质证意见主要围绕证据材料的"三性"即对证据材料的真实性、合法性及关联性进行发表。原告证据陈述完毕后,由被告提交证据材料,进而由原告发表质证意见。如果案件存在第三人,则再由第三人对原告、被告提交的证据材料分别发表质证意见;第三人亦可向法庭提交证据材料,其证据材料由法庭组织原、被告双方发表意见。

如果存在证人出庭作证情形,当事人应当预先向法庭提出申请并简要陈述需要证明的内容,经法庭允许后,申请方预先交纳出庭作证费用,再由证人出庭;证人在作证前，法官首先确认证人的身份，告知证人权利义务及作伪证的法律责任，并要求证人签署证人出庭作证保证书；证人针对其要证明的内容部分进行陈述；法官进行引导或询问后，经人民法院准许，双方当事人可以对证人进行提问；提问结束后证人退庭，双方就证人证言发表意见。

证人证言属于言词证据，带有一定的主观意识，容易受到外界信息的干扰和影响。为保障证人证言的客观真实性，避免证人受到其他证人或其他证据影响，改变自己的证言，有必要对证人进行适当隔离，除了其在庭审中出庭作证期间外，其余时间不允许旁听案件审理。

证据交换及质证意见发表后，法官一般会归纳双方无争议事实并要求双方进行确认，并针对有争议事实部分展开调查。法官调查结束后，双方如果对于案件事实部分尚还有内容补充，可以补充或互相进行提问。补充或提问内容一般限于法庭未调查了解事实及有争议事实。法庭调查常见情形及法官调查内容见图9－7。

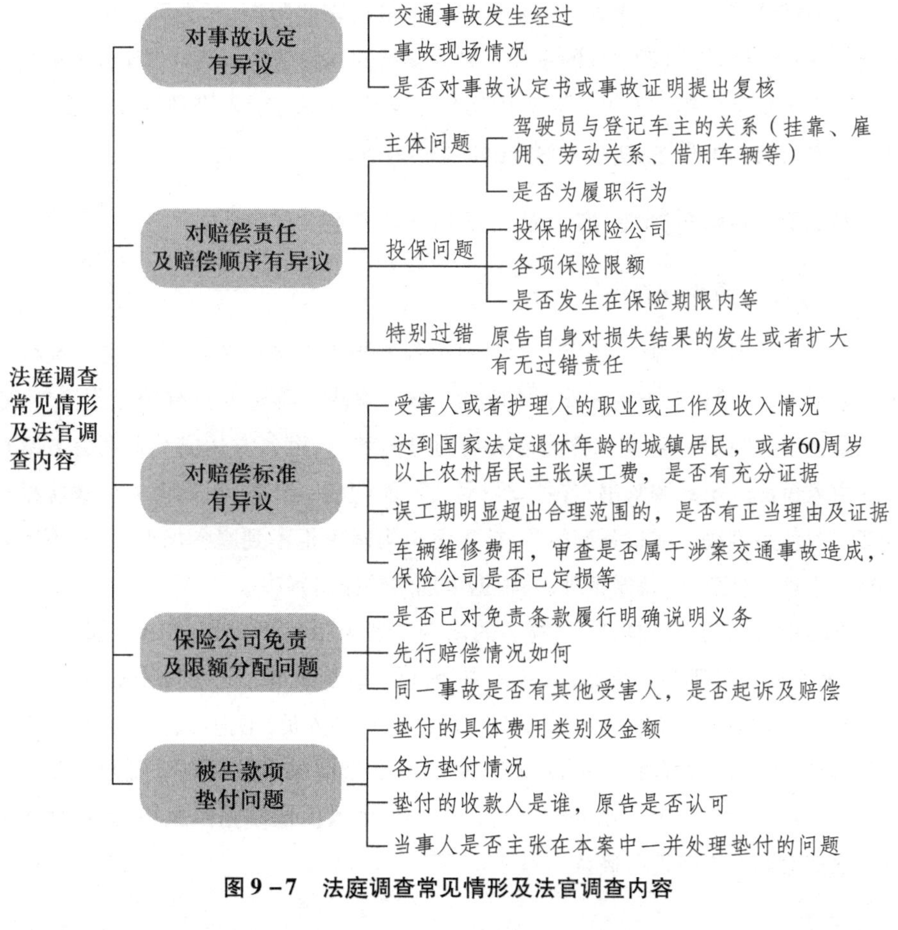

图9－7　法庭调查常见情形及法官调查内容

(三)法庭辩论及最后陈述

法庭调查结束后,进入法庭辩论阶段。法庭辩论主要是各方当事人针对法庭调查阶段查明的案件事实及各方提交的证据材料,发表自己的观点,阐述自己的意见,并对对方的意见进行反驳,相互进行辩论的活动。

法庭辩论由法官主持,按照下列顺序进行:(1)原告及其诉讼代理人发表意见;(2)被告及其诉讼代理人发表意见;(3)第三人及其诉讼代理人发表意见;(4)互相辩论。法庭辩论一般按轮进行。法庭辩论结束后,双方当事人都可以根据庭审及辩论的相关情况,在法庭给定的期限或合理期限内补充发表意见。

当事人发表辩论意见一般围绕案件的争议焦点进行,即对双方当事人存在争议的事实、责任认定、赔偿项目及数额的合理性、证据等发表意见,同时对对方观点进行反驳,与案情无关或无争议事实不应多做累述。

法庭辩论终结后,当事人进行最后陈述。最后陈述阶段,原告可以对其诉讼请求进行修正,被告可以就法庭的审理及希望得到的判决结果或调解意愿发表意见。

庭审未限定次数。人民法院如因案件事实尚需调查或审理情况发生变化等,可以再次启动庭审程序,法律未对开庭次数作出限定。

八、诉讼调解与判决、撤诉及诉讼中止与终结

(一)诉讼调解与判决

在起诉及诉讼过程中,法官一般会组织各方当事人进行调解,尤其是在案件审理结束后,因原被告双方对于事故的发生、赔偿责任的确定等具有较强预测性,双方愿意坐下来“谈判”。若双方当事人均同意调解,则由各方达成一致调解方案意见后由人民法院出具调解书;若各方当事人不能达成一致意见,则由人民法院根据审理情况作出判决。在这强调的是,被告无正当理由拒不到庭参加诉讼,并不影响法庭的审理,法庭可以缺席审理,并根据审理结果作出判决。

根据最新裁判文书样式,调解书的内容一般包括以下要素:(1)首部,包括案号、当事人及其代理人的情况、案件由来等;(2)基本案情;(3)双方达成的调解方案;(4)人民法院对调解方案的判断及确认;(5)审判人员、书记员署名,并加盖人民法院印章。与当事人自行达成的调解协议相比,调解书生效后具有既判强制执行力;如当事人未履行义务,则守约方可以依法申请人民法院强制执行,无须再次进行诉讼或对调解方案进行确认。

同样地，根据最新裁判文书样式，判决书的内容要素主要为：(1)首部，包括案号、当事人及其代理人的情况、案件由来及审判经过等；(2)原告诉讼请求及事实与理由、被告辩称、第三人述称；(3)证据质证、论证及查明的相关事实；(4)人民法院裁判理由；(5)判决结果及诉讼费用的负担等；(6)上诉期间、上诉人民法院等；(7)审判人员、书记员署名，并加盖人民法院印章。新施行的民事判决书样式更强调双方当事人的述辩意见及证据的提供，人民法院查明事实一般依据对证据论证后得出。因此，如何有效举证并规范、合理提出诉讼请求及有针对性地答辩应当进一步引起各方当事人及诉讼代理人重视。

(二)撤诉

撤诉分为两种情况：一种是当事人自愿申请撤诉，另一种是按自动撤诉处理。人民法院尊重当事人的诉讼权利：如双方达成调解意愿私下进行处理等原因，原告在宣判前向人民法院申请撤诉，人民法院予以准许。

按自动撤诉处理主要发生在原告在诉讼过程中未履行相关诉讼义务或实施了法定按撤诉处理情形的行为。根据我国相关法律的规定，原告经传票传唤无正当理由拒不到庭的，或者未经法庭许可中途退庭的，或者原告应当预交而未预交案件受理费，人民法院通知其预交仍未预交或者申请缓、减、免交案件受理费未获得人民法院批准而仍不预交的，都可以按撤诉处理。

撤诉会导致本案诉讼程序的终结，同时会导致诉讼时效的中断。当事人自愿申请撤诉，案件受理费减半收取且由原告自行承担，按自动撤诉案件则已收取案件受理费减半退还，其余费用由原告自行承担。当然，两种撤诉不影响原告再次起诉，原告可以在撤诉后以同一诉讼请求再次起诉。

(三)诉讼中止与终结

诉讼中止，是指在诉讼过程中，由于某些法定情形的出现导致案件审判活动难以继续进行时，人民法院裁定暂停本案诉讼程序进行的一种诉讼状态。只要有符合中止情形出现，人民法院裁定中止审理，裁定一旦作出立即发生法律效力；当事人不得针对该裁定上诉，也不得申请复议。待中止诉讼原因消除后，人民法院应当及时恢复诉讼程序。恢复诉讼程序时，人民法院将告知各方当事人继续进行诉讼，诉讼程序恢复后人民法院与当事人之间的诉讼活动仍为有效。诉讼中止法定情形见图9－8。

诉讼中止法定情形

- 一方当事人死亡，需要等待继承人表明是否参加诉讼
- 一方当事人丧失诉讼行为能力，尚未确定法定代理人
- 作为一方当事人的法人或者其他组织终止，尚未确定权利义务承受人
- 一方当事人因不可抗拒的理由，客观上不能参加诉讼
- 本案的审理结果需要以另一案的审理结果为依据，而另外一案尚未审理终结
- 其他应当中止诉讼的情形

图9-8　诉讼中止法定情形

诉讼终结,是指在诉讼过程中,由于一方当事人死亡,致使本案诉讼程序继续进行已无可能或实际意义时,由人民法院据此裁定结束本案诉讼程序的一种诉讼状态。交通事故案件中终结诉讼情形为法定情形,即只要在诉讼过程中出现原告死亡没有继承人或继承人放弃诉讼权利、被告死亡没有遗产等情形,人民法院可以裁定终止诉讼。诉讼终结的法律效果是诉讼程序的结束。在出现诉讼终结的情形后,人民法院出具裁定书裁定终结诉讼。同样地,终止诉讼裁定作出即具有法律效力;当事人不得提起上诉,也不能申请复议。

第十章

二审、再审与执行

一、二审程序

一审程序结束后，大部分交通事故赔偿类案件的当事人均满意人民法院的裁判结果，则矛盾及纠纷就此顺利化解；但也有一部分案件的当事人对一审结果不服，向上一级人民法院提起上诉，甚至在二审程序结束后申请对案件进行再审。

（一）提起上诉

当事人对一审人民法院作出的裁定书或判决书不服的，可以在法定期限内向上一级人民法院提起上诉。可以上诉的裁判文书主要包括判决书，不予受理、驳回起诉、管辖权异议裁定书等。判决书的上诉期为判决书送达之日起 15 日内，裁定书的上诉期间为裁定书送达之日起 10 日内；向不同当事人送达裁判文书的时间不同的，从各自收到裁判文书的次日起分别计算上诉期。

一审原告、被告及具有独立请求权的第三人、无独立请求权却被判决承担民事责任的第三人均有权提起上诉。同起诉时的相关规定，无民事行为能力人、限制民事行为能力人的法定代理人，可以代理当事人提起上诉。上诉过程中，提起上诉的人为上诉人，与上诉人权利义务相对应的人为被上诉人，其余诉讼参加主体根据各自在一审时的诉讼地位在上诉状中进行列明。

上诉需要上诉人交纳上诉费用，上诉费由上诉人向人民法院提交上诉状的时候预交；双方当事人均提起上诉的，分别预交。上诉人在上诉期内未预交诉讼费用的，人民法院将会通知其在 7 日内预交。当然，如果当事人交纳上诉费用确有困难，可以申请缓、减、免交。当事人逾期未交纳上诉费用，又未申请缓、减、免交，或者申请未获人民法院批准仍不交纳的，则按撤回上诉处理。

上诉人上诉应当依法提交符合法律规定形式的书面上诉状;未在上诉期间提交上诉状的,视为未提出上诉。提交上诉状时应当按照对方当事人的人数提出副本。

上诉状中应当包括当事人基本信息(含诉讼地位,姓名/名称、住所地等基本信息)、上诉缘由、上诉请求、上诉理由、上诉人民法院名称等。当事人提交上诉状时,既可以通过原审人民法院提交,也可以直接向二审人民法院提交。当事人向原审人民法院提交上诉状,或二审人民法院转交原审人民法院上诉状后,原审人民法院在法定期限内向对方送达上诉状副本,然后向二审人民法院移交一审卷宗材料及上诉状副本。

附:上诉状

上 诉 状

上诉人王×(原审原告),男……(姓名、性别、住址、居民身份证号码、民族、联系方式等基本信息,下同)

委托代理人刘某,××律师事务所律师。

被上诉人孙×(原审被告),男……

被上诉人××保险公司×分公司(原审被告),地址×省×市×路×号,企业信用代码×。

负责人李×,该分公司经理。

上诉人王某因机动车交通事故责任纠纷一案,不服××人民法院于××××年××月××日作出的〔2016〕×民初×号民事判决书,现提起上诉。

上诉请求:1. 请求撤销〔2016〕×民初×号民事判决书第二项内容,依法改判两被上诉人赔偿上诉人误工费×元;2. 上诉费用由被上诉人承担。

上诉理由:

一审人民法院认定事实不清,判决显失公平。一审期间,上诉人提交了书面劳动合同、工作单位出具的误工证明及工资扣发证明,一审人民法院未按照上诉人的实际损失进行判决,属于认定事实错误,请求依法改判。

此致

×市中级人民法院

上诉人:×××

××××年××月××日

附:证据材料×式×份

（二）二审程序及处理结果

二审人民法院对于上诉案件，应当组成合议庭进行审理，一般仍需要开庭审理；但如经过阅卷、调查和询问当事人，对没有提出新的事实、证据或理由的，合议庭认为不需要开庭审理的，也可以不开庭审理。二审阶段可提交新证据的情形见图10－1。

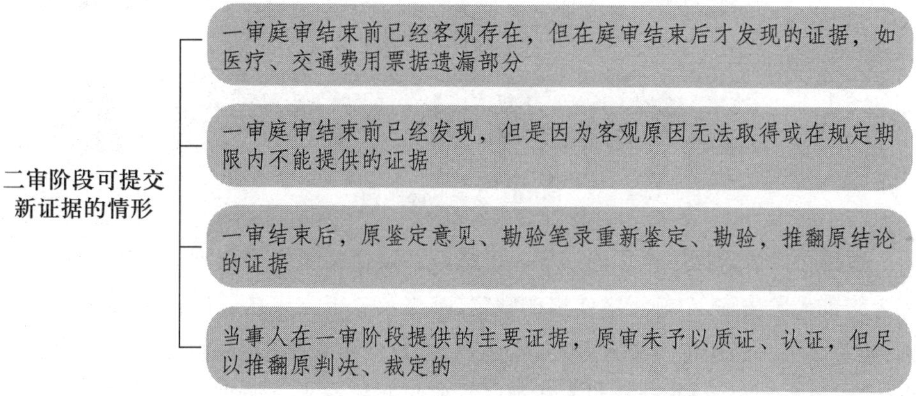

图10－1 二审阶段可提交新证据的情形

二审人民法院对于上诉案件，经过审理，按照下列情形分别处理：(1)原判决、裁定认定事实清楚，适用法律正确的，以判决、裁定方式驳回上诉，维持原判决、裁定；(2)原判决、裁定认定事实错误或者适用法律错误的，以判决、裁定方式依法改判、撤销或者变更；(3)原判决认定基本事实不清的，裁定撤销原判决，发回原审人民法院重审，或者查清事实后改判；(4)原判决遗漏当事人或者违法缺席判决等严重违反法定程序的，裁定撤销原判决，发回原审人民法院重审。

交通事故案件中一般不存在不予受理情形，如因重复起诉等原因被一审人民法院裁定不予受理、驳回起诉，二审人民法院在查明一审人民法院作出的不予受理裁定有错误的，应在撤销原裁定的同时指令一审人民法院立案受理；查明一审人民法院作出的驳回起诉裁定有错误的，在撤销原裁定的同时，指令一审人民法院进行审理。

二审阶段仍适用调解。当事人在二审中达成和解协议，并由人民法院制作调解书后，当事人之间的法律关系依据调解书得以确定，原审人民法院的判决视为撤销。

上诉人亦可在二审人民法院宣告判决前撤回上诉，上诉人撤回上诉后，即丧失了自己的上诉权利,不得再行上诉,一审人民法院作出的判决、裁定发生法律效力。上诉撤回的情形见图 10－2。

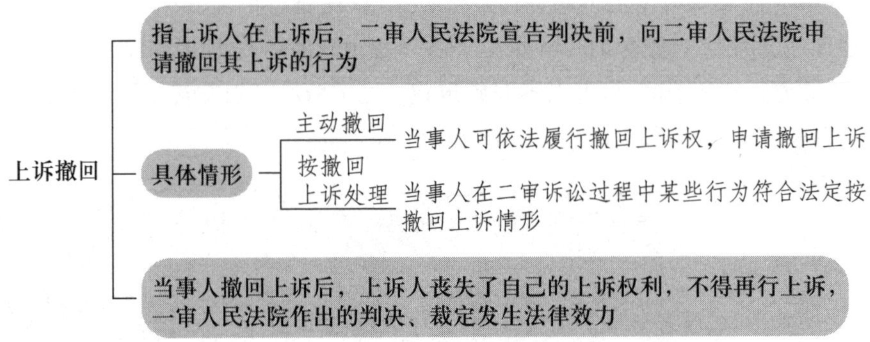

图 10－2　上诉撤回

适用小额诉讼程序审理的一审人民法院及其他交通事故审理的二审人民法院都为终审人民法院,小额程序作出的裁定、判决及二审人民法院的裁判都为终审裁判,相关文书一经送达当事人,即发生法律效力;当事人不得对裁判上诉,或就同一事实、诉讼标的再次起诉,且相关裁判已具有强制执行力。如当事人对相关裁判不服,可以申请再审,但再审不影响原有裁判文书权利义务的履行。

二、再审程序

再审程序并非案件审理的必经程序。如当事人对生效的判决、裁定不服,认为有错误的,可依法申请再审。如当事人对已经发生法律效力的调解书,提出证据证明调解违反自愿原则,或调解协议内容违反了法律规定的,也可以申请再审。实践中,交通事故赔偿类案件一般不会提起再审程序。

再审一般向上一级人民法院申请;但当一方人数众多或双方当事人都为公民时,也可以申请原审人民法院再审。当事人申请再审的,不停止原有生效法律文书的执行。

申请再审应当具有法定事由,具言之,主要有以下几种:(1)有新的证据,足以推翻原判决、裁定的;(2)原判决、裁定认定的基本事实缺乏证据证明的;(3)原判决、裁定认定事实的主要证据是伪造的;(4)原判决、裁定认定事实的主要证据未经质证的;(5)对审理案件需要的主要证据,当事人因客观原因不能自行收集,书面申请人民法院调查收集,人民法院未调查收集的;(6)原判决、裁定适用法律确有错误的;(7)审判组织的组成不合法或者依法应当回避的审判人员没有回避的;(8)无诉讼行为能力人未经法定代理人代为诉讼或者应当参加诉讼的当事人,因不能归责于本人或者其诉讼代理人的事由,未参加诉讼的;(9)违反法律规定,剥夺当事人辩论权利的;(10)未经传票传唤,缺席判决的;(11)原判决、裁定遗漏或者超出诉讼请求的;(12)据以作出原判决、裁定的法律文书被撤销或者变更的;(13)审判人员审理该案件时有贪污受贿、徇私舞弊、枉法裁判行为的。

当事人申请再审应当在判决、裁定发生法律效力后6个月内提出。在下列情形下,当事人应当自知道或者应当知道之日起6个月内提出:(1)原庭审结束前已经客观存在,庭审结束后新发现的证据;(2)原庭审结束后原作出鉴定意见、勘验笔录者重新鉴定、勘验,推翻原结论的证据;(3)据以作出原判决、裁定的法律文书被撤销或者变更的;(4)审判人员审理案件时有贪污受贿、徇私舞弊、枉法裁判的行为的。上述期限不适用中止、中断和延长的规定。

当事人申请再审,应当提交再审申请书,已经发生法律效力的判决书、裁定书或调解书,身份证明及相关证据材料。人民法院受理再审申请后,依法组成合议庭在3个月内进行审查,并作出裁定再审、驳回或裁定按撤回再审申请处理。

当事人再审申请裁定再审后,人民法院根据原审适用的不同的审判程序进行处理:判决、裁定等是由一审人民法院作出的,按照第一审程序审理,所作的判决、裁定当事人可以上诉;申请再审的判决、裁定是由二审人民法院作出的,则按照二审程序处理,所作出的判决、裁定是发生法律效力的判决、裁定;审理再审案件应当开庭审理,但是按照二审程序审理的,双方当事人已经充分表达意见且书面同意不开庭审理的除外。再审程序中,原审合议庭不合适再次参加案件的审理。

人民法院经再审审理认为:(1)原判决、裁定认定事实清楚,适用法律准确的,将对原判决、裁定予以维持。(2)原判决、裁定在事实认定、法律适用等方面虽有瑕疵,但裁判结果正确的,则将在再审判决、裁定中纠正瑕疵,并对判决、裁定予以维持。(3)原判决、裁定认定事实错误、不清,在查清事实后改判。(4)原审人民法院便于查清事实、化解纠纷的,可以裁定撤销原判决,发回重审。(5)原审程序中遗漏必须参加诉讼的当事人且无法达成调解协议的,以及其他违反法定程序不宜在再审程序中直接作出实体处理的,裁定撤销原判决,发回重审。(6)新证据证明原判决、裁定确有错误的,予以改判。(7)调解案件经审理发现再审理由不成立的,裁定驳回再审申请;成立的,裁定撤销调解书。

再审程序中,申请再审人亦可撤回再审申请,并由人民法院裁定是否准许;申请再审人应当履行法定诉讼义务,当其经传票传唤无正当理由拒不到庭的,或者未经法庭许可中途退庭的,可以裁定按自动撤回再审申请处理。

再审程序中亦可再次进行调解,在再审审理中达成协议的,人民法院应当制作调解书,调解书经各方当事人签收后即具有法律效力,原判决、裁定、调解书视为撤销。

三、执行

(一)申请执行

法律文书生效后,赔偿义务人也即被告不履行生效法律文书所确定的赔偿义务或赔偿权利人即原告不履行生效法律文书所确定的垫付款项的返还义务时,权利相对方可以申请人民法院强制执行。强制执行由人民法院的执行机构实施。

申请执行应当符合法律规定。交通事故赔偿纠纷类案件中形成的判决书、调解书等均具有给付内容,只有当债务人逾期不履行或者拒绝履行该文书确定的给付义务时,权利人才可以申请强制执行。

申请执行应当在法定期限内向一审人民法院或与一审人民法院同级的被执行财产所在地人民法院提出,即法律文书规定履行期间的最后一日起开始计算 2 年内,没有规定履行期间的,从法律文书生效之日起计算 2 年内。

申请执行时应当提交申请执行书、申请执行人身份证明、生效法律文书等材料。申请执行书一般各人民法院会给出规定样式,申请人也可以自行制作。自行制作的申请执行书中应当写明双方当事人的基本情况,申请执行的理由、事项,执行标的,以及申请人所了解的被执行人的财产状况等。

附:申请执行书

申请执行书

申请人王×,男……(姓名、性别、住址、居民身份证号码、民族、联系方式等基本信息,下同)

委托代理人刘×,××律师事务所律师。

被申请人孙×,男……

被申请人××保险公司×分公司(原审被告),地址×省×市×路×号,企业信用代码×。

负责人李×，该分公司经理。

申请人王×与被申请人孙×、××保险公司×分公司机动车交通事故责任纠纷一案，经××人民法院作出的(2016)×民初×号民事判决，现判决书已经发生法律效力，但被申请人未履行判决书中所规定的义务，根据法律相关规定，向贵院申请予以执行。

申请执行事项：

1. 支付赔偿款×元；2. 加倍支付迟延履行期间债务利息×元。

此致

×××人民法院

申请人：×××

××××年××月××日

附：被申请人的财产线索

人民法院在收到当事人的执行申请后，对当事人提交的申请材料进行审查，申请执行符合法律规定的条件，即申请执行的法律文书已生效，被执行人为给付义务人，申请执行人为给付权利人，执行期间内，属于受申请执行的人民法院管辖等，在7日内予以立案。如当事人申请执行不符合上述条件之一的，则在7日内裁定不予受理。

(二)财产查控和执行强制措施

民事案件的执行主要通过对被执行人的财产查控，或对被执行人采取执行强制措施而实现。

1. 执行财产查控

被执行人的财产查明主要依赖于申请人提供执行财产线索、人民法院依职权调查、被执行人财产申报等方式予以实现。

申请人应当主动向人民法院提供其所了解的被执行人的财产或财产线索，尤其是拆迁款、机器设备等“隐形”的财产或财产线索，如在审理阶段掌握并实施了保全措施的财产也应当在申请执行时一并提供。申请人主动提供被执行人的财产或财产线索，有助于执行措施的快速实施，提高执行效率。

申请人提供财产或线索确有困难的，人民法院应依照申请或职权进行调查，通过金融机构、不动产管理部门、工商管理部门、车辆管理部门、海关以及其他有义务协助调查、执行的单位和个人调查被执行人的财产状况。

被执行人在收到人民法院发出的执行通知后，应按照人民法院的要求如实报告其财产情况，如工资收入、银行存款、现金、有价证券、房屋等不动产、车辆、机器设备等。

人民法院在调查查明被执行人财产线索后，将根据案件执行需要，在执行标的范围内对被执行人相对易处置的财产进行控制，并采取必要的查封、冻结、扣押、评估拍卖等处置措施，将案件执行到位。

交通事故赔偿类案件中，如赔偿义务人涉及保险公司，则无须申请强制执行，绝大多数保险公司将在期限内履行生效法律文书所确定的义务；如赔偿义务人涉及个人，尤其是全部赔偿责任由个人承担（如肇事车辆未投保交强险情形）且赔偿数额较大时，则案件需要申请执行，并且执行不到位的风险较大。

2. 执行强制措施

在执行过程中，被执行人或其他人拒不履行生效法律文书所确定的义务或者妨害人民法院执行行为的，人民法院可以根据情节轻重对相关人员实施拘传、拘留、罚款、列入失信被执行人名单、限制出境、限制高消费等法律、司法解释规定的强制措施。

拘传，是指对必须到人民法院接受询问的被执行人或被执行人的法定代表人或负责人经两次传票传唤，无正当理由拒不到场的，人民法院可以对其进行拘传。拘传时间一般不得超过24小时，调查询问后不得限制被拘传人的人身自由。

对有能力而拒不履行生效法律文书所确定的义务的被执行人或妨害人民法院执行行为的其他单位和个人，人民法院可以根据规定，对其予以罚款。罚款应当在法定范围、幅度内，对个人的罚款不应当超过10万元，对单位的罚款为5万元以上100万元以下。罚款应当报经院长批准，并制作罚款决定书。罚款可以单独适用，也可以与拘留同时适用，但人民法院不得就同一事由，对妨害执行行为人进行两次处罚。

拘留是人民法院对妨害执行情节较严重的行为人，在一定时间内限制其人身自由的强制措施，是执行强制措施中最为严厉的一种制裁手段。拘留期限一般为15日以下，且拘留决定应当由院长作出或经院长批准。被拘留人员如对人民法院作出的拘留决定不服，也可以在接到拘留决定书次日起3日内向作出决定的人民法院提出申请要求复议或直接向上一级人民法院申请复议,复议期间不停止执行。拘留期间被拘留人承认并改正错误的,人民法院可以责令其具结悔过,提前解除拘留。同样地,提前解除拘留决定也应当制作决定书,并由院长决定或经院长批准。拘留决定一般交由负责看管的公安机关执行。

列入失信被执行人名单是一种信用惩戒,是指被执行人具有履行能力而不履行生效法律文书确定的义务,并采用伪造证据、暴力、威胁等方法妨碍、抗拒执行的,以虚假诉讼、虚假仲裁或者以隐匿、转移财产等方法规避执行,违反财产报告制度,违反限制高消费令,被执行人无正当理由拒不履行执行和解协议及其他有履行能力而拒不履行生效法律文书确定义务的情形或情形之一时,人民法院将其纳入失信被执行人名单,并通过征信系统进行登记,通过媒体等方式对外进行公布的一种处罚措施。列入失信被执行人名单对于被执行人而言具有较大的负面社会影响,直接影响其高消费、贷款等社会经济活动。

限制出境及限制高消费措施亦是对被执行人的社会活动进行限制。限制出境是指被执行人不履行法律义务时,人民法院对其采取或通知有关单位协助采取限制出境的措施;限制高消费,则是指人民法院对具有拒不执行生效法律文书义务的单位或个人采取或通知有关单位协助采取限制其高消费的措施。如被执行人被限制高消费,对于个人而言,不得乘坐飞机、豪华客船、出租车等高档交通工具和使用高档通信工具,不得在星级宾馆、酒楼、酒吧、歌舞厅、夜总会、桑拿浴室、健身房等高消费场所消费,不得购置高档商品、大额生活用品、汽车及租赁写字楼办公,不得购买、新建、扩建、装修房屋,不得出外旅游、度假及为家庭成员支出大额费用,不得出境,不得对外投资(包括开办公司、购买股票及债券等),子女不得就读高消费的民办高校。对于法人或其他组织法定代表人、负责人而言,则不得履行为其单位办理财产抵押、转让及为他人提供担保的职务行为,不得以公款在宾馆、饭店、酒楼、歌舞厅、西餐厅、夜总会、桑拿浴室、健身房、高尔夫球场等高消费场所消费,也不得批准其工作人员以公款进行上述消费,不得在单位报销乘坐出租车、火车卧铺、飞机、轮船二等以上舱位等交通费用,不得出境,不得向其工作人员发放奖金和分配红利,并且单位财务状况需每月定时向人民法院申报,并随时接受审计。

近年来,最高人民法院提出基本解决"执行难"问题,针对"老赖"的打击力度越来越大。交通事故赔偿案件涉及"民生工程",在人民法院执行工作中,更得到了重视。国家和地方,乃至各地人民法院都在完善措施以解决执行难问题,现有执行手段已经不限于上述财产查控及强制措施,悬赏执行等新执行方式也不断涌现出来。

(三)执行担保、和解与中止、暂缓执行

1. 执行担保、和解

执行担保,是指在执行过程中,被执行人暂时有困难,缺乏偿付能力,向人民法院以担保方式保证其能履行生效法律文书规定的义务,并经申请人同意而暂缓执行的一种制度。

执行担保可以由被执行人向人民法院提供财产作为担保,也可由具有代为履行或代为承担赔偿责任能力的第三方作出担保。

执行和解,是指在执行过程中,双方当事人本着自愿谅解和让步的态度,就如何履行生效法律文书的相关内容达成执行和解协议,从而结束执行程序的一种活动。执行和解是当事人的当然权利,只要协议是双方当事人的真实意思表示,相关内容不违反法律法规的规定,不损害国家、集体和他人的利益,人民法院一般会予以准许。

实践中,双方当事人达成和解协议主要由人民法院执行人员主持,实质为执行过程中的"调解"工作,协议记录在工作笔录上,并由双方当事人签名或盖章。执行和解协议主要包括履行义务主体、标的物及其数额的变更、履行期限和方式变更等内容。

执行和解一般与执行担保联合使用,执行担保目的主要是达成执行和解,执行和解一般需要以执行担保为依托。

执行担保、执行和解对协议各方当事人均具有约束力,各方当事人都应当遵守协议内容,积极履行协议。执行担保中,债务人或担保人对担保的财产有转移、隐匿、变卖或者毁损或其他影响担保能力的情形,或暂缓执行期限届满被执行人未履行义务时,人民法院可以恢复执行,并要求担保人一并承担清偿责任。

执行和解中,一方当事人不履行或者不完全履行和解协议的,或者申请人因受欺诈、胁迫与被执行人达成和解协议,或者当事人不履行和解协议的,人民法院可以根据当事人的申请,恢复对原生效法律文书的执行,但已经履行的部分应当扣除。

2. 中止执行、暂缓执行

执行中止,是指人民法院执行案件中,由于出现某种特殊情况需要暂时停止执行程序,待特殊情况消失后再恢复执行程序的情形。

根据法律规定,有下列情形之一的,人民法院应当裁定中止执行:(1)申请执行人书面申请延期执行;(2)案外人对执行标的提出确有理由的异议;(3)一方当事人死亡,需要等待继承人继承权利或者承担义务;(4)作为一方当事人的法人或其他组织终止,尚未确定权利义务承受人;(5)按照审判监督程序决定再审的;(6)人民法院认为应当中止执行的其他情形。

案件中止执行的,人民法院应当制作裁定书,并写明中止执行的理由和法律依据,并送达当事人,中止执行情形消失后,人民法院可以根据当事人的申请或依职权恢复执行。

暂缓执行,是指人民法院在执行程序中依申请或依职权决定的在一定期限内暂时停止执行措施的行为。如存在执行措施或者执行程序违反法律规定、执行标的物存在权属争议、被执行人对申请执行人享有抵销权等情形之一的,经当事人或其他利害关系人书面申请人民法院可以决定暂缓执行。

此外,在特殊情形下,人民法院可以依照其职权决定暂缓执行:(1)上级人民法院已经受理执行争议案件并正在处理的;(2)人民法院发现据以执行的生效法律文书确有错误,并正在按照审判监督程序或其他法定程序进行审查的。

中止、暂缓执行实施后,人民法院不得再采取新的执行措施,但在中止、暂缓执行实施前的执行行为仍然有效,不因为暂缓执行而失效。中止执行过程中或恢复执行后,暂缓执行期间或期限届满后,相关法律文书确定的义务已经履行的,则执行程序完结。

中止执行期间无时间限制,暂缓执行期间一般不得超过3个月,因特殊原因需要延长的,可以适当延长,延长期限不得超过3个月。

(四)本次执行程序终结与执行终结

1. 终结本次执行程序

我国《民事诉讼法》等相关法律规定中,并没有执行程序终结概念,而是人民法院根据《关于规范集中清理执行积案结案标准的通知》规定,针对在法定的执行期限内(6个月)采取各种执行措施都无法执行完毕的案件,暂时做结案处理的一种重要结案方式。

终结本次执行程序指在执行程序开始后,人民法院按照执行程序要求,履行了法定执行手续,采取了相应强制措施,穷尽了执行手段和方法,仍然无法使案件得以执行,在查明被执行人确无可供执行的财产,暂时无履行能力的情况下,执行工作暂时没有必要继续进行,由人民法院裁定本案执行程序阶段性终结,本执行案件即告结案,因而暂时结束执行程序的一种结案方式,具体见图 10－3。

终结本次执行程序一般应当由人民法院合议庭合议后裁定作出。执行裁定作出前,应当告知申请人,申请人对终结本次执行程序有异议的,人民法院应当另行派员组织当事人就被执行人是否有财产可供执行进行听证;申请执行人提供被执行人财产线索的,执行人民法院应当就其提供的线索重新调查核实,发现被执行人有财产可供执行的,应当继续执行。

终结本次执行程序裁定书中应当载明执行标的总额、已经执行的债权数额和剩余的债权数额,并写明申请执行人在具备执行条件时,可以向有管辖权的人民法院申请执行剩余债权。

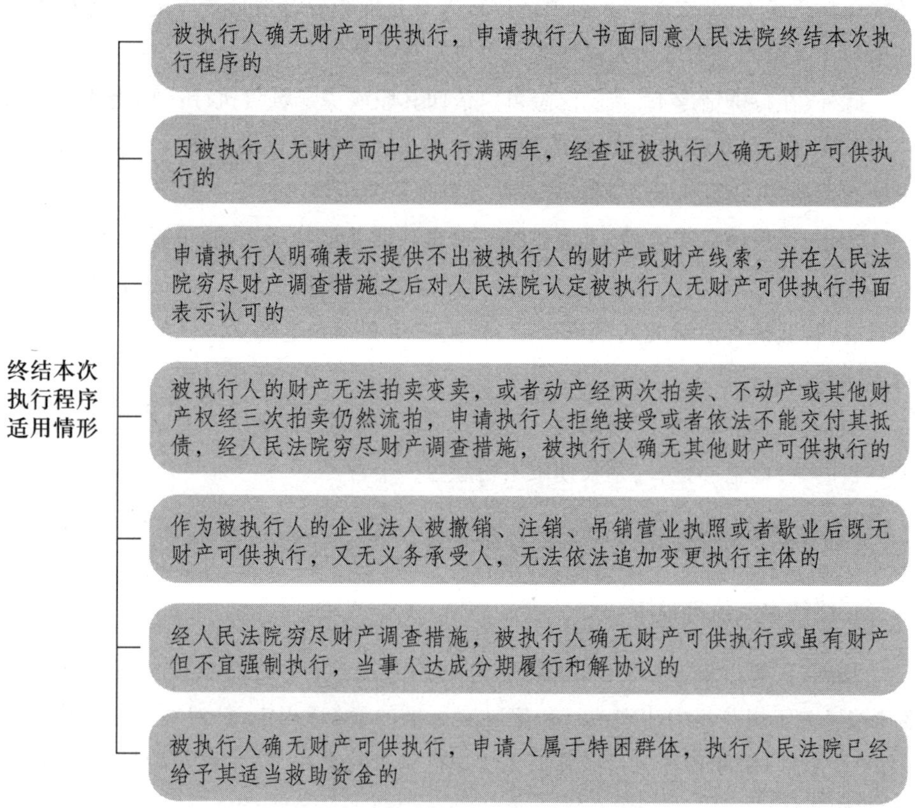

图 10－3 终结本次执行程序适用情形

裁定终结本次执行程序后,如发现被执行人有财产可供执行的,申请人可以再次提出执行申请。申请人再次提出执行申请不受申请执行期间的限制。申请人申请或者人民法院依职权恢复执行的，应当重新立案。

2. 执行终结

执行终结，是指在执行过程中，因发生法律规定的事由，执行程序没有必要或者不可能继续，因而依法结束执行程序的情形。与终结本次执行程序相同，执行终结也属于民事执行程序的结案方式。

根据我国《民事诉讼法》等相关法律的规定，交通事故案件中，有下列情形之一的，人民法院裁定终结执行：(1)申请人撤销申请的；(2)据以执行的法律文书被撤销的；(3)作为被执行人的公民死亡，既无遗产可执行，又无义务承担人的；(4)作为被执行人的公民因生活困难无力偿还借款，既无收入来源，又丧失劳动能力的；(5)作为被执行人的法人或其他组织终止，无财产可供执行，且无其他义务承担人的；(6)人民法院认为应当终结执行的其他情形。

除适用情形不一致外，与终结本次执行程序相比，执行终结作出程序裁定的法律依据以及法律后果亦有所区别。

终结本次执行程序属于中央政法委和最高人民法院在执行工作改革中推出的一种执行新举措和新的结案方式，其依据是《关于规范集中清理执行积案结案标准的通知》这一司法文件；终结执行程序属于法律规定的一种结案方式，其依据是我国《民事诉讼法》《最高人民法院关于人民法院执行工作若干问题的规定（试行）》《最高人民法院关于适用〈中华人民共和国民事诉讼法〉的解释》。

在法律后果上，终结本次执行程序是司法文件规定的一种特殊终结制度，其产生的法律后果是执行程序暂时终结，暂时终结后根据情势变更可产生再次启动执行程序或不再启动执行程序的后果。终结执行程序执行终结的效力表现在两个方面：一方面，程序上的效力。执行终结的裁定一经生效，执行程序就宣告结束，以后也不再恢复。另一方面，实体上的效力。人民法院不再以司法强制力迫使被执行人履行义务，也不再以执行程序保证权利人实现法律文书所确定的权利。但这并不意味着否认或推翻了法律文书对权利人所应享有的权利的确认，只是法律不再对其实施保障而已。

人民法院应当制作终结执行的裁定书，并在裁定书中写明终结执行的原因和法律依据，终结执行裁定书送达当事人后立即生效，当事人不可上诉。

附 录

交通事故处理及索赔常用法律规定

一、《中华人民共和国民法典》(2020年5月28日)(节选)

第一条 为了保护民事主体的合法权益,调整民事关系,维护社会和经济秩序,适应中国特色社会主义发展要求,弘扬社会主义核心价值观,根据宪法,制定本法。

第二条 民法调整平等主体的自然人、法人和非法人组织之间的人身关系和财产关系。

第三条 民事主体的人身权利、财产权利以及其他合法权益受法律保护,任何组织或者个人不得侵犯。

第四条 民事主体在民事活动中的法律地位一律平等。

第五条 民事主体从事民事活动,应当遵循自愿原则,按照自己的意思设立、变更、终止民事法律关系。

第六条 民事主体从事民事活动,应当遵循公平原则,合理确定各方的权利和义务。

第七条 民事主体从事民事活动,应当遵循诚信原则,秉持诚实,恪守承诺。

第八条 民事主体从事民事活动,不得违反法律,不得违背公序良俗。

第十条 处理民事纠纷,应当依照法律;法律没有规定的,可以适用习惯,但是不得违背公序良俗。

第十一条 其他法律对民事关系有特别规定的,依照其规定。

第十二条 中华人民共和国领域内的民事活动,适用中华人民共和国法律。法律另有规定的,依照其规定。

第十三条 自然人从出生时起到死亡时止,具有民事权利能力,依法享有民事权利，承担民事义务。

第十四条　自然人的民事权利能力一律平等。

第十五条　自然人的出生时间和死亡时间，以出生证明、死亡证明记载的时间为准；没有出生证明、死亡证明的，以户籍登记或者其他有效身份登记记载的时间为准。有其他证据足以推翻以上记载时间的，以该证据证明的时间为准。

第十六条　涉及遗产继承、接受赠与等胎儿利益保护的，胎儿视为具有民事权利能力。但是，胎儿娩出时为死体的，其民事权利能力自始不存在。

第十七条　十八周岁以上的自然人为成年人。不满十八周岁的自然人为未成年人。

第十八条　成年人为完全民事行为能力人，可以独立实施民事法律行为。

十六周岁以上的未成年人，以自己的劳动收入为主要生活来源的，视为完全民事行为能力人。

第十九条　八周岁以上的未成年人为限制民事行为能力人，实施民事法律行为由其法定代理人代理或者经其法定代理人同意、追认；但是，可以独立实施纯获利益的民事法律行为或者与其年龄、智力相适应的民事法律行为。

第二十条　不满八周岁的未成年人为无民事行为能力人，由其法定代理人代理实施民事法律行为。

第二十一条　不能辨认自己行为的成年人为无民事行为能力人，由其法定代理人代理实施民事法律行为。

八周岁以上的未成年人不能辨认自己行为的，适用前款规定。

第二十二条　不能完全辨认自己行为的成年人为限制民事行为能力人，实施民事法律行为由其法定代理人代理或者经其法定代理人同意、追认；但是，可以独立实施纯获利益的民事法律行为或者与其智力、精神健康状况相适应的民事法律行为。

第二十三条　无民事行为能力人、限制民事行为能力人的监护人是其法定代理人。

第二十四条　不能辨认或者不能完全辨认自己行为的成年人，其利害关系人或者有关组织，可以向人民法院申请认定该成年人为无民事行为能力人或者限制民事行为能力人。

被人民法院认定为无民事行为能力人或者限制民事行为能力人的，经本人、利害关系人或者有关组织申请，人民法院可以根据其智力、精神健康恢复的状况，认定该成年人恢复为限制民事行为能力人或者完全民事行为能力人。

本条规定的有关组织包括:居民委员会、村民委员会、学校、医疗机构、妇女联合会、残疾人联合会、依法设立的老年人组织、民政部门等。

第二十五条 自然人以户籍登记或者其他有效身份登记记载的居所为住所;经常居所与住所不一致的,经常居所视为住所。

第二十六条 父母对未成年子女负有抚养、教育和保护的义务。

成年子女对父母负有赡养、扶助和保护的义务。

第二十七条 父母是未成年子女的监护人。

未成年人的父母已经死亡或者没有监护能力的,由下列有监护能力的人按顺序担任监护人:

(一)祖父母、外祖父母;

(二)兄、姐;

(三)其他愿意担任监护人的个人或者组织,但是须经未成年人住所地的居民委员会、村民委员会或者民政部门同意。

第二十八条 无民事行为能力或者限制民事行为能力的成年人,由下列有监护能力的人按顺序担任监护人:

(一)配偶;

(二)父母、子女;

(三)其他近亲属;

(四)其他愿意担任监护人的个人或者组织,但是须经被监护人住所地的居民委员会、村民委员会或者民政部门同意。

第二十九条 被监护人的父母担任监护人的,可以通过遗嘱指定监护人。

第三十二条 没有依法具有监护资格的人的,监护人由民政部门担任,也可以由具备履行监护职责条件的被监护人住所地的居民委员会、村民委员会担任。

第三十四条 监护人的职责是代理被监护人实施民事法律行为,保护被监护人的人身权利、财产权利以及其他合法权益等。

监护人依法履行监护职责产生的权利,受法律保护。

监护人不履行监护职责或者侵害被监护人合法权益的,应当承担法律责任。

因发生突发事件等紧急情况,监护人暂时无法履行监护职责,被监护人的生活处于无人照料状态的,被监护人住所地的居民委员会、村民委员会或者民政部门应当为被监护人安排必要的临时生活照料措施。

第三十五条　监护人应当按照最有利于被监护人的原则履行监护职责。监护人除为维护被监护人利益外，不得处分被监护人的财产。

未成年人的监护人履行监护职责，在作出与被监护人利益有关的决定时，应当根据被监护人的年龄和智力状况，尊重被监护人的真实意愿。

成年人的监护人履行监护职责，应当最大程度地尊重被监护人的真实意愿，保障并协助被监护人实施与其智力、精神健康状况相适应的民事法律行为。对被监护人有能力独立处理的事务，监护人不得干涉。

第一百零九条　自然人的人身自由、人格尊严受法律保护。

第一百一十条　自然人享有生命权、身体权、健康权、姓名权、肖像权、名誉权、荣誉权、隐私权、婚姻自主权等权利。

法人、非法人组织享有名称权、名誉权和荣誉权。

第一百一十二条　自然人因婚姻家庭关系等产生的人身权利受法律保护。

第一百一十三条　民事主体的财产权利受法律平等保护。

第一百一十四条　民事主体依法享有物权。

物权是权利人依法对特定的物享有直接支配和排他的权利，包括所有权、用益物权和担保物权。

第一百一十八条　民事主体依法享有债权。

债权是因合同、侵权行为、无因管理、不当得利以及法律的其他规定，权利人请求特定义务人为或者不为一定行为的权利。

第一百一十九条　依法成立的合同，对当事人具有法律约束力。

第一百二十条　民事权益受到侵害的，被侵权人有权请求侵权人承担侵权责任。

第一百二十四条　自然人依法享有继承权。

自然人合法的私有财产，可以依法继承。

第一百二十八条　法律对未成年人、老年人、残疾人、妇女、消费者等的民事权利保护有特别规定的，依照其规定。

第一百二十九条　民事权利可以依据民事法律行为、事实行为、法律规定的事件或者法律规定的其他方式取得。

第一百三十条　民事主体按照自己的意愿依法行使民事权利，不受干涉。

第一百三十一条　民事主体行使权利时，应当履行法律规定的和当事人约定的义务。

第一百三十二条 民事主体不得滥用民事权利损害国家利益、社会公共利益或者他人合法权益。

第一百三十三条 民事法律行为是民事主体通过意思表示设立、变更、终止民事法律关系的行为。

第一百三十四条 民事法律行为可以基于双方或者多方的意思表示一致成立,也可以基于单方的意思表示成立。

法人、非法人组织依照法律或者章程规定的议事方式和表决程序作出决议的,该决议行为成立。

第一百三十五条 民事法律行为可以采用书面形式、口头形式或者其他形式;法律、行政法规规定或者当事人约定采用特定形式的,应当采用特定形式。

第一百三十六条 民事法律行为自成立时生效,但是法律另有规定或者当事人另有约定的除外。

行为人非依法律规定或者未经对方同意,不得擅自变更或者解除民事法律行为。

第一百四十三条 具备下列条件的民事法律行为有效:

(一)行为人具有相应的民事行为能力;

(二)意思表示真实;

(三)不违反法律、行政法规的强制性规定,不违背公序良俗。

第一百四十四条 无民事行为能力人实施的民事法律行为无效。

第一百四十五条 限制民事行为能力人实施的纯获利益的民事法律行为或者与其年龄、智力、精神健康状况相适应的民事法律行为有效;实施的其他民事法律行为经法定代理人同意或者追认后有效。

相对人可以催告法定代理人自收到通知之日起三十日内予以追认。法定代理人未作表示的,视为拒绝追认。民事法律行为被追认前,善意相对人有撤销的权利。撤销应当以通知的方式作出。

第一百四十六条 行为人与相对人以虚假的意思表示实施的民事法律行为无效。

以虚假的意思表示隐藏的民事法律行为的效力,依照有关法律规定处理。

第一百四十七条 基于重大误解实施的民事法律行为,行为人有权请求人民法院或者仲裁机构予以撤销。

第一百四十八条 一方以欺诈手段,使对方在违背真实意思的情况下实施的民事法律行为，受欺诈方有权请求人民法院或者仲裁机构予以撤销。

第一百四十九条　第三人实施欺诈行为，使一方在违背真实意思的情况下实施的民事法律行为，对方知道或者应当知道该欺诈行为的，受欺诈方有权请求人民法院或者仲裁机构予以撤销。

第一百五十条　一方或者第三人以胁迫手段，使对方在违背真实意思的情况下实施的民事法律行为，受胁迫方有权请求人民法院或者仲裁机构予以撤销。

第一百五十一条　一方利用对方处于危困状态、缺乏判断能力等情形，致使民事法律行为成立时显失公平的，受损害方有权请求人民法院或者仲裁机构予以撤销。

第一百五十二条　有下列情形之一的，撤销权消灭：

（一）当事人自知道或者应当知道撤销事由之日起一年内、重大误解的当事人自知道或者应当知道撤销事由之日起九十日内没有行使撤销权；

（二）当事人受胁迫，自胁迫行为终止之日起一年内没有行使撤销权；

（三）当事人知道撤销事由后明确表示或者以自己的行为表明放弃撤销权。

当事人自民事法律行为发生之日起五年内没有行使撤销权的，撤销权消灭。

第一百五十三条　违反法律、行政法规的强制性规定的民事法律行为无效。但是，该强制性规定不导致该民事法律行为无效的除外。

违背公序良俗的民事法律行为无效。

第一百五十四条　行为人与相对人恶意串通，损害他人合法权益的民事法律行为无效。

第一百五十五条　无效的或者被撤销的民事法律行为自始没有法律约束力。

第一百五十六条　民事法律行为部分无效，不影响其他部分效力的，其他部分仍然有效。

第一百五十七条　民事法律行为无效、被撤销或者确定不发生效力后，行为人因该行为取得的财产，应当予以返还；不能返还或者没有必要返还的，应当折价补偿。有过错的一方应当赔偿对方由此所受到的损失；各方都有过错的，应当各自承担相应的责任。法律另有规定的，依照其规定。

第一百五十八条　民事法律行为可以附条件，但是根据其性质不得附条件的除外。附生效条件的民事法律行为，自条件成就时生效。附解除条件的民事法律行为，自条件成就时失效。

第一百五十九条　附条件的民事法律行为，当事人为自己的利益不正当地阻止条件成就的,视为条件已经成就;不正当地促成条件成就的,视为条件不成就。

第一百六十条 民事法律行为可以附期限,但是根据其性质不得附期限的除外。附生效期限的民事法律行为,自期限届至时生效。附终止期限的民事法律行为,自期限届满时失效。

第一百六十一条 民事主体可以通过代理人实施民事法律行为。

依照法律规定、当事人约定或者民事法律行为的性质,应当由本人亲自实施的民事法律行为,不得代理。

第一百六十二条 代理人在代理权限内,以被代理人名义实施的民事法律行为,对被代理人发生效力。

第一百六十三条 代理包括委托代理和法定代理。

委托代理人按照被代理人的委托行使代理权。法定代理人依照法律的规定行使代理权。

第一百六十四条 代理人不履行或者不完全履行职责,造成被代理人损害的,应当承担民事责任。

代理人和相对人恶意串通,损害被代理人合法权益的,代理人和相对人应当承担连带责任。

第一百六十五条 委托代理授权采用书面形式的,授权委托书应当载明代理人的姓名或者名称、代理事项、权限和期限,并由被代理人签名或者盖章。

第一百六十六条 数人为同一代理事项的代理人的,应当共同行使代理权,但是当事人另有约定的除外。

第一百六十七条 代理人知道或者应当知道代理事项违法仍然实施代理行为,或者被代理人知道或者应当知道代理人的代理行为违法未作反对表示的,被代理人和代理人应当承担连带责任。

第一百六十八条 代理人不得以被代理人的名义与自己实施民事法律行为,但是被代理人同意或者追认的除外。

代理人不得以被代理人的名义与自己同时代理的其他人实施民事法律行为,但是被代理的双方同意或者追认的除外。

第一百六十九条 代理人需要转委托第三人代理的,应当取得被代理人的同意或者追认。

转委托代理经被代理人同意或者追认的,被代理人可以就代理事务直接指示转委托的第三人,代理人仅就第三人的选任以及对第三人的指示承担责任。

转委托代理未经被代理人同意或者追认的，代理人应当对转委托的第三人的行为承担责任；但是，在紧急情况下代理人为了维护被代理人的利益需要转委托第三人代理的除外。

第一百七十条 执行法人或者非法人组织工作任务的人员，就其职权范围内的事项，以法人或者非法人组织的名义实施的民事法律行为，对法人或者非法人组织发生效力。

法人或者非法人组织对执行其工作任务的人员职权范围的限制，不得对抗善意相对人。

第一百七十一条 行为人没有代理权、超越代理权或者代理权终止后，仍然实施代理行为，未经被代理人追认的，对被代理人不发生效力。

相对人可以催告被代理人自收到通知之日起三十日内予以追认。被代理人未作表示的，视为拒绝追认。行为人实施的行为被追认前，善意相对人有撤销的权利。撤销应当以通知的方式作出。

行为人实施的行为未被追认的，善意相对人有权请求行为人履行债务或者就其受到的损害请求行为人赔偿。但是，赔偿的范围不得超过被代理人追认时相对人所能获得的利益。

相对人知道或者应当知道行为人无权代理的，相对人和行为人按照各自的过错承担责任。

第一百七十二条 行为人没有代理权、超越代理权或者代理权终止后，仍然实施代理行为，相对人有理由相信行为人有代理权的，代理行为有效。

第一百七十三条 有下列情形之一的，委托代理终止：

（一）代理期限届满或者代理事务完成；

（二）被代理人取消委托或者代理人辞去委托；

（三）代理人丧失民事行为能力；

（四）代理人或者被代理人死亡；

（五）作为代理人或者被代理人的法人、非法人组织终止。

第一百七十四条 被代理人死亡后，有下列情形之一的，委托代理人实施的代理行为有效：

（一）代理人不知道且不应当知道被代理人死亡；

（二）被代理人的继承人予以承认；

（三）授权中明确代理权在代理事务完成时终止；

（四）被代理人死亡前已经实施，为了被代理人的继承人的利益继续代理。

作为被代理人的法人、非法人组织终止的，参照适用前款规定。

第一百七十五条 有下列情形之一的，法定代理终止：

（一）被代理人取得或者恢复完全民事行为能力；

（二）代理人丧失民事行为能力；

（三）代理人或者被代理人死亡；

（四）法律规定的其他情形。

第一百七十六条 民事主体依照法律规定或者按照当事人约定，履行民事义务，承担民事责任。

第一百七十七条 二人以上依法承担按份责任，能够确定责任大小的，各自承担相应的责任；难以确定责任大小的，平均承担责任。

第一百七十八条 二人以上依法承担连带责任的，权利人有权请求部分或者全部连带责任人承担责任。

连带责任人的责任份额根据各自责任大小确定；难以确定责任大小的，平均承担责任。实际承担责任超过自己责任份额的连带责任人，有权向其他连带责任人追偿。

连带责任，由法律规定或者当事人约定。

第一百七十九条 承担民事责任的方式主要有：

（一）停止侵害；

（二）排除妨碍；

（三）消除危险；

（四）返还财产；

（五）恢复原状；

（六）修理、重作、更换；

（七）继续履行；

（八）赔偿损失；

（九）支付违约金；

（十）消除影响、恢复名誉；

（十一）赔礼道歉。

法律规定惩罚性赔偿的，依照其规定。

本条规定的承担民事责任的方式，可以单独适用，也可以合并适用。

第一百八十三条　因保护他人民事权益使自己受到损害的，由侵权人承担民事责任，受益人可以给予适当补偿。没有侵权人、侵权人逃逸或者无力承担民事责任，受害人请求补偿的，受益人应当给予适当补偿。

第一百八十六条　因当事人一方的违约行为，损害对方人身权益、财产权益的，受损害方有权选择请求其承担违约责任或者侵权责任。

第一百八十七条　民事主体因同一行为应当承担民事责任、行政责任和刑事责任的，承担行政责任或者刑事责任不影响承担民事责任；民事主体的财产不足以支付的，优先用于承担民事责任。

第一百八十八条　向人民法院请求保护民事权利的诉讼时效期间为三年。法律另有规定的，依照其规定。

诉讼时效期间自权利人知道或者应当知道权利受到损害以及义务人之日起计算。法律另有规定的，依照其规定。但是，自权利受到损害之日起超过二十年的，人民法院不予保护，有特殊情况的，人民法院可以根据权利人的申请决定延长。

第一百九十二条　诉讼时效期间届满的，义务人可以提出不履行义务的抗辩。

诉讼时效期间届满后，义务人同意履行的，不得以诉讼时效期间届满为由抗辩；义务人已经自愿履行的，不得请求返还。

第一百九十三条　人民法院不得主动适用诉讼时效的规定。

第一百九十四条　在诉讼时效期间的最后六个月内，因下列障碍，不能行使请求权的，诉讼时效中止：

（一）不可抗力；

（二）无民事行为能力人或者限制民事行为能力人没有法定代理人，或者法定代理人死亡、丧失民事行为能力、丧失代理权；

（三）继承开始后未确定继承人或者遗产管理人；

（四）权利人被义务人或者其他人控制；

（五）其他导致权利人不能行使请求权的障碍。

自中止时效的原因消除之日起满六个月，诉讼时效期间届满。

第一百九十五条　有下列情形之一的，诉讼时效中断，从中断、有关程序终结时起，诉讼时效期间重新计算：

（一）权利人向义务人提出履行请求；

（二）义务人同意履行义务；

（三）权利人提起诉讼或者申请仲裁；

(四)与提起诉讼或者申请仲裁具有同等效力的其他情形。

第一百九十七条 诉讼时效的期间、计算方法以及中止、中断的事由由法律规定,当事人约定无效。

当事人对诉讼时效利益的预先放弃无效。

第一百九十九条 法律规定或者当事人约定的撤销权、解除权等权利的存续期间,除法律另有规定外,自权利人知道或者应当知道权利产生之日起计算,不适用有关诉讼时效中止、中断和延长的规定。存续期间届满,撤销权、解除权等权利消灭。

第二百零一条 按照年、月、日计算期间的,开始的当日不计入,自下一日开始计算。

按照小时计算期间的,自法律规定或者当事人约定的时间开始计算。

第二百零二条 按照年、月计算期间的,到期月的对应日为期间的最后一日;没有对应日的,月末日为期间的最后一日。

第二百零三条 期间的最后一日是法定休假日的,以法定休假日结束的次日为期间的最后一日。

期间的最后一日的截止时间为二十四时;有业务时间的,停止业务活动的时间为截止时间。

第二百零七条 国家、集体、私人的物权和其他权利人的物权受法律平等保护,任何组织或者个人不得侵犯。

第二百零八条 不动产物权的设立、变更、转让和消灭,应当依照法律规定登记。动产物权的设立和转让,应当依照法律规定交付。

第二百二十四条 动产物权的设立和转让,自交付时发生效力,但是法律另有规定的除外。

第二百二十五条 船舶、航空器和机动车等的物权的设立、变更、转让和消灭,未经登记,不得对抗善意第三人。

第二百二十六条 动产物权设立和转让前,权利人已经占有该动产的,物权自民事法律行为生效时发生效力。

第二百二十七条 动产物权设立和转让前,第三人占有该动产的,负有交付义务的人可以通过转让请求第三人返还原物的权利代替交付。

第二百二十八条 动产物权转让时,当事人又约定由出让人继续占有该动产的,物权自该约定生效时发生效力。

第二百三十三条　物权受到侵害的,权利人可以通过和解、调解、仲裁、诉讼等途径解决。

第二百三十八条　侵害物权,造成权利人损害的,权利人可以依法请求损害赔偿,也可以依法请求承担其他民事责任。

第二百三十九条　本章规定的物权保护方式,可以单独适用,也可以根据权利被侵害的情形合并适用。

第二百四十条　所有权人对自己的不动产或者动产,依法享有占有、使用、收益和处分的权利。

第二百九十七条　不动产或者动产可以由两个以上组织、个人共有。共有包括按份共有和共同共有。

第二百九十八条　按份共有人对共有的不动产或者动产按照其份额享有所有权。

第二百九十九条　共同共有人对共有的不动产或者动产共同享有所有权。

第三百条　共有人按照约定管理共有的不动产或者动产;没有约定或者约定不明确的,各共有人都有管理的权利和义务。

第三百零七条　因共有的不动产或者动产产生的债权债务,在对外关系上,共有人享有连带债权、承担连带债务,但是法律另有规定或者第三人知道共有人不具有连带债权债务关系的除外;在共有人内部关系上,除共有人另有约定外,按份共有人按照份额享有债权、承担债务,共同共有人共同享有债权、承担债务。偿还债务超过自己应当承担份额的按份共有人,有权向其他共有人追偿。

第三百二十三条　用益物权人对他人所有的不动产或者动产,依法享有占有、使用和收益的权利。

第四百六十四条　合同是民事主体之间设立、变更、终止民事法律关系的协议。

婚姻、收养、监护等有关身份关系的协议,适用有关该身份关系的法律规定;没有规定的,可以根据其性质参照适用本编规定。

第四百六十五条　依法成立的合同,受法律保护。

依法成立的合同,仅对当事人具有法律约束力,但是法律另有规定的除外。

第四百九十六条　格式条款是当事人为了重复使用而预先拟定,并在订立合同时未与对方协商的条款。

采用格式条款订立合同的,提供格式条款的一方应当遵循公平原则确定当事人之间的权利和义务,并采取合理的方式提示对方注意免除或者减轻其责任等与对方有重大利害关系的条款,按照对方的要求,对该条款予以说明。提供格式条款的一方未履行提示或者说明义务,致使对方没有注意或者理解与其有重大利害关系的条款的,对方可以主张该条款不成为合同的内容。

第四百九十七条 有下列情形之一的,该格式条款无效:

(一)具有本法第一编第六章第三节和本法第五百零六条规定的无效情形;

(二)提供格式条款一方不合理地免除或者减轻其责任、加重对方责任、限制对方主要权利;

(三)提供格式条款一方排除对方主要权利。

第四百九十八条 对格式条款的理解发生争议的,应当按照通常理解予以解释。对格式条款有两种以上解释的,应当作出不利于提供格式条款一方的解释。格式条款和非格式条款不一致的,应当采用非格式条款。

第五百条 当事人在订立合同过程中有下列情形之一,造成对方损失的,应当承担赔偿责任:

(一)假借订立合同,恶意进行磋商;

(二)故意隐瞒与订立合同有关的重要事实或者提供虚假情况;

(三)有其他违背诚信原则的行为。

第五百零二条 依法成立的合同,自成立时生效,但是法律另有规定或者当事人另有约定的除外。

依照法律、行政法规的规定,合同应当办理批准等手续的,依照其规定。未办理批准等手续影响合同生效的,不影响合同中履行报批等义务条款以及相关条款的效力。应当办理申请批准等手续的当事人未履行义务的,对方可以请求其承担违反该义务的责任。

依照法律、行政法规的规定,合同的变更、转让、解除等情形应当办理批准等手续的,适用前款规定。

第五百零三条 无权代理人以被代理人的名义订立合同,被代理人已经开始履行合同义务或者接受相对人履行的,视为对合同的追认。

第五百零九条 当事人应当按照约定全面履行自己的义务。

当事人应当遵循诚信原则,根据合同的性质、目的和交易习惯履行通知、协助、保密等义务。

当事人在履行合同过程中,应当避免浪费资源、污染环境和破坏生态。

第五百四十三条　当事人协商一致，可以变更合同。

第五百四十五条　债权人可以将债权的全部或者部分转让给第三人，但是有下列情形之一的除外：

（一）根据债权性质不得转让；

（二）按照当事人约定不得转让；

（三）依照法律规定不得转让。

当事人约定非金钱债权不得转让的，不得对抗善意第三人。当事人约定金钱债权不得转让的，不得对抗第三人。

第五百四十六条　债权人转让债权，未通知债务人的，该转让对债务人不发生效力。

债权转让的通知不得撤销，但是经受让人同意的除外。

第五百六十二条　当事人协商一致，可以解除合同。

当事人可以约定一方解除合同的事由。解除合同的事由发生时，解除权人可以解除合同。

第五百六十三条　有下列情形之一的，当事人可以解除合同：

（一）因不可抗力致使不能实现合同目的；

（二）在履行期限届满前，当事人一方明确表示或者以自己的行为表明不履行主要债务；

（三）当事人一方迟延履行主要债务，经催告后在合理期限内仍未履行；

（四）当事人一方迟延履行债务或者有其他违约行为致使不能实现合同目的；

（五）法律规定的其他情形。

以持续履行的债务为内容的不定期合同，当事人可以随时解除合同，但是应当在合理期限之前通知对方。

第五百六十四条　法律规定或者当事人约定解除权行使期限，期限届满当事人不行使的，该权利消灭。

法律没有规定或者当事人没有约定解除权行使期限，自解除权人知道或者应当知道解除事由之日起一年内不行使，或者经对方催告后在合理期限内不行使的，该权利消灭。

第五百六十五条　当事人一方依法主张解除合同的，应当通知对方。合同自通知到达对方时解除；通知载明债务人在一定期限内不履行债务则合同自动解除，债务人在该期限内未履行债务的，合同自通知载明的期限届满时解除。对方对解除合同有异议的,任何一方当事人均可以请求人民法院或者仲裁机构确认解除行为的效力。

当事人一方未通知对方,直接以提起诉讼或者申请仲裁的方式依法主张解除合同,人民法院或者仲裁机构确认该主张的,合同自起诉状副本或者仲裁申请书副本送达对方时解除。

第五百六十六条 合同解除后,尚未履行的,终止履行;已经履行的,根据履行情况和合同性质,当事人可以请求恢复原状或者采取其他补救措施,并有权请求赔偿损失。

合同因违约解除的,解除权人可以请求违约方承担违约责任,但是当事人另有约定的除外。

主合同解除后,担保人对债务人应当承担的民事责任仍应当承担担保责任,但是担保合同另有约定的除外。

第五百六十七条 合同的权利义务关系终止,不影响合同中结算和清理条款的效力。

第五百七十七条 当事人一方不履行合同义务或者履行合同义务不符合约定的,应当承担继续履行、采取补救措施或者赔偿损失等违约责任。

第五百七十八条 当事人一方明确表示或者以自己的行为表明不履行合同义务的,对方可以在履行期限届满前请求其承担违约责任。

第五百七十九条 当事人一方未支付价款、报酬、租金、利息,或者不履行其他金钱债务的,对方可以请求其支付。

第五百八十条 当事人一方不履行非金钱债务或者履行非金钱债务不符合约定的,对方可以请求履行,但是有下列情形之一的除外:

(一)法律上或者事实上不能履行;

(二)债务的标的不适于强制履行或者履行费用过高;

(三)债权人在合理期限内未请求履行。

有前款规定的除外情形之一,致使不能实现合同目的的,人民法院或者仲裁机构可以根据当事人的请求终止合同权利义务关系,但是不影响违约责任的承担。

第五百八十三条 当事人一方不履行合同义务或者履行合同义务不符合约定的,在履行义务或者采取补救措施后,对方还有其他损失的,应当赔偿损失。

第五百八十四条 当事人一方不履行合同义务或者履行合同义务不符合约定,造成对方损失的,损失赔偿额应当相当于因违约所造成的损失,包括合同履行后可以获得的利益；但是，不得超过违约一方订立合同时预见到或者应当预见到的因违约可能造成的损失。

第五百八十五条　当事人可以约定一方违约时应当根据违约情况向对方支付一定数额的违约金，也可以约定因违约产生的损失赔偿额的计算方法。

约定的违约金低于造成的损失的，人民法院或者仲裁机构可以根据当事人的请求予以增加；约定的违约金过分高于造成的损失的，人民法院或者仲裁机构可以根据当事人的请求予以适当减少。

当事人就迟延履行约定违约金的，违约方支付违约金后，还应当履行债务。

第五百九十一条　当事人一方违约后，对方应当采取适当措施防止损失的扩大；没有采取适当措施致使损失扩大的，不得就扩大的损失请求赔偿。

当事人因防止损失扩大而支出的合理费用，由违约方负担。

第八百零九条　运输合同是承运人将旅客或者货物从起运地点运输到约定地点，旅客、托运人或者收货人支付票款或者运输费用的合同。

第八百一十条　从事公共运输的承运人不得拒绝旅客、托运人通常、合理的运输要求。

第八百一十一条　承运人应当在约定期限或者合理期限内将旅客、货物安全运输到约定地点。

第八百一十二条　承运人应当按照约定的或者通常的运输路线将旅客、货物运输到约定地点。

第八百一十三条　旅客、托运人或者收货人应当支付票款或者运输费用。承运人未按照约定路线或者通常路线运输增加票款或者运输费用的，旅客、托运人或者收货人可以拒绝支付增加部分的票款或者运输费用。

第八百一十四条　客运合同自承运人向旅客出具客票时成立，但是当事人另有约定或者另有交易习惯的除外。

第八百一十五条　旅客应当按照有效客票记载的时间、班次和座位号乘坐。旅客无票乘坐、超程乘坐、越级乘坐或者持不符合减价条件的优惠客票乘坐的，应当补交票款，承运人可以按照规定加收票款；旅客不支付票款的，承运人可以拒绝运输。

实名制客运合同的旅客丢失客票的，可以请求承运人挂失补办，承运人不得再次收取票款和其他不合理费用。

第八百一十六条　旅客因自己的原因不能按照客票记载的时间乘坐的，应当在约定的期限内办理退票或者变更手续;逾期办理的,承运人可以不退票款,并不再承担运输义务。

第八百一十七条 旅客随身携带行李应当符合约定的限量和品类要求;超过限量或者违反品类要求携带行李的,应当办理托运手续。

第八百一十八条 旅客不得随身携带或者在行李中夹带易燃、易爆、有毒、有腐蚀性、有放射性以及可能危及运输工具上人身和财产安全的危险物品或者违禁物品。

旅客违反前款规定的,承运人可以将危险物品或者违禁物品卸下、销毁或者送交有关部门。旅客坚持携带或者夹带危险物品或者违禁物品的,承运人应当拒绝运输。

第八百一十九条 承运人应当严格履行安全运输义务,及时告知旅客安全运输应当注意的事项。旅客对承运人为安全运输所作的合理安排应当积极协助和配合。

第八百二十条 承运人应当按照有效客票记载的时间、班次和座位号运输旅客。承运人迟延运输或者有其他不能正常运输情形的,应当及时告知和提醒旅客,采取必要的安置措施,并根据旅客的要求安排改乘其他班次或者退票;由此造成旅客损失的,承运人应当承担赔偿责任,但是不可归责于承运人的除外。

第八百二十一条 承运人擅自降低服务标准的,应当根据旅客的请求退票或者减收票款;提高服务标准的,不得加收票款。

第八百二十二条 承运人在运输过程中,应当尽力救助患有急病、分娩、遇险的旅客。

第八百二十三条 承运人应当对运输过程中旅客的伤亡承担赔偿责任;但是,伤亡是旅客自身健康原因造成的或者承运人证明伤亡是旅客故意、重大过失造成的除外。

前款规定适用于按照规定免票、持优待票或者经承运人许可搭乘的无票旅客。

第八百二十四条 在运输过程中旅客随身携带物品毁损、灭失,承运人有过错的,应当承担赔偿责任。

旅客托运的行李毁损、灭失的,适用货物运输的有关规定。

第八百二十五条 托运人办理货物运输,应当向承运人准确表明收货人的姓名、名称或者凭指示的收货人,货物的名称、性质、重量、数量,收货地点等有关货物运输的必要情况。

因托运人申报不实或者遗漏重要情况，造成承运人损失的，托运人应当承担赔偿责任。

第八百二十六条　货物运输需要办理审批、检验等手续的，托运人应当将办理完有关手续的文件提交承运人。

第八百二十七条　托运人应当按照约定的方式包装货物。对包装方式没有约定或者约定不明确的，适用本法第六百一十九条的规定。

托运人违反前款规定的，承运人可以拒绝运输。

第八百二十八条　托运人托运易燃、易爆、有毒、有腐蚀性、有放射性等危险物品的，应当按照国家有关危险物品运输的规定对危险物品妥善包装，做出危险物品标志和标签，并将有关危险物品的名称、性质和防范措施的书面材料提交承运人。

托运人违反前款规定的，承运人可以拒绝运输，也可以采取相应措施以避免损失的发生，因此产生的费用由托运人负担。

第八百二十九条　在承运人将货物交付收货人之前，托运人可以要求承运人中止运输、返还货物、变更到达地或者将货物交给其他收货人，但是应当赔偿承运人因此受到的损失。

第八百三十条　货物运输到达后，承运人知道收货人的，应当及时通知收货人，收货人应当及时提货。收货人逾期提货的，应当向承运人支付保管费等费用。

第八百三十一条　收货人提货时应当按照约定的期限检验货物。对检验货物的期限没有约定或者约定不明确，依据本法第五百一十条的规定仍不能确定的，应当在合理期限内检验货物。收货人在约定的期限或者合理期限内对货物的数量、毁损等未提出异议的，视为承运人已经按照运输单证的记载交付的初步证据。

第八百三十二条　承运人对运输过程中货物的毁损、灭失承担赔偿责任。但是，承运人证明货物的毁损、灭失是因不可抗力、货物本身的自然性质或者合理损耗以及托运人、收货人的过错造成的，不承担赔偿责任。

第八百三十三条　货物的毁损、灭失的赔偿额，当事人有约定的，按照其约定；没有约定或者约定不明确，依据本法第五百一十条的规定仍不能确定的，按照交付或者应当交付时货物到达地的市场价格计算。法律、行政法规对赔偿额的计算方法和赔偿限额另有规定的，依照其规定。

第八百三十四条　两个以上承运人以同一运输方式联运的，与托运人订立合同的承运人应当对全程运输承担责任；损失发生在某一运输区段的，与托运人订立合同的承运人和该区段的承运人承担连带责任。

第八百三十五条 货物在运输过程中因不可抗力灭失,未收取运费的,承运人不得请求支付运费;已经收取运费的,托运人可以请求返还。法律另有规定的,依照其规定。

第八百三十六条 托运人或者收货人不支付运费、保管费或者其他费用的,承运人对相应的运输货物享有留置权,但是当事人另有约定的除外。

第八百三十七条 收货人不明或者收货人无正当理由拒绝受领货物的,承运人依法可以提存货物。

第九百九十条 人格权是民事主体享有的生命权、身体权、健康权、姓名权、名称权、肖像权、名誉权、荣誉权、隐私权等权利。

除前款规定的人格权外,自然人享有基于人身自由、人格尊严产生的其他人格权益。

第九百九十一条 民事主体的人格权受法律保护,任何组织或者个人不得侵害。

第九百九十二条 人格权不得放弃、转让或者继承。

第九百九十五条 人格权受到侵害的,受害人有权依照本法和其他法律的规定请求行为人承担民事责任。受害人的停止侵害、排除妨碍、消除危险、消除影响、恢复名誉、赔礼道歉请求权,不适用诉讼时效的规定。

第九百九十六条 因当事人一方的违约行为,损害对方人格权并造成严重精神损害,受损害方选择请求其承担违约责任的,不影响受损害方请求精神损害赔偿。

第九百九十七条 民事主体有证据证明行为人正在实施或者即将实施侵害其人格权的违法行为,不及时制止将使其合法权益受到难以弥补的损害的,有权依法向人民法院申请采取责令行为人停止有关行为的措施。

第九百九十八条 认定行为人承担侵害除生命权、身体权和健康权外的人格权的民事责任,应当考虑行为人和受害人的职业、影响范围、过错程度,以及行为的目的、方式、后果等因素。

第一千零二条 自然人享有生命权。自然人的生命安全和生命尊严受法律保护。任何组织或者个人不得侵害他人的生命权。

第一千零三条 自然人享有身体权。自然人的身体完整和行动自由受法律保护。任何组织或者个人不得侵害他人的身体权。

第一千零四条　自然人享有健康权。自然人的身心健康受法律保护。任何组织或者个人不得侵害他人的健康权。

第一千零五条　自然人的生命权、身体权、健康权受到侵害或者处于其他危难情形的,负有法定救助义务的组织或者个人应当及时施救。

第一千零四十五条　亲属包括配偶、血亲和姻亲。

配偶、父母、子女、兄弟姐妹、祖父母、外祖父母、孙子女、外孙子女为近亲属。

配偶、父母、子女和其他共同生活的近亲属为家庭成员。

第一千零五十八条　夫妻双方平等享有对未成年子女抚养、教育和保护的权利,共同承担对未成年子女抚养、教育和保护的义务。

第一千零五十九条　夫妻有相互扶养的义务。

需要扶养的一方,在另一方不履行扶养义务时,有要求其给付扶养费的权利。

第一千零六十一条　夫妻有相互继承遗产的权利。

第一千零六十二条　夫妻在婚姻关系存续期间所得的下列财产,为夫妻的共同财产,归夫妻共同所有:

(一)工资、奖金、劳务报酬;

(二)生产、经营、投资的收益;

(三)知识产权的收益;

(四)继承或者受赠的财产,但是本法第一千零六十三条第三项规定的除外;

(五)其他应当归共同所有的财产。

夫妻对共同财产,有平等的处理权。

第一千零六十三条　下列财产为夫妻一方的个人财产:

(一)一方的婚前财产;

(二)一方因受到人身损害获得的赔偿或者补偿;

(三)遗嘱或者赠与合同中确定只归一方的财产;

(四)一方专用的生活用品;

(五)其他应当归一方的财产。

第一千零六十七条　父母不履行抚养义务的,未成年子女或者不能独立生活的成年子女,有要求父母给付抚养费的权利。

成年子女不履行赡养义务的,缺乏劳动能力或者生活困难的父母,有要求成年子女给付赡养费的权利。

第一千零六十八条　父母有教育、保护未成年子女的权利和义务。未成年子女造成他人损害的，父母应当依法承担民事责任。

第一千零七十条 父母和子女有相互继承遗产的权利。

第一千零七十一条 非婚生子女享有与婚生子女同等的权利，任何组织或者个人不得加以危害和歧视。

不直接抚养非婚生子女的生父或者生母，应当负担未成年子女或者不能独立生活的成年子女的抚养费。

第一千零七十二条 继父母与继子女间，不得虐待或者歧视。

继父或者继母和受其抚养教育的继子女间的权利义务关系，适用本法关于父母子女关系的规定。

第一千零七十四条 有负担能力的祖父母、外祖父母，对于父母已经死亡或者父母无力抚养的未成年孙子女、外孙子女，有抚养的义务。

有负担能力的孙子女、外孙子女，对于子女已经死亡或者子女无力赡养的祖父母、外祖父母，有赡养的义务。

第一千零七十五条 有负担能力的兄、姐，对于父母已经死亡或者父母无力抚养的未成年弟、妹，有扶养的义务。

由兄、姐扶养长大的有负担能力的弟、妹，对于缺乏劳动能力又缺乏生活来源的兄、姐，有扶养的义务。

第一千零八十四条 父母与子女间的关系，不因父母离婚而消除。离婚后，子女无论由父或者母直接抚养，仍是父母双方的子女。

离婚后，父母对于子女仍有抚养、教育、保护的权利和义务。

离婚后，不满两周岁的子女，以由母亲直接抚养为原则。已满两周岁的子女，父母双方对抚养问题协议不成的，由人民法院根据双方的具体情况，按照最有利于未成年子女的原则判决。子女已满八周岁的，应当尊重其真实意愿。

第一千一百一十一条 自收养关系成立之日起，养父母与养子女间的权利义务关系，适用本法关于父母子女关系的规定；养子女与养父母的近亲属间的权利义务关系，适用本法关于子女与父母的近亲属关系的规定。

养子女与生父母以及其他近亲属间的权利义务关系，因收养关系的成立而消除。

第一千一百二十条 国家保护自然人的继承权。

第一千一百二十一条 继承从被继承人死亡时开始。

相互有继承关系的数人在同一事件中死亡，难以确定死亡时间的，推定没有其他继承人的人先死亡。都有其他继承人，辈份不同的，推定长辈先死亡；辈份相同的，推定同时死亡，相互不发生继承。

第一千一百二十三条　继承开始后，按照法定继承办理；有遗嘱的，按照遗嘱继承或者遗赠办理；有遗赠扶养协议的，按照协议办理。

第一千一百二十四条　继承开始后，继承人放弃继承的，应当在遗产处理前，以书面形式作出放弃继承的表示；没有表示的，视为接受继承。

受遗赠人应当在知道受遗赠后六十日内，作出接受或者放弃受遗赠的表示；到期没有表示的，视为放弃受遗赠。

第一千一百二十五条　继承人有下列行为之一的，丧失继承权：

（一）故意杀害被继承人；

（二）为争夺遗产而杀害其他继承人；

（三）遗弃被继承人，或者虐待被继承人情节严重；

（四）伪造、篡改、隐匿或者销毁遗嘱，情节严重；

（五）以欺诈、胁迫手段迫使或者妨碍被继承人设立、变更或者撤回遗嘱，情节严重。

继承人有前款第三项至第五项行为，确有悔改表现，被继承人表示宽恕或者事后在遗嘱中将其列为继承人的，该继承人不丧失继承权。

受遗赠人有本条第一款规定行为的，丧失受遗赠权。

第一千一百二十六条　继承权男女平等。

第一千一百二十七条　遗产按照下列顺序继承：

（一）第一顺序：配偶、子女、父母；

（二）第二顺序：兄弟姐妹、祖父母、外祖父母。

继承开始后，由第一顺序继承人继承，第二顺序继承人不继承；没有第一顺序继承人继承的，由第二顺序继承人继承。

本编所称子女，包括婚生子女、非婚生子女、养子女和有扶养关系的继子女。

本编所称父母，包括生父母、养父母和有扶养关系的继父母。

本编所称兄弟姐妹，包括同父母的兄弟姐妹、同父异母或者同母异父的兄弟姐妹、养兄弟姐妹、有扶养关系的继兄弟姐妹。

第一千一百二十八条　被继承人的子女先于被继承人死亡的，由被继承人的子女的直系晚辈血亲代位继承。

被继承人的兄弟姐妹先于被继承人死亡的，由被继承人的兄弟姐妹的子女代位继承。

代位继承人一般只能继承被代位继承人有权继承的遗产份额。

第一千一百二十九条 丧偶儿媳对公婆,丧偶女婿对岳父母,尽了主要赡养义务的,作为第一顺序继承人。

第一千一百三十条 同一顺序继承人继承遗产的份额,一般应当均等。

对生活有特殊困难又缺乏劳动能力的继承人,分配遗产时,应当予以照顾。

对被继承人尽了主要扶养义务或者与被继承人共同生活的继承人,分配遗产时,可以多分。

有扶养能力和有扶养条件的继承人,不尽扶养义务的,分配遗产时,应当不分或者少分。

继承人协商同意的,也可以不均等。

第一千一百三十一条 对继承人以外的依靠被继承人扶养的人,或者继承人以外的对被继承人扶养较多的人,可以分给适当的遗产。

第一千一百三十二条 继承人应当本着互谅互让、和睦团结的精神,协商处理继承问题。遗产分割的时间、办法和份额,由继承人协商确定;协商不成的,可以由人民调解委员会调解或者向人民法院提起诉讼。

第一千一百五十五条 遗产分割时,应当保留胎儿的继承份额。胎儿娩出时是死体的,保留的份额按照法定继承办理。

第一千一百六十五条 行为人因过错侵害他人民事权益造成损害的,应当承担侵权责任。

依照法律规定推定行为人有过错,其不能证明自己没有过错的,应当承担侵权责任。

第一千一百六十六条 行为人造成他人民事权益损害,不论行为人有无过错,法律规定应当承担侵权责任的,依照其规定。

第一千一百六十七条 侵权行为危及他人人身、财产安全的,被侵权人有权请求侵权人承担停止侵害、排除妨碍、消除危险等侵权责任。

第一千一百六十八条 二人以上共同实施侵权行为,造成他人损害的,应当承担连带责任。

第一千一百七十条 二人以上实施危及他人人身、财产安全的行为,其中一人或者数人的行为造成他人损害,能够确定具体侵权人的,由侵权人承担责任;不能确定具体侵权人的,行为人承担连带责任。

第一千一百七十一条 二人以上分别实施侵权行为造成同一损害,每个人的侵权行为都足以造成全部损害的,行为人承担连带责任。

第一千一百七十二条 二人以上分别实施侵权行为造成同一损害,能够确定责任大小的,各自承担相应的责任;难以确定责任大小的,平均承担责任。

第一千一百七十三条 被侵权人对同一损害的发生或者扩大有过错的,可以减轻侵权人的责任。

第一千一百七十四条 损害是因受害人故意造成的,行为人不承担责任。

第一千一百七十五条 损害是因第三人造成的,第三人应当承担侵权责任。

第一千一百七十七条 合法权益受到侵害,情况紧迫且不能及时获得国家机关保护,不立即采取措施将使其合法权益受到难以弥补的损害的,受害人可以在保护自己合法权益的必要范围内采取扣留侵权人的财物等合理措施;但是,应当立即请求有关国家机关处理。

受害人采取的措施不当造成他人损害的,应当承担侵权责任。

第一千一百七十八条 本法和其他法律对不承担责任或者减轻责任的情形另有规定的,依照其规定。

第一千一百七十九条 侵害他人造成人身损害的,应当赔偿医疗费、护理费、交通费、营养费、住院伙食补助费等为治疗和康复支出的合理费用,以及因误工减少的收入。造成残疾的,还应当赔偿辅助器具费和残疾赔偿金;造成死亡的,还应当赔偿丧葬费和死亡赔偿金。

第一千一百八十条 因同一侵权行为造成多人死亡的,可以以相同数额确定死亡赔偿金。

第一千一百八十一条 被侵权人死亡的,其近亲属有权请求侵权人承担侵权责任。被侵权人为组织,该组织分立、合并的,承继权利的组织有权请求侵权人承担侵权责任。

被侵权人死亡的,支付被侵权人医疗费、丧葬费等合理费用的人有权请求侵权人赔偿费用,但是侵权人已经支付该费用的除外。

第一千一百八十二条 侵害他人人身权益造成财产损失的,按照被侵权人因此受到的损失或者侵权人因此获得的利益赔偿;被侵权人因此受到的损失以及侵权人因此获得的利益难以确定,被侵权人和侵权人就赔偿数额协商不一致,向人民法院提起诉讼的,由人民法院根据实际情况确定赔偿数额。

第一千一百八十三条 侵害自然人人身权益造成严重精神损害的,被侵权人有权请求精神损害赔偿。

因故意或者重大过失侵害自然人具有人身意义的特定物造成严重精神损害的,被侵权人有权请求精神损害赔偿。

第一千一百八十四条 侵害他人财产的,财产损失按照损失发生时的市场价格或者其他合理方式计算。

第一千一百八十六条 受害人和行为人对损害的发生都没有过错的,依照法律的规定由双方分担损失。

第一千一百八十七条 损害发生后,当事人可以协商赔偿费用的支付方式。协商不一致的,赔偿费用应当一次性支付;一次性支付确有困难的,可以分期支付,但是被侵权人有权请求提供相应的担保。

第一千一百八十八条 无民事行为能力人、限制民事行为能力人造成他人损害的,由监护人承担侵权责任。监护人尽到监护职责的,可以减轻其侵权责任。

有财产的无民事行为能力人、限制民事行为能力人造成他人损害的,从本人财产中支付赔偿费用;不足部分,由监护人赔偿。

第一千一百八十九条 无民事行为能力人、限制民事行为能力人造成他人损害,监护人将监护职责委托给他人的,监护人应当承担侵权责任;受托人有过错的,承担相应的责任。

第一千一百九十条 完全民事行为能力人对自己的行为暂时没有意识或者失去控制造成他人损害有过错的,应当承担侵权责任;没有过错的,根据行为人的经济状况对受害人适当补偿。

完全民事行为能力人因醉酒、滥用麻醉药品或者精神药品对自己的行为暂时没有意识或者失去控制造成他人损害的,应当承担侵权责任。

第一千一百九十一条 用人单位的工作人员因执行工作任务造成他人损害的,由用人单位承担侵权责任。用人单位承担侵权责任后,可以向有故意或者重大过失的工作人员追偿。

劳务派遣期间,被派遣的工作人员因执行工作任务造成他人损害的,由接受劳务派遣的用工单位承担侵权责任;劳务派遣单位有过错的,承担相应的责任。

第一千一百九十二条 个人之间形成劳务关系,提供劳务一方因劳务造成他人损害的,由接受劳务一方承担侵权责任。接受劳务一方承担侵权责任后,可以向有故意或者重大过失的提供劳务一方追偿。提供劳务一方因劳务受到损害的,根据双方各自的过错承担相应的责任。

提供劳务期间，因第三人的行为造成提供劳务一方损害的，提供劳务一方有权请求第三人承担侵权责任，也有权请求接受劳务一方给予补偿。接受劳务一方补偿后，可以向第三人追偿。

第一千一百九十八条　宾馆、商场、银行、车站、机场、体育场馆、娱乐场所等经营场所、公共场所的经营者、管理者或者群众性活动的组织者，未尽到安全保障义务，造成他人损害的，应当承担侵权责任。

因第三人的行为造成他人损害的，由第三人承担侵权责任；经营者、管理者或者组织者未尽到安全保障义务的，承担相应的补充责任。经营者、管理者或者组织者承担补充责任后，可以向第三人追偿。

第一千二百零八条　机动车发生交通事故造成损害的，依照道路交通安全法律和本法的有关规定承担赔偿责任。

第一千二百零九条　因租赁、借用等情形机动车所有人、管理人与使用人不是同一人时，发生交通事故造成损害，属于该机动车一方责任的，由机动车使用人承担赔偿责任；机动车所有人、管理人对损害的发生有过错的，承担相应的赔偿责任。

第一千二百一十条　当事人之间已经以买卖或者其他方式转让并交付机动车但是未办理登记，发生交通事故造成损害，属于该机动车一方责任的，由受让人承担赔偿责任。

第一千二百一十一条　以挂靠形式从事道路运输经营活动的机动车，发生交通事故造成损害，属于该机动车一方责任的，由挂靠人和被挂靠人承担连带责任。

第一千二百一十二条　未经允许驾驶他人机动车，发生交通事故造成损害，属于该机动车一方责任的，由机动车使用人承担赔偿责任；机动车所有人、管理人对损害的发生有过错的，承担相应的赔偿责任，但是本章另有规定的除外。

第一千二百一十三条　机动车发生交通事故造成损害，属于该机动车一方责任的，先由承保机动车强制保险的保险人在强制保险责任限额范围内予以赔偿；不足部分，由承保机动车商业保险的保险人按照保险合同的约定予以赔偿；仍然不足或者没有投保机动车商业保险的，由侵权人赔偿。

第一千二百一十四条　以买卖或者其他方式转让拼装或者已经达到报废标准的机动车，发生交通事故造成损害的，由转让人和受让人承担连带责任。

第一千二百一十五条　盗窃、抢劫或者抢夺的机动车发生交通事故造成损害的，由盗窃人、抢劫人或者抢夺人承担赔偿责任。盗窃人、抢劫人或者抢夺人与机动车使用人不是同一人，发生交通事故造成损害，属于该机动车一方责任的，由盗窃人、抢劫人或者抢夺人与机动车使用人承担连带责任。

保险人在机动车强制保险责任限额范围内垫付抢救费用的,有权向交通事故责任人追偿。

第一千二百一十六条 机动车驾驶人发生交通事故后逃逸,该机动车参加强制保险的,由保险人在机动车强制保险责任限额范围内予以赔偿;机动车不明、该机动车未参加强制保险或者抢救费用超过机动车强制保险责任限额,需要支付被侵权人人身伤亡的抢救、丧葬等费用的,由道路交通事故社会救助基金垫付。道路交通事故社会救助基金垫付后,其管理机构有权向交通事故责任人追偿。

第一千二百一十七条 非营运机动车发生交通事故造成无偿搭乘人损害,属于该机动车一方责任的,应当减轻其赔偿责任,但是机动车使用人有故意或者重大过失的除外。

第一千二百五十九条 民法所称的"以上"、"以下"、"以内"、"届满",包括本数;所称的"不满"、"超过"、"以外",不包括本数。

第一千二百六十条 本法自2021年1月1日起施行。《中华人民共和国婚姻法》、《中华人民共和国继承法》、《中华人民共和国民法通则》、《中华人民共和国收养法》、《中华人民共和国担保法》、《中华人民共和国合同法》、《中华人民共和国物权法》、《中华人民共和国侵权责任法》、《中华人民共和国民法总则》同时废止。

二、《中华人民共和国道路交通安全法》(2011年4月22日)(节选)

第二条 中华人民共和国境内的车辆驾驶人、行人、乘车人以及与道路交通活动有关的单位和个人,都应当遵守本法。

第三条 道路交通安全工作,应当遵循依法管理、方便群众的原则,保障道路交通有序、安全、畅通。

第五条 国务院公安部门负责全国道路交通安全管理工作。县级以上地方各级人民政府公安机关交通管理部门负责本行政区域内的道路交通安全管理工作。

县级以上各级人民政府交通、建设管理部门依据各自职责,负责有关的道路交通工作。

第八条 国家对机动车实行登记制度。机动车经公安机关交通管理部门登记后,方可上道路行驶。尚未登记的机动车,需要临时上道路行驶的,应当取得临时通行牌证。

第十一条 驾驶机动车上道路行驶,应当悬挂机动车号牌,放置检验合格标志、保险标志，并随车携带机动车行驶证。

机动车号牌应当按照规定悬挂并保持清晰、完整，不得故意遮挡、污损。

任何单位和个人不得收缴、扣留机动车号牌。

第十二条　有下列情形之一的，应当办理相应的登记：

（一）机动车所有权发生转移的；

（二）机动车登记内容变更的；

（三）机动车用作抵押的；

（四）机动车报废的。

第十四条　国家实行机动车强制报废制度，根据机动车的安全技术状况和不同用途，规定不同的报废标准。

应当报废的机动车必须及时办理注销登记。

达到报废标准的机动车不得上道路行驶。报废的大型客、货车及其他营运车辆应当在公安机关交通管理部门的监督下解体。

第十六条　任何单位或者个人不得有下列行为：

（一）拼装机动车或者擅自改变机动车已登记的结构、构造或者特征；

（二）改变机动车型号、发动机号、车架号或者车辆识别代号；

（三）伪造、变造或者使用伪造、变造的机动车登记证书、号牌、行驶证、检验合格标志、保险标志；

（四）使用其他机动车的登记证书、号牌、行驶证、检验合格标志、保险标志。

第十七条　国家实行机动车第三者责任强制保险制度，设立道路交通事故社会救助基金。具体办法由国务院规定。

第十八条　依法应当登记的非机动车，经公安机关交通管理部门登记后，方可上道路行驶。

依法应当登记的非机动车的种类，由省、自治区、直辖市人民政府根据当地实际情况规定。

非机动车的外形尺寸、质量、制动器、车铃和夜间反光装置，应当符合非机动车安全技术标准。

第十九条　驾驶机动车，应当依法取得机动车驾驶证。

申请机动车驾驶证，应当符合国务院公安部门规定的驾驶许可条件；经考试合格后，由公安机关交通管理部门发给相应类别的机动车驾驶证。

持有境外机动车驾驶证的人，符合国务院公安部门规定的驾驶许可条件，经公安机关交通管理部门考核合格的,可以发给中国的机动车驾驶证。

驾驶人应当按照驾驶证载明的准驾车型驾驶机动车;驾驶机动车时,应当随身携带机动车驾驶证。

公安机关交通管理部门以外的任何单位或者个人,不得收缴、扣留机动车驾驶证。

第二十一条 驾驶人驾驶机动车上道路行驶前,应当对机动车的安全技术性能进行认真检查;不得驾驶安全设施不全或者机件不符合技术标准等具有安全隐患的机动车。

第二十二条 机动车驾驶人应当遵守道路交通安全法律、法规的规定,按照操作规范安全驾驶、文明驾驶。

饮酒、服用国家管制的精神药品或者麻醉药品,或者患有妨碍安全驾驶机动车的疾病,或者过度疲劳影响安全驾驶的,不得驾驶机动车。

任何人不得强迫、指使、纵容驾驶人违反道路交通安全法律、法规和机动车安全驾驶要求驾驶机动车。

第二十九条 道路、停车场和道路配套设施的规划、设计、建设,应当符合道路交通安全、畅通的要求,并根据交通需求及时调整。

公安机关交通管理部门发现已经投入使用的道路存在交通事故频发路段,或者停车场、道路配套设施存在交通安全严重隐患的,应当及时向当地人民政府报告,并提出防范交通事故、消除隐患的建议,当地人民政府应当及时作出处理决定。

第三十条 道路出现坍塌、坑漕、水毁、隆起等损毁或者交通信号灯、交通标志、交通标线等交通设施损毁、灭失的,道路、交通设施的养护部门或者管理部门应当设置警示标志并及时修复。

公安机关交通管理部门发现前款情形,危及交通安全,尚未设置警示标志的,应当及时采取安全措施,疏导交通,并通知道路、交通设施的养护部门或者管理部门。

第三十一条 未经许可,任何单位和个人不得占用道路从事非交通活动。

第三十二条 因工程建设需要占用、挖掘道路,或者跨越、穿越道路架设、增设管线设施,应当事先征得道路主管部门的同意;影响交通安全的,还应当征得公安机关交通管理部门的同意。

施工作业单位应当在经批准的路段和时间内施工作业,并在距离施工作业地点来车方向安全距离处设置明显的安全警示标志,采取防护措施;施工作业完毕,应当迅速清除道路上的障碍物，消除安全隐患，经道路主管部门和公安机关交通管理部门验收合格，符合通行要求后，方可恢复通行。

对未中断交通的施工作业道路，公安机关交通管理部门应当加强交通安全监督检查，维护道路交通秩序。

第四十八条　机动车载物应当符合核定的载质量，严禁超载；载物的长、宽、高不得违反装载要求，不得遗洒、飘散载运物。

机动车运载超限的不可解体的物品，影响交通安全的，应当按照公安机关交通管理部门指定的时间、路线、速度行驶，悬挂明显标志。在公路上运载超限的不可解体的物品，并应当依照公路法的规定执行。

机动车载运爆炸物品、易燃易爆化学物品以及剧毒、放射性等危险物品，应当经公安机关批准后，按指定的时间、路线、速度行驶，悬挂警示标志并采取必要的安全措施。

第五十二条　机动车在道路上发生故障，需要停车排除故障时，驾驶人应当立即开启危险报警闪光灯，将机动车移至不妨碍交通的地方停放；难以移动的，应当持续开启危险报警闪光灯，并在来车方向设置警告标志等措施扩大示警距离，必要时迅速报警。

第七十条　在道路上发生交通事故，车辆驾驶人应当立即停车，保护现场；造成人身伤亡的，车辆驾驶人应当立即抢救受伤人员，并迅速报告执勤的交通警察或者公安机关交通管理部门。因抢救受伤人员变动现场的，应当标明位置。乘车人、过往车辆驾驶人、过往行人应当予以协助。

在道路上发生交通事故，未造成人身伤亡，当事人对事实及成因无争议的，可以即行撤离现场，恢复交通，自行协商处理损害赔偿事宜；不即行撤离现场的，应当迅速报告执勤的交通警察或者公安机关交通管理部门。

在道路上发生交通事故，仅造成轻微财产损失，并且基本事实清楚的，当事人应当先撤离现场再进行协商处理。

第七十一条　车辆发生交通事故后逃逸的，事故现场目击人员和其他知情人员应当向公安机关交通管理部门或者交通警察举报。举报属实的，公安机关交通管理部门应当给予奖励。

第七十二条　公安机关交通管理部门接到交通事故报警后，应当立即派交通警察赶赴现场，先组织抢救受伤人员，并采取措施，尽快恢复交通。

交通警察应当对交通事故现场进行勘验、检查，收集证据；因收集证据的需要，可以扣留事故车辆,但是应当妥善保管,以备核查。

对当事人的生理、精神状况等专业性较强的检验,公安机关交通管理部门应当委托专门机构进行鉴定。鉴定结论应当由鉴定人签名。

第七十三条 公安机关交通管理部门应当根据交通事故现场勘验、检查、调查情况和有关的检验、鉴定结论,及时制作交通事故认定书,作为处理交通事故的证据。交通事故认定书应当载明交通事故的基本事实、成因和当事人的责任,并送达当事人。

第七十四条 对交通事故损害赔偿的争议,当事人可以请求公安机关交通管理部门调解,也可以直接向人民法院提起民事诉讼。

经公安机关交通管理部门调解,当事人未达成协议或者调解书生效后不履行的,当事人可以向人民法院提起民事诉讼。

第七十五条 医疗机构对交通事故中的受伤人员应当及时抢救,不得因抢救费用未及时支付而拖延救治。肇事车辆参加机动车第三者责任强制保险的,由保险公司在责任限额范围内支付抢救费用;抢救费用超过责任限额的,未参加机动车第三者责任强制保险或者肇事后逃逸的,由道路交通事故社会救助基金先行垫付部分或者全部抢救费用,道路交通事故社会救助基金管理机构有权向交通事故责任人追偿。

第七十六条 机动车发生交通事故造成人身伤亡、财产损失的,由保险公司在机动车第三者责任强制保险责任限额范围内予以赔偿;不足的部分,按照下列规定承担赔偿责任:

(一)机动车之间发生交通事故的,由有过错的一方承担赔偿责任;双方都有过错的,按照各自过错的比例分担责任。

(二)机动车与非机动车驾驶人、行人之间发生交通事故,非机动车驾驶人、行人没有过错的,由机动车一方承担赔偿责任;有证据证明非机动车驾驶人、行人有过错的,根据过错程度适当减轻机动车一方的赔偿责任;机动车一方没有过错的,承担不超过百分之十的赔偿责任。

交通事故的损失是由非机动车驾驶人、行人故意碰撞机动车造成的,机动车一方不承担赔偿责任。

第七十七条 车辆在道路以外通行时发生的事故,公安机关交通管理部门接到报案的,参照本法有关规定办理。

第七十八条 公安机关交通管理部门应当加强对交通警察的管理,提高交通警察的素质和管理道路交通的水平。

公安机关交通管理部门应当对交通警察进行法制和交通安全管理业务培训、考核。交通警察经考核不合格的,不得上岗执行职务。

第七十九条　公安机关交通管理部门及其交通警察实施道路交通安全管理,应当依据法定的职权和程序,简化办事手续,做到公正、严格、文明、高效。

第八十三条　交通警察调查处理道路交通安全违法行为和交通事故,有下列情形之一的,应当回避:

(一)是本案的当事人或者当事人的近亲属;

(二)本人或者其近亲属与本案有利害关系;

(三)与本案当事人有其他关系,可能影响案件的公正处理。

第八十七条　公安机关交通管理部门及其交通警察对道路交通安全违法行为,应当及时纠正。

公安机关交通管理部门及其交通警察应当依据事实和本法的有关规定对道路交通安全违法行为予以处罚。对于情节轻微,未影响道路通行的,指出违法行为,给予口头警告后放行。

第八十八条　对道路交通安全违法行为的处罚种类包括:警告、罚款、暂扣或者吊销机动车驾驶证、拘留。

第九十五条　上道路行驶的机动车未悬挂机动车号牌,未放置检验合格标志、保险标志,或者未随车携带行驶证、驾驶证的,公安机关交通管理部门应当扣留机动车,通知当事人提供相应的牌证、标志或者补办相应手续,并可以依照本法第九十条的规定予以处罚。当事人提供相应的牌证、标志或者补办相应手续的,应当及时退还机动车。

故意遮挡、污损或者不按规定安装机动车号牌的,依照本法第九十条的规定予以处罚。

第九十八条　机动车所有人、管理人未按照国家规定投保机动车第三者责任强制保险的,由公安机关交通管理部门扣留车辆至依照规定投保后,并处依照规定投保最低责任限额应缴纳的保险费的二倍罚款。

依照前款缴纳的罚款全部纳入道路交通事故社会救助基金。具体办法由国务院规定。

第九十九条　有下列行为之一的,由公安机关交通管理部门处二百元以上二千元以下罚款:

(一)未取得机动车驾驶证、机动车驾驶证被吊销或者机动车驾驶证被暂扣期间驾驶机动车的;

(二)将机动车交由未取得机动车驾驶证或者机动车驾驶证被吊销、暂扣的人驾驶的;

(三)造成交通事故后逃逸,尚不构成犯罪的;

(四)机动车行驶超过规定时速百分之五十的;

(五)强迫机动车驾驶人违反道路交通安全法律、法规和机动车安全驾驶要求驾驶机动车,造成交通事故,尚不构成犯罪的;

(六)违反交通管制的规定强行通行,不听劝阻的;

(七)故意损毁、移动、涂改交通设施,造成危害后果,尚不构成犯罪的;

(八)非法拦截、扣留机动车辆,不听劝阻,造成交通严重阻塞或者较大财产损失的。

行为人有前款第(二)项、第(四)项情形之一的,可以并处吊销机动车驾驶证;有第(一)项、第(三)项、第(五)项至第(八)项情形之一的,可以并处十五日以下拘留。

第一百条 驾驶拼装的机动车或者已达到报废标准的机动车上道路行驶的,公安机关交通管理部门应当予以收缴,强制报废。

对驾驶前款所列机动车上道路行驶的驾驶人,处二百元以上二千元以下罚款,并吊销机动车驾驶证。

出售已达到报废标准的机动车的,没收违法所得,处销售金额等额的罚款,对该机动车依照本条第一款的规定处理。

第一百零一条 违反道路交通安全法律、法规的规定,发生重大交通事故,构成犯罪的,依法追究刑事责任,并由公安机关交通管理部门吊销机动车驾驶证。

造成交通事故后逃逸的,由公安机关交通管理部门吊销机动车驾驶证,且终生不得重新取得机动车驾驶证。

第一百零四条 未经批准,擅自挖掘道路、占用道路施工或者从事其他影响道路交通安全活动的,由道路主管部门责令停止违法行为,并恢复原状,可以依法给予罚款;致使通行的人员、车辆及其他财产遭受损失的,依法承担赔偿责任。

有前款行为,影响道路交通安全活动的,公安机关交通管理部门可以责令停止违法行为,迅速恢复交通。

第一百零五条 道路施工作业或者道路出现损毁,未及时设置警示标志、未采取防护措施,或者应当设置交通信号灯、交通标志、交通标线而没有设置或者应当及时变更交通信号灯、交通标志、交通标线而没有及时变更，致使通行的人员、车辆及其他财产遭受损失的，负有相关职责的单位应当依法承担赔偿责任。

第一百零六条　在道路两侧及隔离带上种植树木、其他植物或者设置广告牌、管线等，遮挡路灯、交通信号灯、交通标志，妨碍安全视距的，由公安机关交通管理部门责令行为人排除妨碍；拒不执行的，处二百元以上二千元以下罚款，并强制排除妨碍，所需费用由行为人负担。

三、《中华人民共和国保险法》(2015 年 4 月 24 日)(节选)

第二条　本法所称保险，是指投保人根据合同约定，向保险人支付保险费，保险人对于合同约定的可能发生的事故因其发生所造成的财产损失承担赔偿保险金责任，或者当被保险人死亡、伤残、疾病或者达到合同约定的年龄、期限等条件时承担给付保险金责任的商业保险行为。

第十条　保险合同是投保人与保险人约定保险权利义务关系的协议。

投保人是指与保险人订立保险合同，并按照合同约定负有支付保险费义务的人。

保险人是指与投保人订立保险合同，并按照合同约定承担赔偿或者给付保险金责任的保险公司。

第十一条　订立保险合同，应当协商一致，遵循公平原则确定各方的权利和义务。

除法律、行政法规规定必须保险的外，保险合同自愿订立。

第十二条　人身保险的投保人在保险合同订立时，对被保险人应当具有保险利益。

财产保险的被保险人在保险事故发生时，对保险标的应当具有保险利益。

人身保险是以人的寿命和身体为保险标的的保险。

财产保险是以财产及其有关利益为保险标的的保险。

被保险人是指其财产或者人身受保险合同保障，享有保险金请求权的人。投保人可以为被保险人。

保险利益是指投保人或者被保险人对保险标的具有的法律上承认的利益。

第十三条　投保人提出保险要求，经保险人同意承保，保险合同成立。保险人应当及时向投保人签发保险单或者其他保险凭证。

保险单或者其他保险凭证应当载明当事人双方约定的合同内容。当事人也可以约定采用其他书面形式载明合同内容。

依法成立的保险合同，自成立时生效。投保人和保险人可以对合同的效力约定附条件或者附期限。

第十四条 保险合同成立后，投保人按照约定交付保险费，保险人按照约定的时间开始承担保险责任。

第十五条 除本法另有规定或者保险合同另有约定外，保险合同成立后，投保人可以解除合同，保险人不得解除合同。

第十六条 订立保险合同，保险人就保险标的或者被保险人的有关情况提出询问的，投保人应当如实告知。

投保人故意或者因重大过失未履行前款规定的如实告知义务，足以影响保险人决定是否同意承保或者提高保险费率的，保险人有权解除合同。

前款规定的合同解除权，自保险人知道有解除事由之日起，超过三十日不行使而消灭。自合同成立之日起超过二年的，保险人不得解除合同；发生保险事故的，保险人应当承担赔偿或者给付保险金的责任。

投保人故意不履行如实告知义务的，保险人对于合同解除前发生的保险事故，不承担赔偿或者给付保险金的责任，并不退还保险费。

投保人因重大过失未履行如实告知义务，对保险事故的发生有严重影响的，保险人对于合同解除前发生的保险事故，不承担赔偿或者给付保险金的责任，但应当退还保险费。

保险人在合同订立时已经知道投保人未如实告知的情况的，保险人不得解除合同；发生保险事故的，保险人应当承担赔偿或者给付保险金的责任。

保险事故是指保险合同约定的保险责任范围内的事故。

第十七条 订立保险合同，采用保险人提供的格式条款的，保险人向投保人提供的投保单应当附格式条款，保险人应当向投保人说明合同的内容。

对保险合同中免除保险人责任的条款，保险人在订立合同时应当在投保单、保险单或者其他保险凭证上作出足以引起投保人注意的提示，并对该条款的内容以书面或者口头形式向投保人作出明确说明；未作提示或者明确说明的，该条款不产生效力。

第十八条 保险合同应当包括下列事项：

（一）保险人的名称和住所；

（二）投保人、被保险人的姓名或者名称、住所，以及人身保险的受益人的姓名或者名称、住所；

（三）保险标的；

（四）保险责任和责任免除；

（五）保险期间和保险责任开始时间；

（六）保险金额；

（七）保险费以及支付办法；

（八）保险金赔偿或者给付办法；

（九）违约责任和争议处理；

（十）订立合同的年、月、日。

投保人和保险人可以约定与保险有关的其他事项。

受益人是指人身保险合同中由被保险人或者投保人指定的享有保险金请求权的人。投保人、被保险人可以为受益人。

保险金额是指保险人承担赔偿或者给付保险金责任的最高限额。

第十九条　采用保险人提供的格式条款订立的保险合同中的下列条款无效：

（一）免除保险人依法应承担的义务或者加重投保人、被保险人责任的；

（二）排除投保人、被保险人或者受益人依法享有的权利的。

第二十条　投保人和保险人可以协商变更合同内容。

变更保险合同的，应当由保险人在保险单或者其他保险凭证上批注或者附贴批单，或者由投保人和保险人订立变更的书面协议。

第二十一条　投保人、被保险人或者受益人知道保险事故发生后，应当及时通知保险人。故意或者因重大过失未及时通知，致使保险事故的性质、原因、损失程度等难以确定的，保险人对无法确定的部分，不承担赔偿或者给付保险金的责任，但保险人通过其他途径已经及时知道或者应当及时知道保险事故发生的除外。

第二十二条　保险事故发生后，按照保险合同请求保险人赔偿或者给付保险金时，投保人、被保险人或者受益人应当向保险人提供其所能提供的与确认保险事故的性质、原因、损失程度等有关的证明和资料。

保险人按照合同的约定，认为有关的证明和资料不完整的，应当及时一次性通知投保人、被保险人或者受益人补充提供。

第二十三条　保险人收到被保险人或者受益人的赔偿或者给付保险金的请求后，应当及时作出核定；情形复杂的，应当在三十日内作出核定，但合同另有约定的除外。保险人应当将核定结果通知被保险人或者受益人；对属于保险责任的，在与被保险人或者受益人达成赔偿或者给付保险金的协议后十日内,履行赔偿或者给付保险金义务。保险合同对赔偿或者给付保险金的期限有约定的,保险人应当按照约定履行赔偿或者给付保险金义务。

保险人未及时履行前款规定义务的,除支付保险金外,应当赔偿被保险人或者受益人因此受到的损失。

任何单位和个人不得非法干预保险人履行赔偿或者给付保险金的义务,也不得限制被保险人或者受益人取得保险金的权利。

第四十八条 保险事故发生时,被保险人对保险标的不具有保险利益的,不得向保险人请求赔偿保险金。

第四十九条 保险标的转让的,保险标的的受让人承继被保险人的权利和义务。

保险标的转让的,被保险人或者受让人应当及时通知保险人,但货物运输保险合同和另有约定的合同除外。

因保险标的转让导致危险程度显著增加的,保险人自收到前款规定的通知之日起三十日内,可以按照合同约定增加保险费或者解除合同。保险人解除合同的,应当将已收取的保险费,按照合同约定扣除自保险责任开始之日起至合同解除之日止应收的部分后,退还投保人。

被保险人、受让人未履行本条第二款规定的通知义务的,因转让导致保险标的的危险程度显著增加而发生的保险事故,保险人不承担赔偿保险金的责任。

第五十条 货物运输保险合同和运输工具航程保险合同,保险责任开始后,合同当事人不得解除合同。

第五十二条 在合同有效期内,保险标的的危险程度显著增加的,被保险人应当按照合同约定及时通知保险人,保险人可以按照合同约定增加保险费或者解除合同。保险人解除合同的,应当将已收取的保险费,按照合同约定扣除自保险责任开始之日起至合同解除之日止应收的部分后,退还投保人。

被保险人未履行前款规定的通知义务的,因保险标的的危险程度显著增加而发生的保险事故,保险人不承担赔偿保险金的责任。

第五十三条 有下列情形之一的,除合同另有约定外,保险人应当降低保险费,并按日计算退还相应的保险费:

(一)据以确定保险费率的有关情况发生变化,保险标的的危险程度明显减少的;

（二）保险标的的保险价值明显减少的。

第五十四条　保险责任开始前，投保人要求解除合同的，应当按照合同约定向保险人支付手续费，保险人应当退还保险费。保险责任开始后，投保人要求解除合同的，保险人应当将已收取的保险费，按照合同约定扣除自保险责任开始之日起至合同解除之日止应收的部分后，退还投保人。

第五十五条　投保人和保险人约定保险标的的保险价值并在合同中载明的，保险标的发生损失时，以约定的保险价值为赔偿计算标准。

投保人和保险人未约定保险标的的保险价值的，保险标的发生损失时，以保险事故发生时保险标的的实际价值为赔偿计算标准。

保险金额不得超过保险价值。超过保险价值的，超过部分无效，保险人应当退还相应的保险费。

保险金额低于保险价值的，除合同另有约定外，保险人按照保险金额与保险价值的比例承担赔偿保险金的责任。

第五十六条　重复保险的投保人应当将重复保险的有关情况通知各保险人。

重复保险的各保险人赔偿保险金的总和不得超过保险价值。除合同另有约定外，各保险人按照其保险金额与保险金额总和的比例承担赔偿保险金的责任。

重复保险的投保人可以就保险金额总和超过保险价值的部分，请求各保险人按比例返还保险费。

重复保险是指投保人对同一保险标的、同一保险利益、同一保险事故分别与两个以上保险人订立保险合同，且保险金额总和超过保险价值的保险。

第五十七条　保险事故发生时，被保险人应当尽力采取必要的措施，防止或者减少损失。

保险事故发生后，被保险人为防止或者减少保险标的的损失所支付的必要的、合理的费用，由保险人承担；保险人所承担的费用数额在保险标的损失赔偿金额以外另行计算，最高不超过保险金额的数额。

第五十八条　保险标的发生部分损失的，自保险人赔偿之日起三十日内，投保人可以解除合同；除合同另有约定外，保险人也可以解除合同，但应当提前十五日通知投保人。

合同解除的，保险人应当将保险标的未受损失部分的保险费，按照合同约定扣除自保险责任开始之日起至合同解除之日止应收的部分后，退还投保人。

第五十九条　保险事故发生后，保险人已支付了全部保险金额，并且保险金额等于保险价值的，受损保险标的的全部权利归于保险人；保险金额低于保险价值的，保险人按照保险金额与保险价值的比例取得受损保险标的的部分权利。

第六十条 因第三者对保险标的的损害而造成保险事故的，保险人自向被保险人赔偿保险金之日起，在赔偿金额范围内代位行使被保险人对第三者请求赔偿的权利。

前款规定的保险事故发生后，被保险人已经从第三者取得损害赔偿的，保险人赔偿保险金时，可以相应扣减被保险人从第三者已取得的赔偿金额。

保险人依照本条第一款规定行使代位请求赔偿的权利，不影响被保险人就未取得赔偿的部分向第三者请求赔偿的权利。

第六十一条 保险事故发生后，保险人未赔偿保险金之前，被保险人放弃对第三者请求赔偿的权利的，保险人不承担赔偿保险金的责任。

保险人向被保险人赔偿保险金后，被保险人未经保险人同意放弃对第三者请求赔偿的权利的，该行为无效。

被保险人故意或者因重大过失致使保险人不能行使代位请求赔偿的权利的，保险人可以扣减或者要求返还相应的保险金。

第六十二条 除被保险人的家庭成员或者其组成人员故意造成本法第六十条第一款规定的保险事故外，保险人不得对被保险人的家庭成员或者其组成人员行使代位请求赔偿的权利。

第六十三条 保险人向第三者行使代位请求赔偿的权利时，被保险人应当向保险人提供必要的文件和所知道的有关情况。

第六十四条 保险人、被保险人为查明和确定保险事故的性质、原因和保险标的的损失程度所支付的必要的、合理的费用，由保险人承担。

第六十五条 保险人对责任保险的被保险人给第三者造成的损害，可以依照法律的规定或者合同的约定，直接向该第三者赔偿保险金。

责任保险的被保险人给第三者造成损害，被保险人对第三者应负的赔偿责任确定的，根据被保险人的请求，保险人应当直接向该第三者赔偿保险金。被保险人怠于请求的，第三者有权就其应获赔偿部分直接向保险人请求赔偿保险金。

责任保险的被保险人给第三者造成损害，被保险人未向该第三者赔偿的，保险人不得向被保险人赔偿保险金。

责任保险是指以被保险人对第三者依法应负的赔偿责任为保险标的的保险。

第六十六条 责任保险的被保险人因给第三者造成损害的保险事故而被提起

仲裁或者诉讼的，被保险人支付的仲裁或者诉讼费用以及其他必要的、合理的费用，除合同另有约定外，由保险人承担。

四、《道路交通事故处理程序规定》（2017 年 7 月 22 日）

第一章　总　　则

第一条　为了规范道路交通事故处理程序，保障公安机关交通管理部门依法履行职责，保护道路交通事故当事人的合法权益，根据《中华人民共和国道路交通安全法》及其实施条例等有关法律、行政法规，制定本规定。

第二条　处理道路交通事故，应当遵循合法、公正、公开、便民、效率的原则，尊重和保障人权，保护公民的人格尊严。

第三条　道路交通事故分为财产损失事故、伤人事故和死亡事故。

财产损失事故是指造成财产损失，尚未造成人员伤亡的道路交通事故。

伤人事故是指造成人员受伤，尚未造成人员死亡的道路交通事故。

死亡事故是指造成人员死亡的道路交通事故。

第四条　道路交通事故的调查处理应当由公安机关交通管理部门负责。

财产损失事故可以由当事人自行协商处理，但法律法规及本规定另有规定的除外。

第五条　交通警察经过培训并考试合格，可以处理适用简易程序的道路交通事故。

处理伤人事故，应当由具有道路交通事故处理初级以上资格的交通警察主办。

处理死亡事故，应当由具有道路交通事故处理中级以上资格的交通警察主办。

第六条　公安机关交通管理部门处理道路交通事故应当使用全国统一的交通管理信息系统。

鼓励应用先进的科技装备和先进技术处理道路交通事故。

第七条　交通警察处理道路交通事故，应当按照规定使用执法记录设备。

第八条　公安机关交通管理部门应当建立与司法机关、保险机构等有关部门间的数据信息共享机制，提高道路交通事故处理工作信息化水平。

第二章　管　　辖

第九条　道路交通事故由事故发生地的县级公安机关交通管理部门管辖。未设立县级公安机关交通管理部门的，由设区的市公安机关交通管理部门管辖。

第十条　道路交通事故发生在两个以上管辖区域的，由事故起始点所在地公安机关交通管理部门管辖。

对管辖权有争议的,由共同的上一级公安机关交通管理部门指定管辖。指定管辖前,最先发现或者最先接到报警的公安机关交通管理部门应当先行处理。

第十一条 上级公安机关交通管理部门在必要的时候,可以处理下级公安机关交通管理部门管辖的道路交通事故,或者指定下级公安机关交通管理部门限时将案件移送其他下级公安机关交通管理部门处理。

案件管辖权发生转移的,处理时限从案件接收之日起计算。

第十二条 中国人民解放军、中国人民武装警察部队人员、车辆发生道路交通事故的,按照本规定处理。依法应当吊销、注销中国人民解放军、中国人民武装警察部队核发的机动车驾驶证以及对现役军人实施行政拘留或者追究刑事责任的,移送中国人民解放军、中国人民武装警察部队有关部门处理。

上道路行驶的拖拉机发生道路交通事故的,按照本规定处理。公安机关交通管理部门对拖拉机驾驶人依法暂扣、吊销、注销驾驶证或者记分处理的,应当将决定书和记分情况通报有关的农业(农业机械)主管部门。吊销、注销驾驶证的,还应当将驾驶证送交有关的农业(农业机械)主管部门。

第三章 报警和受案

第十三条 发生死亡事故、伤人事故的,或者发生财产损失事故且有下列情形之一的,当事人应当保护现场并立即报警:

(一)驾驶人无有效机动车驾驶证或者驾驶的机动车与驾驶证载明的准驾车型不符的;

(二)驾驶人有饮酒、服用国家管制的精神药品或者麻醉药品嫌疑的;

(三)驾驶人有从事校车业务或者旅客运输,严重超过额定乘员载客,或者严重超过规定时速行驶嫌疑的;

(四)机动车无号牌或者使用伪造、变造的号牌的;

(五)当事人不能自行移动车辆的;

(六)一方当事人离开现场的;

(七)有证据证明事故是由一方故意造成的。

驾驶人必须在确保安全的原则下,立即组织车上人员疏散到路外安全地点,避免发生次生事故。驾驶人已因道路交通事故死亡或者受伤无法行动的,车上其他人员应当自行组织疏散。

第十四条 发生财产损失事故且有下列情形之一,车辆可以移动的,当事人应当组织车上人员疏散到路外安全地点，在确保安全的原则下，采取现场拍照或者标划事故车辆现场位置等方式固定证据，将车辆移至不妨碍交通的地点后报警：

（一）机动车无检验合格标志或者无保险标志的；

（二）碰撞建筑物、公共设施或者其他设施的。

第十五条　载运爆炸性、易燃性、毒害性、放射性、腐蚀性、传染病病原体等危险物品车辆发生事故的，当事人应当立即报警，危险物品车辆驾驶人、押运人应当按照危险物品安全管理法律、法规、规章以及有关操作规程的规定，采取相应的应急处置措施。

第十六条　公安机关及其交通管理部门接到报警的，应当受理，制作受案登记表并记录下列内容：

（一）报警方式、时间，报警人姓名、联系方式，电话报警的，还应当记录报警电话；

（二）发生或者发现道路交通事故的时间、地点；

（三）人员伤亡情况；

（四）车辆类型、车辆号牌号码，是否载有危险物品以及危险物品的种类、是否发生泄漏等；

（五）涉嫌交通肇事逃逸的，还应当询问并记录肇事车辆的车型、颜色、特征及其逃逸方向、逃逸驾驶人的体貌特征等有关情况。

报警人不报姓名的，应当记录在案。报警人不愿意公开姓名的，应当为其保密。

第十七条　接到道路交通事故报警后，需要派员到现场处置，或者接到出警指令的，公安机关交通管理部门应当立即派交通警察赶赴现场。

第十八条　发生道路交通事故后当事人未报警，在事故现场撤除后，当事人又报警请求公安机关交通管理部门处理的，公安机关交通管理部门应当按照本规定第十六条规定的记录内容予以记录，并在三日内作出是否接受案件的决定。

经核查道路交通事故事实存在的，公安机关交通管理部门应当受理，制作受案登记表；经核查无法证明道路交通事故事实存在，或者不属于公安机关交通管理部门管辖的，应当书面告知当事人，并说明理由。

第四章　自 行 协 商

第十九条　机动车与机动车、机动车与非机动车发生财产损失事故，当事人应当在确保安全的原则下，采取现场拍照或者标划事故车辆现场位置等方式固定证据后，立即撤离现场，将车辆移至不妨碍交通的地点，再协商处理损害赔偿事宜，但有本规定第十三条第一款情形的除外。

非机动车与非机动车或者行人发生财产损失事故,当事人应当先撤离现场,再协商处理损害赔偿事宜。

对应当自行撤离现场而未撤离的,交通警察应当责令当事人撤离现场;造成交通堵塞的,对驾驶人处以二百元罚款。

第二十条 发生可以自行协商处理的财产损失事故,当事人可以通过互联网在线自行协商处理;当事人对事实及成因有争议的,可以通过互联网共同申请公安机关交通管理部门在线确定当事人的责任。

当事人报警的,交通警察、警务辅助人员可以指导当事人自行协商处理。当事人要求交通警察到场处理的,应当指派交通警察到现场调查处理。

第二十一条 当事人自行协商达成协议的,制作道路交通事故自行协商协议书,并共同签名。道路交通事故自行协商协议书应当载明事故发生的时间、地点、天气、当事人姓名、驾驶证号或者身份证号、联系方式、机动车种类和号牌号码、保险公司、保险凭证号、事故形态、碰撞部位、当事人的责任等内容。

第二十二条 当事人自行协商达成协议的,可以按照下列方式履行道路交通事故损害赔偿:

(一)当事人自行赔偿;

(二)到投保的保险公司或者道路交通事故保险理赔服务场所办理损害赔偿事宜。

当事人自行协商达成协议后未履行的,可以申请人民调解委员会调解或者向人民法院提起民事诉讼。

第五章 简易程序

第二十三条 公安机关交通管理部门可以适用简易程序处理以下道路交通事故,但有交通肇事、危险驾驶犯罪嫌疑的除外:

(一)财产损失事故;

(二)受伤当事人伤势轻微,各方当事人一致同意适用简易程序处理的伤人事故。

适用简易程序的,可以由一名交通警察处理。

第二十四条 交通警察适用简易程序处理道路交通事故时,应当在固定现场证据后,责令当事人撤离现场,恢复交通。拒不撤离现场的,予以强制撤离。当事人无法及时移动车辆影响通行和交通安全的,交通警察应当将车辆移至不妨碍交通的地点。具有本规定第十三条第一款第一项、第二项情形之一的，按照《中华人民共和国道路交通安全法实施条例》第一百零四条规定处理。

撤离现场后，交通警察应当根据现场固定的证据和当事人、证人陈述等，认定并记录道路交通事故发生的时间、地点、天气、当事人姓名、驾驶证号或者身份证号、联系方式、机动车种类和号牌号码、保险公司、保险凭证号、道路交通事故形态、碰撞部位等，并根据本规定第六十条确定当事人的责任，当场制作道路交通事故认定书。不具备当场制作条件的，交通警察应当在三日内制作道路交通事故认定书。

道路交通事故认定书应当由当事人签名，并现场送达当事人。当事人拒绝签名或者接收的，交通警察应当在道路交通事故认定书上注明情况。

第二十五条　当事人共同请求调解的，交通警察应当当场进行调解，并在道路交通事故认定书上记录调解结果，由当事人签名，送达当事人。

第二十六条　有下列情形之一的，不适用调解，交通警察可以在道路交通事故认定书上载明有关情况后，将道路交通事故认定书送达当事人：

（一）当事人对道路交通事故认定有异议的；

（二）当事人拒绝在道路交通事故认定书上签名的；

（三）当事人不同意调解的。

第六章　调　　查

第一节　一般规定

第二十七条　除简易程序外，公安机关交通管理部门对道路交通事故进行调查时，交通警察不得少于二人。

交通警察调查时应当向被调查人员出示《人民警察证》，告知被调查人依法享有的权利和义务，向当事人发送联系卡。联系卡载明交通警察姓名、办公地址、联系方式、监督电话等内容。

第二十八条　交通警察调查道路交通事故时，应当合法、及时、客观、全面地收集证据。

第二十九条　对发生一次死亡三人以上道路交通事故的，公安机关交通管理部门应当开展深度调查；对造成其他严重后果或者存在严重安全问题的道路交通事故，可以开展深度调查。具体程序另行规定。

第二节　现场处置和调查

第三十条　交通警察到达事故现场后，应当立即进行下列工作：

(一)按照事故现场安全防护有关标准和规范的要求划定警戒区域,在安全距离位置放置发光或者反光锥筒和警告标志,确定专人负责现场交通指挥和疏导。因道路交通事故导致交通中断或者现场处置、勘查需要采取封闭道路等交通管制措施的,还应当视情在事故现场来车方向提前组织分流,放置绕行提示标志;

(二)组织抢救受伤人员;

(三)指挥救护、勘查等车辆停放在安全和便于抢救、勘查的位置,开启警灯,夜间还应当开启危险报警闪光灯和示廓灯;

(四)查找道路交通事故当事人和证人,控制肇事嫌疑人;

(五)其他需要立即开展的工作。

第三十一条 道路交通事故造成人员死亡的,应当经急救、医疗人员或者法医确认,并由具备资质的医疗机构出具死亡证明。尸体应当存放在殡葬服务单位或者医疗机构等有停尸条件的场所。

第三十二条 交通警察应当对事故现场开展下列调查工作:

(一)勘查事故现场,查明事故车辆、当事人、道路及其空间关系和事故发生时的天气情况;

(二)固定、提取或者保全现场证据材料;

(三)询问当事人、证人并制作询问笔录;现场不具备制作询问笔录条件的,可以通过录音、录像记录询问过程;

(四)其他调查工作。

第三十三条 交通警察勘查道路交通事故现场,应当按照有关法规和标准的规定,拍摄现场照片,绘制现场图,及时提取、采集与案件有关的痕迹、物证等,制作现场勘查笔录。现场勘查过程中发现当事人涉嫌利用交通工具实施其他犯罪的,应当妥善保护犯罪现场和证据,控制犯罪嫌疑人,并立即报告公安机关主管部门。

发生一次死亡三人以上事故的,应当进行现场摄像,必要时可以聘请具有专门知识的人参加现场勘验、检查。

现场图、现场勘查笔录应当由参加勘查的交通警察、当事人和见证人签名。当事人、见证人拒绝签名或者无法签名以及无见证人的,应当记录在案。

第三十四条 痕迹、物证等证据可能因时间、地点、气象等原因导致改变、毁损、灭失的,交通警察应当及时固定、提取或者保全。

对涉嫌饮酒或者服用国家管制的精神药品、麻醉药品驾驶车辆的人员,公安机关交通管理部门应当按照《道路交通安全违法行为处理程序规定》及时抽血或者提取尿样等检材，送交有检验鉴定资质的机构进行检验。

车辆驾驶人员当场死亡的，应当及时抽血检验。不具备抽血条件的，应当由医疗机构或者鉴定机构出具证明。

第三十五条　交通警察应当核查当事人的身份证件、机动车驾驶证、机动车行驶证、检验合格标志、保险标志等。

对交通肇事嫌疑人可以依法传唤。对在现场发现的交通肇事嫌疑人，经出示《人民警察证》，可以口头传唤，并在询问笔录中注明嫌疑人到案经过、到案时间和离开时间。

第三十六条　勘查事故现场完毕后，交通警察应当清点并登记现场遗留物品，迅速组织清理现场，尽快恢复交通。

现场遗留物品能够当场发还的，应当当场发还并做记录；当场无法确定所有人的，应当登记，并妥善保管，待所有人确定后，及时发还。

第三十七条　因调查需要，公安机关交通管理部门可以向有关单位、个人调取汽车行驶记录仪、卫星定位装置、技术监控设备的记录资料以及其他与事故有关的证据材料。

第三十八条　因调查需要，公安机关交通管理部门可以组织道路交通事故当事人、证人对肇事嫌疑人、嫌疑车辆等进行辨认。

辨认应当在交通警察的主持下进行。主持辨认的交通警察不得少于二人。多名辨认人对同一辨认对象进行辨认时，应当由辨认人个别进行。

辨认时，应当将辨认对象混杂在特征相类似的其他对象中，不得给辨认人任何暗示。辨认肇事嫌疑人时，被辨认的人数不得少于七人；对肇事嫌疑人照片进行辨认的，不得少于十人的照片。辨认嫌疑车辆时，同类车辆不得少于五辆；对肇事嫌疑车辆照片进行辨认时，不得少于十辆的照片。

对尸体等特定辨认对象进行辨认，或者辨认人能够准确描述肇事嫌疑人、嫌疑车辆独有特征的，不受数量的限制。

对肇事嫌疑人的辨认，辨认人不愿意公开进行时，可以在不暴露辨认人的情况下进行，并应当为其保守秘密。

对辨认经过和结果，应当制作辨认笔录，由交通警察、辨认人、见证人签名。必要时，应当对辨认过程进行录音或者录像。

第三十九条　因收集证据的需要，公安机关交通管理部门可以扣留事故车辆，并开具行政强制措施凭证。扣留的车辆应当妥善保管。

公安机关交通管理部门不得扣留事故车辆所载货物。对所载货物在核实重量、体积及货物损失后,通知机动车驾驶人或者货物所有人自行处理。无法通知当事人或者当事人不自行处理的,按照《公安机关办理行政案件程序规定》的有关规定办理。

严禁公安机关交通管理部门指定停车场停放扣留的事故车辆。

第四十条 当事人涉嫌犯罪的,因收集证据的需要,公安机关交通管理部门可以依据《中华人民共和国刑事诉讼法》《公安机关办理刑事案件程序规定》,扣押机动车驾驶证等与事故有关的物品、证件,并按照规定出具扣押法律文书。扣押的物品应当妥善保管。

对扣押的机动车驾驶证等物品、证件,作为证据使用的,应当随案移送,并制作随案移送清单一式两份,一份留存,一份交人民检察院。对于实物不宜移送的,应当将其清单、照片或者其他证明文件随案移送。待人民法院作出生效判决后,按照人民法院的通知,依法作出处理。

第四十一条 经过调查,不属于公安机关交通管理部门管辖的,应当将案件移送有关部门并书面通知当事人,或者告知当事人处理途径。

公安机关交通管理部门在调查过程中,发现当事人涉嫌交通肇事、危险驾驶犯罪的,应当按照《中华人民共和国刑事诉讼法》《公安机关办理刑事案件程序规定》立案侦查。发现当事人有其他违法犯罪嫌疑的,应当及时移送有关部门,移送不影响事故的调查和处理。

第四十二条 投保机动车交通事故责任强制保险的车辆发生道路交通事故,因抢救受伤人员需要保险公司支付抢救费用的,公安机关交通管理部门应当书面通知保险公司。

抢救受伤人员需要道路交通事故社会救助基金垫付费用的,公安机关交通管理部门应当书面通知道路交通事故社会救助基金管理机构。

道路交通事故造成人员死亡需要救助基金垫付丧葬费用的,公安机关交通管理部门应当在送达尸体处理通知书的同时,告知受害人亲属向道路交通事故社会救助基金管理机构提出书面垫付申请。

第三节 交通肇事逃逸查缉

第四十三条 公安机关交通管理部门应当根据管辖区域和道路情况,制定交通肇事逃逸案件查缉预案,并组织专门力量办理交通肇事逃逸案件。

发生交通肇事逃逸案件后,公安机关交通管理部门应当立即启动查缉预案,布置警力堵截，并通过全国机动车缉查布控系统查缉。

第四十四条　案发地公安机关交通管理部门可以通过发协查通报、向社会公告等方式要求协查、举报交通肇事逃逸车辆或者侦破线索。发出协查通报或者向社会公告时，应当提供交通肇事逃逸案件基本事实、交通肇事逃逸车辆情况、特征及逃逸方向等有关情况。

中国人民解放军和中国人民武装警察部队车辆涉嫌交通肇事逃逸的，公安机关交通管理部门应当通报中国人民解放军、中国人民武装警察部队有关部门。

第四十五条　接到协查通报的公安机关交通管理部门，应当立即布置堵截或者排查。发现交通肇事逃逸车辆或者嫌疑车辆的，应当予以扣留，依法传唤交通肇事逃逸人或者与协查通报相符的嫌疑人，并及时将有关情况通知案发地公安机关交通管理部门。案发地公安机关交通管理部门应当立即派交通警察前往办理移交。

第四十六条　公安机关交通管理部门查获交通肇事逃逸车辆或者交通肇事逃逸嫌疑人后，应当按原范围撤销协查通报，并通过全国机动车缉查布控系统撤销布控。

第四十七条　公安机关交通管理部门侦办交通肇事逃逸案件期间，交通肇事逃逸案件的受害人及其家属向公安机关交通管理部门询问案件侦办情况的，除依法不应当公开的内容外，公安机关交通管理部门应当告知并做好记录。

第四十八条　道路交通事故社会救助基金管理机构已经为受害人垫付抢救费用或者丧葬费用的，公安机关交通管理部门应当在交通肇事逃逸案件侦破后及时书面告知道路交通事故社会救助基金管理机构交通肇事逃逸驾驶人的有关情况。

第四节　检验、鉴定

第四十九条　需要进行检验、鉴定的，公安机关交通管理部门应当按照有关规定，自事故现场调查结束之日起三日内委托具备资质的鉴定机构进行检验、鉴定。

尸体检验应当在死亡之日起三日内委托。对交通肇事逃逸车辆的检验、鉴定自查获肇事嫌疑车辆之日起三日内委托。

对现场调查结束之日起三日后需要检验、鉴定的，应当报经上一级公安机关交通管理部门批准。

对精神疾病的鉴定，由具有精神病鉴定资质的鉴定机构进行。

第五十条　检验、鉴定费用由公安机关交通管理部门承担，但法律法规另有规定或者当事人自行委托伤残评定、财产损失评估的除外。

第五十一条 公安机关交通管理部门应当与鉴定机构确定检验、鉴定完成的期限,确定的期限不得超过三十日。超过三十日的,应当报经上一级公安机关交通管理部门批准,但最长不得超过六十日。

第五十二条 尸体检验不得在公众场合进行。为了确定死因需要解剖尸体的,应当征得死者家属同意。死者家属不同意解剖尸体的,经县级以上公安机关或者上一级公安机关交通管理部门负责人批准,可以解剖尸体,并且通知死者家属到场,由其在解剖尸体通知书上签名。

死者家属无正当理由拒不到场或者拒绝签名的,交通警察应当在解剖尸体通知书上注明。对身份不明的尸体,无法通知死者家属的,应当记录在案。

第五十三条 尸体检验报告确定后,应当书面通知死者家属在十日内办理丧葬事宜。无正当理由逾期不办理的应记录在案,并经县级以上公安机关或者上一级公安机关交通管理部门负责人批准,由公安机关或者上一级公安机关交通管理部门处理尸体,逾期存放的费用由死者家属承担。

对于没有家属、家属不明或者因自然灾害等不可抗力导致无法通知或者通知后家属拒绝领回的,经县级以上公安机关或者上一级公安机关交通管理部门负责人批准,可以及时处理。

对身份不明的尸体,由法医提取人身识别检材,并对尸体拍照、采集相关信息后,由公安机关交通管理部门填写身份不明尸体信息登记表,并在设区的市级以上报纸刊登认尸启事。登报后三十日仍无人认领的,经县级以上公安机关或者上一级公安机关交通管理部门负责人批准,可以及时处理。

因宗教习俗等原因对尸体处理期限有特殊需要的,经县级以上公安机关或者上一级公安机关交通管理部门负责人批准,可以紧急处理。

第五十四条 鉴定机构应当在规定的期限内完成检验、鉴定,并出具书面检验报告、鉴定意见,由鉴定人签名,鉴定意见还应当加盖机构印章。检验报告、鉴定意见应当载明以下事项:

(一)委托人;

(二)委托日期和事项;

(三)提交的相关材料;

(四)检验、鉴定的时间;

(五)依据和结论性意见,通过分析得出结论性意见的,应当有分析证明过程。

检验报告、鉴定意见应当附有鉴定机构、鉴定人的资质证明或者其他证明文件。

第五十五条 公安机关交通管理部门应当对检验报告、鉴定意见进行审核，并在收到检验报告、鉴定意见之日起五日内，将检验报告、鉴定意见复印件送达当事人，但有下列情形之一的除外：

（一）检验、鉴定程序违法或者违反相关专业技术要求，可能影响检验报告、鉴定意见公正、客观的；

（二）鉴定机构、鉴定人不具备鉴定资质和条件的；

（三）检验报告、鉴定意见明显依据不足的；

（四）故意作虚假鉴定的；

（五）鉴定人应当回避而没有回避的；

（六）检材虚假或者检材被损坏、不具备鉴定条件的；

（七）其他可能影响检验报告、鉴定意见公正、客观的情形。

检验报告、鉴定意见有前款规定情形之一的，经县级以上公安机关交通管理部门负责人批准，应当在收到检验报告、鉴定意见之日起三日内重新委托检验、鉴定。

第五十六条 当事人对检验报告、鉴定意见有异议，申请重新检验、鉴定的，应当自公安机关交通管理部门送达之日起三日内提出书面申请，经县级以上公安机关交通管理部门负责人批准，原办案单位应当重新委托检验、鉴定。检验报告、鉴定意见不具有本规定第五十五条第一款情形的，经县级以上公安机关交通管理部门负责人批准，由原办案单位作出不准予重新检验、鉴定的决定，并在作出决定之日起三日内书面通知申请人。

同一交通事故的同一检验、鉴定事项，重新检验、鉴定以一次为限。

第五十七条 重新检验、鉴定应当另行委托鉴定机构。

第五十八条 自检验报告、鉴定意见确定之日起五日内，公安机关交通管理部门应当通知当事人领取扣留的事故车辆。

因扣留车辆发生的费用由作出决定的公安机关交通管理部门承担，但公安机关交通管理部门通知当事人领取，当事人逾期未领取产生的停车费用由当事人自行承担。

经通知当事人三十日后不领取的车辆，经公告三个月仍不领取的，对扣留的车辆依法处理。

第七章 认定与复核

第一节 道路交通事故认定

第五十九条 道路交通事故认定应当做到事实清楚、证据确实充分、适用法律正确、责任划分公正、程序合法。

第六十条 公安机关交通管理部门应当根据当事人的行为对发生道路交通事故所起的作用以及过错的严重程度,确定当事人的责任。

(一)因一方当事人的过错导致道路交通事故的,承担全部责任;

(二)因两方或者两方以上当事人的过错发生道路交通事故的,根据其行为对事故发生的作用以及过错的严重程度,分别承担主要责任、同等责任和次要责任;

(三)各方均无导致道路交通事故的过错,属于交通意外事故的,各方均无责任。

一方当事人故意造成道路交通事故的,他方无责任。

第六十一条 当事人有下列情形之一的,承担全部责任:

(一)发生道路交通事故后逃逸的;

(二)故意破坏、伪造现场、毁灭证据的。

为逃避法律责任追究,当事人弃车逃逸以及潜逃藏匿的,如有证据证明其他当事人也有过错,可以适当减轻责任,但同时有证据证明逃逸当事人有第一款第二项情形的,不予减轻。

第六十二条 公安机关交通管理部门应当自现场调查之日起十日内制作道路交通事故认定书。交通肇事逃逸案件在查获交通肇事车辆和驾驶人后十日内制作道路交通事故认定书。对需要进行检验、鉴定的,应当在检验报告、鉴定意见确定之日起五日内制作道路交通事故认定书。

有条件的地方公安机关交通管理部门可以试行在互联网公布道路交通事故认定书,但对涉及的国家秘密、商业秘密或者个人隐私,应当保密。

第六十三条 发生死亡事故以及复杂、疑难的伤人事故后,公安机关交通管理部门应当在制作道路交通事故认定书或者道路交通事故证明前,召集各方当事人到场,公开调查取得的证据。

证人要求保密或者涉及国家秘密、商业秘密以及个人隐私的,按照有关法律法规的规定执行。

当事人不到场的,公安机关交通管理部门应当予以记录。

第六十四条 道路交通事故认定书应当载明以下内容:

(一)道路交通事故当事人、车辆、道路和交通环境等基本情况;

(二)道路交通事故发生经过;

(三)道路交通事故证据及事故形成原因分析;

（四）当事人导致道路交通事故的过错及责任或者意外原因；

（五）作出道路交通事故认定的公安机关交通管理部门名称和日期。

道路交通事故认定书应当由交通警察签名或者盖章，加盖公安机关交通管理部门道路交通事故处理专用章。

第六十五条　道路交通事故认定书应当在制作后三日内分别送达当事人，并告知申请复核、调解和提起民事诉讼的权利、期限。

当事人收到道路交通事故认定书后，可以查阅、复制、摘录公安机关交通管理部门处理道路交通事故的证据材料，但证人要求保密或者涉及国家秘密、商业秘密以及个人隐私的，按照有关法律法规的规定执行。公安机关交通管理部门对当事人复制的证据材料应当加盖公安机关交通管理部门事故处理专用章。

第六十六条　交通肇事逃逸案件尚未侦破，受害一方当事人要求出具道路交通事故认定书的，公安机关交通管理部门应当在接到当事人书面申请后十日内，根据本规定第六十一条确定各方当事人责任，制作道路交通事故认定书，并送达受害方当事人。道路交通事故认定书应当载明事故发生的时间、地点、受害人情况及调查得到的事实，以及受害方当事人的责任。

交通肇事逃逸案件侦破后，已经按照前款规定制作道路交通事故认定书的，应当按照本规定第六十一条重新确定责任，制作道路交通事故认定书，分别送达当事人。重新制作的道路交通事故认定书除应当载明本规定第六十四条规定的内容外，还应当注明撤销原道路交通事故认定书。

第六十七条　道路交通事故基本事实无法查清、成因无法判定的，公安机关交通管理部门应当出具道路交通事故证明，载明道路交通事故发生的时间、地点、当事人情况及调查得到的事实，分别送达当事人，并告知申请复核、调解和提起民事诉讼的权利、期限。

第六十八条　由于事故当事人、关键证人处于抢救状态或者因其他客观原因导致无法及时取证，现有证据不足以认定案件基本事实的，经上一级公安机关交通管理部门批准，道路交通事故认定的时限可中止计算，并书面告知各方当事人或者其代理人，但中止的时间最长不得超过六十日。

当中止认定的原因消失，或者中止期满受伤人员仍然无法接受调查的，公安机关交通管理部门应当在五日内，根据已经调查取得的证据制作道路交通事故认定书或者出具道路交通事故证明。

第六十九条　伤人事故符合下列条件，各方当事人一致书面申请快速处理的，

经县级以上公安机关交通管理部门负责人批准,可以根据已经取得的证据,自当事人申请之日起五日内制作道路交通事故认定书:

(一)当事人不涉嫌交通肇事、危险驾驶犯罪的;

(二)道路交通事故基本事实及成因清楚,当事人无异议的。

第七十条 对尚未查明身份的当事人,公安机关交通管理部门应当在道路交通事故认定书或者道路交通事故证明中予以注明,待身份信息查明以后,制作书面补充说明送达各方当事人。

第二节 复 核

第七十一条 当事人对道路交通事故认定或者出具道路交通事故证明有异议的,可以自道路交通事故认定书或者道路交通事故证明送达之日起三日内提出书面复核申请。当事人逾期提交复核申请的,不予受理,并书面通知申请人。

复核申请应当载明复核请求及其理由和主要证据。同一事故的复核以一次为限。

第七十二条 复核申请人通过作出道路交通事故认定的公安机关交通管理部门提出复核申请的,作出道路交通事故认定的公安机关交通管理部门应当自收到复核申请之日起二日内将复核申请连同道路交通事故有关材料移送上一级公安机关交通管理部门。

复核申请人直接向上一级公安机关交通管理部门提出复核申请的,上一级公安机关交通管理部门应当通知作出道路交通事故认定的公安机关交通管理部门自收到通知之日起五日内提交案卷材料。

第七十三条 除当事人逾期提交复核申请的情形外,上一级公安机关交通管理部门收到复核申请之日即为受理之日。

第七十四条 上一级公安机关交通管理部门自受理复核申请之日起三十日内,对下列内容进行审查,并作出复核结论:

(一)道路交通事故认定的事实是否清楚、证据是否确实充分、适用法律是否正确、责任划分是否公正;

(二)道路交通事故调查及认定程序是否合法;

(三)出具道路交通事故证明是否符合规定。

复核原则上采取书面审查的形式,但当事人提出要求或者公安机关交通管理部门认为有必要时,可以召集各方当事人到场,听取各方意见。

办理复核案件的交通警察不得少于二人。

第七十五条 复核审查期间,申请人提出撤销复核申请的,公安机关交通管理部门应当终止复核,并书面通知各方当事人。

受理复核申请后,任何一方当事人就该事故向人民法院提起诉讼并经人民法院受理的,公安机关交通管理部门应当将受理当事人复核申请的有关情况告知相关人民法院。

受理复核申请后,人民检察院对交通肇事犯罪嫌疑人作出批准逮捕决定的,公安机关交通管理部门应当将受理当事人复核申请的有关情况告知相关人民检察院。

第七十六条 上一级公安机关交通管理部门认为原道路交通事故认定事实清楚、证据确实充分、适用法律正确、责任划分公正、程序合法的,应当作出维持原道路交通事故认定的复核结论。

上一级公安机关交通管理部门认为调查及认定程序存在瑕疵,但不影响道路交通事故认定的,在责令原办案单位补正或者作出合理解释后,可以作出维持原道路交通事故认定的复核结论。

上一级公安机关交通管理部门认为原道路交通事故认定有下列情形之一的,应当作出责令原办案单位重新调查、认定的复核结论:

(一)事实不清的;

(二)主要证据不足的;

(三)适用法律错误的;

(四)责任划分不公正的;

(五)调查及认定违反法定程序可能影响道路交通事故认定的。

第七十七条 上一级公安机关交通管理部门审查原道路交通事故证明后,按下列规定处理:

(一)认为事故成因确属无法查清,应当作出维持原道路交通事故证明的复核结论;

(二)认为事故成因仍需进一步调查的,应当作出责令原办案单位重新调查、认定的复核结论。

第七十八条 上一级公安机关交通管理部门应当在作出复核结论后三日内将复核结论送达各方当事人。公安机关交通管理部门认为必要的,应当召集各方当事人,当场宣布复核结论。

第七十九条 上一级公安机关交通管理部门作出责令重新调查、认定的复核结论后,原办案单位应当在十日内依照本规定重新调查,重新作出道路交通事故认定,撤销原道路交通事故认定书或者原道路交通事故证明。

重新调查需要检验、鉴定的,原办案单位应当在检验报告、鉴定意见确定之日起五日内,重新作出道路交通事故认定。

重新作出道路交通事故认定的,原办案单位应当送达各方当事人,并报上一级公安机关交通管理部门备案。

第八十条 上一级公安机关交通管理部门可以设立道路交通事故复核委员会,由办理复核案件的交通警察会同相关行业代表、社会专家学者等人员共同组成,负责案件复核,并以上一级公安机关交通管理部门的名义作出复核结论。

第八章 处罚执行

第八十一条 公安机关交通管理部门应当按照《道路交通安全违法行为处理程序规定》,对当事人的道路交通安全违法行为依法作出处罚。

第八十二条 对发生道路交通事故构成犯罪,依法应当吊销驾驶人机动车驾驶证的,应当在人民法院作出有罪判决后,由设区的市公安机关交通管理部门依法吊销机动车驾驶证。同时具有逃逸情形的,公安机关交通管理部门应当同时依法作出终生不得重新取得机动车驾驶证的决定。

第八十三条 专业运输单位六个月内两次发生一次死亡三人以上事故,且单位或者车辆驾驶人对事故承担全部责任或者主要责任的,专业运输单位所在地的公安机关交通管理部门应当报经设区的市公安机关交通管理部门批准后,作出责令限期消除安全隐患的决定,禁止未消除安全隐患的机动车上道路行驶,并通报道路交通事故发生地及运输单位所在地的人民政府有关行政管理部门。

第九章 损害赔偿调解

第八十四条 当事人可以采取以下方式解决道路交通事故损害赔偿争议:

(一)申请人民调解委员会调解;

(二)申请公安机关交通管理部门调解;

(三)向人民法院提起民事诉讼。

第八十五条 当事人申请人民调解委员会调解,达成调解协议后,双方当事人认为有必要的,可以根据《中华人民共和国人民调解法》共同向人民法院申请司法确认。

当事人申请人民调解委员会调解,调解未达成协议的,当事人可以直接向人民法院提起民事诉讼,或者自人民调解委员会作出终止调解之日起三日内,一致书面申请公安机关交通管理部门进行调解。

第八十六条 当事人申请公安机关交通管理部门调解的，应当在收到道路交通事故认定书、道路交通事故证明或者上一级公安机关交通管理部门维持原道路交通事故认定的复核结论之日起十日内一致书面申请。

当事人申请公安机关交通管理部门调解，调解未达成协议的，当事人可以依法向人民法院提起民事诉讼，或者申请人民调解委员会进行调解。

第八十七条 公安机关交通管理部门应当按照合法、公正、自愿、及时的原则进行道路交通事故损害赔偿调解。

道路交通事故损害赔偿调解应当公开进行，但当事人申请不予公开的除外。

第八十八条 公安机关交通管理部门应当与当事人约定调解的时间、地点，并于调解时间三日前通知当事人。口头通知的，应当记入调解记录。

调解参加人因故不能按期参加调解的，应当在预定调解时间一日前通知承办的交通警察，请求变更调解时间。

第八十九条 参加损害赔偿调解的人员包括：

（一）道路交通事故当事人及其代理人；

（二）道路交通事故车辆所有人或者管理人；

（三）承保机动车保险的保险公司人员；

（四）公安机关交通管理部门认为有必要参加的其他人员。

委托代理人应当出具由委托人签名或者盖章的授权委托书。授权委托书应当载明委托事项和权限。

参加损害赔偿调解的人员每方不得超过三人。

第九十条 公安机关交通管理部门受理调解申请后，应当按照下列规定日期开始调解：

（一）造成人员死亡的，从规定的办理丧葬事宜时间结束之日起；

（二）造成人员受伤的，从治疗终结之日起；

（三）因伤致残的，从定残之日起；

（四）造成财产损失的，从确定损失之日起。

公安机关交通管理部门受理调解申请时已超过前款规定的时间，调解自受理调解申请之日起开始。

公安机关交通管理部门应当自调解开始之日起十日内制作道路交通事故损害赔偿调解书或者道路交通事故损害赔偿调解终结书。

第九十一条 交通警察调解道路交通事故损害赔偿,按照下列程序实施:

(一)告知各方当事人权利、义务;

(二)听取各方当事人的请求及理由;

(三)根据道路交通事故认定书认定的事实以及《中华人民共和国道路交通安全法》第七十六条的规定,确定当事人承担的损害赔偿责任;

(四)计算损害赔偿的数额,确定各方当事人承担的比例,人身损害赔偿的标准按照《中华人民共和国侵权责任法》《最高人民法院关于审理人身损害赔偿案件适用法律若干问题的解释》《最高人民法院关于审理道路交通事故损害赔偿案件适用法律若干问题的解释》等有关规定执行,财产损失的修复费用、折价赔偿费用按照实际价值或者评估机构的评估结论计算;

(五)确定赔偿履行方式及期限。

第九十二条 因确定损害赔偿的数额,需要进行伤残评定、财产损失评估的,由各方当事人协商确定有资质的机构进行,但财产损失数额巨大涉嫌刑事犯罪的,由公安机关交通管理部门委托。

当事人委托伤残评定、财产损失评估的费用,由当事人承担。

第九十三条 经调解达成协议的,公安机关交通管理部门应当当场制作道路交通事故损害赔偿调解书,由各方当事人签字,分别送达各方当事人。

调解书应当载明以下内容:

(一)调解依据;

(二)道路交通事故认定书认定的基本事实和损失情况;

(三)损害赔偿的项目和数额;

(四)各方的损害赔偿责任及比例;

(五)赔偿履行方式和期限;

(六)调解日期。

经调解各方当事人未达成协议的,公安机关交通管理部门应当终止调解,制作道路交通事故损害赔偿调解终结书,送达各方当事人。

第九十四条 有下列情形之一的,公安机关交通管理部门应当终止调解,并记录在案:

(一)调解期间有一方当事人向人民法院提起民事诉讼的;

(二)一方当事人无正当理由不参加调解的;

(三)一方当事人调解过程中退出调解的。

第九十五条　有条件的地方公安机关交通管理部门可以联合有关部门，设置道路交通事故保险理赔服务场所。

第十章　涉外道路交通事故处理

第九十六条　外国人在中华人民共和国境内发生道路交通事故的，除按照本规定执行外，还应当按照办理涉外案件的有关法律、法规、规章的规定执行。

公安机关交通管理部门处理外国人发生的道路交通事故，应当告知当事人我国法律、法规、规章规定的当事人在处理道路交通事故中的权利和义务。

第九十七条　外国人发生道路交通事故有下列情形之一的，不准其出境：

（一）涉嫌犯罪的；

（二）有未了结的道路交通事故损害赔偿案件，人民法院决定不准出境的；

（三）法律、行政法规规定不准出境的其他情形。

第九十八条　外国人发生道路交通事故并承担全部责任或者主要责任的，公安机关交通管理部门应当告知道路交通事故损害赔偿权利人可以向人民法院提出采取诉前保全措施的请求。

第九十九条　公安机关交通管理部门在处理道路交通事故过程中，使用中华人民共和国通用的语言文字。对不通晓我国语言文字的，应当为其提供翻译；当事人通晓我国语言文字而不需要他人翻译的，应当出具书面声明。

经公安机关交通管理部门批准，外国人可以自行聘请翻译，翻译费由当事人承担。

第一百条　享有外交特权与豁免的人员发生道路交通事故时，应当主动出示有效身份证件，交通警察认为应当给予暂扣或者吊销机动车驾驶证处罚的，可以扣留其机动车驾驶证。需要对享有外交特权与豁免的人员进行调查的，可以约谈，谈话时仅限于与道路交通事故有关的内容。需要检验、鉴定车辆的，公安机关交通管理部门应当征得其同意，并在检验、鉴定后立即发还。

公安机关交通管理部门应当根据收集的证据，制作道路交通事故认定书送达当事人，当事人拒绝接收的，送达至其所在机构；没有所在机构或者所在机构不明确的，由当事人所属国家的驻华使领馆转交送达。

享有外交特权与豁免的人员应当配合公安机关交通管理部门的调查和检验、鉴定。对于经核查确实享有外交特权与豁免但不同意接受调查或者检验、鉴定的，公安机关交通管理部门应当将有关情况记录在案，损害赔偿事宜通过外交途径解决。

第一百零一条　公安机关交通管理部门处理享有外交特权与豁免的外国人发生人员死亡事故的，应当将其身份、证件及事故经过、损害后果等基本情况记录在案,并将有关情况迅速通报省级人民政府外事部门和该外国人所属国家的驻华使馆或者领馆。

第一百零二条 外国驻华领事机构、国际组织、国际组织驻华代表机构享有特权与豁免的人员发生道路交通事故的,公安机关交通管理部门参照本规定第一百条、第一百零一条规定办理,但《中华人民共和国领事特权与豁免条例》、中国已参加的国际公约以及我国与有关国家或者国际组织缔结的协议有不同规定的除外。

第十一章 执法监督

第一百零三条 公安机关警务督察部门可以依法对公安机关交通管理部门及其交通警察处理道路交通事故工作进行现场督察,查处违纪违法行为。

上级公安机关交通管理部门对下级公安机关交通管理部门处理道路交通事故工作进行监督,发现错误应当及时纠正,造成严重后果的,依纪依法追究有关人员的责任。

第一百零四条 公安机关交通管理部门及其交通警察处理道路交通事故,应当公开办事制度、办事程序,建立警风警纪监督员制度,并自觉接受社会和群众的监督。

任何单位和个人都有权对公安机关交通管理部门及其交通警察不依法严格公正处理道路交通事故、利用职务上的便利收受他人财物或者谋取其他利益、徇私舞弊、滥用职权、玩忽职守以及其他违纪违法行为进行检举、控告。收到检举、控告的机关,应当依据职责及时查处。

第一百零五条 在调查处理道路交通事故时,交通警察或者公安机关检验、鉴定人员有下列情形之一的,应当回避:

(一)是本案的当事人或者是当事人的近亲属的;

(二)本人或者其近亲属与本案有利害关系的;

(三)与本案当事人有其他关系,可能影响案件公正处理的。

交通警察或者公安机关检验、鉴定人员需要回避的,由本级公安机关交通管理部门负责人或者检验、鉴定人员所属的公安机关决定。公安机关交通管理部门负责人需要回避的,由公安机关或者上一级公安机关交通管理部门负责人决定。

对当事人提出的回避申请,公安机关交通管理部门应当在二日内作出决定,并通知申请人。

第一百零六条 人民法院、人民检察院审理、审查道路交通事故案件,需要公安机关交通管理部门提供有关证据的,公安机关交通管理部门应当在接到调卷公函之日起三日内,或者按照其时限要求,将道路交通事故案件调查材料正本移送人民法院或者人民检察院。

第一百零七条　公安机关交通管理部门对查获交通肇事逃逸车辆及人员提供有效线索或者协助的人员、单位,应当给予表彰和奖励。

公安机关交通管理部门及其交通警察接到协查通报不配合协查并造成严重后果的,由公安机关或者上级公安机关交通管理部门追究有关人员和单位主管领导的责任。

第十二章　附　　则

第一百零八条　道路交通事故处理资格等级管理规定由公安部另行制定,资格证书式样全国统一。

第一百零九条　公安机关交通管理部门应当在邻省、市(地)、县交界的国、省、县道上,以及辖区内交通流量集中的路段,设置标有管辖地公安机关交通管理部门名称及道路交通事故报警电话号码的提示牌。

第一百一十条　车辆在道路以外通行时发生的事故,公安机关交通管理部门接到报案的,参照本规定处理。涉嫌犯罪的,及时移送有关部门。

第一百一十一条　执行本规定所需要的法律文书式样,由公安部制定。公安部没有制定式样,执法工作中需要的其他法律文书,省级公安机关可以制定式样。

当事人自行协商处理损害赔偿事宜的,可以自行制作协议书,但应当符合本规定第二十一条关于协议书内容的规定。

第一百一十二条　本规定中下列用语的含义是:

(一)"交通肇事逃逸",是指发生道路交通事故后,当事人为逃避法律责任,驾驶或者遗弃车辆逃离道路交通事故现场以及潜逃藏匿的行为。

(二)"深度调查",是指以有效防范道路交通事故为目的,对道路交通事故发生的深层次原因以及道路交通安全相关因素开展延伸调查,分析查找安全隐患及管理漏洞,并提出从源头解决问题的意见和建议的活动。

(三)"检验报告、鉴定意见确定",是指检验报告、鉴定意见复印件送达当事人之日起三日内,当事人未申请重新检验、鉴定的,以及公安机关交通管理部门批准重新检验、鉴定,鉴定机构出具检验报告、鉴定意见的。

(四)"外国人",是指不具有中国国籍的人。

(五)本规定所称的"一日"、"二日"、"三日"、"五日"、"十日",是指工作日,不包括节假日。

(六)本规定所称的“以上”、“以下”均包括本数在内。

(七)“县级以上公安机关交通管理部门”,是指县级以上人民政府公安机关交通管理部门或者相当于同级的公安机关交通管理部门。

(八)“设区的市公安机关交通管理部门”,是指设区的市人民政府公安机关交通管理部门或者相当于同级的公安机关交通管理部门。

(九)“设区的市公安机关”,是指设区的市人民政府公安机关或者相当于同级的公安机关。

第一百一十三条 本规定没有规定的道路交通事故案件办理程序,依照《公安机关办理行政案件程序规定》《公安机关办理刑事案件程序规定》的有关规定执行。

第一百一十四条 本规定自2018年5月1日起施行。2008年8月17日发布的《道路交通事故处理程序规定》(公安部令第104号)同时废止。

五、《中华人民共和国道路交通安全法实施条例》(2017年10月7日)(节选)

第八十六条 机动车与机动车、机动车与非机动车在道路上发生未造成人身伤亡的交通事故,当事人对事实及成因无争议的,在记录交通事故的时间、地点、对方当事人的姓名和联系方式、机动车牌号、驾驶证号、保险凭证号、碰撞部位,并共同签名后,撤离现场,自行协商损害赔偿事宜。当事人对交通事故事实及成因有争议的,应当迅速报警。

第八十七条 非机动车与非机动车或者行人在道路上发生交通事故,未造成人身伤亡,且基本事实及成因清楚的,当事人应当先撤离现场,再自行协商处理损害赔偿事宜。当事人对交通事故事实及成因有争议的,应当迅速报警。

第八十八条 机动车发生交通事故,造成道路、供电、通讯等设施损毁的,驾驶人应当报警等候处理,不得驶离。机动车可以移动的,应当将机动车移至不妨碍交通的地点。公安机关交通管理部门应当将事故有关情况通知有关部门。

第八十九条 公安机关交通管理部门或者交通警察接到交通事故报警,应当及时赶赴现场,对未造成人身伤亡,事实清楚,并且机动车可以移动的,应当在记录事故情况后责令当事人撤离现场,恢复交通。对拒不撤离现场的,予以强制撤离。

对属于前款规定情况的道路交通事故,交通警察可以适用简易程序处理,并当场出具事故认定书。当事人共同请求调解的,交通警察可以当场对损害赔偿争议进行调解。

对道路交通事故造成人员伤亡和财产损失需要勘验、检查现场的,公安机关交通管理部门应当按照勘查现场工作规范进行。现场勘查完毕，应当组织清理现场，恢复交通。

第九十条　投保机动车第三者责任强制保险的机动车发生交通事故，因抢救受伤人员需要保险公司支付抢救费用的，由公安机关交通管理部门通知保险公司。

抢救受伤人员需要道路交通事故救助基金垫付费用的，由公安机关交通管理部门通知道路交通事故社会救助基金管理机构。

第九十一条　公安机关交通管理部门应当根据交通事故当事人的行为对发生交通事故所起的作用以及过错的严重程度，确定当事人的责任。

第九十二条　发生交通事故后当事人逃逸的，逃逸的当事人承担全部责任。但是，有证据证明对方当事人也有过错的，可以减轻责任。

当事人故意破坏、伪造现场、毁灭证据的，承担全部责任。

第九十三条　公安机关交通管理部门对经过勘验、检查现场的交通事故应当在勘查现场之日起十日内制作交通事故认定书。对需要进行检验、鉴定的，应当在检验、鉴定结果确定之日起五日内制作交通事故认定书。

第九十四条　当事人对交通事故损害赔偿有争议，各方当事人一致请求公安机关交通管理部门调解的，应当在收到交通事故认定书之日起十日内提出书面调解申请。

对交通事故致死的，调解从办理丧葬事宜结束之日起开始；对交通事故致伤的，调解从治疗终结或者定残之日起开始；对交通事故造成财产损失的，调解从确定损失之日起开始。

第九十五条　公安机关交通管理部门调解交通事故损害赔偿争议的期限为十日。调解达成协议的，公安机关交通管理部门应当制作调解书送交各方当事人，调解书经各方当事人共同签字后生效；调解未达成协议的，公安机关交通管理部门应当制作调解终结书送交各方当事人。

交通事故损害赔偿项目和标准依照有关法律的规定执行。

第九十六条　对交通事故损害赔偿的争议，当事人向人民法院提起民事诉讼的，公安机关交通管理部门不再受理调解申请。

公安机关交通管理部门调解期间，当事人向人民法院提起民事诉讼的，调解终止。

第九十七条　车辆在道路以外发生交通事故，公安机关交通管理部门接到报案的，参照道路交通安全法和本条例的规定处理。

车辆、行人与火车发生的交通事故以及在渡口发生的交通事故，依照国家有关规定处理。

六、《人体损伤致残程度分级》(2016年4月18日)

1 范围

本标准规定了人体损伤致残程度分级的原则、方法、内容和等级划分。

本标准适用于人身损害致残程度等级鉴定。

2 规范性引用文件

下列文件对本标准的应用是必不可少的。凡是注日期的引用文件,仅注日期的版本适用于本标准;凡是不注日期的引用文件,其最新版本(包括所有的修改单)适用于本标准。

最高人民法院、最高人民检察院、公安部、国家安全部、司法部发布人体损伤程度鉴定标准;

GB/T16180—2014 劳动能力鉴定职工工伤与职业病致残等级;

GB/T 31147 人身损害护理依赖程度评定。

3 术语和定义

3.1 损伤

各种因素造成的人体组织器官结构破坏和/或功能障碍。

3.2 残疾

人体组织器官结构破坏或者功能障碍,以及个体在现代临床医疗条件下难以恢复的生活、工作、社会活动能力不同程度的降低或者丧失。

4 总则

4.1 鉴定原则

应以损伤治疗后果或者结局为依据,客观评价组织器官缺失和/或功能障碍程度,科学分析损伤与残疾之间的因果关系,实事求是地进行鉴定。

受伤人员符合两处以上致残程度等级者,鉴定意见中应该分别写明各处的致残程度等级。

4.2 鉴定时机

应在原发性损伤及其与之确有关联的并发症治疗终结或者临床治疗效果稳定后进行鉴定。

4.3 伤病关系处理

当损伤与原有伤、病共存时,应分析损伤与残疾后果之间的因果关系。根据损伤在残疾后果中的作用力大小确定因果关系的不同形式,可依次分别表述为:完全作用、主要作用、同等作用、次要作用、轻微作用、没有作用。

除损伤“没有作用”以外,均应按照实际残情鉴定致残程度等级,同时说明损伤与残疾后果之间的因果关系;判定损伤“没有作用”的,不应进行致残程度鉴定。

4.4　致残等级划分

本标准将人体损伤致残程度划分为10个等级,从一级(人体致残率100%)到十级(人体致残率10%),每级致残率相差10%。致残程度等级划分依据见附录A。

4.5　判断依据

依据人体组织器官结构破坏、功能障碍及其对医疗、护理的依赖程度,适当考虑由于残疾引起的社会交往和心理因素影响,综合判定致残程度等级。

5　致残程度分级

5.1　一级

5.1.1　颅脑、脊髓及周围神经损伤

1)持续性植物生存状态;

2)精神障碍或者极重度智能减退,日常生活完全不能自理;

3)四肢瘫(肌力3级以下)或者三肢瘫(肌力2级以下);

4)截瘫(肌力2级以下)伴重度排便功能障碍与重度排尿功能障碍。

5.1.2　颈部及胸部损伤

1)心功能不全,心功能Ⅳ级;

2)严重器质性心律失常,心功能Ⅲ级;

3)心脏移植术后,心功能Ⅲ级;

4)心肺联合移植术后;

5)肺移植术后呼吸困难(极重度)。

5.1.3　腹部损伤

1)原位肝移植术后肝衰竭晚期;

2)双肾切除术后或者孤肾切除术后,需透析治疗维持生命;肾移植术后肾衰竭。

5.1.4　脊柱、骨盆及四肢损伤

1)三肢缺失(上肢肘关节以上,下肢膝关节以上);

2)二肢缺失(上肢肘关节以上,下肢膝关节以上),第三肢各大关节功能丧失均达75%;

3)二肢缺失(上肢肘关节以上,下肢膝关节以上),第三肢任二大关节均强直固定或者功能丧失均达 90% 。

5.2 二级

5.2.1 颅脑、脊髓及周围神经损伤

1)精神障碍或者重度智能减退,日常生活随时需有人帮助;

2)三肢瘫(肌力 3 级以下);

3)偏瘫(肌力 2 级以下);

4)截瘫(肌力 2 级以下);

5)非肢体瘫运动障碍(重度)。

5.2.2 头面部损伤

1)容貌毁损(重度);

2)上颌骨或者下颌骨完全缺损;

3)双眼球缺失或者萎缩;

4)双眼盲目 5 级;

5)双侧眼睑严重畸形(或者眼睑重度下垂,遮盖全部瞳孔),伴双眼盲目 3 级以上。

5.2.3 颈部及胸部损伤

1)呼吸困难(极重度);

2)心脏移植术后;

3)肺移植术后。

5.2.4 腹部损伤

1)肝衰竭晚期;

2)肾衰竭;

3)小肠大部分切除术后,消化吸收功能丧失,完全依赖肠外营养。

5.2.5 脊柱、骨盆及四肢损伤

1)双上肢肘关节以上缺失,或者一上肢肘关节以上缺失伴一下肢膝关节以上缺失;

2)一肢缺失(上肢肘关节以上,下肢膝关节以上),其余任二肢体各有二大关节功能丧失均达 75% ;

3)双上肢各大关节均强直固定或者功能丧失均达 90% 。

5.2.6 体表及其他损伤

1)皮肤瘢痕形成达体表面积 90% ;

2）重型再生障碍性贫血。

5.3　三级

5.3.1　颅脑、脊髓及周围神经损伤

1）精神障碍或者重度智能减退，不能完全独立生活，需经常有人监护；

2）完全感觉性失语或者混合性失语；

3）截瘫（肌力 3 级以下）伴排便或者排尿功能障碍；

4）双手全肌瘫（肌力 2 级以下），伴双腕关节功能丧失均达 75%；

5）重度排便功能障碍伴重度排尿功能障碍。

5.3.2　头面部损伤

1）一眼球缺失、萎缩或者盲目 5 级，另一眼盲目 3 级；

2）双眼盲目 4 级；

3）双眼视野接近完全缺损，视野有效值≤4%（直径≤5°）；

4）吞咽功能障碍，完全依赖胃管进食。

5.3.3　颈部及胸部损伤

1）食管闭锁或者切除术后，摄食依赖胃造口或者空肠造口；

2）心功能不全，心功能Ⅲ级。

5.3.4　腹部损伤

1）全胰缺失；

2）一侧肾切除术后，另一侧肾功能重度下降；

3）小肠大部分切除术后，消化吸收功能严重障碍，大部分依赖肠外营养。

5.3.5　盆部及会阴部损伤

1）未成年人双侧卵巢缺失或者萎缩，完全丧失功能；

2）未成年人双侧睾丸缺失或者萎缩，完全丧失功能；

3）阴茎接近完全缺失（残留长度≤1.0cm）。

5.3.6　脊柱、骨盆及四肢损伤

1）二肢缺失（上肢腕关节以上，下肢膝关节以上）；

2）一肢缺失（上肢腕关节以上，下肢膝关节以上），另一肢各大关节均强直固定或者功能丧失均达 90%；

3）双上肢各大关节功能丧失均达 75%；双下肢各大关节均强直固定或者功能丧失均达 90%；一上肢与一下肢各大关节均强直固定或者功能丧失均达 90%。

5.4 四级

5.4.1 颅脑、脊髓及周围神经损伤

1)精神障碍或者中度智能减退,日常生活能力严重受限,间或需要帮助;

2)外伤性癫痫(重度);

3)偏瘫(肌力3级以下);

4)截瘫(肌力3级以下);

5)阴茎器质性勃起障碍(重度)。

5.4.2 头面部损伤

1)符合容貌毁损(重度)标准之三项者;

2)上颌骨或者下颌骨缺损达1/2;

3)一眼球缺失、萎缩或者盲目5级,另一眼重度视力损害;

4)双眼盲目3级;

5)双眼视野极度缺损,视野有效值≤8%(直径≤10°);

6)双耳听力障碍≥91dB HL。

5.4.3 颈部及胸部损伤

1)严重器质性心律失常,心功能Ⅱ级;

2)一侧全肺切除术后;

3)呼吸困难(重度)。

5.4.4 腹部损伤

1)肝切除2/3以上;

2)肝衰竭中期;

3)胰腺大部分切除,胰岛素依赖;

4)肾功能重度下降;

5)双侧肾上腺缺失;

6)永久性回肠造口。

5.4.5 盆部及会阴部损伤

膀胱完全缺失或者切除术后,行永久性输尿管腹壁造瘘或者肠代膀胱并永久性造口。

5.4.6 脊柱、骨盆及四肢损伤

1)一上肢腕关节以上缺失伴一下肢踝关节以上缺失,或者双下肢踝关节以上缺失;

2）双下肢各大关节功能丧失均达75%；一上肢与一下肢各大关节功能丧失均达75%；

3）手功能丧失分值达150分。

5.4.7　体表及其他损伤

1）皮肤瘢痕形成达体表面积70%；

2）放射性皮肤癌。

5.5　五级

5.5.1　颅脑、脊髓及周围神经损伤

1）精神障碍或者中度智能减退，日常生活能力明显受限，需要指导；

2）完全运动性失语；

3）完全性失用、失写、失读或者失认等；

4）双侧完全性面瘫；

5）四肢瘫（肌力4级以下）；

6）单肢瘫（肌力2级以下）；

7）非肢体瘫运动障碍（中度）；

8）双手大部分肌瘫（肌力2级以下）；

9）双足全肌瘫（肌力2级以下）；

10）排便伴排尿功能障碍，其中一项达重度。

5.5.2　头面部损伤

1）符合容貌毁损（重度）标准之二项者；

2）一眼球缺失、萎缩或者盲目5级，另一眼中度视力损害；

3）双眼重度视力损害；

4）双眼视野重度缺损，视野有效值≤16%（直径≤20°）；

5）一侧眼睑严重畸形（或者眼睑重度下垂，遮盖全部瞳孔），伴另一眼盲目3级以上；

6）双耳听力障碍≥81dB HL；

7）一耳听力障碍≥91dB HL，另一耳听力障碍≥61dB HL；

8）舌根大部分缺损；

9）咽或者咽后区损伤遗留吞咽功能障碍，只能吞咽流质食物。

5.5.3　颈部及胸部损伤

1）未成年人甲状腺损伤致功能减退，药物依赖；

2)甲状旁腺功能损害(重度);

3)食管狭窄,仅能进流质食物;

4)食管损伤,肠代食管术后。

5.5.4 腹部损伤

1)胰头合并十二指肠切除术后;

2)一侧肾切除术后,另一侧肾功能中度下降;

3)肾移植术后,肾功能基本正常;

4)肾上腺皮质功能明显减退;

5)全胃切除术后;

6)小肠部分切除术后,消化吸收功能障碍,部分依赖肠外营养;

7)全结肠缺失。

5.5.5 盆部及会阴部损伤

1)永久性输尿管腹壁造口;

2)尿瘘难以修复;

3)直肠阴道瘘难以修复;

4)阴道严重狭窄(仅可容纳一中指);

5)双侧睾丸缺失或者完全萎缩,丧失生殖功能;

6)阴茎大部分缺失(残留长度≤3.0cm)。

5.5.6 脊柱、骨盆及四肢损伤

1)一上肢肘关节以上缺失;

2)一肢缺失(上肢腕关节以上,下肢膝关节以上),另一肢各大关节功能丧失均达50%或者其余肢体任二大关节功能丧失均达75%;

3)手功能丧失分值≥120分。

5.6 六级

5.6.1 颅脑、脊髓及周围神经损伤

1)精神障碍或者中度智能减退,日常生活能力部分受限,但能部分代偿,部分日常生活需要帮助;

2)外伤性癫痫(中度);

3)尿崩症(重度);

4)一侧完全性面瘫;

5)三肢瘫(肌力4级以下);

6）截瘫（肌力4级以下）伴排便或者排尿功能障碍；

7）双手部分肌瘫（肌力3级以下）；

8）一手全肌瘫（肌力2级以下），伴相应腕关节功能丧失75%以上；

9）双足全肌瘫（肌力3级以下）；

10）阴茎器质性勃起障碍（中度）。

5.6.2　头面部损伤

1）符合容貌毁损（中度）标准之四项者；

2）面部中心区条状瘢痕形成（宽度达0.3cm），累计长度达20.0cm；

3）面部片状细小瘢痕形成或者色素显著异常，累计达面部面积的80%；

4）双侧眼睑严重畸形；

5）一眼球缺失、萎缩或者盲目5级，另一眼视力≤0.5；

6）一眼重度视力损害，另一眼中度视力损害；

7）双眼视野中度缺损，视野有效值≤48%（直径≤60°）；

8）双侧前庭平衡功能丧失，睁眼行走困难，不能并足站立；

9）唇缺损或者畸形，累计相当于上唇2/3以上。

5.6.3　颈部及胸部损伤

1）双侧喉返神经损伤，影响功能；

2）一侧胸廓成形术后，切除6根以上肋骨；

3）女性双侧乳房完全缺失；

4）心脏瓣膜置换术后，心功能不全；

5）心功能不全，心功能Ⅱ级；

6）器质性心律失常安装永久性起搏器后；

7）严重器质性心律失常；

8）两肺叶切除术后。

5.6.4　腹部损伤

1）肝切除1/2以上；

2）肝衰竭早期；

3）胰腺部分切除术后伴功能障碍，需药物治疗；

4）肾功能中度下降；

5）小肠部分切除术后，影响消化吸收功能，完全依赖肠内营养。

5.6.5 盆部及会阴部损伤

1)双侧卵巢缺失或者萎缩,完全丧失功能;

2)未成年人双侧卵巢萎缩,部分丧失功能;

3)未成年人双侧睾丸萎缩,部分丧失功能;

4)会阴部瘢痕挛缩伴阴道狭窄;

5)睾丸或者附睾损伤,生殖功能重度损害;

6)双侧输精管损伤难以修复;

7)阴茎严重畸形,不能实施性交行为。

5.6.6 脊柱、骨盆及四肢损伤

1)脊柱骨折后遗留30°以上侧弯或者后凸畸形;

2)一肢缺失(上肢腕关节以上,下肢膝关节以上);

3)双足跖跗关节以上缺失;

4)手或者足功能丧失分值≥90分。

5.6.7 体表及其他损伤

1)皮肤瘢痕形成达体表面积50%;

2)非重型再生障碍性贫血。

5.7 七级

5.7.1 颅脑、脊髓及周围神经损伤

1)精神障碍或者轻度智能减退,日常生活有关的活动能力极重度受限;

2)不完全感觉性失语;

3)双侧大部分面瘫;

4)偏瘫(肌力4级以下);

5)截瘫(肌力4级以下);

6)单肢瘫(肌力3级以下);

7)一手大部分肌瘫(肌力2级以下);

8)一足全肌瘫(肌力2级以下);

9)重度排便功能障碍或者重度排尿功能障碍。

5.7.2 头面部损伤

1)面部中心区条状瘢痕形成(宽度达0.3cm),累计长度达15.0cm;

2)面部片状细小瘢痕形成或者色素显著异常,累计达面部面积的50%;

3)双侧眼睑重度下垂,遮盖全部瞳孔;

4）一眼球缺失或者萎缩；

5）双眼中度视力损害；

6）一眼盲目3级，另一眼视力≤0.5；

7）双眼偏盲；

8）一侧眼睑严重畸形（或者眼睑重度下垂，遮盖全部瞳孔）合并该眼盲目3级以上；

9）一耳听力障碍≥81dB HL，另一耳听力障碍≥61dB HL；

10）咽或者咽后区损伤遗留吞咽功能障碍，只能吞咽半流质食物；

11）上颌骨或者下颌骨缺损达1/4；

12）上颌骨或者下颌骨部分缺损伴牙齿缺失14枚以上；

13）颌面部软组织缺损，伴发涎漏。

5.7.3　颈部及胸部损伤

1）甲状腺功能损害（重度）；

2）甲状旁腺功能损害（中度）；

3）食管狭窄，仅能进半流质食物；食管重建术后并发反流性食管炎；

4）颏颈粘连（中度）；

5）女性双侧乳房大部分缺失或者严重畸形；

6）未成年或者育龄女性双侧乳头完全缺失；

7）胸廓畸形，胸式呼吸受限；

8）一肺叶切除，并肺段或者肺组织楔形切除术后。

5.7.4　腹部损伤

1）肝切除1/3以上；

2）一侧肾切除术后；

3）胆道损伤胆肠吻合术后，反复发作逆行性胆道感染；

4）未成年人脾切除术后；

5）小肠部分（包括回盲部）切除术后；

6）永久性结肠造口；

7）肠瘘长期不愈（1年以上）。

5.7.5　盆部及会阴部损伤

1）永久性膀胱造口；

2）膀胱部分切除术后合并轻度排尿功能障碍；

3)原位肠代膀胱术后;

4)子宫大部分切除术后;

5)睾丸损伤,血睾酮降低,需药物替代治疗;

6)未成年人一侧睾丸缺失或者严重萎缩;

7)阴茎畸形,难以实施性交行为;

8)尿道狭窄(重度)或者成形术后;

9)肛管或者直肠损伤,排便功能重度障碍或者肛门失禁(重度);

10)会阴部瘢痕挛缩致肛门闭锁,结肠造口术后。

5.7.6 脊柱、骨盆及四肢损伤

1)双下肢长度相差 8.0cm 以上;

2)一下肢踝关节以上缺失;

3)四肢任一大关节(踝关节除外)强直固定于非功能位;

4)四肢任二大关节(踝关节除外)功能丧失均达 75%;

5)一手除拇指外,余四指完全缺失;

6)双足足弓结构完全破坏;

7)手或者足功能丧失分值≥60 分。

5.8 八级

5.8.1 颅脑、脊髓及周围神经损伤

1)精神障碍或者轻度智能减退,日常生活有关的活动能力重度受限;

2)不完全运动性失语;不完全性失用、失写、失读或者失认;

3)尿崩症(中度);

4)一侧大部分面瘫,遗留眼睑闭合不全和口角歪斜;

5)单肢瘫(肌力 4 级以下);

6)非肢体瘫运动障碍(轻度);

7)一手大部分肌瘫(肌力 3 级以下);

8)一足全肌瘫(肌力 3 级以下);

9)阴茎器质性勃起障碍(轻度)。

5.8.2 头面部损伤

1)容貌毁损(中度);

2)符合容貌毁损(重度)标准之一项者;

3)头皮完全缺损,难以修复;

4)面部条状瘢痕形成,累计长度达30.0cm;面部中心区条状瘢痕形成(宽度达0.2cm),累计长度达15.0cm;

5)面部块状增生性瘢痕形成,累计面积达15.0cm^2;面部中心区块状增生性瘢痕形成,单块面积达7.0cm^2或者多块累计面积达9.0cm^2;

6)面部片状细小瘢痕形成或者色素异常,累计面积达100.0cm^2;

7)一眼盲目4级;

8)一眼视野接近完全缺损,视野有效值≤4%(直径≤5°);

9)双眼外伤性青光眼,经手术治疗;

10)一侧眼睑严重畸形(或者眼睑重度下垂,遮盖全部瞳孔)合并该眼重度视力损害;

11)一耳听力障碍≥91dB HL;

12)双耳听力障碍≥61dB HL;

13)双侧鼻翼大部分缺损,或者鼻尖大部分缺损合并一侧鼻翼大部分缺损;

14)舌体缺损达舌系带;

15)唇缺损或者畸形,累计相当于上唇1/2以上;

16)脑脊液漏经手术治疗后持续不愈;

17)张口受限Ⅲ度;

18)发声功能或者构音功能障碍(重度);

19)咽成形术后咽下运动异常。

5.8.3　颈部及胸部损伤

1)甲状腺功能损害(中度);

2)颈总动脉或者颈内动脉严重狭窄支架置入或者血管移植术后;

3)食管部分切除术后,并后遗胸腔胃;

4)女性一侧乳房完全缺失;女性双侧乳房缺失或者毁损,累计范围相当于一侧乳房3/4以上;

5)女性双侧乳头完全缺失;

6)肋骨骨折12根以上并后遗6处畸形愈合;

7)心脏或者大血管修补术后;

8)一肺叶切除术后;

9)胸廓成形术后,影响呼吸功能;

10)呼吸困难(中度)。

5.8.4　腹部损伤

1)腹壁缺损≥腹壁的1/4;

2)成年人脾切除术后;

3)胰腺部分切除术后;

4)胃大部分切除术后;

5)肠部分切除术后,影响消化吸收功能;

6)胆道损伤,胆肠吻合术后;

7)损伤致肾性高血压;

8)肾功能轻度下降;

9)一侧肾上腺缺失;

10)肾上腺皮质功能轻度减退。

5.8.5　盆部及会阴部损伤

1)输尿管损伤行代替术或者改道术后;

2)膀胱大部分切除术后;

3)一侧输卵管和卵巢缺失;

4)阴道狭窄;

5)一侧睾丸缺失;

6)睾丸或者附睾损伤,生殖功能轻度损害;

7)阴茎冠状沟以上缺失;

8)阴茎皮肤瘢痕形成,严重影响性交行为。

5.8.6　脊柱、骨盆及四肢损伤

1)二椎体压缩性骨折(压缩程度均达1/3);

2)三个以上椎体骨折,经手术治疗后;

3)女性骨盆骨折致骨产道变形,不能自然分娩;

4)股骨头缺血性坏死,难以行关节假体置换术;

5)四肢长骨开放性骨折并发慢性骨髓炎、大块死骨形成,长期不愈(1年以上);

6)双上肢长度相差8.0cm以上;

7)双下肢长度相差6.0cm以上;

8)四肢任一大关节(踝关节除外)功能丧失75%以上;

9)一踝关节强直固定于非功能位;

10）一肢体各大关节功能丧失均达50%；

11）一手拇指缺失达近节指骨1/2以上并相应掌指关节强直固定；

12）一足足弓结构完全破坏，另一足足弓结构部分破坏；

13）手或者足功能丧失分值≥40分。

5.8.7　体表及其他损伤

皮肤瘢痕形成达体表面积30%。

5.9　九级

5.9.1　颅脑、脊髓及周围神经损伤

1）精神障碍或者轻度智能减退，日常生活有关的活动能力中度受限；

2）外伤性癫痫（轻度）；

3）脑叶部分切除术后；

4）一侧部分面瘫，遗留眼睑闭合不全或者口角歪斜；

5）一手部分肌瘫（肌力3级以下）；

6）一足大部分肌瘫（肌力3级以下）；

7）四肢重要神经损伤（上肢肘关节以上，下肢膝关节以上），遗留相应肌群肌力3级以下；

8）严重影响阴茎勃起功能；

9）轻度排便或者排尿功能障碍。

5.9.2　头面部损伤

1）头皮瘢痕形成或者无毛发，达头皮面积50%；

2）颅骨缺损25.0cm^2以上，不宜或者无法手术修补；

3）容貌毁损（轻度）；

4）面部条状瘢痕形成，累计长度达20.0cm；面部条状瘢痕形成（宽度达0.2cm），累计长度达10.0cm，其中至少5.0cm以上位于面部中心区；

5）面部块状瘢痕形成，单块面积达7.0cm^2，或者多块累计面积达9.0cm^2；

6）面部片状细小瘢痕形成或者色素异常，累计面积达30.0cm^2；

7）一侧眼睑严重畸形；一侧眼睑重度下垂，遮盖全部瞳孔；双侧眼睑轻度畸形；双侧眼睑下垂，遮盖部分瞳孔；

8）双眼泪器损伤均后遗溢泪；

9）双眼角膜斑翳或者血管翳，累及瞳孔区；双眼角膜移植术后；

10）双眼外伤性白内障；儿童人工晶体植入术后；

11)一眼盲目3级;

12)一眼重度视力损害,另一眼视力≤0.5;

13)一眼视野极度缺损,视野有效值≤8%(直径≤10°);

14)双眼象限性视野缺损;

15)一侧眼睑轻度畸形(或者眼睑下垂,遮盖部分瞳孔)合并该眼中度视力损害;

16)一眼眶骨折后遗眼球内陷5mm以上;

17)耳廓缺损或者畸形,累计相当于一侧耳廓;

18)一耳听力障碍≥81dB HL;

19)一耳听力障碍≥61dB HL,另一耳听力障碍≥41dB HL;

20)一侧鼻翼或者鼻尖大部分缺损或者严重畸形;

21)唇缺损或者畸形,露齿3枚以上(其中1枚露齿达1/2);

22)颌骨骨折,经牵引或者固定治疗后遗留功能障碍;

23)上颌骨或者下颌骨部分缺损伴牙齿缺失或者折断7枚以上;

24)张口受限Ⅱ度;

25)发声功能或者构音功能障碍(轻度)。

5.9.3 颈部及胸部损伤

1)颈前三角区瘢痕形成,累计面积达50.0cm^2;

2)甲状腺功能损害(轻度);

3)甲状旁腺功能损害(轻度);

4)气管或者支气管成形术后;

5)食管吻合术后;

6)食管腔内支架置入术后;

7)食管损伤,影响吞咽功能;

8)女性双侧乳房缺失或者毁损,累计范围相当于一侧乳房1/2以上;

9)女性一侧乳房大部分缺失或者严重畸形;

10)女性一侧乳头完全缺失或者双侧乳头部分缺失(或者畸形);

11)肋骨骨折12根以上,或者肋骨部分缺失4根以上;肋骨骨折8根以上并后遗4处畸形愈合;

12)心功能不全,心功能Ⅰ级;

13)冠状动脉移植术后;

14)心脏室壁瘤;

15)心脏异物存留或者取出术后;

16)缩窄性心包炎;

17)胸导管损伤;

18)肺段或者肺组织楔形切除术后;

19)肺脏异物存留或者取出术后。

5.9.4　腹部损伤

1)肝部分切除术后;

2)脾部分切除术后;

3)外伤性胰腺假性囊肿术后;

4)一侧肾部分切除术后;

5)胃部分切除术后;

6)肠部分切除术后;

7)胆道损伤胆管外引流术后;

8)胆囊切除术后;

9)肠梗阻反复发作;

10)膈肌修补术后遗留功能障碍(如膈肌麻痹或者膈疝)。

5.9.5　盆部及会阴部损伤

1)膀胱部分切除术后;

2)输尿管狭窄成形术后;

3)输尿管狭窄行腔内扩张术或者腔内支架置入术后;

4)一侧卵巢缺失或者丧失功能;

5)一侧输卵管缺失或者丧失功能;

6)子宫部分切除术后;

7)一侧附睾缺失;

8)一侧输精管损伤难以修复;

9)尿道狭窄(轻度);

10)肛管或者直肠损伤,排便功能轻度障碍或者肛门失禁(轻度)。

5.9.6　脊柱、骨盆及四肢损伤

1)一椎体粉碎性骨折,椎管内骨性占位;

2)一椎体并相应附件骨折,经手术治疗后;二椎体压缩性骨折;

3)骨盆两处以上骨折或者粉碎性骨折,严重畸形愈合;

4)青少年四肢长骨骨骺粉碎性或者压缩性骨折;

5)四肢任一大关节行关节假体置换术后;

6)双上肢前臂旋转功能丧失均达75%;

7)双上肢长度相差6.0cm以上;

8)双下肢长度相差4.0cm以上;

9)四肢任一大关节(踝关节除外)功能丧失50%以上;

10)一踝关节功能丧失75%以上;

11)一肢体各大关节功能丧失均达25%;

12)双足拇趾功能丧失均达75%;一足5趾功能均完全丧失;

13)双足跟骨粉碎性骨折畸形愈合;

14)双足足弓结构部分破坏;一足足弓结构完全破坏;

15)手或者足功能丧失分值≥25分。

5.9.7 体表及其他损伤

皮肤瘢痕形成达体表面积10%。

5.10 十级

5.10.1 颅脑、脊髓及周围神经损伤

1)精神障碍或者轻度智能减退,日常生活有关的活动能力轻度受限;

2)颅脑损伤后遗脑软化灶形成,伴有神经系统症状或者体征;

3)一侧部分面瘫;

4)嗅觉功能完全丧失;

5)尿崩症(轻度);

6)四肢重要神经损伤,遗留相应肌群肌力4级以下;

7)影响阴茎勃起功能;

8)开颅术后。

5.10.2 头面部损伤

1)面颅骨部分缺损或者畸形,影响面容;

2)头皮瘢痕形成或者无毛发,面积达$40.0cm^2$;

3)面部条状瘢痕形成(宽度达0.2cm),累计长度达6.0cm,其中至少3.0cm位于面部中心区;

4)面部条状瘢痕形成,累计长度达10.0cm;

5）面部块状瘢痕形成，单块面积达 3.0cm^2，或者多块累计面积达 5.0cm^2；

6）面部片状细小瘢痕形成或者色素异常，累计面积达 10.0cm^2；

7）一侧眼睑下垂，遮盖部分瞳孔；一侧眼睑轻度畸形；一侧睑球粘连影响眼球运动；

8）一眼泪器损伤后遗溢泪；

9）一眼眶骨折后遗眼球内陷 2mm 以上；

10）复视或者斜视；

11）一眼角膜斑翳或者血管翳，累及瞳孔区；一眼角膜移植术后；

12）一眼外伤性青光眼，经手术治疗；一眼外伤性低眼压；

13）一眼外伤后无虹膜；

14）一眼外伤性白内障；一眼无晶体或者人工晶体植入术后；

15）一眼中度视力损害；

16）双眼视力≤0.5；

17）一眼视野中度缺损，视野有效值≤48%（直径≤60°）；

18）一耳听力障碍≥61dB HL；

19）双耳听力障碍≥41dB HL；

20）一侧前庭平衡功能丧失，伴听力减退；

21）耳廓缺损或者畸形，累计相当于一侧耳廓的 30%；

22）鼻尖或者鼻翼部分缺损深达软骨；

23）唇外翻或者小口畸形；

24）唇缺损或者畸形，致露齿；

25）舌部分缺损；

26）牙齿缺失或者折断 7 枚以上；牙槽骨部分缺损，合并牙齿缺失或者折断 4 枚以上；

27）张口受限Ⅰ度；

28）咽或者咽后区损伤影响吞咽功能。

5.10.3　颈部及胸部损伤

1）颏颈粘连畸形松解术后；

2）颈前三角区瘢痕形成，累计面积达 25.0cm^2；

3）一侧喉返神经损伤，影响功能；

4）器质性声音嘶哑；

5)食管修补术后;

6)女性一侧乳房部分缺失或者畸形;

7)肋骨骨折6根以上,或者肋骨部分缺失2根以上;肋骨骨折4根以上并后遗2处畸形愈合;

8)肺修补术后;

9)呼吸困难(轻度)。

5.10.4 腹部损伤

1)腹壁疝,难以手术修补;

2)肝、脾或者胰腺修补术后;

3)胃、肠或者胆道修补术后;

4)膈肌修补术后。

5.10.5 盆部及会阴部损伤

1)肾、输尿管或者膀胱修补术后;

2)子宫或者卵巢修补术后;

3)外阴或者阴道修补术后;

4)睾丸破裂修补术后;

5)一侧输精管破裂修复术后;

6)尿道修补术后;

7)会阴部瘢痕挛缩,肛管狭窄;

8)阴茎头部分缺失。

5.10.6 脊柱、骨盆及四肢损伤

1)枢椎齿状突骨折,影响功能;

2)一椎体压缩性骨折(压缩程度达1/3)或者粉碎性骨折;一椎体骨折经手术治疗后;

3)四处以上横突、棘突或者椎弓根骨折,影响功能;

4)骨盆两处以上骨折或者粉碎性骨折,畸形愈合;

5)一侧髌骨切除;

6)一侧膝关节交叉韧带、半月板伴侧副韧带撕裂伤经手术治疗后,影响功能;

7)青少年四肢长骨骨折累及骨骺;

8)一上肢前臂旋转功能丧失75%以上;

9)双上肢长度相差4.0cm以上;

10)双下肢长度相差2.0cm以上；

11)四肢任一大关节(踝关节除外)功能丧失25%以上；

12)一踝关节功能丧失50%以上；

13)下肢任一大关节骨折后遗创伤性关节炎；

14)肢体重要血管循环障碍,影响功能；

15)一手小指完全缺失并第5掌骨部分缺损；

16)一足拇趾功能丧失75%以上；一足5趾功能丧失均达50%；双足拇趾功能丧失均达50%；双足除拇趾外任何4趾功能均完全丧失；

17)一足跟骨粉碎性骨折畸形愈合；

18)一足足弓结构部分破坏；

19)手或者足功能丧失分值≥10分。

5.10.7　体表及其他损伤

1)手部皮肤瘢痕形成或者植皮术后,范围达一手掌面积50%；

2)皮肤瘢痕形成达体表面积4%；

3)皮肤创面长期不愈超过1年,范围达体表面积1%。

6　附则

6.1　遇有本标准致残程度分级系列中未列入的致残情形,可根据残疾的实际情况,依据本标准附录A的规定,并比照最相似等级的条款,确定其致残程度等级。

6.2　同一部位和性质的残疾,不应采用本标准条款两条以上或者同一条款两次以上进行鉴定。

6.3　本标准中四肢大关节是指肩、肘、腕、髋、膝、踝等六大关节。

6.4　本标准中牙齿折断是指冠折1/2以上,或者牙齿部分缺失致牙髓腔暴露。

6.5　移植、再植或者再造成活组织器官的损伤应根据实际后遗功能障碍程度参照相应分级条款进行致残程度等级鉴定。

6.6　永久性植入式假体(如颅骨修补材料、种植牙、人工支架等)损坏引起的功能障碍可参照相应分级条款进行致残程度等级鉴定。

6.7　本标准中四肢重要神经是指臂丛及其分支神经(包括正中神经、尺神经、桡神经和肌皮神经等)和腰骶丛及其分支神经(包括坐骨神经、腓总神经和胫神经等)。

6.8　本标准中四肢重要血管是指与四肢重要神经伴行的同名动、静脉。

6.9　精神分裂症或者心境障碍等内源性疾病不是外界致伤因素直接作用所

致,不宜作为致残程度等级鉴定的依据,但应对外界致伤因素与疾病之间的因果关系进行说明。

6.10 本标准所指未成年人是指年龄未满18周岁者。

6.11 本标准中涉及面部瘢痕致残程度需测量长度或者面积的数值时,0~6周岁者按标准规定值50%计,7~14周岁者按80%计。

6.12 本标准中凡涉及数量、部位规定时,注明“以上”、“以下”者,均包含本数(有特别说明的除外)。

七、《网络预约出租汽车经营服务管理暂行办法》(2019年12月28日)

第一章 总 则

第一条 为更好地满足社会公众多样化出行需求,促进出租汽车行业和互联网融合发展,规范网络预约出租汽车经营服务行为,保障运营安全和乘客合法权益,根据国家有关法律、行政法规,制定本办法。

第二条 从事网络预约出租汽车(以下简称网约车)经营服务,应当遵守本办法。

本办法所称网约车经营服务,是指以互联网技术为依托构建服务平台,整合供需信息,使用符合条件的车辆和驾驶员,提供非巡游的预约出租汽车服务的经营活动。

本办法所称网络预约出租汽车经营者(以下称网约车平台公司),是指构建网络服务平台,从事网约车经营服务的企业法人。

第三条 坚持优先发展城市公共交通、适度发展出租汽车,按照高品质服务、差异化经营的原则,有序发展网约车。

网约车运价实行市场调节价,城市人民政府认为有必要实行政府指导价的除外。

第四条 国务院交通运输主管部门负责指导全国网约车管理工作。

各省、自治区人民政府交通运输主管部门在本级人民政府领导下,负责指导本行政区域内网约车管理工作。

直辖市、设区的市级或者县级交通运输主管部门或人民政府指定的其他出租汽车行政主管部门(以下称出租汽车行政主管部门)在本级人民政府领导下,负责具体实施网约车管理。

其他有关部门依据法定职责,对网约车实施相关监督管理。

第二章　网约车平台公司

第五条　申请从事网约车经营的，应当具备线上线下服务能力，符合下列条件：

（一）具有企业法人资格；

（二）具备开展网约车经营的互联网平台和与拟开展业务相适应的信息数据交互及处理能力，具备供交通、通信、公安、税务、网信等相关监管部门依法调取查询相关网络数据信息的条件，网络服务平台数据库接入出租汽车行政主管部门监管平台，服务器设置在中国内地，有符合规定的网络安全管理制度和安全保护技术措施；

（三）使用电子支付的，应当与银行、非银行支付机构签订提供支付结算服务的协议；

（四）有健全的经营管理制度、安全生产管理制度和服务质量保障制度；

（五）在服务所在地有相应服务机构及服务能力；

（六）法律法规规定的其他条件。

外商投资网约车经营的，除符合上述条件外，还应当符合外商投资相关法律法规的规定。

第六条　申请从事网约车经营的，应当根据经营区域向相应的出租汽车行政主管部门提出申请，并提交以下材料：

（一）网络预约出租汽车经营申请表（见附件）；

（二）投资人、负责人身份、资信证明及其复印件，经办人的身份证明及其复印件和委托书；

（三）企业法人营业执照，属于分支机构的还应当提交营业执照；

（四）服务所在地办公场所、负责人员和管理人员等信息；

（五）具备互联网平台和信息数据交互及处理能力的证明材料，具备供交通、通信、公安、税务、网信等相关监管部门依法调取查询相关网络数据信息条件的证明材料，数据库接入情况说明，服务器设置在中国内地的情况说明，依法建立并落实网络安全管理制度和安全保护技术措施的证明材料；

（六）使用电子支付的，应当提供与银行、非银行支付机构签订的支付结算服务协议；

（七）经营管理制度、安全生产管理制度和服务质量保障制度文本；

（八）法律法规要求提供的其他材料。

首次从事网约车经营的,应当向企业注册地相应出租汽车行政主管部门提出申请,前款第(五)、第(六)项有关线上服务能力材料由网约车平台公司注册地省级交通运输主管部门商同级通信、公安、税务、网信、人民银行等部门审核认定,并提供相应认定结果,认定结果全国有效。网约车平台公司在注册地以外申请从事网约车经营的,应当提交前款第(五)、第(六)项有关线上服务能力认定结果。

其他线下服务能力材料,由受理申请的出租汽车行政主管部门进行审核。

第七条 出租汽车行政主管部门应当自受理之日起20日内作出许可或者不予许可的决定。20日内不能作出决定的,经实施机关负责人批准,可以延长10日,并应当将延长期限的理由告知申请人。

第八条 出租汽车行政主管部门对于网约车经营申请作出行政许可决定的,应当明确经营范围、经营区域、经营期限等,并发放《网络预约出租汽车经营许可证》。

第九条 出租汽车行政主管部门对不符合规定条件的申请作出不予行政许可决定的,应当向申请人出具《不予行政许可决定书》。

第十条 网约车平台公司应当在取得相应《网络预约出租汽车经营许可证》并向企业注册地省级通信主管部门申请互联网信息服务备案后,方可开展相关业务。备案内容包括经营者真实身份信息、接入信息、出租汽车行政主管部门核发的《网络预约出租汽车经营许可证》等。涉及经营电信业务的,还应当符合电信管理的相关规定。

网约车平台公司应当自网络正式联通之日起30日内,到网约车平台公司管理运营机构所在地的省级人民政府公安机关指定的受理机关办理备案手续。

第十一条 网约车平台公司暂停或者终止运营的,应当提前30日向服务所在地出租汽车行政主管部门书面报告,说明有关情况,通告提供服务的车辆所有人和驾驶员,并向社会公告。终止经营的,应当将相应《网络预约出租汽车经营许可证》交回原许可机关。

第三章 网约车车辆和驾驶员

第十二条 拟从事网约车经营的车辆,应当符合以下条件:

(一)7座及以下乘用车;

(二)安装具有行驶记录功能的车辆卫星定位装置、应急报警装置;

(三)车辆技术性能符合运营安全相关标准要求。

车辆的具体标准和营运要求,由相应的出租汽车行政主管部门,按照高品质服务、差异化经营的发展原则，结合本地实际情况确定。

第十三条　服务所在地出租汽车行政主管部门依车辆所有人或者网约车平台公司申请，按第十二条规定的条件审核后，对符合条件并登记为预约出租客运的车辆，发放《网络预约出租汽车运输证》。

城市人民政府对网约车发放《网络预约出租汽车运输证》另有规定的，从其规定。

第十四条　从事网约车服务的驾驶员，应当符合以下条件：

（一）取得相应准驾车型机动车驾驶证并具有3年以上驾驶经历；

（二）无交通肇事犯罪、危险驾驶犯罪记录，无吸毒记录，无饮酒后驾驶记录，最近连续3个记分周期内没有记满12分记录；

（三）无暴力犯罪记录；

（四）城市人民政府规定的其他条件。

第十五条　服务所在地设区的市级出租汽车行政主管部门依驾驶员或者网约车平台公司申请，按第十四条规定的条件核查并按规定考核后，为符合条件且考核合格的驾驶员，发放《网络预约出租汽车驾驶员证》。

第四章　网约车经营行为

第十六条　网约车平台公司承担承运人责任，应当保证运营安全，保障乘客合法权益。

第十七条　网约车平台公司应当保证提供服务车辆具备合法营运资质，技术状况良好，安全性能可靠，具有营运车辆相关保险，保证线上提供服务的车辆与线下实际提供服务的车辆一致，并将车辆相关信息向服务所在地出租汽车行政主管部门报备。

第十八条　网约车平台公司应当保证提供服务的驾驶员具有合法从业资格，按照有关法律法规规定，根据工作时长、服务频次等特点，与驾驶员签订多种形式的劳动合同或者协议，明确双方的权利和义务。网约车平台公司应当维护和保障驾驶员合法权益，开展有关法律法规、职业道德、服务规范、安全运营等方面的岗前培训和日常教育，保证线上提供服务的驾驶员与线下实际提供服务的驾驶员一致，并将驾驶员相关信息向服务所在地出租汽车行政主管部门报备。

网约车平台公司应当记录驾驶员、约车人在其服务平台发布的信息内容、用户注册信息、身份认证信息、订单日志、上网日志、网上交易日志、行驶轨迹日志等数据并备份。

第十九条 网约车平台公司应当公布确定符合国家有关规定的计程计价方式,明确服务项目和质量承诺,建立服务评价体系和乘客投诉处理制度,如实采集与记录驾驶员服务信息。在提供网约车服务时,提供驾驶员姓名、照片、手机号码和服务评价结果,以及车辆牌照等信息。

第二十条 网约车平台公司应当合理确定网约车运价,实行明码标价,并向乘客提供相应的出租汽车发票。

第二十一条 网约车平台公司不得妨碍市场公平竞争,不得侵害乘客合法权益和社会公共利益。

网约车平台公司不得有为排挤竞争对手或者独占市场,以低于成本的价格运营扰乱正常市场秩序,损害国家利益或者其他经营者合法权益等不正当价格行为,不得有价格违法行为。

第二十二条 网约车应当在许可的经营区域内从事经营活动,超出许可的经营区域的,起讫点一端应当在许可的经营区域内。

第二十三条 网约车平台公司应当依法纳税,为乘客购买承运人责任险等相关保险,充分保障乘客权益。

第二十四条 网约车平台公司应当加强安全管理,落实运营、网络等安全防范措施,严格数据安全保护和管理,提高安全防范和抗风险能力,支持配合有关部门开展相关工作。

第二十五条 网约车平台公司和驾驶员提供经营服务应当符合国家有关运营服务标准,不得途中甩客或者故意绕道行驶,不得违规收费,不得对举报、投诉其服务质量或者对其服务作出不满意评价的乘客实施报复行为。

第二十六条 网约车平台公司应当通过其服务平台以显著方式将驾驶员、约车人和乘客等个人信息的采集和使用的目的、方式和范围进行告知。未经信息主体明示同意,网约车平台公司不得使用前述个人信息用于开展其他业务。

网约车平台公司采集驾驶员、约车人和乘客的个人信息,不得超越提供网约车业务所必需的范围。

除配合国家机关依法行使监督检查权或者刑事侦查权外,网约车平台公司不得向任何第三方提供驾驶员、约车人和乘客的姓名、联系方式、家庭住址、银行账户或者支付账户、地理位置、出行线路等个人信息,不得泄露地理坐标、地理标志物等涉及国家安全的敏感信息。发生信息泄露后,网约车平台公司应当及时向相关主管部门报告,并采取及时有效的补救措施。

第二十七条 网约车平台公司应当遵守国家网络和信息安全有关规定，所采集的个人信息和生成的业务数据，应当在中国内地存储和使用，保存期限不少于2年，除法律法规另有规定外，上述信息和数据不得外流。

网约车平台公司不得利用其服务平台发布法律法规禁止传播的信息，不得为企业、个人及其他团体、组织发布有害信息提供便利，并采取有效措施过滤阻断有害信息传播。发现他人利用其网络服务平台传播有害信息的，应当立即停止传输，保存有关记录，并向国家有关机关报告。

网约车平台公司应当依照法律规定，为公安机关依法开展国家安全工作，防范、调查违法犯罪活动提供必要的技术支持与协助。

第二十八条 任何企业和个人不得向未取得合法资质的车辆、驾驶员提供信息对接开展网约车经营服务。不得以私人小客车合乘名义提供网约车经营服务。

网约车车辆和驾驶员不得通过未取得经营许可的网络服务平台提供运营服务。

第五章 监督检查

第二十九条 出租汽车行政主管部门应当建设和完善政府监管平台，实现与网约车平台信息共享。共享信息应当包括车辆和驾驶员基本信息、服务质量以及乘客评价信息等。

出租汽车行政主管部门应当加强对网约车市场监管，加强对网约车平台公司、车辆和驾驶员的资质审查与证件核发管理。

出租汽车行政主管部门应当定期组织开展网约车服务质量测评，并及时向社会公布本地区网约车平台公司基本信息、服务质量测评结果、乘客投诉处理情况等信息。

出租汽车行政主管、公安等部门有权根据管理需要依法调取查阅管辖范围内网约车平台公司的登记、运营和交易等相关数据信息。

第三十条 通信主管部门和公安、网信部门应当按照各自职责，对网约车平台公司非法收集、存储、处理和利用有关个人信息、违反互联网信息服务有关规定、危害网络和信息安全、应用网约车服务平台发布有害信息或者为企业、个人及其他团体组织发布有害信息提供便利的行为，依法进行查处，并配合出租汽车行政主管部门对认定存在违法违规行为的网约车平台公司进行依法处置。

公安机关、网信部门应当按照各自职责监督检查网络安全管理制度和安全保护技术措施的落实情况，防范、查处有关违法犯罪活动。

第三十一条 发展改革、价格、通信、公安、人力资源社会保障、商务、人民银行、税务、市场监管、网信等部门按照各自职责,对网约车经营行为实施相关监督检查,并对违法行为依法处理。

第三十二条 各有关部门应当按照职责建立网约车平台公司和驾驶员信用记录,并纳入全国信用信息共享平台。同时将网约车平台公司行政许可和行政处罚等信用信息在国家企业信用信息公示系统上予以公示。

第三十三条 出租汽车行业协会组织应当建立网约车平台公司和驾驶员不良记录名单制度,加强行业自律。

第六章 法律责任

第三十四条 违反本规定,有下列行为之一的,由县级以上出租汽车行政主管部门责令改正,予以警告,并处以 10000 元以上 30000 元以下罚款;构成犯罪的,依法追究刑事责任:

(一)未取得经营许可,擅自从事或者变相从事网约车经营活动的;

(二)伪造、变造或者使用伪造、变造、失效的《网络预约出租汽车运输证》《网络预约出租汽车驾驶员证》从事网约车经营活动的。

第三十五条 网约车平台公司违反本规定,有下列行为之一的,由县级以上出租汽车行政主管部门和价格主管部门按照职责责令改正,对每次违法行为处以 5000 元以上 10000 元以下罚款;情节严重的,处以 10000 元以上 30000 元以下罚款:

(一)提供服务车辆未取得《网络预约出租汽车运输证》,或者线上提供服务车辆与线下实际提供服务车辆不一致的;

(二)提供服务驾驶员未取得《网络预约出租汽车驾驶员证》,或者线上提供服务驾驶员与线下实际提供服务驾驶员不一致的;

(三)未按照规定保证车辆技术状况良好的;

(四)起讫点均不在许可的经营区域从事网约车经营活动的;

(五)未按照规定将提供服务的车辆、驾驶员相关信息向服务所在地出租汽车行政主管部门报备的;

(六)未按照规定制定服务质量标准、建立并落实投诉举报制度的;

(七)未按照规定提供共享信息,或者不配合出租汽车行政主管部门调取查阅相关数据信息的;

(八)未履行管理责任,出现甩客、故意绕道、违规收费等严重违反国家相关运营服务标准行为的。

网约车平台公司不再具备线上线下服务能力或者有严重违法行为的，由县级以上出租汽车行政主管部门依据相关法律法规的有关规定责令停业整顿、吊销相关许可证件。

第三十六条　网约车驾驶员违反本规定，有下列情形之一的，由县级以上出租汽车行政主管部门和价格主管部门按照职责责令改正，对每次违法行为处以 50 元以上 200 元以下罚款：

（一）未按照规定携带《网络预约出租汽车运输证》、《网络预约出租汽车驾驶员证》的；

（二）途中甩客或者故意绕道行驶的；

（三）违规收费的；

（四）对举报、投诉其服务质量或者对其服务作出不满意评价的乘客实施报复行为的。

网约车驾驶员不再具备从业条件或者有严重违法行为的，由县级以上出租汽车行政主管部门依据相关法律法规的有关规定撤销或者吊销从业资格证件。

对网约车驾驶员的行政处罚信息计入驾驶员和网约车平台公司信用记录。

第三十七条　网约车平台公司违反本规定第十、十八、二十六、二十七条有关规定的，由网信部门、公安机关和通信主管部门按各自职责依照相关法律法规规定给予处罚；给信息主体造成损失的，依法承担民事责任；涉嫌犯罪的，依法追究刑事责任。

网约车平台公司及网约车驾驶员违法使用或者泄露约车人、乘客个人信息的，由公安、网信等部门依照各自职责处以 2000 元以上 10000 元以下罚款；给信息主体造成损失的，依法承担民事责任；涉嫌犯罪的，依法追究刑事责任。

网约车平台公司拒不履行或者拒不按要求为公安机关依法开展国家安全工作，防范、调查违法犯罪活动提供技术支持与协助的，由公安机关依法予以处罚；构成犯罪的，依法追究刑事责任。

第七章　附　　则

第三十八条　私人小客车合乘，也称为拼车、顺风车，按城市人民政府有关规定执行。

第三十九条　网约车行驶里程达到 60 万千米时强制报废。行驶里程未达到 60 万千米但使用年限达到 8 年时，退出网约车经营。

小、微型非营运载客汽车登记为预约出租客运的，按照网约车报废标准报废。

其他小、微型营运载客汽车登记为预约出租客运的,按照该类型营运载客汽车报废标准和网约车报废标准中先行达到的标准报废。

省、自治区、直辖市人民政府有关部门要结合本地实际情况,制定网约车报废标准的具体规定,并报国务院商务、公安、交通运输等部门备案。

第四十条 本办法自2016年11月1日起实施。各地可根据本办法结合本地实际制定具体实施细则。

八、《最高人民法院关于审理道路交通事故损害赔偿案件适用法律若干问题的解释》(2020年12月29日)

为正确审理道路交通事故损害赔偿案件,根据《中华人民共和国民法典》《中华人民共和国道路交通安全法》《中华人民共和国保险法》《中华人民共和国民事诉讼法》等法律的规定,结合审判实践,制定本解释。

一、关于主体责任的认定

第一条 机动车发生交通事故造成损害,机动车所有人或者管理人有下列情形之一,人民法院应当认定其对损害的发生有过错,并适用民法典第一千二百零九条的规定确定其相应的赔偿责任:

(一)知道或者应当知道机动车存在缺陷,且该缺陷是交通事故发生原因之一的;

(二)知道或者应当知道驾驶人无驾驶资格或者未取得相应驾驶资格的;

(三)知道或者应当知道驾驶人因饮酒、服用国家管制的精神药品或者麻醉药品,或者患有妨碍安全驾驶机动车的疾病等依法不能驾驶机动车的;

(四)其它应当认定机动车所有人或者管理人有过错的。

第二条 被多次转让但是未办理登记的机动车发生交通事故造成损害,属于该机动车一方责任,当事人请求由最后一次转让并交付的受让人承担赔偿责任的,人民法院应予支持。

第三条 套牌机动车发生交通事故造成损害,属于该机动车一方责任,当事人请求由套牌机动车的所有人或者管理人承担赔偿责任的,人民法院应予支持;被套牌机动车所有人或者管理人同意套牌的,应当与套牌机动车的所有人或者管理人承担连带责任。

第四条 拼装车、已达到报废标准的机动车或者依法禁止行驶的其他机动车被多次转让,并发生交通事故造成损害,当事人请求由所有的转让人和受让人承担连带责任的，人民法院应予支持。

第五条　接受机动车驾驶培训的人员，在培训活动中驾驶机动车发生交通事故造成损害，属于该机动车一方责任，当事人请求驾驶培训单位承担赔偿责任的，人民法院应予支持。

第六条　机动车试乘过程中发生交通事故造成试乘人损害，当事人请求提供试乘服务者承担赔偿责任的，人民法院应予支持。试乘人有过错的，应当减轻提供试乘服务者的赔偿责任。

第七条　因道路管理维护缺陷导致机动车发生交通事故造成损害，当事人请求道路管理者承担相应赔偿责任的，人民法院应予支持。但道路管理者能够证明已经依照法律、法规、规章的规定，或者按照国家标准、行业标准、地方标准的要求尽到安全防护、警示等管理维护义务的除外。

依法不得进入高速公路的车辆、行人，进入高速公路发生交通事故造成自身损害，当事人请求高速公路管理者承担赔偿责任的，适用民法典第一千二百四十三条的规定。

第八条　未按照法律、法规、规章或者国家标准、行业标准、地方标准的强制性规定设计、施工，致使道路存在缺陷并造成交通事故，当事人请求建设单位与施工单位承担相应赔偿责任的，人民法院应予支持。

第九条　机动车存在产品缺陷导致交通事故造成损害，当事人请求生产者或者销售者依照民法典第七编第四章的规定承担赔偿责任的，人民法院应予支持。

第十条　多辆机动车发生交通事故造成第三人损害，当事人请求多个侵权人承担赔偿责任的，人民法院应当区分不同情况，依照民法典第一千一百七十条、第一千一百七十一条、第一千一百七十二条的规定，确定侵权人承担连带责任或者按份责任。

二、关于赔偿范围的认定

第十一条　道路交通安全法第七十六条规定的“人身伤亡”，是指机动车发生交通事故侵害被侵权人的生命权、身体权、健康权等人身权益所造成的损害，包括民法典第一千一百七十九条和第一千一百八十三条规定的各项损害。

道路交通安全法第七十六条规定的“财产损失”，是指因机动车发生交通事故侵害被侵权人的财产权益所造成的损失。

第十二条　因道路交通事故造成下列财产损失，当事人请求侵权人赔偿的，人民法院应予支持：

(一)维修被损坏车辆所支出的费用、车辆所载物品的损失、车辆施救费用;

(二)因车辆灭失或者无法修复,为购买交通事故发生时与被损坏车辆价值相当的车辆重置费用;

(三)依法从事货物运输、旅客运输等经营性活动的车辆,因无法从事相应经营活动所产生的合理停运损失;

(四)非经营性车辆因无法继续使用,所产生的通常替代性交通工具的合理费用。

三、关于责任承担的认定

第十三条 同时投保机动车第三者责任强制保险(以下简称"交强险")和第三者责任商业保险(以下简称"商业三者险")的机动车发生交通事故造成损害,当事人同时起诉侵权人和保险公司的,人民法院应当依照民法典第一千二百一十三条的规定,确定赔偿责任。

被侵权人或者其近亲属请求承保交强险的保险公司优先赔偿精神损害的,人民法院应予支持。

第十四条 投保人允许的驾驶人驾驶机动车致使投保人遭受损害,当事人请求承保交强险的保险公司在责任限额范围内予以赔偿的,人民法院应予支持,但投保人为本车上人员的除外。

第十五条 有下列情形之一导致第三人人身损害,当事人请求保险公司在交强险责任限额范围内予以赔偿,人民法院应予支持:

(一)驾驶人未取得驾驶资格或者未取得相应驾驶资格的;

(二)醉酒、服用国家管制的精神药品或者麻醉药品后驾驶机动车发生交通事故的;

(三)驾驶人故意制造交通事故的。

保险公司在赔偿范围内向侵权人主张追偿权的,人民法院应予支持。追偿权的诉讼时效期间自保险公司实际赔偿之日起计算。

第十六条 未依法投保交强险的机动车发生交通事故造成损害,当事人请求投保义务人在交强险责任限额范围内予以赔偿的,人民法院应予支持。

投保义务人和侵权人不是同一人,当事人请求投保义务人和侵权人在交强险责任限额范围内承担相应责任的,人民法院应予支持。

第十七条 具有从事交强险业务资格的保险公司违法拒绝承保、拖延承保或者违法解除交强险合同,投保义务人在向第三人承担赔偿责任后,请求该保险公司在交强险责任限额范围内承担相应赔偿责任的，人民法院应予支持。

第十八条　多辆机动车发生交通事故造成第三人损害，损失超出各机动车交强险责任限额之和的，由各保险公司在各自责任限额范围内承担赔偿责任；损失未超出各机动车交强险责任限额之和，当事人请求由各保险公司按照其责任限额与责任限额之和的比例承担赔偿责任的，人民法院应予支持。

依法分别投保交强险的牵引车和挂车连接使用时发生交通事故造成第三人损害，当事人请求由各保险公司在各自的责任限额范围内平均赔偿的，人民法院应予支持。

多辆机动车发生交通事故造成第三人损害，其中部分机动车未投保交强险，当事人请求先由已承保交强险的保险公司在责任限额范围内予以赔偿的，人民法院应予支持。保险公司就超出其应承担的部分向未投保交强险的投保义务人或者侵权人行使追偿权的，人民法院应予支持。

第十九条　同一交通事故的多个被侵权人同时起诉的，人民法院应当按照各被侵权人的损失比例确定交强险的赔偿数额。

第二十条　机动车所有权在交强险合同有效期内发生变动，保险公司在交通事故发生后，以该机动车未办理交强险合同变更手续为由主张免除赔偿责任的，人民法院不予支持。

机动车在交强险合同有效期内发生改装、使用性质改变等导致危险程度增加的情形，发生交通事故后，当事人请求保险公司在责任限额范围内予以赔偿的，人民法院应予支持。

前款情形下，保险公司另行起诉请求投保义务人按照重新核定后的保险费标准补足当期保险费的，人民法院应予支持。

第二十一条　当事人主张交强险人身伤亡保险金请求权转让或者设定担保的行为无效的，人民法院应予支持。

四、关于诉讼程序的规定

第二十二条　人民法院审理道路交通事故损害赔偿案件，应当将承保交强险的保险公司列为共同被告。但该保险公司已经在交强险责任限额范围内予以赔偿且当事人无异议的除外。

人民法院审理道路交通事故损害赔偿案件，当事人请求将承保商业三者险的保险公司列为共同被告的，人民法院应予准许。

第二十三条　被侵权人因道路交通事故死亡，无近亲属或者近亲属不明，未经法律授权的机关或者有关组织向人民法院起诉主张死亡赔偿金的,人民法院不予受理。

侵权人以已向未经法律授权的机关或者有关组织支付死亡赔偿金为理由,请求保险公司在交强险责任限额范围内予以赔偿的,人民法院不予支持。

被侵权人因道路交通事故死亡,无近亲属或者近亲属不明,支付被侵权人医疗费、丧葬费等合理费用的单位或者个人,请求保险公司在交强险责任限额范围内予以赔偿的,人民法院应予支持。

第二十四条 公安机关交通管理部门制作的交通事故认定书,人民法院应依法审查并确认其相应的证明力,但有相反证据推翻的除外。

五、关于适用范围的规定

第二十五条 机动车在道路以外的地方通行时引发的损害赔偿案件,可以参照适用本解释的规定。

第二十六条 本解释施行后尚未终审的案件,适用本解释;本解释施行前已经终审,当事人申请再审或者按照审判监督程序决定再审的案件,不适用本解释。

九、《最高人民法院关于审理人身损害赔偿案件适用法律若干问题的解释》(2020 年 12 月 29 日)

为正确审理人身损害赔偿案件,依法保护当事人的合法权益,根据《中华人民共和国民法典》《中华人民共和国民事诉讼法》等有关法律规定,结合审判实践,制定本解释。

第一条 因生命、身体、健康遭受侵害,赔偿权利人起诉请求赔偿义务人赔偿物质损害和精神损害的,人民法院应予受理。

本条所称"赔偿权利人",是指因侵权行为或者其他致害原因直接遭受人身损害的受害人以及死亡受害人的近亲属。

本条所称"赔偿义务人",是指因自己或者他人的侵权行为以及其他致害原因依法应当承担民事责任的自然人、法人或者非法人组织。

第二条 赔偿权利人起诉部分共同侵权人的,人民法院应当追加其他共同侵权人作为共同被告。赔偿权利人在诉讼中放弃对部分共同侵权人的诉讼请求的,其他共同侵权人对被放弃诉讼请求的被告应当承担的赔偿份额不承担连带责任。责任范围难以确定的,推定各共同侵权人承担同等责任。

人民法院应当将放弃诉讼请求的法律后果告知赔偿权利人,并将放弃诉讼请求的情况在法律文书中叙明。

第三条　依法应当参加工伤保险统筹的用人单位的劳动者，因工伤事故遭受人身损害，劳动者或者其近亲属向人民法院起诉请求用人单位承担民事赔偿责任的，告知其按《工伤保险条例》的规定处理。

因用人单位以外的第三人侵权造成劳动者人身损害，赔偿权利人请求第三人承担民事赔偿责任的，人民法院应予支持。

第四条　无偿提供劳务的帮工人，在从事帮工活动中致人损害的，被帮工人应当承担赔偿责任。被帮工人承担赔偿责任后向有故意或者重大过失的帮工人追偿的，人民法院应予支持。被帮工人明确拒绝帮工的，不承担赔偿责任。

第五条　无偿提供劳务的帮工人因帮工活动遭受人身损害的，根据帮工人和被帮工人各自的过错承担相应的责任；被帮工人明确拒绝帮工的，被帮工人不承担赔偿责任，但可以在受益范围内予以适当补偿。

帮工人在帮工活动中因第三人的行为遭受人身损害的，有权请求第三人承担赔偿责任，也有权请求被帮工人予以适当补偿。被帮工人补偿后，可以向第三人追偿。

第六条　医疗费根据医疗机构出具的医药费、住院费等收款凭证，结合病历和诊断证明等相关证据确定。赔偿义务人对治疗的必要性和合理性有异议的，应当承担相应的举证责任。

医疗费的赔偿数额，按照一审法庭辩论终结前实际发生的数额确定。器官功能恢复训练所必要的康复费、适当的整容费以及其他后续治疗费，赔偿权利人可以待实际发生后另行起诉。但根据医疗证明或者鉴定结论确定必然发生的费用，可以与已经发生的医疗费一并予以赔偿。

第七条　误工费根据受害人的误工时间和收入状况确定。

误工时间根据受害人接受治疗的医疗机构出具的证明确定。受害人因伤致残持续误工的，误工时间可以计算至定残日前一天。

受害人有固定收入的，误工费按照实际减少的收入计算。受害人无固定收入的，按照其最近三年的平均收入计算；受害人不能举证证明其最近三年的平均收入状况的，可以参照受诉法院所在地相同或者相近行业上一年度职工的平均工资计算。

第八条　护理费根据护理人员的收入状况和护理人数、护理期限确定。

护理人员有收入的，参照误工费的规定计算；护理人员没有收入或者雇佣护工的,参照当地护工从事同等级别护理的劳务报酬标准计算。护理人员原则上为一人,但医疗机构或者鉴定机构有明确意见的,可以参照确定护理人员人数。

护理期限应计算至受害人恢复生活自理能力时止。受害人因残疾不能恢复生活自理能力的,可以根据其年龄、健康状况等因素确定合理的护理期限,但最长不超过二十年。

受害人定残后的护理,应当根据其护理依赖程度并结合配制残疾辅助器具的情况确定护理级别。

第九条 交通费根据受害人及其必要的陪护人员因就医或者转院治疗实际发生的费用计算。交通费应当以正式票据为凭;有关凭据应当与就医地点、时间、人数、次数相符合。

第十条 住院伙食补助费可以参照当地国家机关一般工作人员的出差伙食补助标准予以确定。

受害人确有必要到外地治疗,因客观原因不能住院,受害人本人及其陪护人员实际发生的住宿费和伙食费,其合理部分应予赔偿。

第十一条 营养费根据受害人伤残情况参照医疗机构的意见确定。

第十二条 残疾赔偿金根据受害人丧失劳动能力程度或者伤残等级,按照受诉法院所在地上一年度城镇居民人均可支配收入或者农村居民人均纯收入标准,自定残之日起按二十年计算。但六十周岁以上的,年龄每增加一岁减少一年;七十五周岁以上的,按五年计算。

受害人因伤致残但实际收入没有减少,或者伤残等级较轻但造成职业妨害严重影响其劳动就业的,可以对残疾赔偿金作相应调整。

第十三条 残疾辅助器具费按照普通适用器具的合理费用标准计算。伤情有特殊需要的,可以参照辅助器具配制机构的意见确定相应的合理费用标准。

辅助器具的更换周期和赔偿期限参照配制机构的意见确定。

第十四条 丧葬费按照受诉法院所在地上一年度职工月平均工资标准,以六个月总额计算。

第十五条 死亡赔偿金按照受诉法院所在地上一年度城镇居民人均可支配收入或者农村居民人均纯收入标准,按二十年计算。但六十周岁以上的,年龄每增加一岁减少一年;七十五周岁以上的,按五年计算。

第十六条 被扶养人生活费计入残疾赔偿金或者死亡赔偿金。

第十七条 被扶养人生活费根据扶养人丧失劳动能力程度,按照受诉法院所在地上一年度城镇居民人均消费性支出和农村居民人均年生活消费支出标准计算。被扶养人为未成年人的，计算至十八周岁；被扶养人无劳动能力又无其他生活来源的，计算二十年。但六十周岁以上的，年龄每增加一岁减少一年；七十五周岁以上的，按五年计算。

被扶养人是指受害人依法应当承担扶养义务的未成年人或者丧失劳动能力又无其他生活来源的成年近亲属。被扶养人还有其他扶养人的，赔偿义务人只赔偿受害人依法应当负担的部分。被扶养人有数人的，年赔偿总额累计不超过上一年度城镇居民人均消费性支出额或者农村居民人均年生活消费支出额。

第十八条　赔偿权利人举证证明其住所地或者经常居住地城镇居民人均可支配收入或者农村居民人均纯收入高于受诉法院所在地标准的，残疾赔偿金或者死亡赔偿金可以按照其住所地或者经常居住地的相关标准计算。

被扶养人生活费的相关计算标准，依照前款原则确定。

第十九条　超过确定的护理期限、辅助器具费给付年限或者残疾赔偿金给付年限，赔偿权利人向人民法院起诉请求继续给付护理费、辅助器具费或者残疾赔偿金的，人民法院应予受理。赔偿权利人确需继续护理、配制辅助器具，或者没有劳动能力和生活来源的，人民法院应当判令赔偿义务人继续给付相关费用五至十年。

第二十条　赔偿义务人请求以定期金方式给付残疾赔偿金、辅助器具费的，应当提供相应的担保。人民法院可以根据赔偿义务人的给付能力和提供担保的情况，确定以定期金方式给付相关费用。但是，一审法庭辩论终结前已经发生的费用、死亡赔偿金以及精神损害抚慰金，应当一次性给付。

第二十一条　人民法院应当在法律文书中明确定期金的给付时间、方式以及每期给付标准。执行期间有关统计数据发生变化的，给付金额应当适时进行相应调整。

定期金按照赔偿权利人的实际生存年限给付，不受本解释有关赔偿期限的限制。

第二十二条　本解释所称“城镇居民人均可支配收入”“农村居民人均纯收入”“城镇居民人均消费性支出”“农村居民人均年生活消费支出”“职工平均工资”，按照政府统计部门公布的各省、自治区、直辖市以及经济特区和计划单列市上一年度相关统计数据确定。

“上一年度”，是指一审法庭辩论终结时的上一统计年度。

第二十三条　精神损害抚慰金适用《最高人民法院关于确定民事侵权精神损

害赔偿责任若干问题的解释》予以确定。

第二十四条 本解释自2004年5月1日起施行。2004年5月1日后新受理的一审人身损害赔偿案件,适用本解释的规定。已经作出生效裁判的人身损害赔偿案件依法再审的,不适用本解释的规定。

在本解释公布施行之前已经生效施行的司法解释,其内容与本解释不一致的,以本解释为准。